答谢辞全书

DAXIECI QUANSHU

余　柏◎主编

北京工业大学出版社

图书在版编目(CIP)数据

答谢辞全书 / 余柏主编. — 北京：北京工业大学出版社，2012.1
ISBN 978-7-5639-2957-3

Ⅰ. ①答… Ⅱ. ①余… Ⅲ. ①语言艺术 – 中国 – 通俗读物 Ⅳ. ①H119-49

中国版本图书馆 CIP 数据核字(2011)第 276092 号

答谢辞全书

主　　编：余　柏
责任编辑：郑　华
封面设计：王晓庆
出版发行：北京工业大学出版社
（北京市朝阳区平乐园 100 号　100124）
010-67391722（传真）　bgdcbs@sina.com
出 版 人：郝　勇
经销单位：全国各地新华书店
承印单位：辽宁星海彩色印刷有限公司
开　　本：720 mm×960 mm　1/16
印　　张：30
字　　数：419 千字
版　　次：2012 年 1 月第 1 版
印　　次：2012 年 1 月第 1 次印刷
标准书号：ISBN 978-7-5639-2957-3
定　　价：48.00 元

前　言

答谢，是人际交往中最常见的一种行为，也是语言运用与情感表达的一门艺术。所谓“投之以桃，报之以李”，说的正是在实际生活、工作的交际应对中，要对他人的给予和善意回以感谢之辞、递以感激之意、报以感恩之心。可以说，这种答谢既是必须的、必要的，更是优雅的、享受的。中国是礼仪之邦，人际交往中崇尚“来而不往非礼也”的礼仪文化。在礼方面，表达谢意、传递感情，这是最基本的内涵。“谁言寸草心，报得三春晖”，谢的是慈母；“生当陨首，死当结草”，谢的是明主；“桃花潭水深千尺，不及汪伦送我情”，谢的是挚友。可以说，正是这种投桃报李的优良习俗，维系着我们生动的伦理生活。

首先，答谢具有实用性。在日常生活中，答谢是我们须臾不可离的一种交际行为，是群聚生活中一种最基本且最重要的社会性活动。答谢的本质在于其社会性，正因为人是社会性的动物，所以人不可能孤立自身，而只能融入社会。只要有社会活动，人就需要他人的帮助、支持与合作，自然需要对他人表达感谢之意。由此可见，表达感谢、感恩之情是小到家庭生活、大到社会活动必不可少的情感交流方式。

其次，答谢具有广泛性。也许你每天工作生活、与人交往中并没有经常使用或明确提到“感谢”这样的字眼儿，你也并不需要时时都把“感谢”挂在嘴边儿，但无论你是担任领导职务还是服务于某一组织，每天需要表达最多的情感就是感谢和感恩。答谢的情感表达遍布于生活的各个角落，以至于在所有国家的日常礼貌用语中，“谢谢”都是排在首位的应用单词。因此，每个人都必须学会并掌握这门艺术。

再次，答谢具有艺术性。答谢的话语是人类最美的语言，一段饱含真情的感激的话语，如阳光般温暖，如甘泉般甜蜜，让说者倾诉肺腑，让听者如沐春风。可见，答谢辞称得上是生活中的调味品，是人际交往活动的润滑剂。但是，感谢的话语看似平常，但真正用心琢磨的人不多，用心琢磨并会用的人更不多，会用并用得好、用得精彩的人就少之又少了。艺术来源于生活但高于生活，艺术也不同于技巧。因此，如果要提高答谢的水平，就需要用心、用力、用功。

有鉴于此，我们特别精心编选了这本《答谢辞全书》，全书以各种场景、各种身份为主线，以范例为主体，细致分类，披沙拣金，精选了大量有代表性、感染力强、覆盖面广的答谢辞实例，为您呈上一桌答谢话语的“满汉全席”。

本书共包含了三十一章，包括各种庆典活动、座谈会议、节日庆祝、聚会联谊、婚丧嫁娶、捐赠仪式等各个方面的、各种场合所需的答谢致辞。我们相信此书会得到读者的喜爱，是因为它具有以下几个鲜明特色：

一、角色多样，场景各异。本书全面准确地甄选了生活中各种不同角色、不同场合、不同状态下的答谢辞范例，人们在阅读后会充分地了解到不同角色在不同场合下应如何把感谢之意说好、说透、说出特色，在提高自己语言能力和丰富语言技巧的同时，也让对方真切地体会到你的真心和诚意。

二、词意优美华丽，语言精彩。本书收录的范例用词生动明了，语言表达优美，具有极强的感染力，读者通过阅读不但可以了解到答谢辞的真正内涵，而且会获得语言艺术的审美享受。

三、简短精悍，用词精准。本书选取的范例多为精短性致辞，简洁凝练，用词恰到好处。精练利落的答谢辞不仅给人以铿锵有力之快感，而且可以避免长篇发言的无聊烦腻之感。

四、与时俱进，新颖实用。全书的范例多选取近年来的具有鲜明时代特色的答谢辞，具有浓厚的时代气息，彰显了时代精神，贴近工作和生活实际。

需要强调的是，作为一本汇集了各类答谢辞范例的全书，本书的目的不仅仅是简单地将范例罗列和呈现在人们眼前，更注重教会人们怎样了解和掌握丰富多彩的表达形式和技巧，淋漓尽致地抒发感激之情，快速提升个人的语言能力和社交形象，乃至读者所服务的企事业单位、机关团体的整体公众形象，同时，我们也愿以此书来传达这样一种愿望——愿每个人都能拥有一颗感恩的心。

目　录

第一章　在欢迎欢送场合致答谢辞

第二章　在开闭幕式上致答谢辞

第三章　在表彰大会上致答谢辞

第四章　就职离职答谢辞

第五章　竞聘竞岗时致答谢辞

第六章　在奠基剪彩揭幕仪式上致答谢辞

第七章　在庆典仪式上致答谢辞

第八章　出席晚会致答谢辞

第九章　出席酒会宴会致答谢辞

第十章　节日中应用的答谢辞

第十一章　婚礼答谢辞

第十二章　致运动会相关人士的答谢辞

第十三章　在聚会联谊活动上致答谢辞

第十四章　在各类纪念活动上致答谢辞

第十五章　获奖项奖金时致答谢辞

第十六章　授予仪式上的答谢辞

第十七章 毕业论文完成后的答谢辞

第十八章 出席论坛活动时的答谢辞

第十九章　升学宴上的答谢辞

第二十章　生日宴会上的答谢辞

第二十一章　乔迁宴会上的答谢辞

第二十二章　满月酒宴上的答谢辞

第二十三章 毕业典礼上的答谢辞

第二十四章 年终大会上的答谢辞

第二十五章 座谈会上的答谢辞

第二十六章　葬礼上的答谢辞

第二十七章　客户答谢辞

第二十八章　媒体招待会上的答谢辞

第二十九章　交流会研讨会上的答谢辞

第三十章　总结会庆功会上的答谢辞

第三十一章　捐赠仪式上的答谢辞

第一章

在欢迎欢送场合致答谢辞

范例一

某档案代表团团长出国考察时答谢接待方款待时的致辞

尊敬的×××国家档案馆馆长×××先生，女士们、先生们：

首先，让我代表中国××代表团的全体成员，对×××国家档案馆为这次“海外华人与×××历史档案研讨会”所进行的周密的准备工作，对参加研讨会的中国代表团的热情周到的接待，表示衷心的感谢。

踏上×××共和国美丽的国土，我们感到很高兴，也很亲切。中国和×××是隔海相望的友好邻邦，两国人民世世代代友好往来不断。近年来两岸的档案工作者更是通过各种交流和合作，互相学习，增进了解，共同发展，取得了良好的成效，建立了深厚的友谊。在刚刚过去的××××年，中国的××省就有幸接待了×××政府档案代表团的访问。今天，中国××代表团又来到了×××，参加两国共同举办的“海外华人与×××历史档案研讨会”。这对进一步加强两国档案工作者的交流和合作，特别是对开阔中国档案工作者的思路，了解和学习×××同行在档案管理方面的先进理念和做法，将起到积极的促进作用。

由于历史的原因，华人遍布世界100多个国家和地区，在×××，华人更占到总人口的70%以上。千百年来，华人在所在国繁衍生息，艰苦创业，逐渐融入当地社会，当地的水土养育了华人，华人也为当地的经济发展和社会进步作出了自己的贡献。可以说，海外华人的历史，是世界不能忘却的一份记忆。因此，我们有理由相信，这次××两国共同举办的“海外华人与×××历史档案研讨会”，其内涵将非常丰富，其意义也将非常深远。

让我们共同翻开这卷档案，解读历史，放眼未来。

这次对×××的实际考察使我们对×××有了更新的了解，感谢×××政府对我们的招待，也正是通过相互的交流才进一步加强了两国间的联系，特别是在这次交流中我们了解和学习了×××同行在档案管理方面的先进理念和做法，对将来我们的档案工作起到积极的促进作用。

我再次对你们的欢迎表示衷心的感谢，谢谢大家。

范例二

某自治州人民政府代表答谢援助当地建设的老同志时的致辞

尊敬的局长、主任：

在这风和日丽、鸟语花香的美好季节，××市5位老年志愿者和护送组全体同志，不远万里带着××市委、市政府和××市人民的深情厚谊，来到××开展“银龄行动”，参与××的开发建设，为我们传经送宝。在此，我代表州党委、州人民政府和全州各族人民，对各位老年志愿者和护送组各位领导的到来表示热烈的欢迎！对关心支持××“银龄行动”的××市委、市政府，××市民政局、老龄办和自治区老龄办的各位领导表示衷心的感谢！

“银龄行动”是国家老龄委组织开展的以我国东部大中城市为主的离

退休知识分子智力援助西部大开发的一项重要工作。自2004年“银龄行动”在我州开展以来，××市已选派了五批共20名优秀老年志愿者来到××，在教育、医疗、文体等领域进行智力援助，他们以精湛的技艺、高尚的品德和无私奉献的精神赢得了××各族干部群众的尊敬和爱戴。老年志愿者的到来不仅提升了全州教育、医疗、文体系统的管理和技术水平，同时还为加强××两地的合作交流、增进两地人民的友谊作出了积极的贡献。在此，向这些在××工作过和各位即将在××工作的老年志愿者们表示诚挚的感谢和崇高的敬意！

今天5位老年志愿者来到这里，将与××各族人民同甘共苦，共同投身于开发、建设××的事业之中。你们放弃大城市舒适的生活，告别家乡亲人，克服气候、饮食、习俗和身体等方面的困难，这种积极的生活态度、良好的工作作风、无私的奉献精神是××各族干部群众学习的榜样。我们将尽力为你们创造良好的工作和生活环境，搭建一个让你们充分展示聪明才智的平台，也真诚希望各位老专家把××当做自己的家，充分发挥优势，把丰富的知识、技艺和经验毫不保留地传授给我们，为××发展增添新的动力。

最后，祝各位老年志愿者及护送组全体同志在工作期间身体健康、工作顺利、生活愉快！预祝××第5期“银龄行动”取得圆满成功！

范例三

某知青代表在某欢迎宴会上的致辞

尊敬的××市政协×××副主席，尊敬的××市市委常委、政法委×××书记，尊敬的××市人民检察院××检察长，尊敬的××市××镇党委×××书记，尊敬的××市××镇×××镇长：

大家晚上好！

首先请允许我代表“2011——××之旅知青回访团”的全体成员

对××市各位领导百忙之中抽出时间为我们举行这样一次难得的聚会表示衷心诚挚的感谢！其次对××市委、市政府、市政协以及市检察院给予我们的这次机会表示由衷的谢意！

40年前，我们响应祖国的号召，离开喧嚣的城市，离开父母来到广袤的三江大地。这些知青为了祖国的利益，以他们弱小的身躯风餐露宿、刀耕火种；他们为了祖国的利益，用鲜血和生命在沼泽湿地上，建立起一个又一个新兴的国营农场。40年过去了，如今旧颜已改，风貌全新，一座座美丽的城镇拔地而起，绵延百里，成为名副其实的中华大粮仓。

时隔40年，当我们再次踏上这片神奇的土地，所到之处所见所闻令我们震撼，令我们感慨万分。激动的泪水流淌出我们对第二故乡深深的眷恋之情。我们高兴地看到，老知青们的努力没有白费，更令我们欣慰的是第二故乡的领导和乡亲们没有忘记我们。

××是我们非常熟悉的地方，是我们往返的必经之地。多少知青探亲归来，都要在这里落脚，等待着回团里的汽车。我们清楚地记得，每年秋季，都要派精兵强将到××抢运越冬煤炭。那时的××是我们的后方基地，是我们连接祖国内地的纽带，所以我们把××作为本次回访之旅的最后一个宿营地，以勾起大家对过去的回忆，重温当年的生活。

今天，我们知青回访团受到了××市人民的盛情款待。我们从各级领导的讲话中，体验到了××人民对我们知青的关怀，体验到了××人民对我们知青群体的重视和认同。这些都使我们感动万分，让我们更加重了对北大荒——我们第二故乡的热爱和眷恋。

最后，再一次代表知青回访团全体成员，向××市的各级领导，向××人民表达我们发自内心的、深深的感激之情，感恩之情！

谢谢××市的各级领导，谢谢××人民！

范例四

某工厂领导答谢合作厂商时的致辞

尊敬的各位领导、朋友们、来宾们：

值此××厂建厂30周年厂庆之际，请允许我代表××厂，并以我个人名义，向远道而来的各位贵宾们表示热烈的欢迎和衷心的感谢。

朋友们不顾路途遥远专程前来贺喜并洽谈贸易合作事宜，为我厂建厂30周年更增添了一份热情和祥和，我由衷地感到高兴，并对朋友们为增进双方友好关系作出的努力，表示诚挚的谢意！

今天在座的各位来宾中，有许多是我厂的老朋友，我们之间有着良好的合作关系。我厂建厂30年能取得今天的成绩，离不开这些老朋友的真诚合作和大力支持。对此，我表示由衷的感谢。同时，我们也为能有幸结识来自全国各地的新朋友感到十分高兴。在此，我再次向新朋友们表示热烈的欢迎，并希望能与新朋友们密切协作，发展相互之间的友好合作关系，对你们对本工厂的信任也一并表示衷心的谢意！

范例五

某信用联社代表答谢检查组的致辞

尊敬的各位领导、各位来宾：

大家好！

今天，各位领导不顾路途遥远和大雾弥漫，亲临××信用联社指导工作，这既是对我县央行票据兑付准备情况的检查和督导，也是对我们进一步做好各项工作的鞭策和鼓励。在此，我谨代表××信用联社理事会、监事会、经营班子和全体员工对各位领导的光临表示最诚挚的欢迎！并借此机会，向长期以来一直关心、支持××信用联社改革与发展的在座各位表示崇高的敬意和衷心的感谢！

各位领导，在这里我要特别汇报指出的是，虽然县委、县政府支持力度很大，措施及时、得力；银监办事处和人民银行的监督非常到位，指导认真、具体；我们自身高度重视，也做了大量工作，但是，由于对改革政策的理解和把握能力不够，加之操作人员的水平所限，我们深知，××信用联社的票据兑付工作与政策要求相比，可能还存在一些不足或漏洞。尤其是我们的申请材料，肯定还有许多需要进一步完善或改进的地方。所以，也恳请各位对我们的工作能够认真检查、具体指导，并提出宝贵的意见和建议。对此，我们一方面虚心接受并表示衷心的感谢；另一方面我们也将在你们的指导下，对我们的兑付申报工作进行检讨、补充和完善。即便是经过努力我们的工作也不能达到各位领导完全满意的程度，我们也不会气馁，也将把你们的意见和建议作为我们今后工作的宝贵财富，按照你们的指导意见从自身认真查找原因，进一步补充完善，进一步改进提高，力争票据兑付工作早日成功。

另外需要说明的是，尽管我们会用最诚挚的心和最大的努力，去争取让各位满意，尽量为各位领导的工作与生活创造一个舒适的条件，但是，由于××县是个半山区县，接待条件比较落后，再加上接待如此级别、如此重要的检查是第一次，也没有什么经验，在接待过程中难免出现疏漏。在此，请各位领导多多体谅，也请你们及时指正，我们会认真对待，及时改过的。

最后，预祝各位领导在我县的检查、指导工作过程中心情愉快，一切顺利。谢谢大家！

范例六

某公司代表考察时答谢接待方款待时的致辞

尊敬的××先生，尊敬的××集团公司的朋友们：

首先，请允许我代表团全体成员对××先生及××集团公司对我们的盛情接待表示衷心的感谢。

我们一行五人代表××公司首次来到贵地访问，此次来访时间虽短，但是收获颇大。仅三天时间，我们对贵地的电子业有了比较全面的了解，与贵公司建立了友好的技术合作关系，并成功地洽谈了电子技术合作事宜。这一切，都得益于主人的真诚合作和大力支持。对此，我们表示衷心的感谢。

电子业是新兴的产业，蒸蒸日上，有着广阔的发展前景。贵公司拥有一支由网络专家组成的庞大队伍，技术力量相当雄厚，在网络工作站市场中一枝独秀。我们有幸与贵公司建立友好的技术合作关系，为我地电子业的发展提供了新的契机，必将推动我地的电子业迈上一个新台阶。

最后我代表××公司再次向××集团公司表示感谢，并祝贵公司迅猛发展，再创奇迹。更希望彼此继续加强合作，共创美好的明天。

最后，我提议：为我们之间正式建立友好合作关系，为今后我们之间的密切合作，干杯！

范例七

某工厂领导答谢前来该厂进行认证工作的专家时的致辞

尊敬的各位来宾：

首先，我代表本厂对认证中心××分中心的专家们为我厂测量管理体系认证审核所付出的辛勤努力和给予的热情帮助表示衷心的感谢！

专家们此次到我厂评审认证，是国家检测机构改革变动后的首次运行，是对我厂极大的信任。近期，×××地区风劲刺骨，天寒地冻；检查路途凹凸不平，尘土飞扬；就餐条件属于乡村水平、柳屯菜系。专家们为此克服了气候的不适应，克服了路况的不适应，克服了生活上的不适应，同时，依据相关标准，先后对我厂15个单位和科室、5个生产现场进行了严格的审核，对厂天然气大流量站4个校准、检验过程进行了认真的指导，工作量十分巨大。专家们在厂两天时间内辛勤工作，白天审核现场，晚上通报情况，中午加班加点，确保了审核工作的顺利完成。专家们每到一个单位、科室，都对我厂的计量检测体系运行情况进行详细的了解，对计量人员情况、计量标准发放情况、测量设备检定标志情况以及相关记录进行细致的检查。同时，对审核的内容作了中肯的评价，对体系运行通过了现场认证。专家们严谨认真的工作作风、一丝不苟的敬业精神，使我们的陪同人员和有工作接触的同志都深受感动，深感钦佩，备受鼓舞。让我们由衷地说一声：专家们辛苦了！

在审核中，专家们对我们提供的计量检测体系的有效证据进行了及时的验证，对我们在体系的运行中存在的疑惑及时地进行了沟通和讲解，对我们在体系运行中有效证据的不足之处进行了耐心的指导。

专家们审核中发现并提出 3 个不符合项，正是我们的弱项和不足之处，我们也深知不符合项绝不仅仅是这几个，我们一定按照专家的指导意见和我厂体系文件的要求，全面地、彻底地整改，力争我们的纠正、改进措施达到体系文件的要求，达到标准的要求，得到各位专家的认可，在要求的时间内向认证组长反馈，争取取得认证证书。

我厂的计量管理体系在 1995 年基本形成，得到××省技术监督局的表扬，1998 年 ISO9000 认证中得到修订，2000 年实验室认可中得到提高，2003 年 HSE 认证中得到加强，本次测量管理体系按要求又进一步完善修订，长达 10 多年的贯标而形成整套管理体系，目的是要按照测量管理体系运行的要求，建立起日常性的、经常性的、长效性的运行机制，提高计量管理水平，即过程规范、数据准确、顾客满意，树立良好企业形象，为参与国内外市场竞争奠定坚实的基础。测量管理体系运行即将掀开新的一页，我们全厂上下将脚踏实地、真抓实干，及时发现和举一反三地整改遗留问题，按照国家的要求、专家的要求和我们自己编制的体系文件的要求去做，去做好，达到管理受控，运行有效，追求卓越，创新提高。

最后，请允许我再次代表×××厂向在认证审核中辛勤工作的各位专家表示诚挚的谢意，并祝工作顺利、身体健康！谢谢！

范例八

某村书记答谢来村进行帮扶活动人员的致辞

尊敬的中央电视台《××××》栏目组各位贵宾，尊敬的市广电局、团市委各位领导，新闻媒体的各位朋友：

大家好！

我是××乡××村第一书记×××，今天怀着无比激动的心情向各位来宾、各位领导、各位朋友表示最热烈的感谢，感谢你们为××村××小学所做的帮扶和捐助，感谢你们今天莅临××村××小学，为我们的留守儿童和贫困学子播下善良的种子和回报社会的责任意识。你们不只是学生们的福音，更是我学习的榜样。

由于历史的原因，××村××小学长期投入不足，生源大多来自贫困家庭和空巢家庭，很多孩子不仅买不起学习用品，更买不起课外书，学校的教学条件、文体设施也很匮乏，我们的不少学生没有见过电脑，也感受不到家庭的温暖，他们的父母长期在外打工，给我们的教育教学带来了很多的难题。近年来，学校领导和村两委付出很多努力，在一步一步地改变现状，师生员工的面貌已经焕然一新，“为中华之崛起而读书”的氛围越来越浓。

我作为一名选派到村任职的机关干部，一直有一个梦想，梦想为我们的孩子做点实实在在的事情。在著名节目主持人×××和局团委×书记的斡旋下，今天我们非常荣幸地迎来了北京的客人和市区有关单位的领导，你们能来视察我们××小学，指导教育教学改革，就是对我们学校和村两委过去工作的肯定和支持，你们的莅临是我们××人民的荣耀，你们的关怀和帮助是××小学的骄傲。这里，我代表3000父老乡亲向中央电视台各位贵宾、市直部门领导和新闻媒体的朋友，表示最为热烈的欢迎！也谨代表×××校长和150名师生向各位表示最为朴素的感谢！

我相信，你们捐赠的每一本书就是一棵树苗，一定会在学生今后的岁月中开花结果。相信每一支铅笔、每一块橡皮都是一颗种子，一定会在学生的心灵中生根拔节。我们每一个留守儿童、每一个特困儿童都会在你们的亲切关怀下茁壮成长，每一个学生都会怀着感恩的心记住2008年3月28日这一天，记住我们北京来的客人，记住市里来的领导，小朋友们，对不对？

由于时间关系，我们北京来的客人和各位领导一会儿还要参加文化节重要活动，不能多作停留，今天只是留守儿童和特困儿童帮扶和救助工作的一个开始，今后还会有更为丰富的活动等着大家。请大家一起再次用热烈的掌声感谢各位贵宾、各位领导和各位朋友。谢谢！

范例九

某实习教师答谢实习单位时的致辞

尊敬的××中学的领导、老师：

你们好！

一周的实习生活过得很充实也很精彩，幸福的时光总是过得太快，精彩的实习生活也完美地结束了，借此实习结束之际，我谨向关心、教导我的老师表示衷心的感谢和崇高的敬意！

“纸上得来终觉浅”，虽然我对我的实习效果一开始信心不大，但是我的指导老师非常的认真负责，把他们丰富的经验传授给我们。老师们的每一份友好鼓励，每一个善意微笑，每一次细心指导，都让我们深深感动，让我对实习生活信心十足。同时，也给我留下了深刻的印象。

在学校领导的精心的安排下，我和其他的实习教师进入各班开始实习工作。虽然我们是第一次走上讲台，但我们的指导老师都很认真负责，很乐意把他们的经验传授给我们。在教育界有句“学高为师，行正为范”的训诫。在××中学实习，我深刻体会到了老师们为人师表的高尚风格，刻苦的工作作风，精湛的教学技艺，崇高的敬业精神，博大的爱生情怀。各位指导老师勉励我们从实习一开始就严格要求自己，以最佳的精神状态投入到工作中去。在贵校学习到的这些经验将是我们以后任教的宝贵财富，六周的实习生活过得充实而精彩，我们不仅在教学上取得了很大进步，而且也懂得了如何做人，如何面对困难，如何解决困难。

我一定会铭记大家的谆谆教诲，不辜负大家的殷切希望，心怀更大的志向，怀抱更高的理想，珍惜时光，奋发读书，努力成为国家的栋梁之材，用丰硕的成果和辉煌的业绩，回报学校对我的厚望和培养。路漫漫其修远兮，吾将上下而求索。我也会将心中的感激化为以后工作和进取的原动力！

再一次感谢各位一周以来对我的栽培！大家辛苦了！我在这儿再一次感谢××中学的校领导和老师们为我提供的一切。

范例十

某镇基层工作人员在欢送会上的答谢辞

各位领导、各位同事：

根据组织的安排，我即将从××调往新的工作岗位了，此时此刻，千言万语不知从何说起，或者以下几句话最能表达我现在的心声：

第一句话是怀念。怀念与各位领导、各位同事一起工作、生活和学习的1400多个日子！怀念为完成某一项工作而一起挑灯夜战的感动！怀念克服重重困难而完成任务后的那一份喜悦！怀念××的一草一木，怀念热情而淳朴的××人民！

第二句话是感谢。感谢各位领导一直以来对我的关心和帮助！感谢各位同事由始至终对我工作的大力支持和积极配合！记得当初从××镇来到××的时候，面对的困难和面临的机遇都要大得多，我正担心工作不知从何开始的时候，大家的热情帮助和默契配合，使我迅速适应新的岗位和工作！借此机会，让我再一次衷心地向大家讲句：多谢！

第三句话是祝愿。祝愿××再创辉煌！由于历史原因，目前××面临许多的困难和压力，但我相信，有市委、市政府的大力支持和正确领导，在×书记和×镇长的带领下，××人民团结一致，同心协力，××的明天一定会美好！××将会更加“和谐、稳定、至善、日新月异”！各位同事的收入将会好似芝麻开花一样——节节高！

第四句话是希望。希望大家继续保持联系，多些沟通！×书记在大会讲过：凡在××工作过的都是××人！我也不例外，在我的心目中，××早已是我的第二故乡！希望以后大家有时间多来探探我，大家共聚乡情！我也希望日后自己能够为××的发展再尽一份绵薄之力！

多谢大家！祝大家心想事成，家庭幸福！

范例十一

某部队领导在新兵欢送会上的致辞

尊敬的首长、同志们：

大家好！

今天，我们在这里隆重集会，举行新兵欢送仪式。虽然时值寒冬，但新战士沸腾的热血让我们始终感受到的是振奋，是热情！此时此刻，我和新战士们的心情一样，如同潮水般滚滚而来的激动与高兴。在这里，请允许我代表接兵营全体同志，向连日来关心支持我们接兵工作的各级党委、政府、武装部致以最崇高的敬意，感谢你们生活上的关心和工作上的支持；向默默耕耘在征兵第一线的所有工作人员表示深深的谢意，是你们严把体检关、政审关，给我们送来优质的兵源；向所有深明大义的家属表示最衷心的感谢和深深的祝福，感谢你们积极响应国家的号召，关心和支持军队国防建设。

人民军队是造就人才的特殊学校，有着“正义之师、威武之师、文明之师”的光荣称号。是培养有理想、有道德、有文化、有纪律人才的大学校、大熔炉，通过正规的军事训练可以培养过硬的军政素质，而部队严格的组织纪律、良好的作风、艰苦紧张的军营生活，能够锤炼坚强的意志，通过学习政治、军事、文化和科学技术可以掌握过硬的本领，成为优秀的人才。

各位首长、家长同志们，请你们放心，我们绝不会辜负你们的期望，我们会带着父老乡亲们的重托，给你们的子女以兄长般的关怀，严格要求，严格管理，严格教育，一定把他们培养成一个对国家、对社会、对人民有用的栋梁之材。谢谢大家！

范例十二

某全陪导游在旅程结束时答谢游客的致辞

各位朋友：

那到这里大家的×××之行就要结束了，相信中央大街的古典、索菲亚教堂的端庄、防洪纪念塔的挺拔，还有冰雪大世界的神奇一定还让您意犹未尽，里道斯红肠、东方饺子王的饺子一定还在您的唇齿间留香。如果在此次旅行中您有什么不满意之处还请多多包涵。我在这里感谢大家一路上对我工作的支持和理解。大家对我像朋友一样，大家的热情和友好让我深受感动，我会把大家的这种友善传递给更多的人。也希望我们之间的友情像×××啤酒一样源远流长。这种友情不因时间和空间的距离而减少，只会越来越醇香和绵长。在离别之际我送大家一句话：我们常说因为生活我们不能失去工作，我们努力地工作是为了生活，那反过来我们也不能因为工作失去生活，在您忙碌的工作之余别忘了给自己留一份空间，出来旅行一下，有机会再到×××来，我和我所在的旅行社将会为您提供更好的服务。

虽然舍不得，但还是不得不说再见了，感谢大家几天来对我工作的配合和给予我的支持和帮助。在这次旅游过程中，还是有很多地方做得不到位，谢谢大家不但理解我而且还十分支持我的工作，很多点点滴滴的小事也使我很感动。也许我不是最好的导游，但是大家却是我遇见的最好的客人，能和最好的客人一起度过这难忘的几天这也是我导游生涯中最大的收获。作为一个导游，虽然走的都是一些自己已经熟得不能再熟的景点，不过每次带不同的客人却能让我有不同的感受，在和大家初次见面的时候我曾说，相识即是缘，我们能同车而行即是修来的缘分；而现在我觉得不仅仅是所谓的缘了，而是一种幸运，能为最好的游客做导游是我的幸运。

我由衷地感谢大家对我的支持和配合。其实能和大家达成这种默契真的是很不容易，大家出来旅游，收获的是开心和快乐；而我做导游带团，收获的则是友情和经历。我想这次我们都可以说是收获颇丰吧。也许大家登上飞机后，我们以后很难会有再见面的机会，不过我希望大家回去以后和自己的亲朋好友回忆自己的×××之行的时候除了描述太阳岛如何如诗如画时，不要忘了加上一句，在×××有一个导游小×，那是我的朋友！

最后，预祝大家旅途愉快，以后若有机会，欢迎再来×××会会您的朋友！

第二章

在开闭幕式上致答谢辞

范例一

国务院副总理王岐山在上海世博会开幕式上的致辞

尊敬的胡锦涛主席和夫人，尊敬的蓝峰主席，尊敬的各位来宾，女士们、先生们：

此刻，我们相聚在美丽的黄浦江畔，共同开启一场全球盛会的帷幕，明天，有着 159 年历史的世博会，将首次在发展中国家，在中国举行，感谢国际展览局的成员国，是你们的选择，让中国人民对世博会的向往，从遥远的崇敬，成为今天的现实；感谢 246 个国家和国际组织以及中外企业的参展方，是你们的无限激情、智慧、创意、精湛技艺，让一座座美轮美奂的展馆，展现了生命的力量，传递着和平、友爱、希望；感谢全国人民，尤其是上海市人民，以及上海世博会的建设者、工作者、志愿者，是你们的参与和奉献，理解和支持，让我们得以分享上海世博会的辉煌。一个半世纪以来，人类前进的脚步，在世博会上留下了不可磨灭的印迹。城市，让生活更美好，第一次以城市为主题的上海世博会，是各国人民创新合作交流的平台，它将打开未来城市的大门，引领新的生活方式，促进人与城市、自然相和谐，推动建设平安、文明、幸福的城市，促进人的全面发展。上海世博园即将开放，我们会以周到的服务、真诚的笑容，让所有观众，在中国体验一届成功、精彩、难忘的世博会，女士们、先生们，以人为本、全面协调可持续发展的理念，已成为中国政府和人民的坚定选择。一个更加开放、包容的中国，将与世界各国一道，共同推动人类文明进步，最后，预祝中国2010年上海世博会圆满成功。

谢谢！

范例二

某报纸总编辑在某艺术节开幕式上的答谢辞

尊敬的×××部长、尊敬的×××副主任、尊敬的×××主席，尊敬的×××社长、×××书记，尊敬的各位参展艺术家和艺术品经营机构的代表，女士们、先生们：

大家上午好！

今天举行的第×届《××报》艺术节开幕式和2009××报年度人物颁奖典礼，有这么多德高望重的领导和艺术家出席，让我们主办协办单位的每一位职工，都感到十分温暖。而回顾这两个活动的筹备过程，同样是让我们感到温暖而幸福的。

《××报》是一张专业报，以全国各地广大美术家和美术工作者为自己的服务对象，在办报过程中，因为得到了中国文联、中国美协、中国书协和许多省市区的美术机构，特别是广大美术家的信任和支持，所以反映在报纸版面上，我们的美术报道信息是比较生动的，比较新鲜的。在举办《××报》艺术节的过程中，同样是因为有广大艺术家、策展人和艺术品经营单位负责人的支持，我们的艺术节，不但一届届顺利地办起来了，而且参展的艺术名家越来越多，展品质量越来越高。如果用“名家云集、精品荟萃”八个字形容本届艺术节，应该说是一点都不过分的。

比如说，在一楼展出的“中国当代水彩画名家邀请展”，作者中不但有全国水彩画艺委会主任，还有近十位全国美协现任和前任主席、副主席，看了这个展区，中国当代水彩画的精品，你就基本上都领略到了。

比如说，二楼有个“精典水墨”展览，16位参展艺术家，都是今年全国美展金银铜奖提名者。看了这个展区，当前全国国画高手的水平，你也就基本上能感受到了。

比如说，明年是中国虎年，在世贸中心一至四层的各个展区内，都有一些画虎的佳作，有的是多年前收藏下来的名作，有的是为参加本次艺术节创作的，作者来自于多个省市区。看了这里的虎画，你也就认识了很多全国各地的画虎高手。

这里，还要特别提到并感谢吴冠中先生。吴先生是当代名家大师，他答应拿自己的作品参加艺术节，这已是破例了。而他在答应参加本届美术报艺术节的参展活动后，十分认真，表示一定要拿自己最满意的作品参展。后来由他自己选定的一幅作品，是让自己的儿子专程从新加坡送来的。而且，他决定将这幅画和其他几十幅作品一起，捐赠给××政府部门和有关学术、教育机构。今大，正在北京举行捐赠仪式。也正是这个原因，吴冠中先生参加本次艺术节的作品，今天大家还看不到，我们的工作人员留着展位，估计明后天会亮相。

在筹备和举办《××报》艺术节过程中，类似这样的令我们感动的故事很多很多。在这里，我再次代表《××报》的主办单位，代表《××报》的全体职工，代表《××报》的广大读者，向关心和支持美术事业的各位领导、各位艺术家和艺术品经营单位、合作单位的领导，表示衷心的感谢。

谢谢大家！

范例三

某书法家在某书画联展开幕式上的致辞

尊敬的×××主席、尊敬的×××上将、尊敬的我单位×××局长、尊敬的×××老师、尊敬的所有嘉宾、尊敬的所有来宾：

大家好！

3年前的金秋，曾在这里举办过我与父亲的书画联展，3年后的今天，我们又在此举办联展，旨在纪念我的父亲×××教授诞辰100周年。作为画家，我的父亲为祖国创作了大量的主题画、礼品画，并为各阶层人民画了数以千计的画作；作为教育家，我的父亲一贯坚守“要求别人做的，自己必须首先做到”。他常说：“我有一个脑袋，一双手，教好学生，就会有千百个脑袋，千百双手，对国家贡献就大。”为了教育事业，他呕心沥血付出了毕生的精力。

作为父亲，他常教导我：“吃得苦中苦，方能大作为。”父亲一生淡泊名利，直至去世前，我对他说：“您长期不卖画，至今无价目，”他却缓缓地对我说：“我的画，以后会无价更有价。”父亲是我的楷模，他的精神一直在鼓舞着我，鞭策我不断去努力。2000年，我离岗退养继而退休，书法由业余转为专业，人虽然退休了，但奋斗精神从未退休。在传承祖国文化方面做了自己力所能及的事情。人生应当有所追求，在不断的追求中，自己充实而快乐，同时也将快乐送给了大家，获得了美的享受。

此次展览，得到了省政协×××主席多次关心和鼓励，得到了省海洋与渔业局×××局长的大力支援，得到了南师大××院长的配合，得到了中华文化促进会的热切关注和支持，得到了×××老师以及父亲的高足×××老师的切实援助，还得到了许多热心朋友们的帮助，在此表示我对他们最衷心的感谢！并向所有曾经帮助过我的专家、同人，表示我最深切的敬意！

特别提一句，我要感谢天津市女企业家协会会长×××董事长，石家庄××、×××女士专程乘飞机远道赶来以及临时赶来的嘉宾，我报不出名字。

涓涓细流，夹杂着泥沙，恳望大家观展后，多多指点！

再次感谢大家的光临！

范例四

某画家之子在父亲画展开幕式上的答谢辞

尊敬的各位领导、尊敬的各位艺术家、尊敬的各位来宾：

大家好！

今天在此举行我父亲个人画展开展和向××博物馆捐赠父亲画作的捐赠仪式，我代表全家向各位嘉宾的到来表示热烈的欢迎和衷心的感谢。

父亲早年在北京和上海艺术院校学习西画和中国画，曾先后受教于李苦禅、王青芳、徐悲鸿、邵逸轩、汪亚尘、张善孖、张大千等大师门下，深得大师们的真传。大学毕业后回到××，在××师专、××女子师范、×县及××中学等十余所学校担任美术教学工作，从教四十余载，培养出大批美术名家和美术爱好者。

父亲的一生待人谦和，尊重同行，教学严谨，治家有方，我们永远怀念他。

父亲在教学期间也从未间断过艺术实践和艺术创作，生前曾留下大量绘画作品。我们也曾想为他举办一次个人画展，但都被他一口拒绝，直到他临终前才答应我们的要求举办画展。这次××博物馆为我们搭建了一个展现的平台，使我们有条件和有机会展出父亲的部分遗作。为了答谢博物馆为这次画展所给予的方便和支持，我们特向××博物馆捐赠足以代表父亲笔墨技法的三幅画卷。一幅是四尺双虎图、一幅是四尺条幅青绿山水、一幅是三尺水墨山水。父亲是××人，秦巴山水赋予父亲极高的艺术灵性，他的作品也是××人民的作品，珍藏在××博物馆也算是他为××作出的一点小小的贡献。

父亲的画技已被我的两位兄弟×××、×××继承，特别是大弟×××的绘画水平父亲生前已被认可，父亲的画技后继有人了，对此我们深感欣慰。

最后，我代表全家再一次感谢各位领导、各位艺术家和嘉宾的光临，谢谢大家。

有你们的支持，父亲的画展一定会取得圆满的成功，也愿父亲的画展能为祖国61周年国庆锦上添花。

范例五

某集团公司领导在职工代表大会开幕式上的致辞

各位领导、同志们：

辞旧岁硕果累累，迎新春号角声声！经过紧张而精心的筹备，我公司第×届职工暨会员代表大会第二次会议今天开幕了。

今天，出席大会的有公司领导、顾问，各单位、各部门的职工代表。看着大家一张张熟悉而又亲切的笑脸，回首大家一年来在一起励精图治、披荆斩棘共谋公司发展、埋头工作的每一个场景，我的心情都会格外激动；回想起一年来公司各项工作取得的丰硕成果，我就格外感动。在此，请允许我代表公司党委、行政、工会及大会主席团向一年来为了公司的改革稳定、为了矿山的发展建设默默耕耘、默默奉献、默默工作的每一名员工说一声：你们辛苦啦，衷心地感谢你们！

经过5年的不懈努力，在“十一五”期间，×××公司为中国有色金属工业的腾飞，为中国经济创造高速增长的奇迹，作出了巨大贡献。五年来，×××公司的科技不断创新、管理不断进步、生产能力不断加大、矿区环境不断改善、员工收入不断提高，发展方式不断改进，发展水平和发展质量不断迈上新的台阶。

在过去的一年里，我们所取得的这些成绩凝聚着全体员工的辛勤汗水和心血，也凝聚着大家的聪明和才智，每位员工都在默默无闻地奉献着，辛勤地耕耘着。为此，请允许我再一次代表公司党政工各部门向一年来为公司建设发展、和谐稳定呕心沥血、埋头苦干、作出贡献的全体职工、离退休人员和广大家属表示最诚挚的感谢。

逝者如斯夫，不舍昼夜。发展进步，历来就是人类社会永恒的主题。2011 年是世界经济继续摆脱困难和风险，不断回暖振兴和发展的一年；2011 年是中国将以践行“包容性增长”实现科学发展的姿态，融入世界经济发展的滚滚洪流，满怀信心进入“十二五”时期的开局之年；2011 年也是中国五矿旗下的××有色展开新布局，确定新思路，进一步转方式、调结构，加快发展之年；2011 年同样是×××公司在新的起点上拓展发展新空间，谋求发展新目标的关键一年；2011 年更是广大员工团结拼搏，乘胜前进，再创辉煌、提高幸福指数的一年。

各位代表，我相信，有我们全体代表的积极主动参与，有广大员工的热情关注支持，本次职工代表大会一定会开出实效，开成一个民主团结的大会，开成一次共谋大计的会议，开成一个务实鼓劲的大会，开成一个开拓创新的大会。

最后祝各位领导、各位代表身体健康，工作进步，预祝大会圆满成功！谢谢大家！

范例六

某创作委员会副主任在某采风活动闭幕式上的答谢辞

尊敬的××县委×书记、尊敬的各位作家朋友、新闻界人士、各位工作人员：

大家好！

通过大家的努力，这次由中国××创作委员会牵头，××作家网、××市作家协会、××旅游信息网参与组织的采风活动今天就要圆满结束了。首先，让我代表全体采风人员，衷心感谢××县委、县人民政府的盛情接待，为这次采风活动进行的一系列安排，为我们采风活动提供的良好平台，并衷心感谢××县有关部门辛勤的付出、优质的服务。同时，我还要代表四家组织单位，真诚感谢各位作家朋友在百忙中抽出时间参加这次采风。

在这短短的两天中，我们先后到××采风。通过采风，我们观赏了××优美的自然风光和人文景观，感到××风景秀丽，风光旖旎；通过采风，我们感受到了××深厚的文化底蕴，夜郎文化、侗族文化具有独特的魅力；通过采风，我们看到了××经济和社会发展取得的辉煌成就，新农村、新城市令人赞叹；通过采风，我们领略到了××人民热情好客、感情纯真，奋发上进。

这次采风，不仅仅是一次采风，除了采风外，我们还有一个目的，就是以文会友。这次采风，为大家交流搭建了一个平台，寻找了一个好的机会相互交流、相互学习、建立友谊、相互支持。

俗话说："吃进去的是草，挤出来的是牛奶。"我们在××吃的不是草，而是好酒好菜，那么，我们应该予以更加丰厚的回报。建议我们的各位作家朋友回去以后，以××为素材写出精彩的文学作品和新闻报道，争取做到电视上有影、广播上有声、报刊上有字、网络上有文，用优秀的文章回报××人民。

最后，再次感谢××县委、县人民政府的盛情接待，并祝××经济繁荣发展，社会平安泰和，人民幸福美满，事业蒸蒸日上，前程灿烂辉煌！

范例七

某地方领导在某汽车拉力锦标赛闭幕式上的答谢辞

尊敬的各位领导、各位来宾，女士们、先生们：

大家下午好！

备受瞩目的2011“×××”杯××·中国汽车拉力锦标赛在我区举办，已于今日结束各项赛程，圆满落下帷幕。在进入比赛活动的4天时间里，举办了盛况空前的开幕式、精彩无比的超级短道赛车体验、紧张激烈的平山湖和丹霞赛段比赛，整个比赛井然有序，紧凑热烈，这是一次团结的盛会，友谊的盛会，成功的盛会，为××人民献上了一道精彩、刺激、向上的体育盛宴。在此，我代表承办方中共××区委、××区人民政府，向在比赛中取得优异成绩的各位赛车手表示热烈的祝贺！

2011“×××”杯××·中国汽车拉力锦标赛比赛期间，中国奥委会名誉主席×××及夫人×××，省人大×××副主任，国家体育总局汽车摩托车运动管理中心×××主任、×××副主任，在百忙中莅临检查指导工作，给予了亲切关怀，使我们备受鼓舞；国家体育总局、中国奥委会、省委、省人大、省政府、省政协、国家体育总局汽车摩托车运动管理中心、省体育局、中国汽车运动联合会、省汽车摩托车运动协会，市委、市人大、市政府、市政协，广大新闻记者、裁判员、赛车手、工作人员、志愿者，以及各主办单位、承办单位、冠名单位、赞助单位、接待单位给予了大力支持，在此我代表组委会表示最衷心的感谢！

声势浩人、精彩纷呈、惊险刺激的2011“×××”杯××·中国汽车拉力锦标赛，是首次在我国西部地区举行，也是我区第一次承办的全国性大型体育赛事。这次赛事的成功举办，弘扬了汽车拉力赛精神，展示了××人民热情好客、开放包容、敢于争先、敢于胜利、敢于超越自我的良好精神风貌，在国内外产生了巨大影响，对彰显××特色、打造旅游品牌、提升地方知名度和美誉度发挥了重要作用，达到了体育比赛宣传造势、聚集人气、促进经济社会发展的目的。

中国汽车拉力锦标赛在××区还要连续举办，我们还将积极申办越野汽车拉力赛等国际赛事，希望大家能一如既往地支持和关注××、关心××。金色的××大地、悠久的××古城、如画的平山湖草原欢迎您的到来，我们期待2012年再次相聚这里。祝愿各位领导、各位来宾身体健康、万事如意、旅途愉快！

谢谢大家！

范例八

中国城市电视台技术协会秘书长王长生在协会某届年会闭幕式上的致辞

尊敬的各位领导、城市电视台技术协会各位代表、各位嘉宾以及莅临今天晚会的各位先生们、女士们、朋友们：

大家晚上好！

中国城市电视台技术协会第××届年会于2011年6月21至25日在美丽的滨河之城××市召开，来自全国88个城市电视台、行业内商家的350多名代表出席了这次盛会。国家广电总局科技委、中国电影电视技术学会有关领导也莅临会议并作了主题报告。在此，我代表中国城市电视台技术协会，对本届年会的承办单位××市广播电视总台的大力支持与精心组织表示衷心的感谢！

今年的第××届年会，与会代表围绕数字化、网络化、高清化、高标清同播、数字地面电视、网络电视台技术、三网融合、内容生产的全媒体化研究、社会资源（3G、4G、云服务、微博、即时通信等）在全媒体化进程中的应用及城市电视台技术工作所面临的机遇和挑战进行了专题研讨，会议期间举办了广播电视新技术、新产品，包括城市电视台技术管理经验专题研讨交流讲座30多场次，同时开辟了30多个新设备、新技术展台。

本届年会在××市广播电视总台的精心组织下，主题鲜明，内容丰富，特别是两天技术交流后的多项考察活动，美丽的甘南、如诗如画的桑科草原、五彩缤纷的草原焰火，丰富多彩的文体、娱乐活动，历史悠久、博大精深的拉卜楞寺，包括《富士杯桑科草原行》摄影大赛，代表国家级演艺水平的《大梦敦煌》大型舞剧专场演出，都为本届年会增光添彩，均给各位代表留下了深刻的印象。在以××台长为核心团队的承办方组委会及有关各方面的配合支持下，终使本届年会开成了一次平安、顺利、高效的大会，同时是一届非常有特色、隆重出彩、成功的年会。

中国城市电视台技术协会现已经发展到有167个成员台，协会团队还在逐年稳步扩大。目前，本届理事会也已经扩大到全国所有省会台、计划单列城市台，有35个成员台。而特别反映协会凝聚力的是协会每年举办一次的年会大会，重点打造的这个平台已坚持20多年，已经形成了成员台之间相互交流切磋的平台，使所有成员台每年欢聚到此，就新技术、新媒体、新业态、新经验等广泛开展交流，共探发展思路，确实达到了促进各城市台事业、产业建设的成效。明年的年会，根据理事会成员台××电视台的申办要求，经××届一次理事会讨论通过，中国城市电视台技术协会2012年年会确定在××省××市举办。让我们大家期待明年在××再相聚！

各位领导、各位代表、各位嘉宾，中国城市电视台技术协会第××届年会按照预定议程已经结束，在参会全体人员的配合支持下，今天已经圆满落下帷幕，明天大家都要分别踏上返回的路程，在这里我衷心祝愿大家一路平安！

最后，我代表中国城市电视台技术协会，再一次对××市广播电视总台表示衷心的感谢！

祝在座的各位晚安！

谢谢！

第二章

在表彰大会上致答谢辞

范例一

某商会代表在年终总结表彰大会上的答谢辞

尊敬的×××常委、××副秘书长，各位领导、各位会员，女士们、先生们、朋友们：

大家下午好，我代表××商会（工商联）第三届理事会向出席今天会议的各位领导、各位会员表示热烈的欢迎和衷心的感谢，并致以新年最诚挚的祝福。

××××年，是××商会第三届理事会换届以后的第一年。在市总商会、区委、区政府、区总商会以及街道党工委、办事处的正确领导下，我们继往开来，以创新的思路、饱满的激情、务实的态度投入工作，充分发挥了联系和管理民营企业的桥梁和纽带作用，努力维护在××投资创业的企业合法权益，积极开展对外交流与合作，在服务会员、公益慈善、参政议政、会务建设等各个方面取得了非常优异的成绩，为促进××民营经济的健康有序发展贡献了较大的力量。

首先，我们要感谢市总商会、区委、区政府、区总商会以及街道党工委、办事处的大力支持。这一年，市、区总商会的领导多次亲临我商会指导工作，进行无微不至的关心，还对我们的工作人员进行了业务技能上的培训和指导，并带领我们的会员企业考察参观，极大地拓宽了我们的视野。区委、区政府的领导也多次到我商会指导工作，与我们的企业面对面交流，了解企业困难，倾听企业呼声，还指导我们加强服务意识和业务技能。街道党工委、办事处在人力、物力、财力上给我们极大的支持和帮助，协调各个部门与我们通力合作，帮助解决企业的一个又一个难题。

我们也感谢街道公安、国税、地税、工商、消防、环保等各个职能部门，感谢你们与我商会的密切配合，共同为商会会员企业排忧解难，提供服务。

我们还要感谢街道经济科技科的同人，在你们的支持下，我们为企业提供了各种政策咨询、信息传递、人才培训等服务，得到了会员的一致好评。我们也感谢全体理事会成员和所有会员，××××年，我们捐建了3所希望小学并开展大量公益事业，举办了数十次政企对话、交流考察活动，都得到了你们的大力支持，收到了良好的社会效果。

我们也感谢媒体的朋友们，你们一直给我们关注，正面宣传了我们的形象，扩大了我们的社会影响力。

总之，在××××年，我们要感谢的单位和个人还有很多，由于时间关系，在这里，我不再一一感谢，但所有关心和支持过我们的，我们都铭记在心，并化为工作的动力，做好××××年的工作，进一步打造××商会的品牌，为××经济发展作出更大的贡献。

各位领导、各位会员、各位来宾，女士们、先生们，××××年的新春佳节即将来临，在这里，我再次代表××商会（工商联）向各位拜个早年，在新的一年里，祝各位生意兴隆、身体健康、家庭幸福、万事如意。

谢谢大家！

范例二

某领导在教师节庆祝暨表彰大会上的致辞

尊敬的各位领导、老师们、同志们：

金秋九月，不是春光，胜似春光。在第××个教师节来临之际，在这难忘的喜庆时刻，今天，县委、县政府在这里隆重集会，召开第××个教师节庆祝暨表彰大会。在此，我谨代表教育局党组、行政向高度重视、殷切关怀教育的县委、县人大、县政府、县政协的各位领导表示最崇高的敬意！向大力支持教育事业发展的县级各部门、各乡镇党委政府和社会各界人士表示最衷心的感谢！向获得表彰的“十佳校长”、“十佳教师”、“尊师重教先进单位”、“尊师重教先进个人”和高中教育先进集体、先进个人表示热烈的祝贺！向辛勤工作在教育教学第一线的全县广大教师和教育工作者以及离退休老教师、老同志致以节日的祝贺和诚挚的问候！

振兴民族的希望在教育，振兴教育的希望在教师。没有高素质的教师就没有高质量的教育，没有高质量的教育就没有高质量的人才。教师的职业，光荣而神圣。教师是春雨，滋润着青少年学生茁壮成长；教师是红烛，燃烧自己照亮了别人。“捧着一颗心来，不带一根草去”、“酿得百花成蜜后，为谁辛苦为谁甜”，这是对崇高师德的热情礼赞和深情讴歌。今天受到表彰的教师，有兢兢业业、关爱学生、硕果累累的普通教师，也有忠于职守、奋发进取、治校有方的学校领导，有脚踏实地、严谨笃学、改革创新的教改明星，也有扎根山区、淡泊名利、无私奉献的师德标兵。

岁月不居，天道酬勤。长期以来，在历届县委、县政府的坚强领导下，在各乡镇党委政府、县级部门和社会各界大力支持下，我们教育人坚持以“三个代表”重要思想为指导，深入贯彻落实科学发展观，大力实施“科教兴县，人才强县”战略，教育改革不断深化，教育资源不断优化，办学条件不断完善，教师素质不断提高，“两基”成果不断巩固，全县教育事业硕果累累，成绩斐然。先后荣获“全国基础教育先进县”、“全国中小学实验教学普及合格县”、“××省‘十五’教师队伍建设先进集体”、“××省教育宣传工作先进集体”等称号。特别是近两年来，我们按照“质量兴教、管理强教、项目活教、改革促教”工作思路，深化改革，锐意创新，××教育一路高歌，突飞猛进，成为全市教育事业发展的排头兵。今年，面对全省高考报名人数剧增、录取比例下降的严峻形势，全县上下励精图治、顽强拼搏，高考成绩再创辉煌，荣膺全市“六连冠”；6月再经考验，顺利通过××省人民政府教育督导评估，目前正豪情满怀地争创“××省教育工作先进县”；切实维护群众利益，严格规范收费行为，“××省教育收费示范县”的创建成果不断巩固；启动教育资助行动，开辟教育“绿色通道”，着力解决“上学难、上学贵、上好学”等问题，人民群众对教育的满意度明显提升。

这些成绩的取得，离不开各级党委、政府的高度重视，离不开社会各界和百万××人民的关心支持，更离不开在座各位和全县10800名教育工作者的艰苦工作和辛勤劳动！

回顾过去，光荣在心田；展望未来，任重而道远。在此，我再次代表教育局党组、行政感谢全县10800名教师和教育工作者感谢大家！

范例三

某建材公司董事长在员工及经销商表彰大会上的答谢辞

尊敬的各位来宾、各位朋友、全国各地的经销商们：

在“感恩共赢”××建材××××年员工及经销商表彰大会隆重开幕之际，请允许我代表湖南××建材科技有限公司向与会的各位嘉宾和远道而来的朋友们，表示热烈的欢迎和诚挚的问候。

过去的××××年是××建材蓬勃发展、迅速扩张的一年，也是为我们未来五年的远景目标奠定基础的一年。我们在湖南、湖北、江西等三省五个地区先后召开品牌推广峰会，让××品牌，轰动中国，让更多的经销商了解企业，了解××品牌，让更多的用户使用上环保、低碳、高性价比的砂浆外加剂。年度公司销量已超额完成了年度计划的目标，达到了令人振奋的新高度；正因如此，我们的产品和服务在经受住激烈市场竞争的同时还能不断提升市场份额，国内经典工程不断涌现，一批批优秀经销商不断地加盟××，为我们未来的持续高速成长奠定了稳固坚实的基础。

朋友们，我们一直信奉一个理念：员工及经销商永远是企业的重要组成部分。共同的利益促使我们要有共同的认识，新的机制赋予我们厂商联合体新的任务，新的形势迫切需要我们的经销商快速地融为一体，以实现更好、高效的市场运作。只有立场一致、观点一致、角色一致、目标一致、期望一致、求大同存小异的厂商联合体，在最大范围、最大限度内满足最终客户的需求，才会给厂商双方带来真正的长远利益，实现共赢。

在过去的××××年里，通过××全体员工及咱们经销商合作伙伴们的共同努力开拓，我们的市场销售取得了较大的增长，市场的基础更加稳固。我们的合作伙伴们的成绩也有目共睹！

在湖南××建材科技有限公司的发展历程中，你们一直是我们最重要的亲密合作伙伴。在你们的信任与支持下，××赢得了市场的信任与选择。饮水思源，每一个××建材人都怀着感恩之心！因为我们深深知道，××建材所取得的每一点进步和成功，都离不开你们的关注、信任、支持和参与。有了你们，我们才有了源源不绝的信心和力量；有了你们，我们才有了长盛不衰的兴旺和发展。

为此，我向你们致以衷心的感谢。感谢全国各地的经销商 18 年来对××建材的厚爱与支持。在此，我要对在座的各位，对你们所带领的团队，更对那些今天没有到会的、此时此刻仍奔波在市场第一线的经销商们以及我们亲爱的员工的家人们说一声："谢谢，谢谢你们！"

范例四

某地方政府代表在表彰大会上的致辞

各位领导、各位同志：

大家好！

今天我们在这里隆重召开农村实行计划生育家庭和有突出贡献计生专干表彰大会暨举行区人口与计划生育公益基金启动仪式，意义非常重大。一是表明我们区委、区政府对农村实行计划生育家庭的肯定和鼓励，对有突出贡献的计生专干工作的肯定；二是倡导了先进的生育文化，冲破了传统的生育观念，体现了新颖的生育文化，你们以实际行动来引导、带领、教育全区的育龄群众，进一步地认识到计划生育的重要性，更好地弘扬先进的生育文化；三是这次会议推动了我区“婚育新风进万家”活动向纵深发展，使“晚婚晚育、少生优生、优育优教、男女平等、生男生女一样好、女儿也是传后人”等新型婚育观念深入人心；四是我们宣传计划生育的一系列惠及老百姓的政策和措施的大会，通过这次大会大力宣传我们区委、区政府对实行计划生育的家庭的优惠和奖励政策。

在此请允许我代表区委、区人大、区政府和区政协表示两个感谢：一是感谢广大自觉实行计划生育的家庭，今天受表彰的45户农村实行计划生育家庭，有的在政策法规允许他们生育二胎的情况下，毅然决定放弃生育二胎，领取《独生子女父母光荣证》并与政府签订放弃再生育合同，有的是生育了两个女孩后自觉施行了结扎手术，这确实很难得，也很可贵。你们就是计划生育的流动宣传车，固定宣传牌，为全区广大家庭树立了榜样，极大激励了广大群众自觉实行计划生育；二是感谢广大工作在最基层的计生专干们，你们走遍千家万户、历尽千辛万苦、费尽千言万语，任劳任怨，为国策事业默默无闻地奉献，感谢你们为人口与计划生育工作所付出的艰辛努力。

最后，祝在座各位领导和同志们家庭幸福，事业兴旺，万事如意！谢谢大家！

范例五

某教师在教师节表彰大会上的答谢辞

尊敬的各位领导、敬爱的老师们和亲爱的同学们：

今天，我还能与大家共度第20个教师节，这是连我自己也没想到的，因为死神的纠缠，当地医生说我能活一周，武汉的医生说我还能维持一个月，然而我活到了今天！是什么力量让我顽强地与癌魔斗争，死里求生？是县委、政府和教育局的各位领导的亲切关怀，还有×中、×中、×小的老师和领导的关怀，特别是20多年来，我所教过的学生对我的鼓励，还有我的家人的温情。这一切给了我生命的力量，以及生存的勇气和生活的信心。在此，我向各位致以真挚的谢意。

今天，领导和同志们又给我冠以“全国模范教师”的桂冠，令我百感交集，心潮澎湃。我将借助这力量，顽强地与病魔抗争。

为了所有关爱我的人和我所关爱的人而努力活着，且争取重返我热爱的讲台，让自己的生命与学生的成长同放光彩。

我爱我的事业！我爱我的学生！我爱这充满阳光与温暖的人间！

再次谢谢大家！

范例六

某税务职工代表在表彰大会上的致辞

尊敬的各位领导、各位同事：

大家好！

今天，我很荣幸能在这里，代表受表彰的所有人员，向一直以来关心和鼓励我们的各位领导，以及给予我们学业极大支持的各位同事表示深深的谢意！感谢这几年来你们在工作上、学习上、生活上给予我们的照顾和支持！

亚里士多德曾经说过“求知是人类的本性”，对于我们这些战斗在××税收战线上的国家公务员来说，虽然大家平时工作十分繁忙，总是感觉日子太短，过得太快，然而渴望学习、渴望进步的热情却从未泯灭。三年前，当我得知中国人民大学在××招生的消息时，心情无比激动，久违的校园生活又呈现在我眼前，当时正值八九月份，是我们税收工作最繁重，税收任务最吃紧的时候。但是，市局各位领导和周围的许多同事对我进一步深造的想法给予了真诚的支持和鼓励，他们在各个方面给予我方便，主动承担了许多本应属于我的职责范围内的工作，使我毫无后顾之忧，全身心投入到考前复习当中，并顺利通过考试，被中国人民大学录取为硕士研究生，圆满地完成了三年的学业。

与我一样，先后有许多同志通过自身努力，获得了各种学习的机会。同样，如果没有单位的大力支持和鼓励，是不会完成各自的学业。而顺利完成各自的学业也许是改变我们自己命运的最重要因素之一。

既然要我代表这次受表彰的同志们发言，我就代表他们向在座的各位再一次表示最衷心的感谢！

如果说大学时代是人一生中的一个重大转折点，那么可以说在人大读研这三年，是我人生中的又一次重大飞跃。中国人民大学是所综合类院校，人文知识很丰富，学术气氛比较宽松。我很珍惜这来之不易的学习机会，所以我发愤图强、努力读书，在知识的海洋中汲取我前进和进步的力量。我的专业是财政学，在校期间，我在学好主修课的前提下，除了大量查阅有关财政税收方面的资料，及时掌握和了解国内外税收政策及动态之外，我还尽量抓紧时间多选修、多学习，尤其是尽量选修其他专业的相关课程来拓宽我的视野和思路。

知识层次的提高使我对人生的态度有了更加踏实、更加人文的认识，使我的人生观更加务实、更加宽容，对自己所担负的社会责任有了更加明确的认识，对自己的要求也有了更高的标准。通过不断的学习，也使我感觉到有一种精神在鼓励着我，昭示着未来的奋斗的方向。

今天我已经毕业，离开了人大校园，回到××，回到我热爱的家乡。作为一名税务干部，我要立足本职，踏踏实实干好工作，做一名道德的、赤诚的、清廉的税务人。我想，我们要用新的知识带来新生力量，用新的自信支撑起××的税收事业，才能对得起这身海蓝的税服，对得起头顶的国徽，在向未来的冲刺中，我们这些幸运者才会无愧于××人民。

我的发言到此结束，再一次感谢各位领导和同事给我的这个机会表达我的谢意，谢谢大家！

范例七

某公司推销员在获得单位嘉奖后的答谢辞

尊敬的董事长、总经理、各位领导、同事们：

直到现在，我依然无法相信自己这样一名普普通通的推销员，竟然成了本公司去年的销售状元。我也想象不到，公司在业务如此繁忙的时刻，居然抽出宝贵的时间，来专门召开嘉奖我的表彰大会。

其实，我只是完成了本职任务，而且这主要是各位领导的信任、同事们支持的结果。比如说，如果不是我们销售部的×经理派我去深圳，不是公关部的×小姐向我介绍了那里的客户，我就不可能在深圳取得成功。所以，我要借此机会，感谢领导、感谢同事们。谢谢大家！

我清楚地知道，自己工作中尚有不少漏洞。去年新产品的推广不利，就与我直接有关，不容推卸责任。

不过，“士为知己者用”。承蒙公司信任，今后我唯有更努力地工作，才对得起公司，对得起各位。请大家看我的行动吧！

再次感谢领导，感谢同事们！

范例八

某集团领导在集团中间商、零售商表彰大会上的答谢辞

各位来宾：

大家好！

××集团在广大朋友的厚爱与支持下，飞速发展，销量雄居同行业的龙头地位，月销售额大幅度增长，日销量创近年来新高，产品升级换代，销售网络更加清晰，终端形象得到提升，销售区域不断拓宽，市场占有率逐年扩大。

名牌产品、驰名商标、三A企业、消费者信得过产品等殊荣不断。在××感恩节来临之际，我携全体员工感谢广大中间商、零售商的大力支持，感谢消费者的关心与厚爱，感谢曾经支持、关心和帮助过××的所有朋友们，并衷心地向大家说一声："谢谢，谢谢你们！"××人，永怀感恩之心！××的企业理念是：感恩社会，感恩消费者；低调做人，真诚处事。我们感恩社会，是社会给了我们生存发展的机会和环境；感恩中间商、零售商，是你们选择了××，信任××，把××的产品送到千家万户，用心与心的交流，实现着××人的使命，支撑着××的发展；感恩消费者，是你们对××的忠诚、热情、信赖，给了我们前进的信心和勇气；感恩支持、帮助过××的朋友们，是你们的信任与关爱引领着我们走向一个又一个的辉煌！

在××的发展中，××的中间商、零售商一直是我们最重要的合作伙伴，是你们建起了××与消费者之间的友谊；是你们的细心服务，赢得了消费者的赞美与信任；是你们用营商智慧帮助我们开拓了市场，为我们提供订单；是你们及时地反馈市场信息，努力工作，使得××产品在升级换代过程中成功赢得了市场。一款款新产品的亮相，是大家汗水的结晶和证明；不断地推陈出新，变换模式……正是你们这样的努力和打拼，促进了我们企业的发展和壮大，刷新了××一个又一个第一的历史纪录。我们是

一同打拼出来的战友，让我们一起真诚打天下。你们为××的发展而高兴，××因你们的成功而自豪！在此，我们衷心地感谢你们对我们企业的认同、对我们品牌的认同、对我们产品质量和服务的认同，感谢你们的大力支持和配合。你们与××一起肩负着装点人生、编织未来的使命。

在未来的发展中，我们将一起努力合作、共同成长、共同进步，引领和推动社会进步，不断适应变化的市场，在新的形势下，××坚持让国家、企业、消费者三得利原则，创造出更多的十万元户、百万富翁、千万富翁。要感谢我们的终端消费者，您的信赖和支持是××生存和成长的土壤，您的滴滴恩泽××必将涌泉以报，不管是过去、现在，还是未来，使用××产品的人，××都永远记得您。××优秀的产品含有优秀的服务，为消费者提供最满意的服务是××永远的追求。我们将以百分之百的努力，让客户百分之百地满意，让消费者得到超值的享受，以优质的产品和服务回报消费者。××的产品和服务与时俱进，永远与消费者同行。因此，我们衷心期待广大消费者，对我们企业、产品，提出宝贵建议，我们将把它作为送给××最好的成长礼物。在未来的岁月中，××依旧跳动着感恩的心，永远和消费者心连心，为着一个神圣的责任为客户提供最满意的服务。这里，我再次向尊敬的各位中间商、零售商、广大消费者及支持、帮助过××的所有朋友们，表示衷心的感谢和敬意！并由衷地祝愿大家工作顺利，身体健康，家庭幸福！

范例九

某获奖小说作者在表彰大会上的答谢辞

感谢《××都市报》，感谢《××报》，感谢传媒，感谢各位评委：

文学写作的前提是自由，这自由不仅指思想自由、书写自由，也应包括出版、传播和批评奖励的自由。传媒作为一种强大的社会力量在今天有目共睹，它参与到文学活动中来是一件值得庆幸的事，有助于打破体制的传统垄断，形成良性的多元化格局。世间无善，作为社会生活组成部分的文学也如此。在各种文学活动中绝对的善是没有的，有的只是相对平衡。传媒就是这样的一种平衡手段，参与文学评奖不仅新鲜，也显得意义非凡。我尤其注意到“华语文学传媒大奖”的宗旨：反抗遮蔽、崇尚创造、追求自由、维护公正。无论在实施过程中存在怎样的障碍、干扰，旗帜鲜明地提出口号就是一种进步、一种开明、一种与时代相称的果敢。

至于我本人因小说《××》获得“年度小说家奖”，实在是出乎我的意料。去年，我因诗集《×××××××》获得“华语文学传媒大奖”年度诗人的提名。我曾说过，我愿意被多次提名而不是真正地获奖，这与我写作的性质很相称。我的意思是我愿意将自己的写作置于一种“半明半暗”的处境下，这是多年的写作生活教给我的一种自我保护。过分压抑了，写作会变得灰暗，丧失信心。而过于张扬则容易导致浮夸，以至沦为社会名流。我说过，中国作家“富”不起也“穷”不起，任何极端的状况都会导致他们精力涣散，最终受损的是写作本身。多年来我一直处于“穷困”之中，深感由此带来的对写作的伤害。同时我也目睹了很多“富人”，目睹他们如何地“富裕”起来了，情形同样不容乐观。抛开其他因素不论(社会的、体制的、风尚和才能的)，作为一个写作者的素质，其信念、专注、意志、心理的确是一个大问题。在今天这样的场合，我不想大而化之地谈论当代汉语文学或者小说的意义、得失和大势格局。我想强调的只是某种“专业”或“职业”精神，它必定是与具体的写作者联系在一起的。无论如何，若有值得称道的汉语文学，它的兴衰成败是和这样的几个人或一批人息息相关的。

多年来我一直处于“穷困”之中。这“穷困”既有气氛上的压抑、体制的排斥和人为的疏离、隔绝，也有并非比喻的生活上的贫困。这次获奖对于我解决这两方面的问题都大有帮助。它给了我需要的荣誉，激励了“士气”。同时也有物质性的奖励——两万元奖金。虽然数目不大，但对于一个以写作为生缺乏市场不愿屈从于各种势力的人而言有着切实的生存价值。因此我的感激是尤甚的，也是真实的，不完全是礼节性的客套。

我不免想到那些与我的处境相似的写作者。在此我呼吁“华语文学传媒大奖”更多地向这些人敞开、关注他们的写作与存在。自然，这个奖的目的并非是“扶贫济困”，但也许它应该更有预见性、更果敢、更具特点和风格。这个奖新鲜如婴儿，应与当代汉语文学的新鲜力量一同成长，甚至一同遭遇非议和诋毁。它的权威性应该落实于遮蔽的现在和隐约的未来之中，而不是辉煌的往昔。与其锦上添花，不如虚席以待——我是这么认为的。

最后，我想谈谈《××》。我因这本小说获奖，但并没有愚蠢到认为获奖是理所当然的，或者实至名归。除了偶然性在起作用，还有评委们对我写作的特殊信任。时下的小说风尚比较的恣意无忌，作家们充满了表达的欲望以及雄心，在显露才华和能量的同时其技术方式难免粗糙，语言滞重迟钝，叙述上往往异想天开。这些都是盲目追求目标所付出的代价。我将《××》的获奖看成是对当代汉语小说自觉意识的一种肯定，落实到个人，就是对某种“专业”或“职业”精神的一种认可。《××》首先是一部文学作品，是一本小说，它的思辨和文化意义、作者的表达冲动和超越心理所应当地让位于小说之必须。皮之不存，毛将焉附？除了所叙述的故事，《××》还是这样的一本关于小说的皮毛之书。值得高兴的是各位评委注意到了这皮毛，并给予了肯定。

再次感谢大家，感谢《××》的出版者××文学出版社，感谢我的责任编辑××、××××，感谢《××》的读者，无论是喜欢《××》或者觉得它不值一提的人。

第四章

就职离职答谢辞

范例一

某镇新任党委书记的就职答谢辞

各位领导、各位代表，同志们：

今天承蒙党组织的关怀和代表的信赖，我荣幸地当选为××镇党委书记，感谢各级领导、各位代表对我的帮助和支持，在此，我以个人的名义并通过你们向全镇的党员和干部群众表示衷心的感谢和崇高的敬意！

我始终认为党委书记既是一个职务，又是一份责任，县委和各位代表把我推到这个岗位，我唯一能选择的就是全身心地投入到这项工作之中，以勤奋务实的态度来感谢党的培养之情；以科学的发展观来报答众位代表的知遇之恩。

“为民之要，在于安民”我们党的根本宗旨是全心全意为人民服务，在今后的工作中，我将紧紧依靠上级的正确领导，团结党委、政府一班同志，带领全镇人民进一步解放思想，抓住机遇，保持稳定，加快发展，努力实现本届党委任期内的各项工作任务。

俗话说：“平静的湖面，练不出精悍的水手，安逸的环境造不出时代的伟人。”我深深懂得，要实现每个目标，光坐而论道，纸上谈兵是不行的。重要的是经过调查研究后脚踏实地去干。作为书记，人称“九品父母官”。官虽小，当好则难；事虽难，要做则易。个人的力量是微小的、有限的；大家的力量才是巨大的、无穷的。我诚恳地希望能够得到全体党员和各村干部的大力支持和积极配合。

我将做到“三个不当”即廉洁奉公，不当贪官；秉公执法，不当昏官；真抓实干，不当懒官。我不奢求历史对我的褒扬，也不苛求人民对我的赞扬，我很自信，相信自己，相信代表同志们，相信33000多××人民的力量和智慧，会使我们××的春天更绿，××的秋日更黄。

最后祝各位代表身体健康，万事如意！

范例二

某县新任城管局副局长的就职答谢辞

各位领导、同志们：

大家好！

首先感谢上级组织和领导的信任以及群众对我的厚爱。我被任命为城市管理局副局长，内心非常激动，同时也感到非常荣幸。这是我职业生涯中的一个大转折，我清楚地知道自己肩上的担子重了，压力大了，但我有决心有信心不辜负党和人民的众望。

城市管理工作牵涉到各行各业、千家万户，很多工作直接接触到弱势群体，稍有不慎就会影响到城市管理局的形象。如何贯彻落实好上级的指示精神，完成县委、县政府交办的各项工作任务，又要取信于民，让全体市民基本满意，这就要求我们付出更大的努力。本人将尽最大努力抓好以下几项工作：

一是抓好学习，提高执行党的路线、方针、政策的水平。在抓好自身学习同时，经常组织全局干职工学习党的方针、政策、法律法规，在实际工作中做到文明执法、和谐执法、努力践行“八荣八耻”。利用一切宣传工具对市民旨在提高文化科学、思想道德、社会公德、法规纪律等方面素质教育，营造好城市管理舆论氛围。达到全局干部职工爱岗敬业、全体市民积极参与和支持城市管理工作的良好态势。

二是抓好创“三城”工作，使我县县城在三五年内成为省级卫生城、园林城、文明城。本着“政府引导、各界支持、全民参与、社会监督”的原则，在力所能及的情况下对城市硬件不断进行完善，对城区环境卫生进行全面彻底的整治，并逐步制订城市市容和环境卫生管理方面的规划和工作计划，将城市管理要实现的阶段性目标、整治措施、设施建设、管理手段等内容相对稳定下来，规范各职能部门有计划、有步骤、坚持不懈地围绕创“三城”活动开展工作。城市管理是维护广大市民根本利益的重要保障。我局承担着构建社会和谐的重要责任，解决好市民的难事、急事，是我们的日常工作。群众在生产生活中还有许多要解决的急事、难事、麻烦事，我们将全力加以解决，尽力满足群众的合理要求，形成群众配合支持城管工作，城管积极解决市民难题的和谐局面。

三是自觉接受人大监督，争取各界人士的全力支持。本人以前都是从事工程技术工作，对行政管理工作经验还不是很足。今后本人将深入实际，了解实情，多办实事。密切联系社区，了解社情民意，听取群众的良好建议和意见。学习周边县市兄弟单位的好经验、好做法，取长补短。密切与本县各部门、各单位的关系，争取群众及各部门、各单位对城市管理工作的理解和支持。共同创建省级卫生城、园林城、文明城。

各位领导、朋友们，漂亮的话我就不多说，我愿意用今后的实际行动来证明我的决心。请县人大及各位领导对我多帮扶，多监督，多提出宝贵意见和建议，让我在今后的工作中，为党、为人民、为××的经济建设作出贡献。

范例三

某县新任水务局局长的就职答谢辞

尊敬的××主任、××副主任、各位常委：

感谢组织上对我的关怀和信任，推荐我为县水务局局长人选。我从事基层工作已有20多年，1990年任××乡党委书记，1992年撤区并乡后先后任××乡党委副书记、××镇党委副书记，1994年后任××乡乡长、党委书记，2001年任××镇党委书记。自担任领导职务以来，我时刻以做一名真正的共产党员来严格要求自己，时刻以做一名真正的人民公仆来严格要求自己，尽心尽职尽责地开展工作，较好地完成了职责赋予的各项任务，先后受到中组部、国家科协、省委组织部、省科协和市县党委、政府的各种表彰奖励。我知道，我所取得的这点成绩和进步，都是组织关怀和培养的结果。

尊敬的××主任、××副主任、各位常委，×县是农业大县，水利兴则农业兴，农业兴则社会稳。组织上安排我为水务局局长人选，我如履薄冰，但我也充满信心，绝不辜负大家的信任，绝不辜负组织的期望，绝不辜负人民的重托。我将以此为起点，艰苦奋斗，埋头苦干，为党和人民的事业极尽绵薄之力。

范例四

某公司新任经理的就职答谢辞

各位领导、各位同事：

承蒙组织对我的信任和重托，安排我来××厂与大家一起工作，我感到非常的荣幸。在此，我衷心感谢组织上对我的培养、教育和信任；感谢大家对我的欢迎，这里，我特别感谢×书记、×部长等领导送我到岗。

从今天这个时刻开始，我将和同志们一起工作、学习，我很荣幸！很多同志可能知道，我最早是从××出去的，现在又回到咱们厂，心里有一种说不出的亲切感。我对咱们厂还是比较熟悉的，一是咱们单位有着光荣的传统和辉煌的历史，二是同志们作风朴实，工作默默无闻，有奉献牺牲精神，有淡泊明志的胸怀和情操，确确实实是无名英雄。我走上这个岗位，深感自己身上的责任和分量，为此，在今后的工作中，我将恪尽职守，认真履职，一是尽快融入这个集体，熟悉情况，进入角色；二是更加努力学习，举旗帜、讲政治、树风气，维护团结，做好表率，也希望大家把团结看做是自己的眼睛，倍加珍惜，做到相互尊重、相互信任、相互支持、相互体谅，大事讲原则，小事讲风格，切实维护好团结，增强凝聚力和战斗力，营造一个更加团结、宽松、和谐的氛围；三是尊敬老同志，团结新同事，谦虚谨慎，向大家学习，今后工作中，我将与大家经常沟通思想、交换意见、统一认识、通力合作。由于我比较年轻，在业务知识和工作经验上一定有不足之处，所以在今后工作中，希望领导和同志们能够给我多点帮助和批评，我会虚心接受，不断上进；四是积极主动，准时高效地完成领导交办的各项任务。具体工作方面，我今天还没有发言权。当然，我需要表明一个态度，就是在做好本职工作的同时，认真完成好上级组织交办的各项任务。在此，我希望得到在座各位领导、同事的大力支持和帮助。

我相信，只要我们团结一心，争取主动，开拓进取，我们今后的日子一定会越来越好！谢谢大家！

范例五

香港第三任特首曾荫权在就职典礼上的致辞

尊敬的胡主席，各位嘉宾、朋友及亲爱的市民：

我再次感谢中央政府和香港市民对我的支持，让我有机会出任中华人民共和国香港特别行政区第三任行政长官。我在这里庄严保证，我一定会竭尽所能，像参选特首时所承诺的，做好行政长官这份工作，为香港、为国家作出最大贡献。

香港是我成长的地方。我一直都相信这地方，相信香港人奋发向上的冲劲，相信大家会在自己的工作岗位上追求卓越，做到最好。这种做好本职工作的精神已是我们基因的一部分，大家不要看轻这一份精神。过去十年，我们屡次遇到挑战都能够迎难而上，依靠的就是这一份精神。未来的竞争是激烈的，因为我们不只是与周边地区竞争，也面对全球竞争。但只要我们的专业精神不变，我们就无须对自己感到怀疑。

在未来五年，我希望同香港人以同一份专业精神创造新香港。香港肯定不是中国最大的城市，但我们可以是最好的城市——最好的地方去养育子女成才；最好的地方去享受生活；最好的地方去为香港人，为国家创造财富。

当然，这一切不会唾手可得，香港今天的成就，全赖香港过去几代人的努力，同国家高速发展为我们带来的机会及支持。未来五年，香港要脱胎换骨，同样要把握国家一日千里的发展，发挥潜能，提升实力，令香港对国家在全球竞争中作出更大的贡献，也令香港的发展走上一个新舞台。

范例六

某法师当选省佛教协会会长后的就职答谢辞

各位领导、各位理事、各位代表：

今天，佛日高照，因缘际会，法喜充满。××佛教协会第四次代表会议在省委、省政府的领导下，在省委统战部、省民族宗教事务局的精心指导下，经过全体与会代表的共同努力，圆满完成了大会的各项议程，可喜可贺！

这次会议，规格高、代表广、结构全、程序严，138名代表来自全省11个地市重点寺院，均是我省佛教界的弘法护法骨干和人才。代表们认真履行职责，积极认真，在充分酝酿、民主协商的基础上，选举产生了第四届理事会和新一届领导集体。本人才疏学浅，承蒙新一届理事们的厚爱，当选为本届理事会会长，这既是一种荣誉，更是一种责任、一副重担，是对我最大的信任和鞭策。借此机会，我想对一直以来关怀、支持××佛教事业发展和为此次换届工作付出辛劳的各级党政领导以及统战、民宗部门的工作人员表示崇高的敬意和衷心的感谢！对提名、支持、选举本人当选的一切人士表示最诚挚的感谢！

今后，在省委、省政府和主管部门的领导下，我将尽职尽责，倾注心力，致力于佛教事业，无愧于四众重托；面对新的岗位，我深知肩上的担子的分量，深感责任重大，稍有懈怠就会愧对××佛教界四众弟子，错过良好的时代机遇，唯有以百倍的努力，尽心尽职扑在佛教事业上，才能不辱使命、不负重托，才能对得起××这块具有悠久佛教历史文化背景的土地和土地上的佛教同人。我深知，虽然岗位有了新的变化，但是，大乘佛教自觉觉他、自利利他的根本宗旨不能变；以戒为师、依法办教、在教言教的基本方针不能变；联系党和政府与佛教四众弟子，发挥好桥梁纽带作用的本职工作不能忘；发扬佛教优良传统，振兴××佛教的历史使命不能忘；依靠广大信众，求真务实的工作作风不能丢；与时俱进，时代赋予我们创建和谐教团与寺院的崇高理想不能忘；勤修三学，弘范三界，勇猛精进，全面提高自身素质和我省佛教界整体素质的目标和决心不能变；勤奋学习，提高自身素质，严格按中央提出的对宗教界人士的三条高标准来要求自己，要创造性地开展各种工作，敢有作为、善有作为，鞠躬尽瘁，团结大众，同心同德，为××佛教事业的美好明天，为构建和谐社会、人民安乐、世界和平作出我们应有的贡献！

这次会议，是我省佛教界在举国上下庆祝新中国成立60周年，共同应对金融危机，取得经济社会发展新成就的大好形势下召开的一次承前启后的大会，是一次继承传统、与时俱进、全面开创我省佛教事业新局面的盛会，是一次团结的盛会、精进的盛会、鼓劲的盛会、圆满的盛会。

希望大家回去后，进一步团结在××省佛教协会的周围，及时向四众弟子传达各级领导的重要讲话和会议的各项精神，把思想和行动统一到本次大会精神上来，要结合本寺的实际情况，采取切实有效的措施，进一步加强信仰、道风、教制、人才、组织五个方面的自身建设，把这次会议所提出的任务和各项工作全面落到实处，使我省弘法利生的佛教事业尽快发生新变化、呈现新面貌、迈上新台阶。

最后，祝各位领导、各位代表、各位法师、各位朋友身体健康，六时吉祥，万事如意。

范例七

某市烟草局领导的离职谢辞

各位领导、同志们：

你们好!

我在××工作了17年多，其中担任一把手5年零9个月有余，在此期间，我和大家朝夕相处，一起生活和工作，我认为跟大家已建立了深厚的友谊和真挚的感情。从班子来看，我们××的班子，始终是一个团结、务实、开拓、创新的班子，是一个能够战斗的堡垒。从××的干部队伍来看，是素质较高、业务较强、步调一致、能打善战的一支较为整齐的队伍。从我们××烟草工作来看，多年来对上级交办和地方党委政府布置的各项工作任务，两烟经营专卖管理工作目标，都能够按时、按要求、高标准、高质量去完成。从××烟草内部环境来看，也得到了彻底的改观，干部职工工作生活环境和个人待遇也得到很大改善和提高。从××烟草外部环境来说，通过我们多年坚持严带队、重服务、善协调，得到了广大烟农和零售客户的高度赞扬，也得到了社会各界对我们××烟草工作的充分认可和肯定。

以上这些成绩的取得，是市局党组正确领导和支持的结果，是地方党委、政府支持和关爱的结果，是各职能部门配合帮助的结果，是我们××烟草全部干部职工团结奋进、齐心协力、积极努力的结果，在此，我衷心地感谢各级领导和大家，谢谢你们多年来对我工作的支持和帮助，对我生活的关爱和照顾。我个人在××工作以来得到了领导和同志的关心和帮助、配合和支持，我深深感受到大家对我本人是信任的，对我的能力是认可的。在工作能力上，我个人的能力并不强，但我靠的是集体的力量。总的讲我们班子还是能够总揽全局，在决策议事上还没有大的失误，在协调内外关系上，我们××烟草应该说基础已打好、和谐氛围已形成。所谓基础，就是班子队伍团结，整体政治、业务素质相对较强，管理相对规范，两烟经营专卖管理工作相对扎实，企业形成良性循环。所谓和谐氛围，就是内部风气正，人心齐，心情舒畅，这一支队伍能拉得出，打得胜。

在过去的工作中，作为××烟草一把手，在班子成员的支持下，我尽最大的努力，做了一些有利于全局、有利于同志们的事情，有一些还在实施之中，有一些没能够实现，我也倍感遗憾！尤其是“人非圣贤、孰能无过”，我在工作中，肯定会有一些事情，难以做到恰到好处，虽然我讲原则重感情，但由于对工作要求过严、过急，难免会伤害一些同志的情感和自尊，在此我深表歉意恳请谅解！我相信，同志们都能从工作角度对我个人和我的工作给予理解，谢谢你们！“多情自古伤别离”，工作的需要不以我个人的意志为转移，我要遵照市局安排，离开我曾经生活和工作过的地方，离开与我并肩战斗的同志们。虽然离开了这里和大家，但我会一如既往地关心××烟草事业的发展，关注同志们的成长和进步。我相信只要同志们携手并肩，真抓实干，以×××同志为首的新一届领导班子一定会率领大家开创××烟草更加辉煌的明天。我也衷心祝愿×××同志在××烟草工作顺利、生活愉快！最后让我把各种情感汇集成对同志们的良好祝愿！祝同志们身体永远健康，家庭幸福和睦，万事顺心如意！

谢谢大家！

范例八

某集团副总经理的离职谢辞

尊敬的×总：

非常感激您近五年来的关爱与培养，把我从一个普通的初涉社会的设计师，培养成一个能在多方面小有成绩的管理者。回首过去，从公司组建，经历了诸多的困难，到今天终于有所成就，公司也逐渐步入正轨，这是众人所期望已久的，看到公司的今天我感到无比的欣慰，也希望××能够一如既往地向前发展。

在过去的日子里非常感激董事长和您的厚爱，把我从设计师提到设计部经理，再提到副总的位置。除了感激对我的信任之外，我也很感谢您对我工作与生活上的帮助，给予我成长的环境，给予我发展的舞台，感谢对我的信任，同时也感谢所有××公司的同事们对我的帮助与肯定，希望××公司越来越好。

范例九

某企业高级主管的离职谢辞

各位同人和朋友：

由于个人未来发展的原因，今天是我在公司工作的最后一天，非常感谢各位同人和朋友一直以来对我工作的支持和协助，在此衷心地说一声“谢谢”！

首先感谢公司给我工作的机会，非常感谢董事长×××先生在百忙中对我亲自面试和加薪，非常感谢×××工程部×××先生在十分繁忙的间隙给我面试机会！使我能获得3年半的稳定工作！非常感谢×××工程部×××先生对我在工作中的悉心点拨，没有你们的协助，我不可能在公司顺利地工作，再次衷心地谢谢你们！同时感谢×××工程部的各位兄弟姐妹，是你们真诚陪伴我度过在公司的每一天，使我充实、坚强而且更加成熟！感谢其他协助部门兄弟姐妹的真诚协作，使我们的工作能顺利完成！没有公司提供的这份3年半稳定的工作，我不可能在××这片热土打拼，我不可能每年有时间邀不识字的双亲来××小住2月，以解每年只能回家2次的难舍亲情！没有这份稳定的工作，我不可能认识如此多优秀的员工和主管！我不可能成熟和长大，不可能认识到自己今后要走的路！

人生最重要的不是努力，也不是奋斗，而是抉择！不知不觉来公司已经3年半了，从25岁一晃就28岁了，人生最宝贵的青春在×××停留；此时的心情是非常复杂的。我知道，离开公司我一定会依依不舍，也许还会流泪！但我相信，流泪和不舍后会更坚强和自信！因为人生的路还很漫长，而我必须认真面对和正确把握！

我离开公司后，工作将交接给×××，相信大家在今后的工作中会给予他更多的支持和协助！

再次以感恩的心衷心地说声“谢谢”！祝愿我认识的人和认识我的人工作顺利，前程似锦！

范例十

某公司员工的离职谢辞

各位领导、各位同事：

我自××××年7月开始，从××药科大学毕业进而参加工作，进入第一家公司，就加入到了××资源有限公司生产部工作，到现在已经三年零四个月了，这三年多时间在各级领导和同事们的关心与培养下，基本完成了本职工作的各项任务。但由于个人原因，我将离职。

在公司工作的这段时间，我有幸得到了单位领导及同事们的倾心指导及热情帮助。同时也感谢××资源有限公司这个大的团队对我的培养和教育，在这段工作的日子里，我也是和××资源有限公司一起成长和进步的。可以说，在××资源有限公司这3年多的时间里，我学到了很多××生产的标准化工艺知识以及公司的正规的管理模式，这对我个人的成长具有重要意义，在此，我再一次向××资源有限公司表示无比的感谢。我也很清楚公司正值用人之际，这时候向公司辞职，很不合时宜，在这里我同样表示歉意。

在思想上，我也得到领导与同事们的指导与帮助，有了更成熟与深刻的人生观、价值观。同时，因为这份工作我具备了较高的职业素养，这些都得益于公司的培养。这3年多的工作经验将是我今后学习工作中的第一笔宝贵的财富。我非常重视我在××资源有限公司内的这段经历，也很荣幸自己成为××资源有限公司的一员，我确信我在××资源有限公司里的这段经历和经验，将为我今后的职业发展带来非常大的益处，在这里，我再次向××资源有限公司表示深深的谢意。

离开这个公司，离开这些曾经同甘共苦的同事，很舍不得，舍不得领导们的谆谆教诲，舍不得同事之间的那片真诚和友善。

祝××资源有限公司的事业蓬勃发展。也祝公司的领导和同事们身体健康，事业顺心。当然，无论我在哪里，我都会为××做力所能及的事情，因为我为我曾经是××人而骄傲和自豪。

第五章

竞聘竞岗时致答谢辞

范例一

某电网公司员工竞岗成功后的答谢辞

各位领导、各位老师：

这次竞岗成功，我想对电校的老师们说，谢谢你们引领我最初踏入电力大门。我想对××公司的领导和同事们说，谢谢你们对我 17 年来的培养和帮助。我知道我的成长、我的每步足迹都与组织和领导的关怀培养、与同事们的关心和帮助分不开，我会将这份感激与怀念常存于心，并使之成为我今后工作的不懈追求与动力。

6 月 26 日，看到网上发布关于公司本部部分岗位公开选聘的公告时，我和我的朋友们还心存犹豫。相信系统内有很多员工也和我一样，怀疑公开选聘真能公平吗？真能给我们基层人员一次平等较量的机会吗？怀着忐忑的心情，我交上了自己的报名表。

7 月 10 日，我按照日程要求在××职业技术学院接受书面测试，正式开始了此次挑战的征程。首先，对考试的精心组织与安排，我非常意外，因为不管是考试须知、考场提示、考试座号以及计算机密码发放、后勤服务等工作，组织者均做得尽善尽美。透过这些细节，我看到省电网公司对此次竞聘工作的高度重视。其次，全计算机化的答题模式，不管是数学运用能力、语言理解能力、判断推理能力、资料分析能力还是文字表述能力题目，都大大冲击我们固有的思维习惯，让我第一次体验到这种先进的考试方式。没想到自己能在××真正参与这种当今最时尚、世界众多先进企业广泛采用的考试模式。而考试中出现的新颖灵活的题型，广博的知识点考核，更让我接受了一次智力、思维能力和知识广度的前所未有的挑战！这样的考试没法提前复习，没法临时“抱佛脚”，是对一个人各方面能力的全面考核。考试完毕，我感触颇深：是的，不管成绩如何，能接受这样的挑战，值得！

我想，是自己这些年来从不间断学习、对事物有着广泛的兴趣和丰富的知识积淀起了决定性作用，我因此以较好的素质测试成绩和综合知识测试成绩，与其他 154 位应聘者一起获准进入面试。

7 月 14 日晚，在面试过程中，考官们高水平的提问让我的专业知识、逻辑思维能力、语言表达能力、人际交往和沟通协调能力、综合分析能力等又得到一次全面的测评。尤其是场景模拟题目，考官以穷追不舍的方式就场景中发生的事件连续发问，追问一个接一个，咄咄逼人。有些问题刁钻棘手，逼得我们穷于应付。我想这种“压力发问”，能迫使我们充分表现出对待难题的机智灵活性、应变能力、思考判断能力及气质性格、修养等素质。

7 月 22 日，当我欣喜地得知，自己以优异的成绩最终进入择优考核环节时，非常高兴。不管最终是什么结果，至少，通过这次规范、公平、有效的竞聘测试，通过现代的人力资源测量手段，我展示了自己的基本素质、个性适应性、管理能力、管理技能和业务技能等要素，在自己的人生体验中已经增添了精彩的一笔。

得知自己最终通过思想行为考核，经公司本部人员聘任领导小组审定录取后，我感慨万端，为自己当初对于竞聘公正性的怀疑而羞愧；为自己多年来能坚持学习、踏实勤奋、不断完善自我而自豪。通过这次公平的竞赛，让我更加坚信：成功源于不懈的追求，源于辛勤的积累，源于良好的心态。

面对新的工作岗位，面对从基层到本部管理机关的转变，我还有许多知识要学习，还有许多事要做。×总曾说过，公司本部是公司系统的首脑机关，代表着公司的形象，体现着公司的作风，反映着公司的水平，在公司各项工作中处于重要的地位，肩负着重要的职责，发挥着重要的统领作用和示范作用。所以，此次竞聘成功对我来说，只是一个全新的开始。我身上的压力更重了，所以必须一如既往地努力、专注、勤奋，做一名“负责、创新、廉洁、进取”的本部工作人员，以优良的工作业绩回报大家的信任。

范例二

某外国语学校学生竞聘学生会生活部部长时的答谢辞

各位老师、各位同学：

竞选生活部长，需要让我在众人面前宣传自我，需要让我的演说夺人眼球，需要令自己在学代会上表现得诚恳认真……它令我胆怯的心慢慢地成长了起来，充满自信。无形之中锻炼了我的宣传、策划能力，同样让我进一步体会到了朋友的含义。

竞选生活部长，锻炼了我们的口才，让我们在众人面前微笑从容地表达自己的想法与观点；磨炼了我的思维，调查、总结、写稿、演讲，一气呵成，用真诚、自信和一点吸引人的特质，获得成功。随着竞选结果的尘埃落定，最高兴的是有了为大家服务的机会，最令我关心的是如何把服务做到最好，最鼓舞我的是大家对我热情的肯定。挑战的舞台成就了我们每一个人，希望从这里走出的每一个人都能展现出最灿烂的自己！“impossible is nothing”，生活充满挑战！我们永不言弃！

我很感谢我的搭档×××为我们的竞选所做的一切——所有我们得到的成功与肯定都是你的辛勤与不辞劳苦的结果，你从不浪费时间去无畏地解释别人的误会，而是默默地用你的才华与努力向所有的，甚至对你冷嘲热讽的人都证明了你的能力，是你在竞选这个需要承受巨大压力的过程中一直作为我精神的支柱，让我勇敢地面对一切；感谢帮助我们走班宣传时举海报横幅贴传单的××、×××等——有了你们我才有足够的勇气；感谢帮我们完成了电视演讲的×××——因为有了你的帮助我们才得以在演说时给大家带来了那么多的惊喜。

感谢给予了我关怀鼓励的父母、××老师——是你们让我在整个竞选的过程中保持着感恩的心；感谢在我失败时安慰我的×××主任、×××老师、×××老师、×××老师——在看见了我的失败的时候你们依旧让我感受到阳光；感谢我们的对手×××和×××——你们给予我们的握手和风度让我深深地感动，你们的能力让我们敬佩不已；感谢第一轮被淘汰却依旧含着泪水微笑着鼓励我的×××、×××——你们的豁达支持着我站在第二次的演讲台上；还有所有在竞选中帮助我们拉票，和我们一起努力的人们——我所遇见的所有，都是你们给我的回忆。

感谢那些给予我们殷切关怀的老师们；感谢让我们体验到竞争激烈的对手们；感谢那些帮助支持过我们的朋友们。为了我们在身上粘满宣传页的你们，为我们跑班拉票的你们，用铅笔涂上我们编号的你们，不停地鼓励我们让我们充满信心与勇气的你们——是你们让我们对付出的一切无怨无悔，是你们让我们感到沉甸甸的感动挂在心头，是你们让我们感受到人与人间情谊的维系。

谢谢大家！

范例三

某县派出所所长竞岗成功后的答谢辞

尊敬的各位领导、同志们：

大家好！

首先，非常感谢组织给了我一个“推销自己”的机会，我为能参加××县公安局的首次竞争上岗而感到自豪。谢谢大家对我的支持和信任，在今后的工作中我会一如既往地努力工作，争取在已有成绩的基础上使我们所的工作更上一层楼。在这次竞聘中我之所以能够成功，首先要感谢上级领导对我长期以来的关心和关注，培养和信任，锻炼和塑造。感谢在座的各位同事、朋友长期以来对我工作的帮助和支持，理解和关心。

其次，在感谢之余，我也深知新的岗位、新的职务意味着一个新的起点、一种新考验，在我的面前是挑战与机遇并存的，在此我作出如下承诺：

第一，始终坚持在上级领导的正确领导下，积极主动地开展工作。

第二，始终紧密团结在以局长为核心的班子周围，顾全大局，服务全局，团结拼搏，和衷共济，倍加珍惜来之不易的大好局面，与大家一齐把××派出所的事情做得更好。

第三，始终牢记“职务就是责任，责任重于泰山”。全心全意为人民服务，职位变动了，但是我的职责没有变，而且多一次岗位、职务的变动，就意味着责任越来越重大。对我来讲，最重要的就是责任，就是全心全意把自己分管的工作做好。一定要对得起党组的信任，对得起市局班子的支持，对得起广大干部职工的关心和帮助，以优异的工作成绩回报大家的信任和各级领导和同志们的关心爱护。

第四，始终保持谦虚谨慎、求真务实的工作作风。有什么样的作风，就会有什么样的精神面貌和效果，我要继承和吸收××县公安局多年来的优良传统和好做法，并注重创新，进一步探索更新的思路和方法。

总之，我将在上级领导的正确领导下，在以局长为班长的班子的领导下，与班子成员一道，与广大干警一道，迎接挑战，战胜困难，抢抓机遇，顽强拼搏，同时保证××县的治安环境更上一层楼。

最后，我要再次感谢在座的领导、同事、朋友在平时的工作中对我的支持和帮助，也要再次感谢大家多年来对我工作的支持与肯定。

谢谢大家!

范例四

某企业管理者竞岗成功后的答谢辞

各位领导、各位同事：

我是通过竞聘走上管理岗位的，这次的成功让我体会更多的是要用心做好本职工作，同时以平和的心态去面对竞争。每一次的参与对我来说都是一次 20 年从业经历的回顾，是对自己的否定及肯定的过程；每一次参与竞聘对我来说都是让自己处于落聘与成功的考验之中，同时它也激励着我要不断地学习，即使失败也要坚持。坚持也是一种态度和信念，让自己有不断进取的动力去做好每一件事。用这种动力去让自己处于乐观向上的心态去面对每一次挑战，面对每一次困难，面对每一次的成功。去实现自己的诺言、去实现自己对工作的价值，也将使我更加珍惜，用认真细致的工作来回报企业。

自参加工作以来我经历了企业的多次变革，参加了局里的历次岗位竞聘活动，有过落聘及成功的经历，也有很多的感慨。

竞聘就像一面明镜，是给自己的一个挑战，也照出了自己到底有多少水平，看到不足和短处，让自己在以后的学习和工作中及时改进，同时也看到了自己和别的优秀人才的差距，督促自己以后要加强学习，不断地给自己充电，才能在以后的工作中做得更好。

竞聘是发现才人、能人的有效方式，也是单位用人的公平的方法。通过竞聘激发大家的工作热情，调动大家的积极性，让想干事的人能做事，让能干事的人做好事。我局的这次竞聘工作让所有的参与人员感受到了竞聘过程的新颖、透明、公平。让没有参与的人员感受到了竞聘组织的认真、有序、严密、公开、公正。

在这次竞聘中我十分感谢一直支持和鼓励我的同事们，是他们的不断支持使我在竞聘过程中更加地有信心、有动力，正是有了他们的支持，才使得我在这次竞聘中更加地努力，每一次的竞聘对我来说都是一种学习，是经验的积累，也是提高自己、锻炼自己的一次机会。

在这里我再次感谢他们，同时也感谢我的家人，在我每次的竞聘中都默默地鼓励着我，支持着我。我在今后的工作中一定会尽职尽责，努力成为一位合格的管理者。

谢谢！

范例五

某交运仓储公司员工竞聘门卫岗位时的答谢辞

尊敬的各位领导：

你们好！

首先感谢领导给我提供了这样一个机会，也感谢同事们在工作中对我的信任和支持。我叫×××，今年55岁。我竞聘的岗位是交运仓储公司门卫。

感谢各位领导，因为有了你们的努力，使交运公司的业绩蒸蒸日上，前景美好，也让我们普通工人有了公平竞聘的机会，人人都说机会是可遇而不可求的，但是今天，我既遇到又想求得，希望就掌握在各位的手里。

感谢各位领导曾经给我的机会，记得在一年多以前，当时××仓库还没有完工，我是第一批进入的职工之一，那时办公楼还没有造，门卫室也没有造，路面也没有完全修好。我们工作在简易的工棚里，每天上班的主要工作就是清扫路面和仓库内的卫生，后来看着它一天天地完美起来，生意一笔笔地进来，觉得很自豪也很光荣。在一年多的工作时间里，也觉得有一份心血在里面。感谢领导给我的机会，使我在这一年见证了公司的成长过程，使我成为公司的一分子，当然我对这份工作充满了留恋。

回顾过去的时光，我自认为对自己的工作还比较满意，在路途远的条件下，无迟到早退现象；在酷暑天气里，坚持做到不离岗、不串岗，仔细做好车辆、人员的登记工作；在环境卫生方面因××仓库门卫的面积相对来讲比较大，门窗比较多，而且在发货期间装卸工、驾驶员来往也较多，对室内卫生及卫生间的卫生都有影响，所以要时刻保持室内及卫生间的清洁，坚持打扫室外及厂门外卫生，做到窗明几净、环境整洁。我如果能够继续担任这份工作，将不断地努力并加强改进，尽心尽力地做好本职工作，用自己的努力来填补那些美中不足的地方。门卫就像是公司的门面，在某些方面它代表着一个企业的形象；对于门卫人员来讲，门卫就像是一个服务的窗口，能够微笑地去对待每一个顾客，每一位顾客也能够微笑地来对待你，那就是成功。

今天的竞聘，只能体现对今后工作的愿望，愿望的实现要靠自己的不懈努力和奋斗，这次竞聘的成功，会使我更加充满热情地工作，我决心以这次竞聘为契机，充分发挥自己的聪明才智，使自己的工作迈向新的台阶。再次谢谢各位领导对我的工作的信任和支持，谢谢大家！

第六章

在奠基剪彩揭幕仪式上致答谢辞

范例一

某学校领导在学校奠基仪式上的答谢辞

尊敬的各位领导、各位来宾，亲爱的校友、老师、同学们：

大家好！今天，我们欢聚在这里，热烈庆祝××中学奠基。首先，请允许我代表全校师生员工，对你们的光临，表示热烈的欢迎！对你们过去、现在以至今后，对××中学的关心和支持，表示衷心的感谢！对发来贺电、贺信的友邻单位、各级领导、及社会各界朋友和校友，表示深深的谢意！你们的到来，使××中学建校××周年的庆典活动更增添了隆重和喜悦。

“百年大计，教育为本”，教育关系着民族的盛衰，国家的兴亡。办好教育已成为民族复兴的头等大事。回顾××中学××年创业、生辉的历程，我们心潮澎湃，尤其要感谢在座的各位领导、老师、校友，过去，你们与××中学甘苦与共，休戚相关，为学校的建设添砖加瓦，现在你们又和我们同舟共济，共商学校发展大计，为学校的发展出谋划策，你们为学校奉献了青春年华和毕生精力，你们是××中学××年建设与发展的积极参与者、支持者，是××中学××年辉煌历史的创造者和见证人。今天，××中学把你我的命运联结在一起，历史使命把我们与学校的命运联结在一起，××中学××年建设发展的辉煌成就有我们大家的辛劳和汗水，××中学××年建设、发展的丰硕成果应当由我们大家共同分享！感谢所有关心和爱护××中学的各界朋友。

感谢各位领导、老师、校友，对××中学多年的关怀和帮助，我们豪情满怀；展望未来，我们信心百倍。在今后的工作中，我们将认真学习与贯彻“三个代表”重要思想，学习贯彻党的十六大关于全面建设小康社会的精神，发扬××中学办学优良传统，坚持“以学校教育现代化为龙头，以高质量的教育教学和高水平的教育科研为两翼”的发展战略，坚持“以人为本，以学生的发展为本”的办学思路，大力推进教育创新，一如既往地构建以德育为核心，以学生可持续发展为根本，以科技教育为特色的素质教育实施体系；我们将以饱满的工作热情，以建设现代化学校的责任感和使命感，把我校建设成为校园环境优美、师资力量雄厚、教育质量一流、教育特色鲜明、办学水平较高、在××市乃至××省有重要影响的全国一千所示范高中名校之一。孔子说：“四十而不惑”，我们衷心祝愿，在各位领导、来宾、校友和老师的大力关心和支持下，××中学明天会更好，××中学一定会在新世纪里迎来更加光辉灿烂的发展前景。

最后，在××年新年即将来临之即，祝尊敬的各位领导、各位来宾，亲爱的校友、老师、同学们，工作顺利，家庭幸福。谢谢大家！

范例二

某公司领导在公司更名揭牌仪式上的答谢辞

尊敬的×董事长，亲爱的同事们：

大家上午好！

今天是个欢聚的时刻，今天是个播种梦想、收获希望的日子。首先我代表公司感谢大家一起参加公司的揭牌仪式暨庆祝大会。

自 1996 年公司成立到现在，已走过 14 年的风风雨雨，这 14 年来，经历过无数的风浪和挫折，机遇和挑战。14 年后的今天，国家发生了翻天覆地的变化，深圳发生了翻天覆地的变化。××公司承载了 14 年的光荣和梦想，已完成了自己的历史使命。在新的机遇面前，公司老板×董事长审时度势，高瞻远瞩，将公司更名为×××信息科技有限公司。此举将公司推上了新的里程碑。从此，公司将翻开崭新的一页。

×××公司揭牌后，公司将坚守并发扬以诚待人、沟通无限的经营理念。把“为员工谋福利，为企业图发展”视为我们一切行动的总纲。新的公司，新的面貌，新的气势。×××崇尚以“爱、热忱、卓越”为我们的共同信仰和价值观。使我们的企业不断地发展壮大。为我们的员工创造一切使其成功并享有终身成就的机会。因为我们关注每一个人，关注每一位同事的成长和辛勤付出。让我们共同承载公司新的历史使命，让我们共同祈祷明天，胜利的果实必将被我们摘取。

此时此刻，请允许我代表×××公司的全体同事深深地感谢公司的创始人×董事长，是他的发起和创办，才有我们今天为之共同奋斗的事业。谢谢!

我还要感谢公司的每一位同事及其亲属们，是你们用自己的双手和智慧托起公司前进的希望。谢谢你们!

我坚信：×××公司必将会发展壮大成为上市公司。我坚信：每一位致力于在×××发展的同事，必将获得最好的待遇和最高的荣誉。让我们一起为×××公司的发展而努力奋斗，因为这是我们所有人共同的事业和梦想。

从今天开始，公司正式更名为深圳市×××信息科技有限公司，让我们共同祝愿新公司前程锦绣，事业昌隆。

谢谢大家!

范例三

某总经理在物流中心竣工开业剪彩仪式上的答谢辞

尊敬的×主任，尊敬的×××常务副市长、×××副市长，尊敬的各位领导、各位来宾：

上午好!

江西××（农资）物流中心经过近一年的紧张建设，完成了一期工程并将正式开业。该项目从立项到建设，得到了国家相关部委，市委、市政府和各有关部门，所在地县镇两级党委和政府以及各界人士的大力支持。没有你们的关心、支持与厚爱，就没有我们今天的庆典，借此机会，我谨代表××工业控股集团有限公司向莅临今天竣工开业仪式的各级领导、各位来宾表示最热烈的欢迎，向给予工业控股和××物流项目以关怀和支持的各界人士、各位朋友，以及选择了××物流中心投资兴业的各位客商致以最诚挚的感谢，向参与项目筹备、为项目建设付出巨大努力的××全体员工致以最崇高的敬意!

江西××（农资）物流中心的成立，是××工业控股集团贯彻市委、市政府关于抓好后改革时期转型发展的要求，统筹运作企业资源，谋求一主多辅、多元发展的重要举措。

江西××（农资）物流中心项目具有天然的区位优势，抓住了市委、市政府打造××枢纽型物流基地的良好机遇，更符合国家支持“三农”的宏观政策，另外，这个项目还有着定位准、起点高和团队强的优势，有所在地××县政府、××开发区管委会以及××镇政府的鼎力支持，有众多的农业生产资料运营商看好这片热土，签订入驻协议，为我们的发展增添了无限的信心。

我们相信，在各级党委、政府和有关部门、社会各界的支持下，江西××（农资）物流中心一定能抓住机遇，团结奋进，扎实工作，搞好经营，不断做大做强，为××市的经济建设和农业发展作出更大的贡献。我们也真诚欢迎更多的海内外有识之士到××投资兴业，和我们一起共创更加美好的未来。

最后，再次对各位领导、各位来宾的光临表示衷心的感谢！衷心地祝愿江西××（农资）物流中心开业大吉！衷心祝愿各位来宾身体健康，万事如意，合家幸福！

谢谢大家！

范例四

某市委领导在项目奠基仪式上的答谢辞

尊敬的××市长、各位来宾、朋友们：

大家好！

八月稻花香，金秋结硕果。在这夏去秋来丰收的日子里，今天，在此隆重举行“××食品有限公司年屠宰100万头生猪与精深加工项目”奠基仪式。该项目的奠基，不仅是××的一件喜事，也是一件大事，更是全市经济发展的一件盛事。我谨代表中共××市委、市人大常委会、市人民政府、市政协向项目奠基仪式的成功举行表示最热烈的祝贺！向不顾炎热、不辞辛苦、莅临指导的上级领导、各位来宾、新闻界的朋友们表示最热烈的欢迎！向关心和支持××经济社会发展的海内外朋友表示最衷心的感谢！

近年来，为积极应对入世挑战，我们一直把最具潜力的生猪产业作为农业结构调整的一个重点，千方百计推行生猪饲养规模化，上加工型龙头项目，采取“公司+基地+农户”的生产模式，走养加销一体化、农工贸相结合的产业化经营之路。“××食品有限公司年屠宰100万头生猪与精深加工项目”就是我市规模化屠宰、规范化生产的生猪屠宰生产的示范项目。该项目的实施，将保证消费者吃上放心肉，满足人们的消费需求；将带动我市生猪产业和其他相关产业的发展，推动农业产业化进程，更好服务于“三农”；将直接或间接地安置一批下岗职工就业，带动我市及周边地区的农民发家致富；将大力推动××的屠宰、食品加工业向科学性、安全性、环保型、标准型的方向发展，同时它也代表了我市肉食品加工业的一个发展方向，对全市经济发展和生态环境的改善具有重要意义。我市各级各部门要站在全市的高度、长远的角度，用发展的眼光来看待这个项目，努力创造良好环境，大力支持其及早开工，并加以扶持，促其快速建成充分发挥效益，推动一方经济快速发展。

在今后的工作中，希望××公司乘胜前进，切实做到三点：一要加快项目的建设力度，进一步完善各个产业化链条体系和运行机制，处理好农企利益关系，促进企业与农民实现“双赢”。二要严格按照畜产品国际质量安全控制体系进行生产，根据市场需求，优化品种结构，提升产品质量、档次和竞争力，把优势猪肉产品不断做大做强。三要寻求多形式、多层次的合作，发展国际、国内代理商，推行现代连锁经营，不断拓展国际、国内市场。

我们深信，有上级部门和领导的关怀与支持，有××食品公司的技术实力，有社会各界的关注，该项目一定会建设成为××乃至全国屠宰、肉食品加工行业的一个样板企业，为××经济发展作出更大的贡献。

最后，预祝此次奠基仪式取得圆满成功！祝各位领导、各位来宾身体健康，工作顺利！

谢谢大家！

范例五

某县领导在变电站投运剪彩仪式上的答谢辞

同志们：

在这硕果累累的金秋时节，即将迎来中华人民共和国成立××周年之际，一项惠及全县人民群众的民心工程——××变电站建设项目正式竣工投入运营了。在此，我代表县委、人大、政府、政协四大班子向××变电站的竣工投运表示热烈的祝贺！向奋战在变电站建设一线、付出辛勤劳动的广大电力干部职工致以诚挚的问候和崇高的敬意！向给予我县电力事业发展大力支持的上级电业局和社会各界人士表示衷心的感谢！

近年来，我县以创优投资环境工作为重点，强力打造良好的经济发展环境，招商引资、重点项目等工作取得了显著成绩，投资力度不断加大，发展步伐不断加快。随着经济快速发展，尤其是以县城为中心的工农业迅猛发展，县城电力供需矛盾日渐凸显，为有效解决这一难题，我县大力实施了县城电网建设与改造工程，全面优化县城电网结构，以此更好地支持全县各项事业健康快速发展。××变电站的竣工投运，标志着我县城网建设与改造工程即将全线告捷，以县城为中心，××变电站为枢纽，××变电站为支点的县城电网结构更趋合理，供电更加安全、稳定和高效。

长期以来，在广大电力职工的辛勤耕耘下，我县供电事业得到快速发展。特别是近两年来，县电力部门紧紧围绕全县工作重心，坚持改革、发展和创新，本着“人民电力为人民”的宗旨，全力支持当地经济发展，取得了显著成效。这些成绩的取得，可谓是广大电力系统干部职工坚持求真务实、拼搏进取、优质服务的结果，凝聚了广大电力干部和职工的智慧和心血，为全县的经济发展和社会进步作出了积极的贡献。借此机遇，我向奋战在电力战线上的广大干部和职工表示亲切的慰问和诚挚的谢意！

在日新月异、经济飞速发展的今日，电力事业的发展面临着新的征程和挑战，希望电力部门以发展为机遇，以市场为方向，继续坚持电力先行的思想，进一步提高服务品质和水平，营造良好的供电环境，为全县工农业的可持续发展奠定更加坚实的基础。

谢谢大家！

范例六

某大酒店负责人在开业庆典剪彩仪式上的答谢辞

各位领导、各位贵宾、各位朋友、父老乡亲们：

今天，在这满目青翠、秀竹飘香、湖水荡漾、热烈喜庆的大好日子里，我们在这里隆重举行国家中部旅游人才培训基地××沟教育实验基地揭牌暨××沟水景大酒店开业庆典剪彩仪式，这是××沟风景区建设发展史上的又一大盛事。在此，我代表××县××沟风景区有限公司，××沟水景大酒店向前来参加开业庆典剪彩仪式的各级领导、省内外各级媒体、旅行社，表示最热烈的欢迎，向前来祝贺的各位贵宾、各位朋友、父老乡亲表示衷心的感谢！

正是在各级领导、各级旅游主管部门的关心和大力支持下，××沟水景大酒店得到快速、有序、健康、和谐的发展。

在××沟水景大酒店挂牌建立国家中部旅游人才培训基地××沟教育实验基地和隆重举行××沟水景大酒店开业庆典剪彩仪式，是××沟风景区开发建设的一个新标志，必将使××沟风景区旅游接待及深度开发步入新的发展阶段，也必将对全面提升××沟风景区的接待质量产生深远影响，也必将会给××沟风景区旅游产品向高端化转型奠定坚实基础。××沟风景区将会牢牢抓住这个千载难逢的大好机遇，并以此为契机，进一步加大对景区的投入力度，进一步完善景区的基础设施，进一步提高景区的管理水平，进一步加强与旅游界同人、新闻媒体、旅行社的合作，共同携手把××沟风景区和××沟水景大酒店，打造成功能齐全、服务一流、游客满意的国家中部旅游人才培训基地和全国知名的休闲度假中心。

最后，对各位领导、各位贵宾、各位朋友、父老乡亲对××沟风景区的关心，对××沟水景大酒店的支持，再次表示衷心的感谢。

范例七

某市政公司负责人在总部大楼落成剪彩仪式上的答谢辞

尊敬的各位领导、各位嘉宾、同志们、朋友们：

上午好！

经过几个月的紧张施工建设，新的××市政总部终于落成。今天，在大家的热情期待和真情祝福中，我们搬进了新的办公大楼。这是我们××市政历史进程中的一件大事。在此，我代表××市政公司全体员工，向今天前来参加剪彩仪式的各位领导、各位嘉宾和朋友们表示热烈欢迎！向一直以来关心、支持和帮助××市政公司发展壮大的建设、工商、税务、金融系统及各界同人表示诚挚的感谢！

××市政，从无到有、从小到大。我们大家一起经历了七年的风风雨雨。七年来，我们××人经历了无数的坎坷、无数的挫折，也流下了无数的汗水与热血，但我们××人没有怕，也没有倒，在困难中，在逆境中，我们精诚团结、我们艰苦奋斗。我们坚定一个信念：××一定会发展、一定会壮大！

是的，××也一定能大步发展、稳步壮大！这七年，我们选择了坚持、选择了团结、选择了奋斗，同样，我们也就选择了发展、选择了壮大。到今天，我们××市政已经发展成为拥有固定员工上百人、带动农民工就业近千人、产值过亿的规模企业。

××市政七年的发展历程让我深深地明白了一个道理：企业的发展壮大一方面需要强有力的外援，另一方面还需要广大员工的辛勤劳动和聪明智慧。

可以说，七年来我们最大的收获是赢得了众多“志同道合”的朋友，我们最大的财富是拥有了一大批“以企为家”的员工。没有各界朋友的鼎力支持、仗义相助，就不会有××市政的繁荣壮大；没有广大员工的辛勤汗水、无私奉献，就不会有××市政的崭新局面。借此机会，请允许我再次向各位来宾表示感谢！向公司全体员工，并通过你们，向你们的家属表示由衷的敬意！

今日的搬迁，就是一个新的起点。我们有信心、有实力，在新的环境中创造出新的业绩、新的奇迹。

今后，××市政将在市政乃至更大领域与各界宾朋携手、共谋发展。公司内部也将继续秉承“以人为本、和谐发展”的理念，加强人文关怀，进一步弘扬“精诚团结、艰苦奋斗”的优良传统，将××市政不断做大、做强！

各位朋友：现在国家正在大力推进现代化建设、小康社会建设、社会主义新农村建设，这为我们××市政的发展开辟了广阔的前景，我们一定要抓住这难得的机遇，不断推进企业技术创新，提高员工素质，狠抓质量与服务，努力把××做强、做大，为国家经济社会发展作出新的、更大的贡献。

谢谢大家！

范例八

某棋院院长在棋院揭牌仪式上的答谢辞

尊敬的××老师、尊敬的各位领导、朋友们：

大家好！

首先，请允许我代表××所有棋艺爱好者，对百忙之中不辞辛劳、亲临××棋院揭牌仪式的象棋特级大师、全国冠军×××老师表示热烈的欢迎！对各位领导给予××棋院的热忱关心和大力支持表示衷心的感谢！对给予本次揭牌仪式以财力支持的××银行和××县××科技开发有限公司表示诚挚的感谢！

三江双塔一局棋，四季五桂六华春。今天，虽然雪花飘舞，寒风凛冽，但我的心中，却是如阳春三月一样温暖！××棋院，在各位领导以及各界朋友的关心支持下，终于揭牌成立了！作为一个爱棋人，能亲历××棋院的筹办创建，我感到十分高兴和自豪，同时也十分的忐忑不安，生怕辜负领导的信任和重托、辜负棋友们的厚爱和期望！但我相信，有各级领导的关怀支持，有各界朋友的真诚相助，××棋院一定能在精神文明建设中发挥应有的作用！我们有信心把××棋院办好！

××棋院将以普及群众性棋类活动、培育青少年棋艺爱好者和棋类后备人才为主，积极促进棋文化事业发展。××棋院从团结友好的愿望出发，以××区范围内包括属地管理当中的中央、省、市直单位棋类运动爱好者为主体，建立平台、推介××，以“普及、培训、竞赛、提高”为宗旨，以“弘扬传统文化，打造智慧品牌，提升城市品位”为己任，为创建“人文××、和谐××”发挥积极作用。众人拾柴火焰高！棋类活动的发展，除了政府的有力支持，更重要的是广大群众的广泛参与，我们将想方设法，大力开展群众喜闻乐见的棋类活动，使××棋院真正成为“切磋棋艺的乐园”！同时，××棋院也将积极开展青少年包括大、中、小学生以及学龄前儿童的棋艺启蒙、普及教育，和体育部门、教育部门加强合作，贯彻落实国家体育总局和教育部联合下发的《关于在学校开展“围棋、国际象棋、象棋”三项棋类活动的通知》精神，为国家培养棋艺后备人才，我们有信心把××棋院打造成“培养冠军的摇篮”。

今天，让我感到更加高兴的是，象棋爱好者十分尊敬、崇拜的×××老师，时隔六年后再次来到××，参加××棋院揭牌仪式，并将为我们表演其独步天下的蒙目车轮绝技，这是××棋院的荣耀，更是我们××棋迷的福分！××老师高超的棋艺、无与伦比的记忆力，我们很多棋友都记忆犹新、津津乐道！××老师棋高德馨、待人和蔼可亲，从来不摆名人架子，为了弘扬象棋文化，不辞辛劳，走遍大江南北、城市乡村，并多次远涉重洋，到世界各地推广中国象棋，赢得了人们的交口赞誉！

××老师的蒙目车轮绝技更是天下无双，他于 1995 年在中国棋院成立庆典上接受 19 位省市级高手的挑战，竟取得 9 胜 8 和仅负二局的佳绩，令人叹为观止！2006 年 8 月 4 日，××老师在成都和 108 人同时对弈，历时 7 小时 30 分，获得了 69 胜 30 和 9 负的佳绩，成功打破 101 盘的原吉尼斯世界纪录。就在今年 6 月，××老师宝刀不老，力压群雄，夺得第二届“句容茅山杯”全国象棋冠军邀请赛冠军！××老师自 1980 年从十连霸胡荣华手中夺得全国冠军后，多次夺得重大比赛的桂冠，佳绩纷呈，难以尽数！现在，××老师即将接受我们××8 位绿林好汉的挑战，再次给我们××棋友展示他的神奇绝技，为我们奉献一道精神大餐，请大家再次以热烈的掌声，来表达我们对××老师的谢意！

尊敬的××老师、尊敬的各位领导、朋友们！此时此刻，千言万语也难以表达我的感激之心！最后，请允许我朗诵一首与棋友合作的七言律诗，和朋友们一起分享喜悦之情吧：

岁末年初梅正香，××棋院喜开张。

五桂塔前青山秀，黑白格里智谋长。

传承国粹抒抱负，培育新苗成栋梁。

枰上景致无限美，车马奔腾意气扬。

谢谢！

范例九

某上市公司领导在公司上市揭牌仪式上的答谢辞

尊敬的各位领导、各位来宾、女士们、先生们：

大家好！

非常感谢大家百忙之中来参加××公司的上市揭牌仪式，在这激动人心的时刻，我代表××公司全体员工，感谢多年关心、支持帮助××的各位领导，各界朋友，特别要感谢的是：××和××，感谢公司全体员工的精诚团结和多年的共同努力拼搏，感谢投资××公司新的广大股东。

××公司通过十几年的努力，从小到大，终于发展成为上市公司，这是社会对××企业的认可，相信在座各位已经阅览过××公司上市招股说明书，在这里我就不再重复××公司的发展历程。这次上市是××发展史上的里程碑。我们会非常珍惜国家证监会给予××公司进入资本市场发展的机会，认真做好公司的主业。我们全体经营班子深感责任重大，除了严格按照上市公司要求规范管理，更重要的是进一步提高公司的核心竞争力和赢利能力，加快将公司的产业规模化进入国际市场，获取更大的经济效益，给广大投资者带来满意回报，不辜负广大投资者以及各级领导、各界朋友的信任和期望。

××公司将继续保持“稳健经营，效益经营”的理念，继续发挥××人的“诚信、敬业、创新、奉献”的企业精神，依靠科学技术和资本杠杆的力量，将公司从事的幕墙工程、玻璃产品主业做专、做精、做强、做大。通过十年的时间发展成为国际行业龙头企业集团，为国家的富强繁荣、和谐社会事业贡献××人应有的力量。

最后，再次感谢大家的光临，谢谢！

范例十

某县领导在某公司挂牌仪式上的答谢辞

各位领导、各位来宾、朋友们、同志们：

在县委、县政府的亲切关怀下，在县直有关部门的密切配合下，在社会各界的大力支持下，在××宾馆员工的共同努力下，经过紧张的筹备，××有限责任公司今天正式挂牌了。首先，我代表×县人民政府，对××公司的成立表示热烈的祝贺！对多年来关心支持××宾馆、为我县个私经济发展作出贡献的社会各界人士，表示诚挚的谢意！

××公司的成立，应该说是我县××系统立足自身优势求发展的一件大事，也是我县个私经济发展的一件喜事。对我县××系统的发展有很大的帮助。

自××宾馆成立以来，全体员工在×××总经理的带领下，内强筋骨，外树形象，诚信经营，依法纳税，积极安置下岗人员再就业，广泛开展向灾区“献爱心”活动，在取得显著社会效益和经济效益的同时，宾馆在菜肴质量、优化服务上精益求精，受到社会各界的好评，荣膺“中国徽菜名店”、“安徽餐饮名店”光荣称号。对我县的经济和文化文明建设都有一定的帮助。在这里我代表县委县政府对××宾馆为带动我县经济发展所作的贡献表示衷心的感谢。

今天，××宾馆为适应形势发展需要，为求经济总量不断增长，为将“××宾馆”品牌做大、做强，又成立了××有限责任公司，为下一步××宾馆继续保持高速、稳定、健康的发展势头创造了基础，提供了条件。希望××公司今后在经营运作中，能够认真总结××宾馆得以发展的经验，秉承好的传统，继续采取政府指导、企业化管理、市场化运营的原则，牢固树立服务意识，切实把消费者的利益放在首位。只有这样，才能汇聚财源、聚拢人气、步入良性循环，实现快速发展。只有这样才能在今后的发展中不断地壮大自身的发展，带动我县的××经济发展。

××公司的成立，既是县委、县政府实施“三个年”活动的一项成果，也是我县××系统大力发展××经济的一个有益探索，需要方方面面的配合与支持。希望有关部门从构建我县多元化、多层次旅游、休闲服务体系的角度，从培植税源、促进第三产业快速发展的高度，对××公司予以必要的重视和支持，帮助和配合××公司开展业务、发展未来。我也衷心希望××公司抓住机遇、大胆探索、不断创新、规范运作、创造佳绩，为我县经济快速、健康发展作出应有的贡献！

谢谢大家！

第七章

在庆典仪式上致答谢辞

范例一

马云在阿里巴巴集团成立10周年庆典上的答谢辞

感谢大家，其实我还没有从刚才的表演中恢复过来，从来没有想到自己可以在万人体育场表演……为今天晚上我大概准备了十年，十年以前我设想过，十年以后我会如何对我们的员工讲话，如何对我们的客户讲话，如何对我的朋友讲话，讲些什么？离十周年越来越近的时候，我心里面越来越亢奋，越来越希望讲，但是到这几天，我居然晚上都睡不着觉，因为我不知道自己要讲什么。刚才在来之前，看到那么多阿里巴巴的人，那么多的阿里巴巴亲朋好友，我其实不需要讲什么，十年来所有阿里巴巴人的行为已经告诉我们了，感谢大家！

十年以前，在我的家里，我还有其他17位的同事，我们描绘了一个图，我们认为中国互联网会怎么发展，中国电子商务会怎么发展，我们讲了两个小时，从此就走上了这条路。十年下来，没有任何理由我们会活下来，有无数的原因，无数次的坎坷，无数次的情况会让阿里巴巴一蹶不振，甚至消失在互联网世界。那么是什么让我们活了下来？让我们坚持走到现在？今天我想在这里跟我们所有的阿里巴巴人，跟我们所有阿里巴巴的亲朋好友分享一下。我认为我们是非常幸运的，我们幸运地生活在这个时代，我们幸运地生活在这个互联网时代，我们幸运地生活在中国。所以我讲，从第一天起到现在，阿里巴巴一直充满了感恩之情，要感谢的人非常多。

我想我首先要感谢我的 17 位同事，17 位创业者，他们信任我，无论发生任何事情，他们总是坚定地站在我后面。我也感谢在座的所有的阿里巴巴同事，是你们的坚强精神让我们走到今天，感谢大家。

我感谢所有阿里巴巴的客户，他们帮我们成就了阿里巴巴的梦想。我记得 9 年以前有人认为，阿里巴巴的商业模式，阿里巴巴提供的服务就像把一个万吨油轮抬到喜马拉雅山上。我要感谢在座的阿里巴巴的家属，没有你们的支持，阿里巴巴的人就不可能日以继夜每天晚上干到 11 点、12 点甚至 2 点、3 点，为了一点点程序，为了一个问题，为了一个客户，日夜为之奋斗，感谢你们。我当然也感谢我们的投资者，没有他们的信任我们不会走到今天，我更要感谢的是我的很多的朋友们，这些朋友们包含很多政府官员，今天我们在这儿有很多阿里巴巴的朋友，很多是政府官员的朋友，他们不仅仅是政府官员，他们更是我们的朋友，他们对电子商务的信任，对阿里巴巴的信任，对中国中小企业的信任，我由衷地感谢他们。

我相信要感谢的人很多，这几天我想了很多的人要感谢，很多的人要感恩，包括杭州的出租车司机，杭州西湖上划船的船工，没有他们的支持，没有他们的帮助不断地宣传阿里巴巴，没有杭州市民支持我们，我们不会有今天。所以感恩是阿里巴巴十年以来心里永远记着的事情。我记得在九年之前，在阿里巴巴的 100 名员工大会上说，我希望阿里巴巴成为杭州的骄傲，我希望杭州的老百姓愿意把自己的孩子，把自己的男朋友、女朋友、丈夫、太太送到我们公司来，让我们的公司越来越大，不仅成为杭州的骄傲、浙江的骄傲，甚至成为中国的骄傲和世界的骄傲。今天我们刚刚开始，后面的路还非常之长。

我也相信，不管任何原因，我们今天活了下来，但是我们还有 92 年要走，这 92 年，我们凭什么再走下去，前十年阿里巴巴只有两大产品，第一个产品就是我们的员工，第二个产品就是我们的客户。我想，在这儿分享几样东西，未来十年阿里巴巴必须坚持的事情。首先，阿里巴巴是使命感驱动、价值观驱动的公司，8 年多来阿里巴巴每个季度考核价值观，每个季度、每个月是靠自己的使命感，每一个人都是靠自己的使命感而坚持。有人说阿里巴巴创办的是理想主义公司，我今天还是觉得，阿里巴巴是充满理想主义和充满现实主义的公司，阿里巴巴没有理想不可能走到现在。未来十年我们永远是家理想主义公司，当然一定会脚踏实地，如果不充满现实主义地去做任何点点滴滴的事情，我相信我们也不会活到现在，我们永远会坚持客户第一、员工第二、股东第三。让华尔街所有的投资者骂我们吧，我们坚持客户第一、员工第二、股东第三。

我们坚持专注，我们专注电子商务，前十年我们专注电子商务，后十年还是专注电子商务，我们前十年专注中小企业，未来十年我们还是专注中小企业，因为只有专注中小企业，专注电子商务，才能让我们长久，因为中小企业需要我们，因为中国电子商务和全球电子商务需要我们。今天阿里巴巴十周年，看到大家的激情，我从来没有那么担忧过，因为今天是一个前十年的一个阶段的结束，我们后面 92 年刚刚开始。从昨天晚上到今天早上，我们收到了 18 个阿里创始人的辞职信，我们所有的 18 个人辞去了自己创始人的职位，因为我们知道，从 9 月 11 日开始，阿里巴巴将进入一个新的时代，进入合伙人的时代，我们 18 个人不希望背着自己的荣誉去奋斗，我们今天晚上将是睡得最香的一个晚上，因为今天晚上我们不需要说因为我是创始人，我必须更努力，因为今天我们辞去了创始人，明天早上我们将继续去应聘、求职阿里巴巴，我们希望阿里巴巴再度接受我们，跟任何一个普通的员工一样，我们的过去一切归零，未来十年我们从零开始。

感谢大家，有一点请大家放心，阿里巴巴崇尚透明、公平，我们会把你的亲人，把你的孩子，把你的先生，把你的太太照顾好。但是公司不是照顾好你，是他们照顾好这家公司。我们一定会让他不仅物质上富有，精神上更富有，我们希望员工不仅仅是物质的富有，是精神的富有，我们希望员工有成就感，为社会认同，被社会尊重，我们永远坚持认真生活、快乐工作。我们希望阿里巴巴出来的人是真正具有幸福感的人，我们也希望所有的亲友推荐更多的优秀的年轻人，我们追求不是最优秀的人，我们追求的是最平凡的人，特别感谢大家对阿里巴巴的支持和理解，未来十年，希望大家一如既往支持我们，谢谢大家。

最后，我在这儿想分享一下不断激励我自己，也是想激励大家的，我讲了N多遍，今天还想讲一遍，今天很残酷，明天更残酷，后天很美好，绝大部分人死在明天晚上，看不到后天的太阳，阿里巴巴人必须看到后天的太阳，谢谢大家！

范例二

某公司管理层代表在公司成立9周年庆典上的答谢辞

各位股东、各位员工：

今天2008年4月13日是××公司9周年的生日，是值得所有××人庆贺的日子。公司成立9年来，在各位股东的大力支持下，在公司全体员工的共同努力下，由小到大，从弱到强，从一个默默无闻的小公司发展成为在“糖果包装业”与“气雾罐盖业”著名的企业。这是我们大家共同努力的结果，也是对全体××人辛勤付出的最好回报！今天，我们在这里欢聚一堂，隆重庆祝公司成立9周年，在此我谨代表公司管理层向各位股东和全体员工表示热烈的祝贺和衷心的感谢！

回顾公司9年的发展史，我们走过的是一条艰难曲折的道路。在创业前期，在整个行业暗淡处境下，我们××人凭着顽强的毅力和坚定的信念，脚踏实地，开拓进取，一步一个脚印地走了过来。感谢大家的坚持。正是有了大家的坚持，公司经过9年的发展，特别是近几年的发展，取得了辉煌的成绩。

正是因为大家的不断努力，我们的产品被用户充分认可，销量成倍增长，为企业的持续发展打下了良好的基础。在这些年我们相继通过了ISO国际质量体系认证、实施了ERP现代化管理、取得了QS食品认证、连续四年获得政府颁发的“守合同、重信用”称号，连续几年，在销售额、创利上都取得了一个又一个的高峰，目前一个月的销售额差不多是创业时一年的业绩。企业实力进一步增强，市场竞争能力得到进一步提高。可以说，公司成立以来的九年是起步的九年，是打基础的九年。经过艰难的九年，公司的生存问题基本解决，今后一个阶段是公司快速发展的关键时期，这就要求各级管理人员和全体员工在思想观念上，经营管理水平上都要有一个大的突变，我们要紧紧抓住这个关键，保持和发扬××人“团结、诚信、创新、敬业”的工作作风，精诚团结，齐心协力，把公司的各项工作做得更加出色，把××做大、做强。

当然在这九年里公司蓬勃发展，硕果累累，要感谢公司每个员工的辛勤劳动，今天在座各位经理、部长、各管理人员，当中也包括我这个总经理在内都是与××公司一起成长的。之前，他们都下过车间做过普通的工人，就像你们的生产部的×经理、×部长、×部长们，开注塑机就一定不会比你们产量少的，我们的漂亮的财务部经理还会开丝印机呢。正是在这些人的不断努力下，××公司才有了今天。感谢他们的不断付出和努力，谢谢你们！

在××公司的培养下他们才会一步步从一名普通的员工成为今天××的管理人员，这是我们过去的骄傲，同时更加是你们的机会与目标，有这么多的榜样在我们的面前，你们想，难道不是更加有信心会达到吗？对不对！通过前段时间公开自觉报名参加ISO质量体系竞赛的人数与质量来看，我们的××人都有一股奋发向上，勇于接受新事物，敢于接受挑战的精神，而这是年轻人最最可爱与可敬的气质，相信你们一定会更加成功的，在这里我先提前祝福你们，同时也表达公司领导层对你们的感谢。

目前公司的发展进入到一个关键阶段，既充满了机遇，又面临着挑战，但总的来讲，机遇大于挑战。困难毕竟是前进道路上的困难，我们要克服种种困难，迎难而上、齐心协力、开拓进取、再接再厉，共创辉煌，使企业的发展迈出更大的步伐。我们坚信，在大家的齐心协力下，××在未来的征途中必将会取得更大的成就。

最后，我代表公司管理层再一次向大家表示衷心的感谢！祝大家身体健康、工作顺利、万事如意！

谢谢！

范例三

某镇领导在敬老院开院庆典上的致辞

尊敬的各位领导、同志们、朋友们：

党播春风泽润孤老，民逢盛世厚德延年。今天，我们在这里隆重举行×××镇敬老院开院典礼。在此，我代表镇党委、政府向前来参加典礼的各级领导和各界朋友表示热烈的欢迎！对敬老院的启用表示热烈的祝贺！向入住敬老院的五保老人致以亲切的问候！

敬老院的顺利落成，体现着上级领导对我镇民政事业的关心与支持，凝聚着有关部门和承建单位的汗水。借此机会，向关心支持我镇敬老院建设的各级领导和广大建设者表示衷心的感谢！

众所周知，人口老龄化是新世纪的全球性挑战，如何让老年朋友能够健康快乐、安享晚年，实现“老有所养、老有所医、老有所教、老有所为、老有所乐”，不仅是构建和谐社会的重要任务，同时也是我们民族传统美德的必然要求。近年来，在各级领导的关心、帮助和支持下，我镇从凝聚民心、促进社会和谐的大局出发，站在维护社会稳定、营造良好发展环境的高度，围绕让老年朋友“有一个健康的身心，有一个快乐的心情”的目标，扎实地开展和推进我镇的老龄工作，取得了一定的成绩，得到了上级的肯定和好评。

今天敬老院的投入使用是建设我镇社会主义新农村的一件大事，充分体现了创建“和谐社会”重要思想的要求。×××镇敬老院建设历时5个月，今天顺利落成。本院的建设，得益于各级领导和社会各界朋友的关心与大力支持；得益于施工单位精心施工，付出的艰辛的努力；得益于×××镇、村两级和群众的密切配合；得益于各位五保老人充分理解，按规定入住。在此，我再次代表镇党委、政府表示衷心的感谢，并致以崇高的敬意！

朋友们，在今后的工作中，我们将继续把“两院”建设列入改善民生的头等大事，全力改善办院条件，不断提高全镇的五保供养水平。我们也将以敬老院启用为契机，切实加强内部管理，提高服务水平，确保全镇五保老人生活得舒适、开心、快乐，使之真正成为老年人“老有所养，老有所医，老有所乐”的家园。

最后我代表党委、政府向专程前来参加庆典仪式的各位领导、各位嘉宾和各界人士表示热烈的欢迎！向给予敬老院建设大力支持和无私帮助的各位领导、各个部门表示衷心的感谢！

范例四

某物流公司董事长在公司成立10周年庆典上的答谢辞

尊敬的×××副省长，尊敬的各位领导、各位来宾，××的广大员工、女士们、先生们：

大家晚上好！

今夜我们欢聚一堂，共同庆贺××物流企业集团有限公司10周年华诞。值此庆典之际，我谨代表××物流企业集团有限公司向前来参加××

10周年庆典的嘉宾致以最衷心的感谢和最诚挚的谢意，感谢你们一直以来给予××物流公司的支持和帮助。

回首××物流公司成长的10年，××物流公司有太多的感谢。10年来，各级领导部门对物流企业和民营企业的发展给予了高度的关注，提供了良好的政策土壤，使××借着发展新兴物流行业的春风而腾飞了；10年来，我们的客户给予了我们极大的信任和帮助，激励和鞭策我们不断提高完善自身的能力；10年来，我们的合作伙伴给予了我们有力的协助，伴随我们共同成长；10年来，我们的员工同××一路走来，和××同甘共苦，他们是企业最重要的财富、最活跃的因素，为企业增添了无比的活力和战斗力。借此机会，我要再次深深地感谢在座的每一位，是你们为××创造了巨大的发展空间，是你们成就了××的今天!

自1994年××创立以来，公司主要经历了三个发展阶段，1994年至1997年，我们初建规范管理的基础，进行了运作网络的基础构建，在行业中率先向客户提供门对门一体化服务；1997年至2000年，我们率先展开基于INTERNET/INTRANET的物流信息网络建设并取得显著成绩，同时加强全国运作网络的建设，加快市场化进程，为客户提供物流全过程的服务；2000年以来，我们进行了组织机构的优化，推行价值管理，强调为客户创造价值，向客户提供个性化服务，致力于为客户提供供应链一体化服务。通过这十年的不断探索与实践，目前××已从一个小型的传统储运企业发展为国内领先的第三物流企业，成为国内第一家以“物流”名称注册的企业集团，拥有7个分公司、48个办事处、3个大型现代化物流基地，业务运作网络覆盖全国，具有基于VPN先进、强大的物流信息系统，为全球500强中40多家企业和国内一批大中型工商企业提供物流一体化服务。

最后，希望在座的各位能为我们提供宝贵的建议和意见，同时更希望得到你们一如既往的支持和协助。××人将以更加饱满的热情和积极进取的态度去开创××更辉煌的篇章，以更加优异的成绩去回报社会及您的大力支持。

范例五

某学院党委书记在学院成立5周年暨办学102周年庆典上的答谢辞

各位领导、嘉宾、校友，全体师生员工：

在社会各界大力支持、全校上下通力合作、各地校友鼎力襄助之下，2009年5月16日我校隆重举行了成立5周年暨办学102周年庆典活动，并取得了圆满成功。

对我校成立5周年暨办学102周年庆典活动，教育部、中共××省委×××书记、××省政协×××主席等上级部门、领导给予了亲切关怀，并发来了贺信贺电和惠赐题词；××省教育厅和××市委、市人大、市政府、市政协给予了高度重视和大力支持，省政协副主席××，省委教育工委副书记、省教育厅副厅长××，××市委书记×××、市长×××、市人大常委会主任×××、市政协主席×××等领导亲临庆典大会；庆典活动也得到了各级领导、海内外兄弟院校，众多企业、媒体和社会各界人士的鼎力支持和帮助，并赠款、赠物；校庆筹备及庆典期间，各地校友怀着对母校的殷殷深情，热心参与，全体师生员工以高度的主人翁精神团结协作、甘于奉献，出色地完成了校庆各项工作，全体志愿者以真诚的微笑和热情周到的服务，为领导嘉宾和校友们留下了美好的印象。

在此，谨对拨冗出席我校校庆庆典的各级领导、各界人士、校友，以及发来贺信贺电和惠赐题词的单位和领导表示衷心的感谢！对在我校校庆庆典筹备期间给予了大力支持和解囊资助的各级领导、各单位、各界人士表示诚挚的谢意！对在我校创校、发展期间给予过支持、奉献过心血和汗水的所有人士表示由衷的感谢！活动期间，若对您照顾不周，甚至有失误之处，在此深表歉意，并恳请您给予谅解！并希望得到您一如既往的支持与帮助。

我校成立5周年暨办学102周年庆典活动是短暂的，但社会各界与我校的友谊是长存的，我们将会永远铭记各位领导、嘉宾和校友对××学院的关心和厚爱。校庆庆典为我们留下了团结、友谊、合作、发展的宝贵精神财富，我们一定深入贯彻落实科学发展观，坚持走特色发展之路，不断开拓创新，办人民满意的高等学校，为经济社会发展作出更大的贡献！

范例六

某事务所领导在开业庆典上的答谢辞

各位领导、各位来宾、各位朋友：

大家早上好！

××商务秘书事务所在在座各位的大力关照支持下，今天正式开业了！值此××商务秘书事务所开业庆典大喜之日，各位领导、老师和来宾在百忙之中莅临开业庆典，我们倍感荣幸。我谨代表××商务秘书事务所对关心和支持事务所发展的各位领导、各位朋友表示最诚挚的感谢！

今后，我们将不辜负大家的厚望，进一步强化内部管理，不断加强自身能力，努力提高服务水平，竭诚为广大客户提供高标准、规范化的优质服务。由衷希望各位能一如既往地关心、支持××商务秘书事务所，我们坚信，有各部门和社会各界的大力支持，我们一定会越来越红火，越来越兴旺！

最后，让我再次对各位的光临表示衷心的感谢！祝各位来宾身体健康，家庭幸福，事业兴旺！

谢谢大家！

范例七

某市工商局代表在新办公楼落成庆典仪式上的答谢辞

各位领导、各位来宾、朋友们、同志们：

在省工商局和市委、市政府的直接关怀下，在各有关部门的大力支持下，全市工商系统广大干部职工盼望已久的市局机关办公楼今天正式落成了。我谨代表市工商局全体干部职工向今天到场的各位领导、各位朋友表示热烈的欢迎！向多年来关心支持工商事业发展的各级领导、各位朋友表示衷心的感谢！

近年来，市工商局在省工商局和市委、市政府的正确领导下，紧紧围绕地方经济发展这一中心，不断提高服务质量，大力整顿和规范市场经济秩序，努力维护广大经营者和消费者的合法权益，较好地履行了工商行政管理职责，为地方经济的快速健康发展作出了积极贡献。但由于多方面原因，市工商局的办公条件一直未能随着事业的发展而得到改善，已越来越不适应形势发展的需要，引起了全市工商系统及社会各界的广泛关注，省工商局领导也多次亲赴××研究督办。在各方面的关心支持下，经过系统上下的艰辛努力，市工商局办公楼今天终于落成了，这是全市工商系统的一件大事、喜事。

新办公楼占地6亩，框架结构，12层，建筑面积8600平方米。新办公楼的投入使用，大大改善了市局的办公条件，市工商局将以此次乔迁为契机，进一步提升服务档次，扎扎实实地履行好党和人民赋予的职责，为全市经济发展保好驾、护好航。同时，也期望各级领导和各位朋友一如既往地理解、关心、支持工商事业的发展，以使我们的工作不断迈上新台阶，从而更好地为全市经济的发展作出更大的贡献！

再次感谢各位领导和朋友们的光临。谢谢大家！

范例八

某自来水公司领导在公司成立10周年庆典上的答谢辞

各位领导、各位嘉宾、各位同事：

今天是个好日子，我们在这里共同庆祝××××公司成立10周年。在此，我谨代表××××公司向各位来宾，表示热烈的欢迎和衷心的感谢；向为××××事业作出贡献的历届老领导、老职工，以及在岗的全体员工，表示深切的问候和崇高的敬意。

今天是一个值得纪念的日子，让我们共同分享××××发展带来的喜悦，共同展望新区美好的发展前程。

今天，我们看到了一个艰苦创业、不断创新发展的××××。10年来，×××人风雨兼程，历尽艰辛，执著追求，用勤劳和智慧的双手，铸就了××××今天的辉煌伟业！

今天，我们看到了一个持续发展、具有永恒动力的××××。经过多年的努力，我们得到了社会的关注、领导的呵护、用户的信赖、员工的拥护，并焕发出新的青春活力和盎然生机。

十年，是××××发展史上一个具有重要意义的里程碑，××××年×月×日××××公司正式向××供水，它标志着××××已经步入了一个具有较强增长潜力的全新发展时期，从×××立方米/年到如今×××立方米/年，全体×××人都为这一辉煌成就感到荣耀和自豪！

如今，对于××××公司又是一个新的开始，新的起点。公司将不辜负各级领导和社会各界的厚望，承前启后，继往开来，创新发展，我们将紧紧围绕总公司的指导目标，努力推动××××公司的发展步伐。

谢谢大家！

范例九

某公司董事长在公司成立16周年庆典上的答谢辞

尊敬的各位领导、各位嘉宾、各位朋友、女士们、先生们：

大家中午好！6月的武汉是最火热的日子，但更热的是我们××人的热情，在武汉××动物药业有限公司16周年暨武汉××兽药旗舰店开业庆典之际，迎来了我们××公司最尊贵的贵人，在此我怀着感恩之心，真诚地表达我的感激之情，正是你们十六年如一日的支持、关爱和呵护，才使得我们××公司不断发展壮大，在此请允许我代表公司的全体员工和我个人向各位贵人表示深深的感谢和最崇高的敬意，感谢大家！

回想起我们××公司的发展，至今历历在目。1994年，我们××公司组建成立，当时资金不过4万、人员只有4人，在武汉市各级领导的大力支持和帮助下，本着诚信做人、踏实做事的宗旨，××公司不断成长，并获取了一大批忠实的、长期合作的战略合作伙伴，他们正是在座的各位生产企业、养殖场以及经销商代表，正是由于你们不离不弃的信赖与支持，才使得我们××企业得以成长、壮大，谢谢你们！

同时我也深深地感谢在我们××公司十六年成长过程中的××家人，无论是已离开公司和现在正在公司的员工，谢谢你们，正是你们辛勤地工作，不懈地努力，才让我们××这个大家庭充满了朝气、充满了活力、充满了爱心、充满了凝聚力，正是由于你们的存在，才使我觉得身上的重担，是要把××做大、做强，要让××家庭的每个成员都能快乐工作、享受生活，要让这个家庭的每个成员在快乐中成长。

成绩只属于过去，十六年是一个人成人之年，也是我们××人承前启后，向新的目标迈进之年，“雄关漫道真如铁，而今迈步从头越”、“扶摇直上九万里，大鹏展翅在今朝”，我们××人将继续本着：服务畜牧、奉献人类的美好愿景；以服务畜牧、致力营销、争创一流为宗旨；以诚信为人、踏实做事、广交朋友、共创双赢为信仰；发扬言行如一、精力专一、团队心一、志创第一的企业精神；以专业、专心、诚信、共赢为企业的核心价值，把武汉××动物药业有限公司逐步发展成为以畜牧业为核心的产、供、销为一体的管理规范、服务一流、信誉卓著的集团，决不辜负各位领导、嘉宾的关怀和厚望！

谢谢大家！

范例十

某敬老院代表在10周年院庆时的答谢辞

尊敬的各位领导、公公婆婆，亲爱的老师们、同学们：

大家好！

在这个天高云淡、秋风送爽的美好季节，我们共聚一堂，举行×××建院十周年的院庆活动。在此，首先请允许我代表全院老人和工作人员，向今天到来的市民政局领导、区社会事务办领导，×××等镇区敬老院院长，各社区民政线负责人以及老人家属等表示最热烈的欢迎！向历来高度重视和支持本院发展的各级领导和社会各界朋友表示崇高的敬意和衷心的感谢。

×××敬老院是×××政府设立的慈善机构，自1999年创办以来，箭步走过了十个春秋。在市、区等上级部门的关心和大力支持下，敬老院曾在2004年全面扩建改造，扩建总面积达1000平方米，建筑面积13000平方米，房间242套，其中有公寓套间166套，标准套间35套，单房间41套。拥有宽敞的活动场所、优美的休养环境、齐备的运动器材、专业的康复训练与护理，成为融养老、敬老、娱乐、健康为一体的综合性服务的社会养老场所。正是在大家的帮助下，老人们的生活条件更加优越，谢谢大家！

以爱为先、悉心赡养、优质服务、善待老人，是×××敬老院员工的工作宗旨，严谨规范的管理制度使院务井井有条，院内服务得到了老人和家属的一致好评。当然这一切离不开区领导的殷殷指导和扶持，离不开社会的瞩目和关怀。

×××敬老院在这个日新月异且欣欣向荣的社会中诞生并茁壮成长，她也将再接再厉、与时俱进，不断提高服务水平，为我市养老事业做出应有贡献，不辜负上级领导和社会各界朋友对我们的期望。

请允许我代表敬老院向在本次周年庆筹备过程中付出艰辛努力的老

师、同学们及全体工作人员表示感谢！并再一次向关心和支持本次周年院庆的各级领导和各界朋友致以最诚挚的谢意！

让我们心与心相约，用我们的爱感受真情，用我们的爱来呵护夕阳，让这里的歌声、笑声响彻云霄！

范例十一

某酒店总经理在酒店开业8周年庆典上的答谢辞

亲爱的各位嘉宾、各位同事、朋友们：

大家好！

八年来，××酒店在社会各界朋友的支持和厚爱下，在各位同人的关怀和帮助下，在各级领导的垂爱和教诲下，得到了长足发展。2002年9月26日开业至今，××凭借自身实力已在竞争激烈的餐饮市场站稳了脚跟，成为××镇餐饮业一支不可忽视的力量。过去的每一天，我们都感受到社会各界给予我们的大力支持和热忱帮助，更感受到了酒店全体员工的不懈努力和团结协作的精神，才使我们有了今天的成就与发展。为此，我代表公司向全体员工、各界朋友、各位领导致以崇高的敬意和深深的感谢！

八年来，我们××人不怕困难，勇于创新，在治理结构改革、企业制度建设、塑造企业形象、扩大公司规模和增强企业实力等各方面都有重大突破，我们的成绩有目共睹。荣誉属于大家，没有全体员工的艰苦努力和辛勤汗水，就没有××的今天！在这里我代表公司领导对你们的不断支持和努力表示衷心的感谢，谢谢你们对××发展所作的努力。

同时我还要代表员工和我自己对董事长表示感谢，这是因为董事长的英明决策，处处为员工着想，把改善人才成长环境作为企业发展的重中之重。通过增加福利待遇，如：员工宿舍今年已全部用上空调，今年连续两次调整基层员工工资，并设立浮动奖金和年终奖金，让辛勤和守纪的员工得到更多的实惠，把员工的利益放在心上，落到实处；不断完善激励机制，涌现出一批又一批优秀员工和优秀部门，晋升一批又一批管理骨干和高级、资深员工。给每一位员工公平竞争向上的平台。我们才有了这样好的工作环境。我相信，这样员工就更加有了工作干劲，工作更加努力，在这种良性循环的状态下，我相信××酒店的明天会更加美好，当然我相信在座的每一位都能深切地感受到我们××酒店优秀而独特的企业文化，希望在今后的工作过程中，大家能够更加努力。让我们在董事长的英明领导下，工作和生活的环境能够更上一层楼。同时也希望××的明天能够更加美好。

当然，成绩和荣誉属于过去，我们××酒店将掀开新的一页，踏上新的征途，站在新的起点。需要我们承认和正视的是：我们的企业还存在很多不足之处，需要进一步去完善；还有许多的东西需要虚心地去学习；仍有许多同行业的先进经验值得我们去借鉴。我要求全体员工，在新的发展过程中，牢固树立强烈的忧患意识、创新意识、职业化意识，自我加压，规范管理，创新经营，争创佳绩！

朋友们，各位亲爱的员工们，出色的八年已经过去，辉煌的明天就在眼前，为了我们的梦想，为了实现社会的责任，为了××酒店灿烂的明天努力奋斗吧！

范例十二

某会计师事务所领导在公司成立庆典上的答谢辞

尊敬的各位嘉宾、各位朋友、各位同人：

上午好！

非常感谢省政协×××副主席等各位领导能在百忙之中参加浙江××××成立庆典活动，衷心感谢各位朋友对我们的关注和支持！

听了刚才×××副主席等领导、嘉宾热情洋溢的发言，以及×××董事长对××××未来的规划和展望，我心潮澎湃。匆匆廿余载，弹指一挥间。廿余年的艰辛，廿余年的求索，我们一路风雨兼程。回首来时路，××和××的员工们用无悔的青春开垦了这片希望的土地，用执著的信念成就了今天辉煌的业绩，太多太多的故事是那样的精彩，太深太深的情感还埋藏在我们的心底，如今，一个能作为历史契机的新阶段已出现在我们的面前，合并后的××××正把一轮新的希望捧起，远大的目标正激荡着××××人的壮志雄心。

在这里，我首先要再次感谢政府主管部门的正确领导、行业协会的精心指导以及在座各位领导、朋友的倾心关爱。××与××今天的合并离不开财政部、证监会、中注协和省财政厅、浙江证监局、省注协、杭州市财政局的领导以及与会的各位朋友的有力支持；××与××今天的合并是“走出去”前的强身健体，是会计师事务所做大做强发展战略的新实践和新探索。规模提升、结构优化后的××××所，将坚定不移地实施“走出去”战略，努力深化内部治理机制建设，健全制度、完善内控，打造具有××××特色的核心竞争力，确保真正走出去、行得稳、站得住。

其次，我要感谢两家事务所合伙人的胆识和远见。两所的管理层以其发展的慧眼、发展的气魄、发展的方略促成了××与××今天的合并，充分显示了两所高层革故鼎新、励精图治的胆略与气魄。我们一定会以董事会构建的新战略，描绘的“路线图”为目标，以和谐发展为总原则，与自身和谐、与他人和谐、与社会和谐，推动形成“诚信、合作、平等、协商”的××××合伙文化，为××××的发展插上平衡的翅膀，形成强大的向心力和推动力。

最后，我还要感谢××和××员工们，是你们顾全大局、坚持团结、相互包容、相互接纳，奠定了××与××今天合并的基础。你们是××××的第一资源，××××的舞台是为你们而搭设的，××××的明天是你们的，××××的发展需要依靠你们，××××的发展成果由你们共享。我们一定会用识才的慧眼、用才的气魄、爱才的情感、聚才的方略，创新人才的培养机制，优化人才的知识结构，提升人才的综合素质，构筑人才的成长阶梯。我坚信，一个能揽四方菁华，聚八方英才的××××，一定会开辟出发展的新思路和新境界。

欲穷千里目，更上一层楼。两所的融合让我们站到了一个能够实现自己远大抱负的平台上，这是一个××××可以为经济社会发展提供更高效信息支持的平台，这是一个××××可以实现自己国际化愿景的平台，这更是一个××××可以确立起自身历史地位的平台。在这个平台上，××与××的业绩已成为过去，数风流人物，还看今朝，我们将重新出发，满怀激情地踏上新的征程。

我们深深地知道前进道路上面临的机遇是前所未有的，面对的挑战也是前所未有的，但机遇大于挑战。

我们深深地知道前进道路上需要开拓的勇气与超人的智慧，需要不断地创新与无悔地付出。

我们深深地知道未来任重而道远，我们需要众志成城，我们需要枕戈待旦。

我们深深知道这只是一个开始。

我们将一如既往，继续发扬勇于奉献、与时俱进、敢于争先的创业精神，把握一切机遇，充分发挥团队的精神、发挥集体的智慧，不断向跨国经营综合服务的国际化大所目标挺进，办出特色、办出优势，把领导的信任、社会各界的关爱、朋友同人的期盼作为前进的动力，向历史、向浙江的父老乡亲交上一份令人满意的答卷。

最后，我要祝各位领导和全体员工在新的一年里身体健康、学习进步、事业顺遂、合家欢乐！

第八章

出席晚会致答谢辞

范例一

某中医院领导在联欢晚会上的答谢辞

尊敬的各位领导、各位来宾：

大家晚上好！

今天是小年夜，在这万家团聚、辞旧迎新的时刻，我们满怀丰收的喜悦，与快乐相聚，与春天相约，共庆这美好的时光，共同畅想美好的未来。在此，我谨代表××中医院党总支、院委会，向全院的干部职工及其家属，向一直以来关心支持我院发展的各级领导和社会各界朋友，致以最崇高的敬意和最美好的祝愿！祝大家新春愉快、工作顺利、身体健康、合家欢乐、万事如意！在这里，我给大家拜年了！

岁月不居，天道酬勤。××××已经随着光阴载入了史册。过去的每一个瞬间，对于××中医人来说，都有着不同寻常的意义。在生命的航道里，每一分每一秒，我们都在奔跑。跑在时间的前面，跑在死神的前面，跑在时代的前面。累累硕果是中医人智慧和汗水的结晶，亮点闪闪是中医人人文情怀火花的闪现，医之为道、大医精诚、悬壶济世、杏林春暖、橘井泉香的思想，是中医人的信仰里，最虔诚最坚定的支撑。

我们深知，我们取得的每一份成绩，都包含着全体干部职工的辛劳和汗水，我们收获的每一点进步，都凝聚着全体干部职工的智慧和心血。我们深爱着包含责任、荣誉、勤劳、团结、真诚的××中医大家庭，我们为能在这样的团队一起工作、生活和奋斗而倍感自豪和骄傲。在这里，我要对所有的××中医人说一声："你们辛苦了，谢谢你们！"

潮平岸阔帆正劲，乘势开拓谱新篇。××××年的春天，已悄然走近，一个蓬勃的未来，已站立在我们面前，医院各项事业的建设，已经迈出了新的步伐。新的一年，机遇与风险并存，但我们相信：只要我们团结一心，众志成城，开拓奋进，我们的未来，我们医院的未来，我们卫生事业的未来，就一定会更加辉煌！

春潮涌动，诞生希望；万众一心，催生力量。亲爱的朋友们，让我们伸开双手，让我们敞开心扉，共同迎接美好的春天！

最后，祝××中医院"杏林春暖"××××春节联欢晚会暨感恩答谢会圆满成功！再次恭祝各位领导、各位朋友新春愉快、幸福吉祥！祝我们医院的事业与时俱进、蒸蒸日上！

谢谢大家！

范例二

某学院新生代表在迎新晚会上的答谢辞

各位老师、同学们：

大家好！

伴随着十六（9月26日）的明月，南京××××大学经济与管理学院09级迎新晚会在南京×××学校的大力赞助下隆重开幕了。在此，我代表学院全体师生感谢南京×××学校的大力支持，谢谢！

新生总是带来最新鲜的气息，年轻的味道。今晚的节目内容包罗万象，劲爆的街舞，动感的双截棍表演，极具特色的歌舞表演，墨香四溢的书法表演，轻松幽默的话剧，魅力四射的舞剧。

美妙的歌声似乎还回荡在耳旁，动感的舞蹈仿佛还在眼前跳跃，幽默生动的话剧好像还在脑海中放映。

我们这一届经管新生多是卧虎藏龙之辈，他们将××的这个夜晚照耀得如此明亮，叫人怎么不感叹！

在这样一个月圆人团圆的夜晚，我们看到了从开学以来一直陪伴在我们身边的教官的身影。他们不仅在台下欣赏了所有的节目，还一同高歌了一曲《真心英雄》。那豪情壮志，使得在场的每一个人都热血沸腾。

感谢南京×××学校的大力支持，才能让这场精彩的节目得以呈现给广大师生，为这月光皎洁的夜晚增添了一份生气，为这桂花飘香的校园增添了一份动感，为这紧张的军训时光增添了一份快乐和轻松。

执著于“追求卓越，挑战极限，从绝望中寻找希望，人生终将辉煌”的校训，×××人一直在用全部的力量、智慧和生命，“为中国发掘和培养具有现代化思想和全球性眼光的新一代精英而不懈奋斗”。从优秀到卓越，×××向世人证明了教育的力量。昂首于时代前列，×××相信机遇，更相信奋斗。致力于建成中国最优秀的教育机构的×××教育科技集团，在不远的将来必将创造更大的辉煌！

那久久回荡的掌声属于我们，也属于你们，再次衷心地感谢南京×××学校对本次晚会的大力支持，希望南京×××学校在以后的日子里越办越好，成为中国乃至全世界教育史上的闪光点。愿×××桃李芬芳满天下。

月挂人散，但心依旧灿烂……××学子将秉承×××精神：朝气蓬勃，奋发向上，从绝望中义无反顾地寻找希望。誓将“智周万物，道济天下”发扬到底！

范例三

某热电公司领导在慰问演出晚会上的致辞

各位来宾：

首先请允许我代表××热电公司的全体员工向前来我公司慰问演出的合作区艺术分团的老领导、老同志及所有成员表示最热烈的欢迎和衷心的感谢！

我先向艺术团的成员简单介绍一下我公司基本情况，××热电公司组建成立于2000年，是在原××公司依法破产的基础上由××××电力公司组建的一家股份公司。公司组建成立之初，供热面积只有36万平方米，固定资产3000万元，产值不足1000万元，几年来，在市委、政府的正确领导和上级公司的大力支持下，公司在短短的四年时间内经过跨越式的发展，实现了由单纯集中供热向热电联产一体化运营的工作目标。目前公司拥有300万平方米的供热和1.32亿KWH的发电能力，固定资产有3个多亿元、产值超亿元。

2005年，随着我市经济建设的大发展，城市对热能、电能的需求也日益增加，为了保证城市经济快速发展而对热能、电能的需求，今年我公司在市委、政府的大力支持下，又积极进行2×125MW热电联产扩建工程的前期工作，该工程建厂厂址就选在我们这个电厂院内，规模是我们这个电厂的十倍，预计工程总投资12亿元；工程竣工后将新增发电量1亿3千万KWH；新增供热能力为510万平方米。××热电公司在短短的几年时间内取得的系列成就，我认为这不仅是我们全体员工共同努力的结果，还与在座艺术团的全体演员的大力支持和帮助分不开，为此请允许我再一次向你们表示真诚的感谢！

今天，前来我公司慰问演出的合作区艺术团的成员曾经都是我市各行业的老领导、老同志，你们为了××市的经济建设、边疆繁荣奉献了自己的青春和智慧，如今你们离开工作岗位，又登上了边城的文艺舞台，为了繁荣我市的文化生活、提高城市品位再次发挥自己的余热。

希望合作区艺术团的全体演员在今后的演出中继续发扬持之以恒、勤学苦练的团队精神和学习精神，再接再厉、发扬成绩，以精彩的节目向世人展现我们边城离退休人员的风采。同时，也希望合作区艺术团的所有演员在今后的生活中能够一如既往地支持我们的工作，为我们公司的建设、发展，建言献策，支持和协助我们做好服务工作。

最后我预祝合作区艺术团在我公司演出圆满成功！

范例四

某酒店老板在开业答谢晚会上的致辞

尊敬的各位领导、各界来宾、所有的朋友们：

今天是××酒楼开业的日子，在这天高云淡、喜气盈门的时刻，我首先感谢各位领导的光临，感谢所有朋友的支持，也感谢我的员工们！

××酒楼今天能够开张营业，离不开主管领导的关心和朋友的支持，你们永远是××酒楼的上帝！

××酒楼是一家高档次、高品位的海鲜酒店，是融餐饮、娱乐为一体的综合性的营业机构，将面向社会的各个阶层，我们将以诚实的经营、优质的服务，打造××形象！

我会把××酒楼办成所有朋友们的家，让这里充满阳光和温馨；我会吸纳更多的下岗职工，为政府和社会分忧！

再一次地感谢所有领导、朋友们的支持和关心，祝愿你们身体健康，合家欢乐，愿我们的友谊像酒一样，越久越醇！

谢谢大家！

范例五

某戏曲论坛管理员在论坛成立两周年庆典晚会上的答谢辞

朋友们：

××论坛两周年庆典晚会已于8月26日晚成功举办。

晚会从筹备到举办成功，××付出了极大的心血，特别是晚会中，亲临现场指导，为我们的晚会圆满成功作出了很大的贡献。在此，我谨代表晚会全体演职人员向××致以由衷的敬意！

晚会期间，各兄弟论坛网友纷纷来到现场，为我们的演员加油，为我们的晚会喝彩，值此晚会成功之际，××论坛全体管理员向各兄弟论坛网友表示衷心的感谢！愿我们继续增进友谊，加强合作，尽我们的努力，把我们的××戏苑做好，做大，做强！

晚会中，全体演员尽心尽力，为我们的晚会奉献了精彩的节目；全体工作人员尽职尽责，为我们的晚会成功付出了辛勤的劳动。在这里，我代表××论坛向大家说一声："辛苦了！谢谢！"

在以后的日子里，我们会继续努力，把××论坛做好，让它成为我们戏迷朋友自己的家。谢谢大家！

范例六

某县委领导在晚会上答谢到该县开展敬老活动的人士时的致辞

尊敬的各位来宾、朋友们、乡亲们：

大家好！

这两天辛苦大家了。首先，我代表县委、县政府对××心脏基金会和澳门××同乡总会到我县开展敬老活动表示最衷心的感谢！谢谢你们不但为我县老人送来了生活中的用品，还为他们带来了精神上的粮食，想他们之所想，急他们之所急，发扬了中华民族爱老敬老的传统，树立了良好的形象和榜样。同时，也希望社会上有更多人来关注老年这个群体，给予他们更多的关怀和帮助，为传承中华民族爱老敬老的优良美德尽一分力。同时，也感谢各位在百忙中走进××，进一步了解××各项事业发展情况，为××的明天，为××的发展提出了宝贵的意见，带来了无限商机。热情好客的××人民，真诚地希望澳门各界的朋友能给予我们更多更大的支持和帮助，欢迎踊跃投资开发××这片热土，共创××美好明天。

最后，祝各位来宾、各位乡亲们身体健康、事业兴旺、合家幸福！

范例七

韩国某高中副校长在某欢迎晚会上的答谢辞

各位朋友：

大家好！

我是韩国××高中的副校长！认识大家很高兴。

今天，首先感谢××市第一中学校长及所有的在校老师及有关领导。在到达贵校之后，我们深刻地感受到了××市第一中学是一所师资实力非常雄厚的学校，贵校有青春洋溢的学生，有把学生当成自己子女一样去关爱和教育的老师。从这方面也可以证明贵校确实是拥有80多年悠久历史的学校。

今年，中韩两国迎来了建交15周年，两国之间开展了很多的庆祝活动。中韩两国拥有悠久的文化交流历史，而且两国是隔海相望，所以两国之间文化交流很方便。希望这种文化交流在下一代保持下去。

在这里我希望两校继续保持这种互访交流的活动，这样对两校学生们的教育有很大的帮助。最后对参加这次欢迎仪式的××第一中学的校长、老师及各级领导说声“谢谢”。

范例八

某公司总经理在公司成立10周年庆典晚会上的致辞

尊敬的各位领导、各位来宾：

大家好！

首先，我代表公司全体员工向出席××公司10周年庆典的所有领导、来宾表示热烈的欢迎！感谢大家来参加××公司的10周年庆典晚会。

光阴似箭，岁月如歌。××公司从2001年成立至今，已走过了十载春秋！这是充满艰辛、汗水和拼搏的创业十年，这也是充满喜悦、收获和超越的发展十年。

十年磨砺，水滴石穿。十年前，我们50多名员工，积极响应××公司的号召，支持中国电信主辅、主副分离的改革，放弃了熟悉的岗位，踏上了二次创业的征程。虽然白手起家、专业生疏、举步维艰，但××人凭借着自身创业的激情和“水滴石穿”的坚忍不拔的精神，走出了一条属于自己的路。

海纳百川，兼容并蓄。十年来，××公司积极打造包容性企业文化，将原邮电管理局、邮电招待所、科研所、电缆厂、电信员工以及应届高校毕业生等不同文化背景、不同个性的员工融为一体，兼容并蓄，博采众长，运用“以为争位、以位促为”管理理念，充分调动员工工作和学习的积极性，并凝聚在一起，在各自的岗位上发挥能量。特别值得一提的是，原电信划转的生产员工在创业过程中，逐步成长为××公司管理骨干。

千形万象，成就你我。十年来，在瞬息万变的市场大潮中，××公司以客户需求为核心导向，讲信用、重细节、重服务，根据客户需求不断创新业务、创新管理、创新模式，始终坚持做到因客户而变、因需求而变。如今，公司已搭建起通信渠道和资产管理双平台模式，完全具备了渠道全过程方案的解决能力和资产管理一揽子服务能力，在为客户创造价值的同时，实现着自身的和谐快速发展，年业务收入超2亿元。能取得今天的成就，我们忘不了起步初期电信主业给予我们的帮助和扶持；忘不了移动、联通给予我们的信赖和重托；忘不了通信厂商、政企客户和我们的精诚合作；也忘不了十年来上级领导对我们的指导和员工留下的欢笑和泪水。在此，我谨代表公司管理层向一直关注、支持和信赖××公司的广大客户，向长期关心、指导和帮助××公司的各级领导，向始终辛勤拼搏、自强不息的全体员工表示最诚挚的感谢！

水蓄聚能，共创未来。××公司将继续在苏通服“十二五规划”的战略指导下，坚持加大发展、加快发展、跨越式发展的主旋律，聚焦客户需求，不断完善商业模式，切实提升员工队伍建设能力和核心竞争能力。我们将始终坚持贯彻“创新、包容、信赖、坚韧、伙伴”的上善若水的企业文化，以客户需求为导向，通过持续的产品创新和服务创新，满足客户多方面的需求；以客户优良感受为标准，胸怀大局，用心服务，信守承诺，提高服务满意率；我们将始终崇尚：想客户之所想，急客户之所急，切实做到客户的需求就是我们自己的需求！我们将以更加开阔的思维、更加积极的态度、更加务实的作风，为实现事业发展而努力奋斗！愿我们携手并进，铸造新辉煌！

谢谢大家！

第九章

出席酒会宴会致答谢辞

范例一

某投资有限公司总经理在公司成立5周年酒会上的答谢辞

尊敬的×××局长、尊敬的××局长、尊敬的××主席、尊敬的各位来宾、尊敬的各位朋友，大家上午好！

今天，是青岛××投资有限公司成立5周年答谢酒会，首先，我代表公司的全体员工，对大家牺牲休息时间光临酒会表示热烈的欢迎和由衷的感谢！

第一，我要感谢党的改革开放政策。没有改革开放，就没有社会生产力的解放，就没有社会文明的飞跃和物质财富的涌流，就没有民间借贷的发展和巨大的市场需求，就没有××的诞生和发展；因此，我们一定会知恩图报，承担起××的社会责任，积极回报社会。为此，××决定在公司成立五周年之日，对青岛××会举办的救助先天心脏病儿童的慈善募捐晚会捐助50000元，以聊表我们回报社会之意。

第二，我要感谢社会各界领导和朋友对××的大力支持和保护。没有你们的引导、爱护、扶持和相助，××的发展不会这么健康和快速，××的困难就不会那么顺利地得以克服，××的航船就不会如此风正帆扬；我们会把你们的激励变为动力，努力把你们的期望一一化为现实，让××创造出更好更大的经营业绩，让××一直循着正确的方向跨越前进。

第三，我要感谢××公司忠诚的客户群体。没有你们的理解、信任、支持、宣传，××就不会拥有日益增多的人脉、需求和资金资源；没有你们的群策群力和全方位、高标准的要求，××团队就不会积累如此多的丰富经验；没有你们几年如一日对公司的信任和支持，××投资就不会取得如此丰厚的收入和众多的荣誉！请客户朋友放心，××公司会始终把客户的财产安全看成××的财产安全，把客户的利益定位于××的利益之上，让你们永远对××充满信任。

第四，我要感谢以××联盟为主的业界同人的大义援助。是你们把竞争变为竞合，是你们为××传经送宝，是你们经常为××提供资金、信息支持，是你们把××看做自己的兄弟单位；没有你们的大力支持和紧密合作，××投资不会如此成熟、规范，没有你们的携手共进，××市民间借贷不会如此骄人稳健，因此，要知恩图报，就是要尽我们的绵薄之力为××联盟多作贡献，就是要取你们之长补××之短，就是要齐心协力共同承担推进行业健康发展的重担。

第五，我要感谢青岛××会和众多××会的朋友对××和本人的赞助和期盼。没有××会大爱无疆的慈善文化，便没有××经营、服务理念的进一步升华；没有众多××会朋友火热的爱心和情谊，便没有××和本人精神生活的率先净化，没有××会各位朋友们的慷慨解囊和无私支持，便没有青岛××奖助活动的播种和开花，没有在座的各位朋友们各方面的赞扬和期盼，××和本人就不会有那么多发自内心的笑颜；因此，要知恩图报，就是要把××和××会的事业做得更加扎实、更加美好，就是要对贫弱群体和××客户给予更多的付出和回报，就是要向更多的朋友大力宣扬传播××的理念，就是要让青岛××会慈善事业的发展因为自身奉献而增加更多的美好。

第六，我要感谢××公司兼职团队的卓越贡献。你们是××投资的中流砥柱，你们是××投资的良师益友，你们是××投资的营销精英，你们是××投资的坚强后盾；没有你们的鼎力支持，××团队就不会如此强大，没有你们的卓越贡献，××投资哪有今天的快速发展！没有你们的超强外脑，××的各项事业不会做得让那么多人叫好。因此，要知恩图报，就是要加倍珍惜你们对××的深情厚谊，就是要进一步发挥你们的整体优势，就是要让你们对××的付出得到应有的尊敬和利益。

第七，我要感谢让××骄傲、自豪的全职团队。你们每个人都能胜任自己的岗位，你们亲密得如兄弟姐妹，你们把每一个细节都做得尽可能圆满，你们把每一单业务都做得踏实规范，你们每个人时刻都在维护公司的形象，你们每个人都为××赢得了无数的赞誉。五年间，未曾发现一个人做过私单；五年间，同事中没有一次红过脸；五年间，抵押贷款业务没出现过一笔死债；五年间，没有一个人向领导提出过个人条件。没有这样一流的团队，公司的宏图如何实现？没有这样的骄人团队，××的发展何以支撑？没有这样一支稳定的团队，百年老店怎能实现？因此，要知恩图报，就要让每一个员工每一天工作都得到发自内心的欢笑，就要让每一个员工因献身××而无比自豪，就要让每一个员工与××一起白头到老！

最后，我要感谢贤惠、大度的妻子。本人与××的每一步发展都包含着她无声、无形的支持！当丈夫因公众的信任，把自己变成了大家的公共财产，公休日与家务活便从此与丈夫无缘，夫妻间也因此失去了应有的陪伴；当丈夫进而把公益事业加入到自己新的追求，妻子的牺牲也从此更加翻番！如果没有妻子的贤惠、大度，本人与××不知要增加多少酸楚？如果没有妻子的贤惠、大度，××的发展怎能迈开如此大的脚步？因此，要知恩图报，就要对妻子的贡献心怀感激，就要把妻子的牺牲压缩到最小，就要挤出时间多给妻子一些陪伴和交流，就要执子之手，与子偕老！

最后，谢谢大家！

范例二

某外国专家在国际会议后的酒会上的答谢辞

女士们、先生们：

我荣幸地代表来自世界各地21个国家的科学家，在这里答谢×市长刚才热情洋溢的欢迎辞。

我感到特别荣幸的是我能代表所有参加此次国际会议的“外宾”讲话，因为这是我们第一次有幸在中国参加这一学术会议。

我感谢大会组织委员会对我们的邀请，感谢他们为这次会议的准备工作所付出的辛勤劳动和心血。我们刚到××不久，但大会的计划组织工作已给我们留下了深刻的印象。同时也要感谢中国主人对我们的深情厚谊。

科学是不分国界的，科学使我们走到一起。我希望今后几天的接触交流将使我们大家感到满意。看到这样盛大的国际聚会，我感到愉快，我向参加今天会议的所有人员表示祝贺。我相信他们的研究工作达到了本领域的高水平。

×市长，谢谢你热情的欢迎词，此外，我们还要感谢××市政府和人民，因为他们为了我们在这里过得愉快和留下深刻的印象已经做了并且还在做大量的工作。

谢谢！

范例三

越剧名家茅威涛在德国古城威斯巴登演出后的酒会上的答谢辞

尊敬的女士们、先生们：

非常高兴率领小百花越剧团，带着《梁祝》这个剧目，来到这个有着悠久的历史，年长于我们越剧这个剧种12年的，这样一个剧院来演出。

梁祝这个故事，从东晋开始流传到今天，已经有1700多年的历史了。

但是，它依然感动着今天的每一个中国人。可以说，它是中国文化的一个符号，也是中国人对于至纯至爱的爱情的一个集体的记忆。尤其是非常诗意的、浪漫的化蝶，是中国民间文化中最富有神奇想象力的。

坦白地讲，今天演出前，我心里还是忐忑不安的。但剧场的掌声告诉我，威斯巴登的观众们是喜爱、接受了这个剧，甚至被这个剧深深地感动了。所以，我要特别感谢的是，贝尔哈茨先生的鉴赏和力荐，才有了今天我们在这个舞台上演出的机会，才有了跟各位共同拥有的这样一个美好的夜晚。从08年北京奥运会，到上海举行世界博览会，到今天晚上在这里的演出，我相信，各位对于中国文化一定有了更多、更深的了解。请允许我代表我们浙江小百花的全体同人，非常非常真挚地感谢贝尔哈茨先生！感谢各位女士、先生的光临！特别是，我要提到，我们的王总领事，专程从法兰克福赶来，支持我们，为我们鼓掌。希望有机会能够再次登上这个舞台演出。

最后，我代表我的全体同人，向你们发出邀请，欢迎你们到中国来！欢迎你们到有天堂之称的，美丽的西湖之城——杭州！

同时，还要感谢我刚才看到的，和我们一起在舞台上工作的同事，德方的女士先生们，感谢你们和我们共同完成了今天这场完美的演出！

谢谢大家！

范例四

某服装公司经理在订货会答谢酒会上的致辞

各位来宾、广大经销商朋友们：

大家晚上好！

在一年一度的新春佳节来临之际，各位能在百忙之中来到深圳，共聚于我们××服装“××××年春夏服装订货会”，我们深感荣幸！值此良辰美景，请允许我代表××服装有限公司全体员工，向出席今晚酒会的各位来宾、各位朋友致以最热烈的欢迎和最诚挚的问候！祝大家身体健康，家庭幸福，万事如意！

××服装公司自1998年创立以来，走过了八年不寻常的发展历程。八年来，我们与社会各界朋友尤其是与在座的各位嘉宾建立了深厚的友谊，在大家的关心和支持下，我们的工作日新月异。在刚刚过去的2005年里，××服装先后荣获了第五届中国（深圳）国际品牌服装服饰交易会“深圳十佳女装奖”、“特殊贡献奖”、第二届“茗”牌中国国际女装设计大赛“特殊贡献奖”等荣誉称号，这些成绩的取得，离不开在座各位的支持和厚爱，在此，我先敬各位嘉宾一杯酒，感谢大家多年来对××服装一如既往的关爱！谢谢大家！

展望2006年，××将秉承“专注裙裤，做大做强品牌”的经营宗旨，在新的一年里不断推出高品质、高市场占有率的服装，在企业做大做强的同时，让在座的各位也都红红火火、生意兴隆！我坚信，我们将共同见证中国第一女裤品牌的成长，让我们举杯共祝：新的一年有新的飞跃，新的耕耘带给我们新的辉煌！

最后，提前祝福大家春节愉快、身体健康、合家欢乐、狗年吉祥！

谢谢大家！

范例五

某集团领导在迎新春答谢合作方酒会上的致辞

尊敬的各位来宾、各位同人：

“冬去犹留诗意在，春来身入画图中”，在满怀豪情迎接新的一年到来之际，我们在此隆重举行“迎新春答谢合作方酒会”，与各位同人、朋友们同聚一堂，共述友谊，心里感到非常高兴。首先，请允许我代表××全体员工，对各位的到来表示热烈的欢迎！

近几年来，在××集团的正确领导下，通过设计院领导班子以及全体员工的共同努力，设计院的内部管理水平不断提高，产品质量不断提升，品牌优势不断凸显，各项事业均呈现出了生机勃勃的崭新局面。这些成绩的取得与在座各位的大力支持与鼎力相助也是分不开的，军功章里有你们的一半，设计院的发展历史也必将为你们记下浓墨重彩的一笔，在此，向你们表示衷心的感谢！

回顾过去的几年，我们本着诚信、共赢的原则，在设计、勘察、测量、交通工程、水土保持等各个领域开展了广泛的合作，取得了非常好的成绩。通过合作，我们一方面增进了彼此了解和友谊，加强了技术交流和合作；更为重要的是通过合作，我院综合实力得到了增强，各合作单位的人才队伍也得到了迅速成长，同时，经济效益也得到了相应提高，完全达到了互利共赢的合作目的。

展望即将到来的××××年，我院将继续遵循“提升战略、夯实文化、创新技术，增强执行力”的战略步骤，齐心协力，不懈努力，争取为我们的合作提供更为广阔的舞台，我坚信，我们在今后的合作道路上必将取得新的更大的成绩！

在新春佳节到来之际，我谨代表设计院全体员工并以我个人的名义给在座各位拜个早年，预祝大家：身体健康、合家欢乐、工作顺利！

最后，我提议大家共同举杯，为我们的友谊、为我们的合作、为我们的成功、为我们的建康、为我们美好的未来，干杯！

谢谢大家！

范例六

某电力公司经理在新年酒会上的答谢辞

同志们、朋友们：

今晚，我们欢聚在风景秀丽、清幽怡人的××花园，共度迎接新世纪第二个新年的美好时刻。此时，抚今追昔，我们感慨万千；展望前程，我们心潮澎湃。

即将过去的××××年，是电力行业实施改革与发展战略承上启下的一年；是全局职工迎接挑战、经受考验、努力克服困难、出色完成全年任务的一年。一年来，我们在“三个代表”重要思想的指引下，深入贯彻党的十六届四中、五中全会精神，围绕“改革、发展、稳定、治理、服务”的主旋律，以饱满的工作热情和奋发向上的精神状态，卓有成效地开展各项工作，取得了显著的成绩，为我局创建国家一流供电企业奠定了坚实的基础。

回顾过去的一年，我们在争创一流、电网改造中取得了突破性进展；电费回收、增供扩销呈现出近年最好势头，我局售电量实现30亿这一历史性突破已成定局；我们在多经改制、体制改革中成绩斐然，体制创新走在省直属供电企业的前列；我局的双文明建设所取得的突破和收获，得到了省公司主管部门的高度赞扬和充分肯定；××水能公司充分利用经济开发区财政扶持的优惠政策，用不可分配资金进行再投入，建成风格各异、优雅别致的别墅和办公楼，扩大了固定资产规模，为××水能的可持续发展和进一步拓宽经营领域提供了有力的保障。以上这些累累硕果，都与全体干部职工所付出的艰苦努力密不可分，与我们顽强拼搏、开拓创新、无私奉献的敬业精神密切相关。这种艰辛和努力将功垂局史，这种敬业精神令人敬佩。在此，我代表局党政班子全体成员向为我局建设和发展作出贡献的全体干部、职工以及你们的家属表示亲切的问候和衷心的感谢！

同志们，新的一年即将来临，我们在品尝美酒，分享胜利喜悦的同时，还要清醒地认识到：我国加入世贸组织后，电力企业将面临广泛的机遇和严峻的挑战。我们必须抓住新机遇，迎接新挑战，以高度的使命感和责任感来推进我局的改革和发展，承担起历史赋予我们的神圣使命。

新的一年，我们将肩负着实现国家一流供电企业这一奋斗目标，担负着继续推进体制改革、加快电网建设和老旧设备改造步伐，承担着进一步强化班组建设、提高现代化治理水平、建树优秀企业文化等一系列光荣而艰巨的重任。我们将继续以邓小平理论为指导，按照“三个代表”的要求，紧紧围绕国电公司及省公司关于明年工作的总体部署，在治理创新、机制创新、科技创新上发挥聪明才智，用我们勤劳的双手去创造无愧于时代的光辉业绩。

朋友们，再过二十几个小时，和着新年的钟声，我们将携手跨入崭新的一年。我坚信，有省公司党组的正确领导，有全局广大干部职工的众志成城，我们的目标一定会实现，我们的企业一定会不断发展壮大，××电业局一定能铸就新的、更加壮美的辉煌。

最后，让我们共饮庆功美酒，祝愿各位新年快乐，身体健康，家庭幸福，事业成功！

谢谢大家！

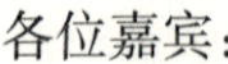

范例七

某项目领导在大厦开盘答谢酒会上的致辞

各位嘉宾：

大家晚上好！

今晚，我代表××大厦项目的全体团队成员站在这里，想说的只有三句话。

第一是感动。今天我和在场的每一位来宾一起经历了一个难忘的日子：×大厦在经过×个月精心筹备之后，终于在今天正式和大家见面了。这×个月对于我们来说是具有非凡意义的×个月。在这×个月里面，×大厦在全体员工的共同努力下，在各位朋友的支持和关注下从诞生到成熟，从默默无闻发展成为备受多方关注的商业地产项目。今天，莅临酒会的各位朋友和我在这里共同分享××大厦成长的快乐，共同祝愿××大厦的辉煌未来。

第二是承诺。××大厦承诺以保障每个客户的利益作为我们考虑问题的根本出发点。对于每一个投资××大厦的客户，我们都会充分地替您考虑到可能面对的所有风险和问题，并且我们会从操作模式上来充分保障您的收益。我们的项目经营模式以及提供高质量的运营管理服务都是为了这一目标而服务的。

第三是感谢。感谢大家在百忙之中抽出时间和我们一起在这里共同分享××大厦的成长欢乐，更要感谢大家一直以来对××大厦的关注和厚爱。没有你们的支持，就不会有××大厦的今天。在这×个月里，你们深深的信赖始终是我们战胜一个个困难，精益求精、打造建筑精品的动力。

最后，再次感谢大家莅临××大厦的庆祝酒会，在不久的将来，我们会以项目的成功运作与良好的回报对每一个关注××大厦的客户作出回答。朋友们，让我们共同举杯共祝××大厦美好的未来，让我们共同举杯祝愿莅临本次庆祝酒会的各位朋友身体健康，生意兴隆，万事顺利！

谢谢大家！

范例八

某企业领导在年末答谢酒会上的致辞

尊敬的领导、尊贵的来宾：

晚上好！

新年携××共绘蓝图，聚力谱新篇再创辉煌！带着胜利的喜悦我们送走了硕果累累的2010年，以奋进的豪情迎来了充满希望的2011年。值此辞旧迎新之际，我谨代表××集团，向一直给予我们关心支持的××××的领导同志们表示衷心的感谢！向一年来在各岗位上辛勤工作的同志，向默默支持我们工作的职工家属们致以诚挚的问候、最美好的祝愿和崇高的敬意！祝大家在新的一年里身体健康、工作顺利、合家幸福、事业有成！

即将过去的2010年，是我××集团又一个事业开拓不辍、业务跨越发展的进取之年，截止到年末，集团资产总额达到××亿元，年完成施工产值××亿元，年开发房地产××万平方米，各项工程扎实推进。强大的政策优势，稳定的经营形势，良好的发展态势，给××集团带来了巨大的发展机遇。

新的一年，新的心愿、新的希望；新的一年，新的起点、新的征程。2011年注定是我××集团发展史上又一个具有里程碑意义的一年，也将是我××集团再创新佳绩、再铸新辉煌，实现新起点上新跨越的一年。我们将以“自强、诚信、高效、创新”的企业精神为统领，以经营效益为中心，以建设优质工程为主线，以为客户创造价值上台阶、为社会创造财富上等级为目标，坚持“干一项工程、出一项精品、开一方市场、交一方朋友”的经营理念，用友爱和真诚凝聚成无穷的企业合力，用文化和理念打造卓越的××品牌，用才智和辛劳不息地开拓，向着更新、更美、更高的目标迈进！

企兴国泰，基业常青。

同志们，让我们携起手来，始终坚持发展的第一要务，与时俱进、勇于争先、长于实干、乐于奉献，为××集团的跨越式发展作出新的贡献。

再次祝愿大家新年祥瑞，万事如意！

谢谢！

范例九

某体育杂志总经理在酒会上的答谢辞

各位来宾、各位朋友：

下午好！

首先真诚感谢各位的光临！今天，是我和我的团队非常激动的日子。因为一年前的这个时候，《××画报》经过重新改版，正式推出了！

我的团队就像一个大家庭，我们每个人都把《××画报》当成我们大家的孩子，一年来，我们携手努力，精心呵护，把《××画报》打造成一份面向中高端人群的时尚体育杂志，也得到了市场和业界的充分肯定。

今天，这个 PARTY 的主题是“纪念与感谢”!

纪念，一年的时间转瞬即逝，但值得记忆的片段也有很多很多，我相信这些都深深烙在每个人的脑海里。

今天，站在这里，我更要表达感谢之情：

我要感谢读者，感谢你们接纳、喜欢了这本杂志；

我要感谢广告客户，感谢你们认可、支持了这份媒体；

我要感谢我们的合作媒体——《××体育》；

我还要感谢我的团队成员以及××××集团兄弟媒体的好朋友们，感谢你们的辛勤工作和鼎力支持。

从现在到 2008 年，是中国体育产业蓬勃发展的几年，它的市场化、娱乐化会充分显现出来。就在今年，各种体育赛事也连接不断：世乒赛、亚洲杯、欧洲杯、奥运会、F1 上海分站赛将贯穿整个年度，是名副其实的“体育年”。《××画报》会对这些赛事做全方位、多角度的深入报道，也希望借助今年的形势，使《××画报》有更大的发展，真正成为国内最有影响力、最具国际化、时尚化的优秀体育媒体。对此，我和我的团队充满信心!

最后，我希望我们的孩子茁壮成长!

祝愿在座各位身体健康、生活幸福!

谢谢大家!

范例十

某公司经理在公司成立 2 周年酒会上的答谢辞

各位来宾、同志们：

大家好!

九月的深圳，秋高气爽，九月也是收获的季节。今天是深圳××公司

2周年的生日，是深圳××公司人所有领导和员工值得庆贺的日子。在此，我怀着感恩的心，同两年来为公司付出辛勤劳动的全体员工一起，分享属于大家的光荣与梦想，在此我要衷心地感谢大家的努力和支持，没有你们的努力，公司也不会有这样的成就，谢谢大家！

公司成立2年来，在公司全体员工的共同努力下，由小到大，由弱到强，从一个默默无闻的小工厂发展成为在行业中有较高声誉的企业，这是所有××人共同努力的结果，也是对全体××人辛勤付出的最好回报！在这我还要再次谢谢大家！

回顾公司两年的发展史，在2008年世界金融危机下，在行业的黯淡处境下，××人凭着坚定的信念、顽强的毅力和优质的服务，一步一步走了过来，并取得了辉煌的成绩。2009年我们年产液晶显示屏××平方，年营业额×××元，我们的客户遍布大业南北，全国N个城市的广场、车站都竖立着我们的产品，当你从那些屏下经过时，作为一个××人，你一定会因此而感到自豪。在这里，我要感谢每一个××人，两年来大家并肩作战，风雨同舟，我们的管理团队恪尽职守，兢兢业业，你们是公司最宝贵的财富，是公司发展和成长的无尽动力，今天值此公司成立2周年之际，我谨向两年来给予公司关心和支持的朋友们，向为公司作出贡献的全体员工致以深深的谢意！

对一个发展中的企业而言，与市场竞争犹如逆水行舟，不进则退。电子行业是一个技术进步相当迅速的行业，公司会紧随时代步伐，与时俱进，将我们的事业推向一个新的高峰。

今天是我们共同的生日，是属于我们大家的盛会，××的脉搏将跳出最强的音符。相信下一个×年后会有更多新朋老友相聚一堂，共同见证××的腾飞与梦想！我们深信，在各级领导和社会各界朋友的大力支持下，通过全体员工的努力拼搏，公司将会取得更加辉煌的成绩！

让我们举起杯，为我们的成就与梦想，干杯！

范例十一

某公司员工在感恩节酒会上的致辞

尊敬的各位领导、各位同事、各位来宾：

收到感恩节的短信，我才知道今天是感恩节。我立即转发给了自己的朋友。其实我并不在乎什么感恩节，也许这只是移动公司增加业务量的又一个高招，但我想：不管怎么样，有这样一个感恩的机会就不应该放弃。

一个人活在这个世界上是应该带着感激的心情，哪怕是一棵树、一朵花、一丝阳光、一个笑脸，只要能带给我们一丝愉悦，带给我们一点启示，都值得我们怀着感恩的心情去对它们微笑。所以，在今天这个日子里，我要好好想想我要对谁、对什么感恩。

首先，我要感激我的父母。是他们给了我生命；是他们让我知道了做人的道理；是他们含辛茹苦地供我读书，激励我出人头地；是他们在我伤心时给我们安慰，在我受到挫折时给我鼓励；是他们天天牵挂着我，天冷了提醒我多加衣服，天热了提醒我防暑。所以，即使在外面受到挫折、受到伤害我也不愿和父母说，以免让他们担心。我感觉自己欠父母的实在太多，哪怕是用一生的时间去偿还，都还不完。我只能尽我所能减轻一下父母的负担，不让父母为我担心。现在自己工作了，虽然自己挣钱不多，但这是我回报父母的开始。晚上我给父母打了一个电话，虽然我没有说声谢谢，但是我认为只要自己心里有着对父母的感激这就够了，我所做的不是怎么感激父母，而是怎么样做好自己的工作，与领导、与同事处理好关系，让父母放心，这就是对父母最好的感激、最好的回报。

其次，我要感激我的老师。就我这20多年的人生历程来讲，老师甚至比父母对我的影响都大，因为自从我上初中就在学校住宿，直到高中、大学，大部分时间都是在学校，所以老师对于我的成长起着至关重要的作用。今天感恩节，我给原先的老师发了短信，很高兴他们都回复了我，虽然只是短短的几句话，但都充满了对我的关心，让我心里暖融融的。其实对于老师的感恩绝对不是一两句话就能够表达的。每年回母校看看那些为你付出过心力的老师，走上社会你才会了解他们才是最无私的，所以我要学会对老师的感恩。是教师们给予我工作的动力，使我工作起来游刃有余、如鱼得水，我永远感谢他们，永远怀念过去的一幕幕感动的场面，永远缅怀曾经来自教师的问候与关爱。在校园这块沃土上，我原想收获一缕春风，他们却给了我整个春天；我原想捧起一簇浪花，他们却给了我整个海洋。假如有来生，我愿意再与老师们一起共同学习，共同进步，共同分享我们的劳动果实。

再次，我应该感谢我的领导。工作这么长时间，由于自己工作经验不足及自身的原因，工作时出了不少问题，但是我的领导却给了我一次次的机会，还帮我分析出现问题的原因，分析怎么样避免出现这些问题。他的分析都很到位，让我意识到自己身上以前没有发现的不少问题。人最大的困难是认识自己，最容易的也是认识自己。很多时候，我们认不清自己，只因为我们把自己放在了一个错误的位置，给了自己一个错觉。所以，不怕前路坎坷，只怕一开始就走错了方向。刚走上工作岗位就能够遇到不遗余力地给自己指路的领导，实在是自己的万幸。所以在这里我最应该真诚地向他说一声感谢，感谢他为我的付出。我会把这一切都牢记在心，努力工作，不辜负领导对我的栽培。

最后，我要感谢我的同事、我的朋友。是他们在我遇到困难时给我帮助，在我伤心时给了我安慰，在我骄傲时给我提醒，在我犯错时给我纠正。我总感觉自己是幸运的，因为自己身边总是那么多好人、那么多热心帮助我的人。我也为自己有这么多好心的同事、这么多热心肠的朋友而倍感幸福。是他们让我在艰辛的日子里也能让我感觉到生活的快乐。终究好人会有好报的，我也在此祝愿他们在帮助我的同时能够获得快乐，能够让家人更加幸福，生活更加美满。

说实在的，需要感谢的人不仅仅是关心、关怀、关爱我们的人。我们更应该感激那些欺骗我们的人，他们使我们增长了智慧。感激那些绊倒我们的人，他们使我们更顽强地站立起来。感激那些遗弃我们的人，他们让我们更加独立。感激那些伤害我们的人，因为他们让我们更加坚强，增加了我们的免疫力。

"感激能带来更多值得感激的事情"，这是宇宙中的一条永恒的法则。很多时候，感激这种心情会带来一种美好的人生感觉，使我们感到愉悦和温暖。心存感激，生活中才会少些怨气和烦恼；心存感激，心灵上才会获得宁静和安详；心存感激，才会时时感受生活中的富有和充实。

谢谢大家！

范例十二

某公司代表在公司成功上市庆祝酒会上的答谢辞

尊敬的各位领导、各位嘉宾，女士们、先生们：

大家好！

在今天这个喜庆的日子里，我们欢聚一堂，共庆××××回归A股并在上交所上市成功。请允许我代表××××全体同人对各位嘉宾的拨冗莅临表示热烈的欢迎！对大家给予××××的诸多关注和支持，表示诚挚的感谢！

××××是中国××××总公司的控股子公司，是中国海上最大的油田技术服务供应商，也是亚洲地区专业功能最全、服务链最完整、最具综合性的一体化油田服务上市公司。××××的主营业务涵盖钻井服务、油井技术服务、船舶服务以及物探勘察服务四大板块，业务贯穿油气田勘探、开发、生产三个阶段，在中国海上的油田服务市场上占据绝对主导地位，并已成功进入包括印度尼西亚、墨西哥、俄罗斯等13个国家和地区的海外油田服务市场。依托中国经济的快速增长和全球石油行业强劲的市场需求，在×××董事长的关怀及带领下，××××志怀高远，奋发图强，把握机遇，乘势而上，重组成立几年来取得了又好又快的发展，堪称为迅速崛起的行业新星。

本次回归A股市场，是××××继2002年11月在香港联交所H股主板上市后的又一项战略举措。对于××××A股的成功发行，我们衷心感谢政府各有关部门及领导的特别关心和大力支持，衷心感谢中国证监会、上海证交所、中国证券登记结算有限公司的倾力相助，衷心感谢保荐机构、法律顾问、审计机构和其他中介机构的通力合作，衷心感谢新闻媒体和社会各界朋友的热情关注，衷心感谢公司股东的一贯信任，衷心感谢公司广大海内外客户、供应商及合作伙伴的精诚合作。

此时此刻，我们还要特别感谢公司的全体员工，正是全体××××人坚持不懈的辛勤耕耘和无私奉献，公司事业才得以根基健壮、枝繁叶茂，我们才能不断进取、不断成长、不断收获，才能有今天的喜悦和明天更加美好的希望！

我们深知，本次回归A股市场是××××发展征途上的一个新起点，今后的道路更漫长，挑战更艰巨，责任更重大。我们将继续秉承“我们必须做得更好”的企业理念，依托更加广阔的资本平台，扬长避短，取长补短，积极进取，励志图强，全心全意致力于建设国际一流油田服务公司的伟大事业。

我们坚信，通过推进实施“技术驱动、成本领先、一体化、国际化”四大核心战略，通过公司全员的一致努力，××××一定会继续保持又好又快的发展态势，一定能够兑现“与股东、客户、员工、伙伴共赢”的承诺，××××将以持续发展的良好业绩来回馈社会各界的支持与关爱！

我们必须做得更好！我们一定能够做得更好！

谢谢大家！

范例十三

某姓氏宗亲总会荣誉理事长在欢迎宴会上的答谢辞

尊敬的×××副主任、×××副市长、×××副主席、各位宗亲：

大家好！

很多宗亲一定还记得，两年前，世界×氏宗亲总会第六届理事会暨第七次恳亲联谊会在××召开，1500多名海内外宗亲回到×氏的发源地××恳亲联谊，在××市委市政府的支持和重视下，会议取得了圆满的成功，两年后的今天，我们又一次回到故土，举行世界×氏庚寅年祭祖大典，同样得到了当地政府的热诚欢迎和盛情款待，在这里，我荣幸地代表与会的全体宗亲，向××市委市政府的各位领导表示诚挚的敬意和由衷的感谢！

离家万里，故土难忘。××是我们×氏的发源地，是我们的故乡。三陵台是我们的祖先长眠的地方。这片世界×氏心中的圣土，多年来在××市各级政府和当地群众的保护和修复下，墓冢高耸、古柏常青，使三陵台成为当地一处颇具影响的风景区，前去游览的人越来越多。现在，巍峨壮观的三公殿已经耸立在了三陵台前，端庄大气的牌坊门也已经开始动工，相信不久的将来，一个更加美丽的三陵台会出现在我们面前，我们和故乡的亲人共同期待着那一天！

最后，让我们再一次感谢××市委、市政府，感谢××的父老乡亲们对我们这些海内外游子的热情，我们也一定用实际行动回报我们的故土，积极支持家乡的建设，为家乡的繁荣和发展贡献我们的力量！

范例十四

某市120急救中心主任在全国急救医疗服务体系论坛晚宴上的答谢辞

尊敬的各位领导、各位嘉宾，女士们、先生们：

你们好！

在卫生部领导和省卫生厅领导的关心支持下，在海内外各界人士、同行的大力支持和共同努力下，经过两天的学习和学术交流，“××××年全国急救医疗服务体系论坛”终于落下帷幕并取得圆满成功。在此，我代表××市卫生局、××市120急救中心、××省急诊学会、××市医学会对本次论坛的圆满成功表示热烈的祝贺！同时对参加论坛的各位领导、海外嘉宾、各位专家、各界人士及与会代表表示最衷心的感谢！

参加本次论坛代表共217人，来自全国除西藏以外所有的省市，其中海外代表16人。卫生部、海南省卫生厅的领导以及美国、澳大利亚、意大利和国内的著名专家、学者奉献了他们的成果和成功，有十几个专题供大家分享，对我国急救医疗服务体系的过去及现状作了系统的分析和客观的评价，共同探讨了我国今后的急救医疗服务体系的发展方向。学术交流在一种和谐、宽松、热情洋溢的氛围中进行，论坛达到了预期的效果和目的。

通过两天的学术交流，我们与海内外不但加强了急救领域学术方面的沟通，更加增进了我们的友谊，面对面交流是那么的倍感亲切，加深了相互了解和友情。科学是无国界的，建立完整的急救医疗服务体系保障人类的健康是我们对生命的承诺，共同的目标使我们走到一起，我们永远是朋友，我期望保持长期学术交流和多种交流方式，为了我们“对生命的承诺”努力探索。

在我结束议程之前，请允许我再次用感恩的心真诚地感谢不远万里专程赶来的澳大利亚的×××主任、美国田纳西州大学急救医学专家×××教授和意大利都灵无线基金会专家×××先生；再次感谢我们的同胞台湾、澳门、香港和他的团队；再次感谢卫生部领导、×××教授、×××教授等所有国内急救界的前辈、学者；再次感谢来自祖国各地的所有代表和积极参加并大力支持论坛的厂家朋友，祝你们事业发达、生意兴隆；再次感谢×××大酒店的×总和他的全体员工给本次论坛提供的良好服务。

祝各位嘉宾旅途愉快，希望本次论坛和美丽的×××在您的心目中留下美好的回忆。

最后我提议，为我们的急救事业、为所有的朋友，还有我们的家人的身体健康干杯！

范例十五

某公司领导在答谢客户晚宴上的致辞

女士们、先生们，各位来宾，广大经销商朋友：

今晚，我们欢聚一堂，共同祝贺山东××采暖设备有限责任公司2009年度全国订货会圆满结束。值此良辰美景，请允许我代表公司全体员工，向出席今晚酒会的各位来宾、各位朋友表示热烈的欢迎和诚挚的问候！并致以最真诚的感谢！

今天在座的各位来宾中，有许多是我们的老朋友，我们之间有着良好的合作关系。公司近半个世纪以来能取得今天的成绩，离不开老朋友们的真诚合作和大力支持。对此，我们表示由衷的钦佩和感谢！同时，我们也为有幸结识来自全国各地的新朋友感到十分高兴。在此，我谨再次向新朋友们表示热烈欢迎，并希望通过这次合作能与大家建立广泛的联系和深厚的友谊！

朋友们，金秋送爽，既意味着我们收获辛勤耕耘的回报，更预示着我们开始迈向新一轮的风雨征程。为此，我提议，请大家举杯：

这杯酒，是感谢的酒，感谢各位多年来的关怀厚爱、鼎力支持！

这杯酒，是喜庆的酒，庆祝今天的合作成功，分享收获喜悦！

这杯酒，是祝福的酒，祝福大家身体健康、家庭幸福、万事如意、大展宏图！

这杯酒，是祝愿的酒，祝愿未来的岁月中，我们的友情更深、心情更好、生意更旺！

范例十六

某电厂总经理在新年答谢晚宴上的致辞

各位来宾、同志们：

一元复始，万象更新，在2010年新年即将来临之际，我们满怀收获的喜悦欢聚一堂，共进晚宴，共叙友谊。首先，我代表×××公司对出席今天宴会的各位来宾表示热烈的欢迎！向在座的各参建单位项目部的领导并通过你们向为×××发电工程付出心血和辛勤汗水的全体参建人员及其家属致以崇高的敬意！真诚地向大家道一声：辛苦了！

过去的2009年，对×××公司来讲，是极不平凡的一年。这一年，经过我们的不懈努力，在极其严峻的形势下，我们的项目获得核准。各参建单位顾全大局、奋力拼搏，团结协作、克服困难，终于实现了烟囱到顶、主厂房封闭、#1锅炉大件基本吊装完成、空冷岛立柱施工完成、汽包安装就位等重要工程节点目标。在工程进度取得较大进展的同时，确保了工程的安全、质量。在此，我向大家致以深深的谢意！

同志们，朋友们！回首过去，汗水孕育硕果；展望未来，拼搏铸就辉煌。崭新的2010年，是“十一五”的收尾之年，也是发电工程机组投产的决战决胜年。衷心希望各参建单位及全体参建人员在新的一年里携起手来，心往一处想，劲向一处使，继续发扬特别能吃苦、特别能战斗、特别能奉献的精神，积极配合、努力工作，振奋精神、再接再厉，为××发电工程建设再谱新篇章！

下面，我提议，为了××工程年底机组发电，实现双赢的目标，为了同志们、朋友们的合家幸福、身体健康、工作顺利！

干杯！

范例十七

某公司领导在春节答谢晚宴上的致辞

各位来宾、各位朋友、各位伙伴：

大家晚上好！

一年一度的春节即将来临，在这辞旧迎新的日子，我谨代表××公司及全体员工，对各位的到来表示热烈的欢迎！祝愿各位伙伴在新的一年里，万事如意，财源广进！

十年创业，十年风雨，十年收获，历练出××公司十年的辉煌，同时也迎来了一个新的跨越，业精于勤，行成于思，回味过去这十年来××公司所走过的风风雨雨，有着太多的深情与感恩，无以言表！在这里谨敬三杯酒：

一杯酒敬我的衣食父母，那就是在坐的各位伙伴。××公司的发展能走到今天，是因为一路有您的陪伴，才使××公司得以壮大，感谢您多年的支持，谢谢！来——干杯！

二杯酒敬我的老师、亲人和朋友。没有他们背后的理解与支持，也不会有××公司的今天！感谢他们！谢谢！

三杯酒敬最可爱的人，那就是视我为对手的人。××公司没有他们的竞争，也不会这么快地成长起来，是他们给我以自强的动力和坚强的意志，在这里感谢他们！谢谢！

沧海横流，方显英雄本色！××公司有敢于挑战与抓住机遇的勇气与魄力，追求卓越，责无旁贷，路就在我们脚下，机会就在我们手中，让我们携起手来，以海纳百川的胸襟，迎接明天，风雨同舟，共创辉煌！感谢一路有你！亲爱的伙伴们，愿你们吃好、喝好，明天会更好！

谢谢大家！

范例十八

中国经济学奖管委会副理事长王春正在答谢晚宴上的致辞

尊敬的各位来宾，中国经济学奖专家委员会的全体委员：

大家晚上好！

欢迎大家光临管理委员会举行的答谢晚宴。今天上午在人民大会堂举行的中国经济学奖首届颁奖典礼，曾培炎副总理等国家领导出席颁奖并致辞，标志着首届评奖活动已经取得了圆满成功，这和国家领导人的关心与国家发展改革委领导的支持是分不开的，也是中国经济学奖专家委员会委员们的共同努力及海内外有关机构鼎力资助的结果。中国经济学奖是由中国宏观经济学会和中国体制改革研究会联合举办的评奖活动，评奖活动的目的是奖励那些在中国改革开放过程中作出过杰出贡献的中国经济学者，促进中国经济理论与政策研究提高，自去年2月评奖活动开始以来，我们邀请了国内130多位著名学者专家组成了专家委员会，进行了推荐工作，到去年6月末，管委会共收到了整100位学者的推荐意见，参加推荐工作的专家都认真写出了推荐意见。经过专家委员会的推荐，本届领奖共推荐出16位候选人，由于本届评奖是初次举办，还缺乏经验，推荐意见相对比较分散，为了评选工作的顺利进行，管委会决定对原定评奖程序进行一些调整，并提交专家委员会工作会议进行审议，得到了专家委员会成员的理解支持和高度配合，我在此代表管委会对专家委员会的委员们表示衷心的感谢。

评奖所产生的14位候选人共提交了400万字的评选资料，由管委会推荐产生的21位评奖委员会专家对如此多的报奖资料进行了认真审阅，并举行了两次工作会议，进行充分磋商，最终投票产生了首届获奖人，我代表管委会对评奖委员会的辛勤工作，表示衷心的感谢。评奖活动能顺利展开，是得到了香港和澳门的著名企业家罗康瑞先生，张永珍女士，张永霖、刘雅煌先生的热情支持，得到国家开发银行、北京华远集团、北京郑和律师事务所的热切支持，我代表管委会对支持中国经济学奖评奖活动的海内外机构表示由衷的感谢。

我还要代表管委会感谢秘书处和中宏网的全体工作人员，他们承担了评奖活动的全部具体工作，为了使评奖活动中的各项工作能有条不紊，付出辛勤的劳动。中国经济学奖评奖活动这次只是开一个好头，今后管委会将继续举行评奖活动，希望能继续得到各位专家和有关机构的积极支持和配合。

谢谢各位!

第十章

节日中应用的答谢辞

范例一

某企业领导新年致员工的答谢辞

各位同人：

新年好！

我们在经历了2006年的辉煌之后，又度过了2007年不平凡的春秋。过去的一年，旅游市场跌宕起伏，给我们企业的经营带来很大的困难。然而，我们全体员工携手并肩，互相激励，共同努力，终于取得不俗的成果。我们在新的公司，蓝图绘就、开始赢利。愿意和企业一起奋斗、成长的各位同人，将在一个新的平台上继续创业的征程。

企业的创立，离不开积极勤奋、风雨同路的创业伙伴；企业的发展，更需要新鲜血液的不断加盟。不同背景、不同经历、不同层次的人才荟萃，冲击碰撞、互相激励，才能成就一番事业。

我们的企业集团好像大家庭一样，以它广博的胸怀，接纳、包容了在场的每一位。你们家境、品性不同，年龄、爱好不同，文化程度、社会历练、从业经验各异，在企业中扮演着不同的角色，但你们都是企业的骄傲，都是企业的主人公。

企业大家庭又是一个学校，一座熔炉。我们通过宣传、培训、考核，通过学习、工作和锻炼，在工作中学习，在前进中成长。同时，企业提供给员工发展的平台、表演的舞台、客观公正的评价。我欣喜地看到，在我们企业从小到大的发展过程中，已经培养和造就了大批人才，他们在企业的各个岗位发挥着越来越重要的作用。

时常萦绕在我脑海的是在企业发展过程中作出贡献的员工——这里没有职位高低之别，不分是指挥若定的高管、现场管理的中层还是勤勤恳恳、默默奉献的普通员工，只要他给我们的企业作出过贡献，我们就不会忘记。

企业的发展壮大，需要资金的积累和不断的投入。也许，员工朋友们的付出并不总是得到自己所满意的回报；但是，我们要相信，只有企业发展了，我们个人才能得到发展的空间。也许，员工朋友们从事的未必是自己最喜欢的工作；但是，我们要知道，企业是一个相互配合的有机整体。企业需要员工朋友们的敬业爱岗、无私奉献。

在此，我向为企业辛勤工作的全体同人表示衷心的感谢和敬意！

我也代表企业向全体同人的家属致以衷心的感谢和敬意！正是你们在后面的默默支持，使我们的员工无后顾之忧，努力工作、勇往直前！

我衷心期待全体同人与我们企业共成长，期待全体同人的家属对我们企业继续予以大力支持。

作为大家庭中的一员，我想对你们说：公司的每一个员工都是公司宝贵的财富，你们的健康和安全，不仅维系着公司的兴衰，更关系到你们家庭的幸福。衷心希望每个员工在为企业努力工作的同时，都能关注健康，珍惜生命，一同创造我们企业明日的辉煌，共同分享奋斗的成果！

愿每一个员工在企业度过激情燃烧的岁月，在健康快乐中建功立业，与企业一道走向成功！

胜利的荣耀属于我们企业，属于企业的全体同人！

值此新春佳节即将来临之际，送上我诚挚的问候和衷心的祝福，祝愿各位身体健康，工作顺利，事业有成，家庭幸福！

范例二

某银行圣诞、元旦前夕致客户的答谢辞

尊敬的广大客户：

××银行自 1993 年成立以来，一直得到您的大力支持和帮助，值此圣诞和元旦两大节日即将来临之际，为了感谢您 10 多年来对××银行的支持与厚爱，××银行全体员工谨向您表示衷心的感谢和美好的祝福！

在××银行过去 10 多年的发展历程中，您，我们尊敬的客户，给予了我们无比的力量，在您的大力关心与支持下，及××全体员工的勤奋努力下，我们凭借优质的服务，良好的信誉，取得了一个又一个辉煌成绩。

饮水思源，我们深知，××银行所取得的每一点进步和成功，都离不开您的关注、信任、支持和参与。您的理解和信任是我们进步的强大动力，您的关心和支持是我们成长的不竭源泉。您的每一次参与、每一个建议，都让我们激动不已，促使我们不断奋进。有了您，我们前进的征途才有源源不绝的信心和力量；有了您，我们的事业才能够长盛不衰地兴旺和发展。

为答谢多年来您对我们的支持、信任和帮助，借此岁末年初之际，我们将开展优质服务活动，用真情来回报您，届时您到我行来办理业务，将会让您得到一份惊喜！

在今后的岁月里，希望能够继续得到您的关心和大力支持，欢迎到我行办理储蓄存款、教育储蓄、通知存款、外汇存款、个人汇款、银行卡、网上银行、电话银行、购买国债代收电话费及各种代收业务。客户满意是我们永恒的追求，我们将继续为您提供最真诚的服务。

再一次感谢您的帮助和支持，恭祝您身体健康！合家幸福！事业兴旺！万事如意！

范例三

某公司基地管理处代表春节致审计局领导的答谢辞

××市审计局的各位领导：

“金牛将乘祥云去，寅虎正借东风来”。值此2010年新春佳节来临之际，中国×工业建设有限公司××基地管理处携全体员工对贵局致以衷心的感谢，感谢贵局多年来一如既往地对我公司军转干部工作的支持和关爱，多年来你们一直关心军转干部的身体、生活状况，亲自过问军转干部的住房、医疗，这让我们非常地感动。正是由于贵局对我们的支持和关爱，鼓舞和激励着军转干部在工作和生活上继续秉承人民军队的优良传统，艰苦奋斗、爱岗敬业、勤奋工作，在不同的工作岗位上作出优异的成绩，为社会的发展进步贡献力量。××建设有限公司感激贵局，军转干部们感激贵局。

审计工作千头万绪，审计工作平凡艰辛，审计人的汗水闪耀一年四季。审计的职责要求审计人应是经济秩序的维护者、经济运行的监控者、经济决策的参谋者、政治文明的促进者。2009年，审计局在面临多种困难的情况下，依然努力拼搏，战高温、斗严寒，下基层、蹲工地，解难题、谋举措，各项工作均取得了优异成绩，尤其是顺利完成了“5·12”大地震灾后重建工作的审计，确保了灾后重建资金的正确运作，在其身上充分彰显了审计人的这种工作责任、素质和品质，值得我们企业人敬重和学习。岁末年关，贵局在工作十分繁重的情况下，又将党和政府的深情厚谊及时送到军转干部们的身边，给他们带来温暖，带来力量，带来动力，同时也推动了我公司军转干部工作的进一步完善，为我公司的稳定、发展给予了宝贵的支持。

“和谐、稳定、发展”是我们共同追求的目标。贵局的这种社会责任意识和以“民”为本的思想，与我公司的战略目标一脉相承。××公司已将党和政府的关心化作发展、前进的动力。“××人”自力更生，摸索前进，克服困难，经过50多年的发展，尤其是经过连续26年不间断地从事××站×岛安装施工管理，形成了以“与国际接轨的大型项目管理能力、良好的技术研发能力、高质量的×安全设备制造能力、卓越的工程施工能力、完善的质量与安全能力”为代表的核心竞争能力；具备了同时承担多座百万千瓦级大型商用××站×岛安装任务的管理能力和技术水平。更为重要的是，经过50余年的沉淀，形成了艰苦奋斗的光荣传统，形成了严谨细致的工作作风，形成了自强创新、追求卓越、团结协作、永不言败的精神风范。

××公司有党和政府的关怀和支持，会更加努力，承担起社会责任。军转干部们会珍惜荣誉，继续发扬光荣传统，共同为××经济的发展、社会的和谐稳定作出应有的贡献！

再次感谢审计局的领导和同志们！并借此时机，祝审计局全体同志及家属新春快乐，万事如意！祝贵局在新的一年里工作添虎劲，更上一层楼！谢谢！

范例四

某企业领导五一、五四双节致员工的答谢辞

各位领导、各位员工：

大家晚上好！

明月生辉映美景，花灯吐艳庆佳节。今晚，我厂在此隆重地举办“庆五一，迎五四”庆祝活动，热烈庆祝五一国际劳动节和五四青年节。我谨代表工厂总经理向辛勤工作在各个岗位上的全体员工和青年朋友们，致以亲切的问候和衷心的感谢！感谢你们为工厂默默无闻和兢兢业业地工作，感谢你们为工厂的辛勤劳动和无私付出。

此时此刻，我的心情与大家一样的激动，工厂从小到大、从弱到强的历程，无不见证了我们每一位员工的勤劳和智慧。工厂的每一次进步，每

一次成长，每一项变化，无不凝结着每一位员工的心血和汗水。全体员工与工厂同呼吸，共命运；工厂不断发展壮大的同时，始终不忘与全体员工共同分享成长的果实，时刻将提高员工待遇作为一项重要工作来抓。

众所周知，近几年来，玩具产业面临着严峻的市场竞争，原材料价格的不断上涨，能源的短缺与紧张，国际市场贸易壁垒的不断加强，使产品利润愈发薄弱。但是工厂力顶各种压力，在不断努力提高员工的物质文化生活的同时，还在每年的三四月份调升员工的薪资福利，这是因为工厂一直视员工为最大的财富。

在此，希望全体员工认清形势，紧紧围绕着工厂的生产任务，在改革、创新、发展的实践中，在各自的工作岗位上以忘我的热情、昂扬的斗志，发挥出××团队的战斗力，投入到工厂新一轮的宏图伟业中。

在此，希望每一位员工能够发扬艰苦奋斗、自强不息的拼搏精神，以××的企业文化建设为导向，不断学习，丰富自我，完善自我，创新自我，众志成城，携手并肩，奋力拼搏，鼓足干劲，向着更高、更远的目标前进，为效率××，人文××，和谐××，平安××献出自己的一份力量。我坚信××的明天一定会更加的美好！

最后，祝全体员工五一国际劳动节快乐！祝全体青年员工五四青年节快乐！

谢谢大家！

范例五

某患者护士节致医疗专家的答谢辞

×××专家：

你们好！

首先我感谢你们。我是一位你们××医院出院的××患者，来你们医院手术前曾有送红包的想法，但看到贵院写有“无红包医院”时不禁肃然起敬！贵院给我的印象是很完美的，先进的设备、严谨的服务流程、热情的服务态度。走进贵院全然没有到医院看病的厌烦感觉，倒像是走入办公大楼一样轻松，住进医院更像是住进了宾馆，让人安心、静心、舒心！应该说贵院在我的眼里是很棒的！这么好的医院、这么好的医生，我们应该爱护他们，不能让众矢之的的红包污染他们！但又担心不送红包能行吗？不想手术非常成功！手术过后，×主任、×医生见到我们依然是满脸笑意！我彻底信服了！我的亲身经历不由得要让我提笔写这封感谢信！感谢贵院的优良服务！尤其很感谢为我们做手术的×主任、×医生，是他们精湛的技术和优良的微笑服务及那些可爱的护士们热情周到的服务让我们对贵院心存感谢！让我感到孩子们选择的正确！我要说贵院是很棒的医院！

在你们医院住院期间，××的医生和护士都非常热情，态度和蔼，工作认真负责，特别是负责照顾我的护士，更是服务周到：打针换药时细致耐心，端茶送水无微不至，有一次治疗后，我的裤子脏了，她们也不嫌脏，很快帮我换洗干净，使我很受感动。正是由于医院的医生、护士细心的护理和照顾，才使我的病情迅速好转并很快出院。

在这里我有几句心里话要对医院的医生和护士们说：

你们是美丽的天使。在你们的精心照顾下，一个个被病痛折磨的患者恢复了健康，重新走向了工作岗位，你们的工作，看似平凡却非常伟大！

你们对工作尽职尽责，一丝不苟，对医术精益求精，对病人就像对亲人一样，我真的好感激你们，我们全家人会永远记得你们。我没有什么可以留给你们，但我把感激的心留在这里！

祝你们万事如意，好人一生平安！

范例六

女儿母亲节致母亲的答谢辞

亲爱的妈妈：

您好！

原谅我很冒昧地把准备写给您一个人的话说给了大家。我想您应该可以理解吧，毕竟大家都有“世界上最好的”妈妈，愿意分享这与生俱来淳朴真挚的母女感情。妈妈，感谢您对我的养育之恩，感谢您对我的不懈关怀，感谢您对我的……

母亲节是为了纪念所有平凡又伟大的妈妈们而设置的节日，却常常被像我一样忙碌的人忘记，也许是因为妈妈们从来不要求回报和纪念，也不在乎是否有热烈的掌声和美丽的鲜花，她们只是日复一日地关爱孩子、照顾家庭，默默地付出和奉献。如果没有妈妈，我们连来到这个世界上的权利都没有。生命，就是您赐予我最珍贵最美丽的礼物，无论过去或未来遇到的是美是丑，际遇是好是坏，都是您给了我体会这个世界的唯一机会。

儿时曾经写过一篇题为《我和妈妈》的作文，在妈妈的生日前投给当时的《××妇女》杂志。当时您专注于事业，天天风里来雨里去的，一副女强人的样子，但当您读到那篇刊登出来的千字文时，表情变得很温柔很恬静，还默默地流下了眼泪，从没见过您流泪的我惊呆了，您眼眶噙满了幸福和满足的泪花，也被我看到您那颗柔软温润的心。今天当我再回首那一幕，感觉仍似昨日，因为好像我为妈妈做过的事只有那么一件似的。在成年后多少次想写写妈妈，提笔容易落笔却难，也许因为彼此太过熟悉和亲密反而无从入手，这份想要梳理和表达的愿望，只能这样一天天被埋在心里积淀。人就是这个样子，越大越隐晦而不善表达，真的感情似乎都是只可意，会不可言传，就像妈妈用爱浇灌的那些花朵，盛开在生活的各个角落，只要有心俯首即拾，而作为儿女能回报的却太少太单薄，每年的礼物总不能将情谊充分表达。还记得 2000 年 5 月 13 日，同样是母亲节，也是您车祸后做的第一次接骨手术，进手术房前您就像个孩子，用扎满玻璃碎片的手虚弱地拉住我的手，目不转睛地望着我送您的 24 只康乃馨，叹息不能照顾我高考，不能参加单位的值班，尽是拉拉杂杂的琐碎小事，最后却笃定地告诉我：活着不容易，一定要感恩知足。

从那天起，我仿佛一夜长大，母亲节对我也有了不同一般的意义。车祸让您卧床三年，大小手术无数，又落下了终身残疾，失去了晋升的大好机会和刚刚开始的美好事业。病休的日子只能做做简单的康体活动，您居然还承包了家里所有的家务，强打起精神来微笑以给我和爸爸些许安慰。有时，我会偷偷地观察您，在您难得的休息时光，静坐在那里看着远方的落寞眼神，岁月如飞刀般刻在您眼角眉梢的褶皱，步入中老年逐渐露出的疲态和掩沓的病体，让我觉得很心酸很心疼。您的老去，见证了您为我为家牺牲的美好青春。

曾经在看到《我把青春献给您》的时候，就立刻想起了妈妈的青春，我无从参与您的前半生，只能从亲朋好友、从照片信笺里、从儿时记忆中揣摩您的青春：当年的您体态轻盈，皮肤光洁如月，自信活泼的个性人见人夸，学习事业样样得意，手巧得和仙女一样……为了爸爸放弃自己的事业，专心操持家务照顾老小，好容易待孩子成年能重新专注事业，又因为肇事司机的错误躺在病床，丧失劳动能力，您依旧无怨无悔地乐观生活，维系着您所坚持的幸福，您的人生里倾注的尽是对我、对这个家的付出和奉献！对此我却回报甚微，看着您的老去，我却无能为力，每每想到这些我都很无奈也很痛苦。

我总想成为您的骄傲，让您有天会觉得为我的种种付出都值得，让您觉得您的青春那样度过非常有意义，让您可以在晚年过得安逸。对我而言这是最重要的事情。虽然目标还很遥远，我还是有信心承诺——愿今后的每一天都能给您像今天一样的母亲节，天天都伴随着我最真挚的感谢、祝福和守望，愿好人一生平安，我永远都热爱您。

妈妈，节日快乐！

范例七

某学生母亲节致母亲的答谢辞

亲爱的妈妈：

您好！

母亲节马上就要来了，我想把我对您的所有的感谢之情，一一地表白出来。

妈妈，谢谢您这些年来对我的操劳。记得我刚上小学的时候，学习生活都很松散，所以养成了做什么事情都有点拖沓、丢三落四的习惯。您总是严格要求我写作业要认真，还一点点纠正我的错误。比如我的数学作业一有错误您就细心地指出错误，严肃地批评我，并叫我改正。刚开始我的字有时候写得并不好，你就一遍遍地叫我重写，还叫我每天都练习写一篇生字。你要求我自己收拾房间，规定我在一定的时间内完成作业，那时候我不是很理解，为什么我的妈妈这么严格地对待我，一点儿不像别人的妈妈那样的温柔，还常常和你顶嘴，不明白你的用意。多年过去了，回忆起以前，我真的很笨，浪费了妈妈的一片苦心，让我在这里对您说一句"对不起"。

如果没有您的教导，我也不会有今天的成绩，更重要的是谢谢您的良苦用心。在你看到今天的我取得的成绩时总是很欣慰，总是说那是我自己努力的结果。妈妈，实际上这都是您给我的鼓励，是您的严格要求才使我有了自信和成绩，在今后的日子里我还是一如既往地按照您的要求去努力，努力成为你眼中优秀的孩子。

妈妈是您，让我知道做人的道理，是您让我知道人应该不断要学习书本知识，而且应该懂得感谢身边每一个关心和帮助我的人，我的每一步成长都离不开您的细心教诲，妈妈，让我在这里再次说出我多年都一直想对您说的话，谢谢您了，妈妈，我永远爱您。我一定不会辜负您的期望。最后我真诚的祝您身体健康，永远快乐！

范例八

某学生教师节致老师的答谢辞

亲爱的老师：

您好！

忙碌了一年，您的节日又到了。几载寒暑，桃李芬芳。值此教师节来临之际，您的学生们想对您说：亲爱的老师，您辛苦了！感谢您的关怀，感谢您的帮助，感谢您为我们所做的一切。请接受学生们美好的祝愿，祝您教师节快乐，天天快乐！

刻在木板上的名字未必不朽，刻在石头上的名字也未必流芳，只有刻在人们心灵上的名字，才能够永存。老师——人类灵魂的工程师，唯有这光辉的名字，因为有着像大海一样丰富、蓝天一样深湛的内涵，故将长存我心。

有人说，师恩如山。高山仰止，当更催后来之人奋发不已。正所谓“新竹高于旧竹枝，全凭老干为扶持”。全班的点滴进步和些许成绩全都凝结着您辛勤的汗水。所以，不管何时何地，无论天涯海角，我们都将由衷地呼唤您——亲爱的老师！在这个神圣而崇高的字眼面前，我们永远是需要您启蒙的学生！

老师，也许您已经忘记调皮捣蛋的我们惹您生的气、操的心，但我们无法忘记您为年少的我们鼓的掌、加的油。是您的目光指引着我们；是您的话语安慰着我们。无论是失意还是快乐，您那用心发出的光芒将永远伴随着我们。老师，您为什么一无所求？您本不用挑灯批阅至深夜；不用撑着疲惫的身体向我们微笑。或许，您的孩子在家中等您照料；或许您年迈的父母正盼着您来到他们的身边，但是，您却来到了我们身边，因为您心中有了我们！

小舞台，大作为。三尺讲台方寸有限，却承载着您的崇高理想和辉煌事业！您用语言播种，用粉笔耕耘，用汗水浇灌，用心血滋润。您的每一根银丝，都见证了我们成长的历程；您的每一条皱纹，都深深地镌刻在我们心里。看这遍地绽放的鲜花，哪一朵没有您心血的浇灌，哪一朵没凝聚着您辛勤的奉献！

敬爱的老师，请放心吧！我们在校生一定会铭记您的谆谆教诲，不辜负您的殷切期望，在环境优美、绿树成荫的屏风山下，像取得骄人成绩的新老校友那样，怀更大的志向，抱更高的理想，进一步弘扬“××精神”，珍惜时光，发奋读书，努力成为国家的栋梁之材，用丰硕的成果和辉煌的业绩，回报学校对我们的厚望和培养。

范例九

某护士教师节致恩师的答谢辞

亲爱的老师：

您好！

在求学时代，那个时候非常非常痛恨自己的班主任老师，现在回想起来，不是他们的严格管教，也很难有我的今天，现在真想对你们说声谢谢。作为一个二甲医院的妇科护士，我的职业被很多人羡慕，白衣天使嘛。但没有你们的辛勤付出，也不会有我的今天。在人生的道路上，我是在老师的教诲下，不断地学习，不断地进步的。

如今工作5年多了，我又遇到我可敬的好老师。他们不仅帮助我通过考试，更重要的是传授各个学科最精华、最实用的知识，为自己工作提供帮助，这将使自己整个职业生涯收益，在此特别感谢他们——祝福老师节日快乐。护师的考试让我充满了心酸，如果没有医学教育网的帮助，我可能不会有今天。我最需要感谢的人是×××。×××讲授的妇产科护理学对我的工作起了非常有益的帮助，×××对所有的知识讲解都非常到位，总有一种高屋建瓴的驾驭能力，×××老师讲课总能结合临床进行讲解，讲解的内容自己很快能在实际工作中运用。可能有的人会说×××老师讲的重点不够突出，太过面面俱到，但是考试也是为了学习知识，全面的理论学习你会一辈子受用。虽然2008年考试就考过，但之后我还一直关注网校有关×××的消息，衷心祝福他身体健康。

还有讲授内科护理学的××老师，虽然我不在内科工作，但听了您的讲课，也让我一生受用，听××老师的课是一种享受，语言流畅，条理清楚，脉络清晰。也说说××老师讲课中可以改善的一点小问题：基础班中可以考虑多增加讲解一些习题，一些难点再讲透彻一些，另外一些不重要内容可以一笔带过。对可亲的××老师提这些建议，不对之处请老师谅解，但××老师的课我听过三遍，课件内容太熟悉了，不用去看都知道×老师讲了哪些知识点。另外就是××老师，他总是那么幽默、自信、富有激情，是他使我了解了自己并不熟悉的学科知识，并对外科护理学产生了兴趣，使我一年通过了四科的考试。谢谢××老师。谢谢我的所有老师，祝老师节日快乐!

范例十

教师节致教师的答谢辞选段

老师的心，不是白银，远比白银更纯；不是黄金，远比黄金更珍。老师的心，至纯至珍：是母爱，充满亲子情；是甘霖，滋润着片片幼林；是清泉，无私地供人吮吸。智慧的光芒，知识的结晶，宽阔的情怀。

“感恩的心，感谢有你，伴我一生让我有勇气做我自己。感恩的心，感谢命运，花开花落我一样会珍惜……”每当这沁人心脾的歌曲响起，我都会情不自禁地想起我敬爱的老师们。是他们，在讲台上、书桌旁，寒来暑往，为了使我们学有所成，学有所进，天天披星戴月，不辞劳苦，呕心沥血，无一怨言。老师的爱看不见、摸不着，像许多家长一样有“望子成龙，盼女成凤”之心，但是这种爱却滋润到学生的心里。

当我怀着害怕的心第一次跨进校门时，你们阳光般的笑容给我以安慰，将我那颗恐惧的心带进了学校，带进了丰富多彩的校园，也带进了学习的殿堂；当我怀着疑惑的心面对一道难题时，你们耐心细致地给我讲解解题的思路，将我那颗困惑的心带到了题中，带进了举一反三的解题思路中；当我怀着惭愧的心面对错误时，你们意味深长地教给我做人的道理。你们将我那颗幼小、无知的心灵带到了正确的道理中，带进了我日后要正确面对挫折的信念中；当我怀着失落的心面对失败时，你们天使般地来到我身边给我以勇气与希望，将我那颗受伤、气馁的心带进了自信的天空中，也带进了成功的大门里；当我怀着喜悦的心对待成功时，你们善意的提醒给我以谦虚、上进。

老师是太阳底下最神圣的职业。你们像一支无私的蜡烛，照亮别人前进的道路，却燃烧了自己。你们是文化的传播者，带领我们在知识的海洋中遨游；是我们成长的开拓者，将荆棘条变成花朵，教导我们如何做人、处事；是火种，点燃下一代求知的欲望；是我们的朋友，尊重、理解、关心我们的成长，使我们变得坚强、无所畏惧；是工程师，在荒原上筑起高楼大厦；是我们的榜样，言传身教，使我们终身受益……

鲜花感谢雨露，因为雨露让它滋润；雄鹰感谢长空，因为长空让它飞翔；高山感谢大地，因为大地让它高耸……我要感谢我敬爱的老师！感谢你们一直以来在讲台上用汗水浇洒干渴的我们；用如歌的声音播洒爱的阳光；用温柔的双手抚慰我们不定的灵魂。感谢你们一直以来如蜡烛般燃烧自己，照亮我们；如粉笔般消磨自己，给予我们知识；如桅杆般挺立，把我们引向成功的彼岸。感谢你们用粉笔作桨，思绪作帆，指引着一艘艘载满希望与期盼的船只乘风破浪，躲过那一道道暗礁般的难题，到达明亮的知识殿堂。你们为我们付出得太多太多了，深似大海，高如蓝天。“春蚕到死丝方尽，蜡炬成灰泪始干”，您所从事的事业是默默地奉献和无私地牺牲。

感谢你们对我的谆谆教诲！将来，无论我成为参天的大树还是低矮的灌木，我都将以生命的翠绿，向你们祝福——我敬爱的老师！

范例十一

某敬老院领导九九重阳节的致辞

各位朋友：

在这个世界上有一种人，当你年幼的时候，他们倾尽耐心教你用勺子和筷子吃东西，教你穿衣服、绑鞋带、扣扣子，教你洗脸、教你做人的道理……

这个世界上有一种人，在你身边时，总是千万次嘱咐你要多穿件衣服，多注意安全；不在你身边时，总是常常打来电话嘘寒问暖，有时你觉得很烦，但却觉得很温暖。

这世界上有一种人，当你没钱花的时候，他们总会虎起脸来，说些赚钱不容易的话来训你，但却边教训，边塞钱给你，这种人叫做“父母”。

“羊有跪乳之恩，鸦有反哺之义。”这世上最大的恩情，莫过于父母的养育之恩，这恩情值得我们用生命去珍爱，用至诚的心去感激，用实际行动去报恩，我们的成长都离不开父母的帮助，滴水之恩当涌泉相报，因此，我们应该懂得感恩，懂得感谢父母。

你我都曾有这样的经历，当我们回家晚的时候，总有一颗牵挂你的心，在等待你进门的钥匙声；当我们身在异地的时候，耳边总会不断响起“注意身体”“注意安全”这样的唠叨；当你在床上睡懒觉的时候，总会有人早就起来为我们准备好了早餐；当我们在学习的时候，陪着我们到最晚的是谁呢？当我们失败沮丧的时候，是谁在倾听我们的诉苦声呢？……

可是，当他们年老疲惫的时候，我们有谁去关心一下他们吗？会经常去问候他们“您辛苦了”，经常在他们耳边告诉他们“我爱你们”了吗？当我们的父母对我们现在的生活状态感觉不满意，一遍又一遍地教育我们的时候，我们体会到父母的劳苦和担心了吗？每每你做事让父母失望，因为照顾和娇惯，我们的脾气见长，轻狂、无休止地顶撞和争吵，我们有为父母想过吗？更值得我们深思的是，在我们跟父母谈话或者打电话的时候，第一句话是父母对我们的嘱咐，还是我们对父母的问候呢？

长久以来，我们一直带着一颗贪欲之心负重而行。我们渴求财富，渴求成功，渴求拥有幸福，渴求关怀，渴求荣耀，渴求美丽和年轻……我们总是在渴求，却淡漠了此时所拥有的一切以及为得到这些渴求而做出的付出，淡漠了父母无私的相助，痴迷于对未来的无限渴求而忘记了对父母的关怀，对父母的感恩。

世事都有因果，没有阳光，就没有温暖的日子；没有雨露，就不会有五谷丰登；没有水，就不会有生命；没有父母，就不会有我们自己。这些浅显的道理我们都懂，但是缺乏的恰恰是对感恩的认识，常常忘却要去表达，要去关怀，要去付出。可记得很小的时候就会背的几句古诗，“慈母手中线，游子身上衣，临行密密缝，意恐迟迟归。谁言寸草心，报得三春晖”。可记得“春蚕到死丝方尽，蜡炬成灰泪始干”。我们小时候背诵的诗句，讲的就是要感恩。滴水之恩，涌泉相报；衔环结草，以报恩德，中国绵延多少年的古老成语，告诉我们的也是要感恩。但是，这样的古训并没有太多地渗进我们的血液，面对那些渴求我们渐渐忘记了自己究竟在忙什么，为什么忙？父母对我们的爱，小的时候我们不懂，而等我们懂得时又时常疏忽。而后我们又时时在为自己的不懂、疏忽找着无尽的借口——学习紧，工作忙……难道只有等到迟暮之年才去体会？等到失去了才去后悔？或许那时已“树欲静而风不止，子欲养而亲不在”，而这时我们扪心自问人生一世，何所欲，何所求？

所以，亲爱的朋友，在父母健在时，要及时行孝，莫在年老时后悔，在生活的点滴中，都可以表达你对父母的感恩之情，就如当他们疲惫时，记得送去一句安慰，当他们对你唠叨时，多一些耐心，多一些宽容，就像你小的时候，他们对你一样，当他们走在你身后时，记得等一等他们，他们已经赶不上你的步伐了。当你再给父母打电话或者谈话时，记得告诉他们，你有多爱他们。其实父母亲要求不多，只是一句关切的问候，我们亲手煮的夜宵，一顿再普通不过的晚餐，睡前帮他们盖盖被子，天冷帮他们添衣服、戴手套……都能让他们高兴很久。

心怀感恩，人生会回报你更多……

最后，用在养老院墙上的一段话与大家共勉之。

孩子！当你还很小的时候，我花了很多时间，教你慢慢用汤匙、用筷子吃东西。教你系鞋带、扣扣子、溜滑梯、教你穿衣服、梳头发、拧鼻涕。这些和你在一起的点点滴滴，是多么地令我怀念不已。所以，当我想不起来，接不上话时，请给我一点时间，等我一下，让我再想一想……极可能最后连要说什么，我也一并忘记。孩子！你忘记我们练习了好几百回，才学会的第一首娃娃歌吗？是否还记得每天总要我绞尽脑汁，去回答不知道你从哪里冒出来的问题吗？所以，当我重复又重复说着老掉牙的故事，哼着我孩提时代的儿歌时，体谅我。让我继续沉醉在这些回忆中吧！切望你，也能陪着我闲话家常吧！孩子，现在我常忘了扣扣子、系鞋带。吃饭时，会弄脏衣服，梳头发时手还会不停地抖，不要催促我，要对我多一点耐心和温柔，只要有你在一起，就会有很多的温暖涌上心头。

孩子！如今，我的脚站也站不稳，走也走不动。所以，请你紧紧地握着我的手，陪着我，慢慢的。就像当年一样，我带着你一步一步地走。

谢谢大家！

第十一章

婚礼答谢辞

范例一

新郎父亲婚礼答谢辞二则

（一）

各位来宾、各位亲朋好友：

今天，是我儿子××、儿媳××举行结婚典礼的大喜之日。首先，我代表家人对各位嘉宾、亲戚、朋友的光临表示热烈的欢迎和诚挚的感谢。

作为新郎的父亲，对两位新人今天迈入婚礼的神圣殿堂感到由衷的高兴，希望他们从今以后，把领导们的关怀、长辈们的关爱以及亲朋好友的关心化成工作的动力，在各自的岗位上携手并肩，比翼齐飞；也希望他们在今后的生活中，同甘共苦、互敬互爱，相互扶持、相互帮助、相互理解，在人生的漫长道路上共同筑造温馨、幸福、美满的家。概括起来就是把一颗真心献给朋友，一颗赤心献给国家，一颗爱心献给对方，一颗孝心献给双方老人。作为新郎的母亲，她也有三句话托我转达给孩子们：第一，努力学习，做对国家有用的人，做对家庭有责任心的人，好好工作就一辈子有饭吃。第二，做普通人，干正经事，可以想小事情，但必须有大胸怀。第三句是心系一处，共同创造、培养、磨合、建设、维护、完善你们的婚姻！

在这里，我还特别感谢我的亲家，他们培养了一个聪慧、漂亮的好女儿；我们也非常庆幸找到了一位贤惠、孝顺的好儿媳，请亲家们放心，我们会把她当成自己的女儿来对待。

今天为答谢各位嘉宾、亲朋好友的深情厚谊，我们借××大酒店这块宝地，略备清茶淡饭，表达我们的一片真情；不周之处，还往各位海涵。

最后祝各位来宾身体健康、万事如意、家庭幸福、事业兴旺。

谢谢大家！

（二）

尊敬的各位来宾朋友们：

大家好！

阳春四月，春意融融，春天总是令人欣喜的！在这大地复苏充满生机与活力的时刻，也迎来了我儿××与×家千金××喜结连理的新婚庆典。在此，我要代表我们全家人，向到场的各位来宾、亲朋好友表示衷心的感谢和最热烈的欢迎！

二十几年，我和夫人守着一份望子成龙的梦想，特别值得欣慰的是，虽然社会很浮躁，但儿子依然清新纯洁，依然好学上进，我们感到欣慰，感到自豪。因此，我要感谢儿子，感谢儿子为我们带来的快乐与幸福。

今天你结婚了，也长大了！结婚意味着你们从此要肩负起家庭与社会的各种责任，可谓任重而道远，作为长辈，我有两个祝愿，你们的妈妈有三句话要送给你们：

祝愿你们夫妻恩爱，白头偕老，在漫漫人生路上，相互恩爱，孝敬双方父母，尊重长辈，风雨同舟！

祝愿你们在事业上相互扶持，在各自的岗位上做出优异的成绩！

贤惠的儿媳××嫁给我儿××，使我们家成为世界上第一幸福的家庭！感谢我的亲家和所有亲人，谢谢你们养育出这么优秀的孩子，也同时感谢上苍，使××两家成为幸福的一家人！

最后祝两个孩子新婚幸福，生活美满，百年好合；祝在座的各位来宾身体健康，合家欢乐，家庭幸福，事业有成！

谢谢大家！

范例二

新郎父母婚礼答谢辞三则

（一）

各位亲朋好友、各位来宾、各位朋友、各位长辈：

大家好！

今天是我儿子××和××小姐结婚的大喜日子，我感到非常高兴和荣幸。高兴的是这对新人今天携手共同走进了他们婚礼的殿堂，开始了他们新的人生，我们也算完成了一个光荣的任务。荣幸的是有那么多的亲朋好友和父老乡亲送来了他们真挚的祝福。在此，我谨代表双方的家长向这对新人表示衷心的祝福，同时，我也借这个机会，向多年来关心、支持、培养我们全家的各位领导、各位同事、各位朋友表示最衷心的感谢！

结婚是人生的大事，也是每个家长的大事。面对台上这对新人，面对台下这么多的亲朋好友，我送三句话给这对新人，一是希望你们互相理解，相互包涵，在人生道路上同舟共济；二是要尊敬和孝敬你们的父母，你们结婚了，意味着你们的父母老了，他们更需要你们常回家看看；三是不断进取，勤奋工作，要用实际行动来回报社会、回报父母、回报单位。

最后，我还想感谢我的亲家，培养出了这么好的一个女儿，我们这么好的一个媳妇。借此机会，我再一次地祝福这对新人生活幸福、互敬互爱，并且衷心祝福来参加我儿子媳妇婚礼的各位来宾身体健康、家庭幸福！谢谢大家！

（二）

各位领导、各位来宾、各位亲朋好友们：

大家好！

今天我们大家在这里欢聚一堂，为我儿子××与儿媳××举行隆重的婚礼，在这喜结良缘的大喜日子里，承蒙各位领导、各位来宾、各位亲朋好友们能在百忙之中前来贺喜，在此，作为新人的家长，我向大家表示真诚的欢迎和万分的感谢！

俗话说："有缘千里来相会"，现在，两位新人能够顺利地走到了一起，组建起一个新的家庭，能够有幸福美满的今天，除了他们的缘分以外，更离不开的是各位领导、各位长辈、各位亲朋好友多年来的关爱、帮助、支持，借此机会，我谨代表新人家长，向在座的各位嘉宾多年来对我儿子的关爱、关心和支持再次表示衷心的感谢！

携手步入神圣的婚姻殿堂后，迎来的是人生的一个新起点。看到一个新家庭的诞生，作为家长，我很激动，心里无比喜悦。我要对儿子、儿媳说：从此以后，你们已经长大成人，在今后漫长的人生路途中，你们要相亲相爱，同心同德，同甘共苦，同舟共济，尊老爱幼，以自己的辛勤劳动和智慧奉献社会、奉献家庭，共同去创造一个幸福美满的明天。

最后，我要送给儿子、儿媳三句话，一是勤勤恳恳干工作，二是和和美美过日子，三是夫妻要互敬互爱！

同时也祝今天所有在座的领导和亲戚朋友们家庭幸福、事业有成、身体健康、万事如意！谢谢大家！

（三）

尊敬的各位嘉宾、各位亲朋，女士们、先生们：

今天是我儿子××与××小姐喜结良缘的大喜日子，承蒙各位嘉宾远道而来，作为孩子的家长，我衷心地感谢各位嘉宾的莅临，在此表示最热烈的欢迎和衷心的感谢！

我儿子与××小姐结为百年夫妻，身为父母感到非常愉快。此刻，当我看到两位新人携手步入婚礼殿堂，并举行这么隆重的婚礼，我无比兴奋，我无比欣喜。他们经过相知、相悉、相爱，到今天成为夫妻，从今以后，期望他们能互敬、互爱、互谅、互助，以事业为重，用自己的聪明才智和勤劳双手去开创自己的美好将来。不但如此，还要孝顺父母，正如一句歌词中唱到的那样："常回家看看！"

我们期望，你们全心全意创事业，一心一意创家业。生活中无论是阳光绚烂，还是斜风细雨，你们都要患难与共，同舟共济，永结百年之好，长鼓瑟瑟谐和，这即是你们对双方父母抚养之恩的优秀报答，也是你们对四周始终关怀你们成长的亲朋好友一片苦心的最大感恩。

我们信任，你们不畏辛苦地付出，不吝辛勤的汗水，必定会浇来生活的枝繁叶茂，必定会结出事业的花红果硕。

我要对儿子、儿媳说：从今以后，你们已经长大成人，在以后漫漫的人生路途中，你们要同舟共济，患难与共，风雨同舟。作为家长，我衷心地祝愿你们，我永久地祝福你们。

也祝大家身体康健、万事亨通、幸福快乐，再次感谢各位亲朋好友的光临！

范例三

某市人大副主任在女儿婚礼上的答谢辞

同志们、朋友们：

今天，是一个不平凡的日子。今天，更是一个大喜的日子。我们在这里喜聚一堂，隆重集会，热烈庆祝我的女儿××与市委×书记的公子××的婚礼。

今天，我和亲家一起为孩子举办婚庆喜宴。承蒙各位领导、各位亲朋好友的支持与厚爱，在百忙中大驾光临致贺。您的光临是我们的荣耀和幸福，不胜感激之至。首先请允许我代表我的夫人、代表我的亲家和两个孩子对您的莅临致贺表示诚挚的欢迎和衷心的感谢！

在这温馨美好的时刻，我也对两个孩子表示由衷的祝福。希望你们两个结婚以后，要在生活中互相照顾，在工作上互相支持，做对社会有用的人，做对家庭有责任的人。要孝敬长辈，和睦家庭，忠诚友爱，永结同心，用勤劳和智慧去创造美好的生活和未来。更要努力工作，在各自的工作岗位上作出优异成绩来报答各位领导、亲朋好友，为我们当家长的增光添彩。

再次，请允许我介绍一下小女的恋爱经过。这年头，做父母的，是尊重儿女的选择的。小女××经人介绍认识××之后，我们就和她讲，人品最重要，家世是其次的。后来，这两个孩子通过多次交往，发现彼此之间有很多共同的兴趣和爱好，真是情投意合，如胶似漆，好得不得了。交往半年多之后，他们就提出要结婚。我们两边的家长还有什么好说的，当然是同意了，同时也为他们感到高兴。在此，我要向×书记敬一杯薄酒，从此以后就成了亲家，希望工作中也能相互支持。

同时，我也特别希望各位领导、亲朋好友共同分享我们的幸福与快乐。衷心祝愿各位领导、亲朋好友合家幸福、万事如意！

有招待不周的地方，敬请各位嘉宾多多包涵。

谢谢大家！

范例四

新娘父亲婚礼答谢辞五则

（一）

尊敬的各位领导、各位来宾、各位亲朋好友：

大家好！

今天是小女××新婚大喜的日子，我和我的家人心情非常激动，感谢各位来宾的光临，使他们的新婚典礼更加隆重、更加圆满。

首先感谢大家光临小女×××与她先生×××的结婚典礼，我希望各位亲朋好友在以后的岁月里继续关照、爱护我的女儿女婿，我拜托大家，向大家鞠躬！

在这个大喜的日子里，我要感谢在××成长过程中付出了艰辛努力的单位领导及亲朋好友，正是你们的辛勤培养，才使她从一个不懂事的孩子成长为一个对社会、对国家有用的人，我代表×××的母亲向各位亲朋好友表示衷心的感谢！

同时，今天我还要向亲家表示衷心的感谢，谢谢你们培养出这么一个好青年。尽管今天已经组成了自己的家庭，我还是要对我的女儿女婿说几句话。第一句，愿你们携手百年，家庭幸福。第二句话，愿你们恩恩爱爱，勤俭持家。第三句话，愿你们心往一处想，在今后的岁月里，经营好你们的婚姻。第四句话，希望你们以后要好好工作、好好做人，在外与朋友们好好相处，在家里要好好孝敬双方老人，双方要好好相处，一定要尽到做一个妻子和做一个丈夫的责任，维护好自己的小家庭。

最后，我万分感激爱神的来临，我真诚地祈求爱神永远关照我的女儿女婿！我再一次感谢大家的光临和祝福，希望大家吃得开心、玩得尽兴，请大家吃好、喝好、玩得开心，谢谢！

（二）

尊敬的各位领导、各位来宾、各位亲朋好友：

感谢大家在百忙之中来参加我的小女的婚礼，谢谢大家的光临！

我××岁有了女儿，多少个艰苦和慌乱的日子里，总盼望着孩子长大。仿佛骤然间她长大了，有了美丽，有了健康，有了知识，今天又做了幸福的新娘！

她降生于爱，生长于爱中；是我调皮的公主，是我的贴心小棉袄，也是我的友人；我不曾有男孩，一直把她当男孩看，×氏家族也始终把她看成期望之花。我是从贫苦境界里一步步走出来的，我发誓不让我的孩子像我从前那样贫苦和艰难。但要在“长安居大不易”，我要求她力争上游，又一定不失和善、宽恕之心，20 多年里，我有时对她粗野指责，有时对她无为而治，她无疑是做到了我要求的这一点。当年我的父亲为我而欣喜过，今天，她也让我有了做父亲的欣喜，因而我祝愿我的孩子，也感谢我的孩子。

女大当嫁。这几年里，随着孩子年纪的增长，我和她的母亲对孩子的情感越发复杂，一方面是她即将离我们而去，一方面是担心迎接她的又是怎样的一个将来？我们祈祷着她能受到爱神的眷顾，寻觅到她的意中人，得到她应当有的幸福。终于，在今天，她寻到了。于是我们把她交给了一个优秀的、俊朗的××！

这即是神的旨意，是天定的良缘。两个孩子都生长在富有的年代，但他们不曾染上浮华的习气；生长于社会转型期，他们仍旧清纯清明。他们是阳光的、上进的青年，他们的结合会让生活更加绚烂！

在这庄重而热烈的婚礼上，作为父母，我们向两个孩子说三句话：第一句是一副老对联："一等人忠臣孝子，两件事读书耕田"，做对国家有用的人，做对家庭有担当的人，好读书能受用毕生。认真工作就一辈子有饭吃；第二句话，仍是一句老话："浴不用江海，要之去垢：马无须骐骥，要之善走"，做一般人，干正经事，能够爱小零钱，但一定有大胸怀；第三句话，还是老话："心系一处"，在以后的时光里，要用心维系你们的婚姻。

今天，我极其感谢着爱神的来到。她在天宇星界，在江河大地，也在这大厅里，我企求着她永久地关心呵护这两个孩子！我也非常感谢着从四面八方赶来参加婚礼的各行各业的亲戚友人。在十几年、几十年的时光中，你们已经关怀、扶持、赞助过我的写作、身体和生计。你们是我最尊敬和铭记的人。也期望你们在今后的日子里关心、呵护、提携两个孩子。

最后，让我再次感谢各位嘉宾的莅临。

（三）

尊敬的女士们、先生们：

大家好！

今天是爱女×××和爱婿×××百年好合的大喜日子，作为女方的父亲，我首先代表我全家感谢各位亲朋好友的莅临。同时，借此时机，我要叮嘱我的女儿及女婿，期望你们婚后要多孝顺父母长辈，互敬互爱。

作为家长，此时此刻，我无比激动，我有千言万语要对我的女儿、我的女婿说：愿你们夫妻恩爱，从今以后，无论是贫困，还是富有，你们都要一生一世、一心一意、忠贞不渝地爱护对方，在人生的路途中永远心心相印，百头偕老，美满幸福。

同时，我还衷心地希望你们：尊敬父母孝心不变，不只做一个好女儿、好儿子，还要当一个好媳妇、好女婿。

如此美妙的时刻，再多的语言都无法表达我现在的心情，我期望在座的亲朋好友可以纵情地享受此地的一切，喝得尽情，吃得愉快，最后，我还想感谢我的亲家，培养出了这么好的一个儿子，给了我们这么好的一个女婿。

借此机会，我再一次地祝福这对新人生活幸福、事业进步，并且再一次衷心地感谢各位来宾的光临！衷心祝福来参加我女儿女婿婚礼的各位来宾身体健康、一切顺意！谢谢大家！

最后，我再一次衷心地感谢各位来宾光临婚宴。

（四）

各位来宾：

大家好！

今天是我女儿与××先生喜结良缘的大喜日子，承蒙各位来宾远道而来，在此表示最热烈的欢迎和衷心的感谢！

婚姻是爱情的升华，是彼此双方对生活、生命的一种确认。婚姻也是一种契约、一种责任，它不仅仅需要温馨、浪漫，更需谦让、理解和经营。爱情一旦成熟，就将走进婚姻的殿堂，建立幸福的家庭。此时此刻，作为父母，看到你们今天的成长、成熟和成功，我们感到由衷的高兴，并真诚地希望，你们今后能够互敬、互爱、互谅、互助，无论贫困还是富有，无论健康还是疾病，都要一生一世、一心一意、忠贞不渝地爱护对方，在人生的路途中永远心心相印，比翼双飞。

我再一次感谢在座的每一位亲朋好友，祝愿他们婚姻美满、家庭幸福、身体健康、事业发达！

同样，也要祝愿全场的各位嘉宾，吃好，喝好。也祝大家身体健康、心想事成、万事如意。

谢谢大家！

（五）

尊敬的各位来宾、各位领导，女士们、先生们：

大家好！

今天是爱女×××和爱婿×××百年好合的大喜日子，承蒙各位嘉宾光临，作为一位父亲，在此，我首先代表我全家对各位亲朋好友的热情光临，表示衷心的感谢和深深的敬意。

良缘由夙缔，佳偶自天成。小女与爱婿的美满结合，不仅意味着一个幸福家庭的结合，更意味着一份责任道义的担当，意味着一种鱼水相依的相守，意味着一腔互敬互爱的依恋。我们祝愿，你们两夫妇，今日赤绳系足，未来一定白首同心。

如此美好的时刻，再多的语言无以表达我此刻的好心情，我希望在座的亲朋好友能够尽情地享受这里的一切，最后，让我再次感谢各位来宾的光临，请大家吃好、喝好、玩得开心。

最后，祝各位来宾身体健康，幸福快乐。

谢谢大家！

范例五

新郎婚礼答谢辞四则

（一）

各位亲朋好友，女士们、先生们：

大家晚上好！

在这个令人激动、无比幸福、终身难忘的时刻，我们的父母、长辈、朋友和领导在百忙之中抽空来参加我们的婚礼，给我们婚礼带来了喜悦和快乐，也带来了真挚的祝福。此时此刻我们再一次真诚地感谢父母的含辛茹苦，感谢领导的关心厚爱，感谢亲朋好友的真诚祝福，请大家举起杯来和我们一起分享这个幸福快乐的夜晚，同时也祝愿各位嘉宾心想事成，万事如意！

今天我由衷地开心和激动，因为今天我结婚了。用武汉话说："今早我讨老婆了。"纵有千言万语我此时却不知从何说起。但我知道，这千言万语我可以用两个字来表达，那就是"感谢"。

首先要感谢在座的各位朋友在这个美好的周末，特意前来为我和×××的爱情作一个重要的见证，感谢你们的祝福，没有你们，也就没有这场让我和我妻子终生难忘的婚礼。

我更要感谢我的父亲、母亲，感谢你们给予了我生命，教育我成人，并且将我从××带到这美丽的城市——××定居。没有你们就没有我的今天，你们二老辛苦了，让儿子在这里给你们鞠上一躬吧。

现在我感谢的是站在我身边，今夜最美丽的女人，我温柔体贴、聪明可爱的妻子。在多雨的天气里，她会在我的包里备上一把雨伞；在我业余时间读书进修时，她会静静地在我身边陪读；当我学习遇到困难之时，她更会助我一臂之力。有妻若此，夫复何求。×××，我要对你说：我要疼你爱你一生一世！

最后不忘一句老话，粗茶淡饭，吃好喝好，谢谢大家。

（二）

各位领导、各位亲朋好友：

大家好！

人生能有几次最难忘、最幸福的时刻，今天我才真正从内心里感到无比激动，无比幸福，更无比难忘。今天我和心上人××小姐结婚，我们的长辈、亲戚、知心朋友和领导在百忙当中远道而来参加我俩的婚礼庆典，给今天的婚礼带来了欢乐，带来了喜悦，带来了真诚的祝福。借此机会，让我们俩再一次真诚地感谢父母把我们养育成人，感谢领导的关心，感谢朋友们的祝福。

也要感谢我的岳父岳母，请你们相信，我会永远深深爱着我的妻子，并通过我们勤劳智慧的双手，创造出美满的幸福家庭。

最后，请大家与我们一起分享这幸福快乐的时刻。

祝大家万事如意、心想事成！

谢谢！

（三）

尊敬的亲朋好友、同事同学以及所有在场的来宾：

大家好！

非常感谢大家在这个美好的日子里，为我和×××的爱情做一个重要的见证。没有你们，也就没有这场让我和我妻子终生难忘的婚礼。

首先我要感谢我的父母，感谢您二老这20多年来对我的养育之恩。在这20多年里，我知道你们为我付出了很多很多，今天我终于成立自己的家庭，在今后的日子里，我俩会努力来报答双方二老的养育之恩。我们俩也会相亲相爱，打造自己的美满家庭。

为大家准备了婚宴，酒菜不丰是我们全家的一份心意，照顾不周多多海涵！

谢谢大家！

（四）

尊敬的各位亲友、各位来宾：

大家好！

首先要感谢在座的各位朋友在这个美好的周末特意前来参加我和××的婚礼。没有你们，也就没有这场让我和我妻子终生难忘的婚礼。

各位亲友、各位来宾，我要说一句老话：粗茶淡饭，不成敬意，请大家将就着吃。大家为我的婚礼带来了喜庆，带来了欢笑，带来了吉祥，带来了荣耀，让我再一次表示感谢。

人生中最难忘、最幸福的时刻，我今天终于盼来了。今天我和心上人××小姐喜结良缘，有我们的长辈、亲戚、领导、同事、朋友和同学在百忙之中专程来参加我们婚礼，给今天的婚礼带来了欢乐、喜悦和真诚的祝福。借此机会，让我俩再一次真诚地感谢父母对我们的养育之恩，感谢领导的关心，感谢朋友们的祝福。

请大家为我见证，我会永远深深爱着我的妻子，用感恩的心回报双方父母养育之恩，并通过我们勤劳智慧的双手，创造美满的幸福家庭。

最后，请大家与我们一起分享这幸福快乐的时刻。

范例六 新娘婚礼答谢辞三则

（一）

亲爱的叔叔阿姨、亲朋好友：

感谢你们在百忙之中来到这里参加我们的答谢晚宴，一直以来你们的关心和爱护伴随着××的整个成长，对于他的终身大事也是你们最关注的，我相信，今天站在这里的我一定不会让大家失望吧。

我和××的缘分离不开哺育我们的这片土地，因为我也是××人，美不美家乡的水，亲不亲故乡的人。首先，我要感谢这片土地哺育了我们，更要感谢今天到场的所有的来宾，感谢你们一直以来对我们家庭的支持和帮助，你们的成功感染着我们、影响着我们，是我们学习的榜样，你们对我们的认可，鼓励着我们、支持着我们，是我们今后生活和工作的动力。

其次，我要感谢我身边的爱人，遇到他是我一生的幸运，嫁给他是我一辈子的理想。爱是永无止境的，今生我愿意做你的爱人，爱惜你，尊重你，支持你，无论健康疾病，富贵贫穷，都将和你相伴一生。

再次，我要感谢我的公公婆婆，我要感谢他们培养出这么优秀的儿子。今天，我要对他们说：亲爱的爸爸妈妈，您养育了儿子就如同养育了我，请您放心，我和您的儿子一定会相亲相爱，孝敬父母，承担起对家庭的责任和义务。

最后，我要感谢我的爸爸妈妈，他们含辛茹苦把我养大成人，尽其所能让我接受良好的教育，从不给儿女增添一丝负担，我要感谢父母的养育之恩，感谢他们为我所做、为我付出的、给予我的一切，女儿将永远铭记在心。

再次感谢在座的每一位嘉宾的到来，没有你们就没有今天这样难忘的夜晚，值此新年之际，我祝愿你们身体健康，合家幸福，工作顺利，事事顺意！

（二）

各位宾朋：

今天是我与××向全世界宣布永结同心的、百年好合的日子，借此机会也想表达我心中封存很久的三个感谢。

第一个要感谢的是含辛茹苦20多年，把我们养大成人的双方父母。从我们呱呱落地的那一刻起，你们把所有的爱都给了我们，教说话、教走路、教知识、教做人……这说不尽、道不完的父爱、母爱是无法言表的。可在我们成长的过程中，不懂事的孩子经常惹你们生气，让你们担心。但如今，我们都已长大成人组成家庭，该是我们尽孝心、赡养你们的时候了，×家（男方家）多了个女儿，×家（女方家）多了个儿子，请父母们放心，我们将会是世界上最幸福的一大家人。

第二个感谢要送给所有的亲戚、长辈和朋友们。在以前的工作和生活中让你们操心、劳心、费心了；相信从今天起无论工作还是生活定会让你们感到放心、安心、开心。请大家见证，我们不是最优秀的，但我们这个组合会是最美满、最快乐的。

最后的感谢要送给这个世界上最勇敢、最大度、最有责任心、最可爱、最最最最的……最爱我，有勇气和我携手共度一生、不离不弃，我心目中最伟大的男人××！感谢你愿意用宽阔的臂膀给我一个安全的港湾，用最豁达的心胸给我一片舒适的净土，感谢你为我做的一切，谢谢！

当然也要感谢今天为我们忙碌的摄像师、照相师、优秀风趣的主持人、厨师以及所有的的工作人员，你们辛苦了！

这里我还要特别提出的是，我和××的同学和所有街坊邻居，所有的来宾的朋友们。我们是一个奉献爱心、团结协作的集体；我们是一个倡导文明、积极向上的集体；我们是一个乐于助人、无私奉献的大家庭。在这里我们都感到了世上的真情、人间的真爱，欢迎你们的到来，感谢你们的捧场，谢谢！

（三）

各位领导、各位来宾：

大家好！今天是我人生中最重要、最幸福的时刻，我的心情很复杂。看到这么多的领导同事、亲朋好友不辞辛苦来到我的婚礼现场，给我祝福和勇气，我充满感激。

首先感谢各位今天光临我的婚礼现场，见证我人生最重要、最幸福的时刻，衷心祝愿在座的各位都能拥有美好的心情、幸福的人生！

我还要感谢我和××的父母，是你们给予了我们生命，塑造了我们的人格。从牙牙学语的婴儿到事业上独当一面的年轻人，都浸透了你们无穷的关怀和爱。我看到爸爸妈妈冲我欣慰地笑，他们的笑容里也带着泪光，因为他们最宝贝的女儿，将要出嫁了，从此不再是单纯的少女，而要做别人的妻子甚至母亲。这一刻，我也很心酸很舍不得。但是爸爸妈妈请你们放心，我一定会孝顺双方父母，做一个好女儿好儿媳。真的，真的非常感谢爸爸妈妈，祝你们身体健康，笑容常在！

最后，我还想感谢一个人，他就是我的丈夫。当我看到××对我微笑，我的心中就充满着幸福的味道。我一直觉得，两个人能于千万人之中，于千万年时间的光影中相遇、相爱，是多么的不容易，为此我满怀感激与喜悦。感谢你给我的温柔和牵挂，感谢你在茫茫人海中握紧我的手，感谢你让我今天成为你的新娘。我将加倍珍惜这种缘分，加倍对你好。让我们在未来的人生里彼此信任，彼此拥有，一直到老！

第十二章

致运动会相关人士的答谢辞

范例一

某学院体育部负责人在校运动会上的答谢辞

各位参赛队员及服务人员：

如火如荼的校田径运动会已落下帷幕，但是运动员顽强拼搏的精神和服务人员周到热情的服务足以让在场的每个人感动。语言7班的×××身兼多项比赛，但仍然参加了最为激烈的4×100米比赛，她集体主义至上的精神令人尊敬和佩服。×××和×××更是带伤上阵，不顾伤痛与众多高手拼争，并取得了非常优异的成绩，可谓顽强拼搏。××同学5000米比赛后出现了严重生理反应，但他毫无怨言。×××同学在患病不能参赛的情况下仍然随队到场为其他运动员加油呐喊……

周六的气温只有十几度，并伴有沙尘，但体育部全体成员早上6点半就已全体到位，直到下午5点半比赛结束，除午餐时间外无一人脱离工作岗位，许多同学都患了感冒，但周日又投入到了艰苦的工作当中，转战两个校区进行比赛，无一人请假。

这次活动得到了记者团和团总支志愿者部的支持，给予了我们很大的帮助，非常感谢他们所做的工作。

20位大一的新同学身着整齐的院服，英姿飒爽地参加了在西区举行的闭幕式，再一次让××院成为大会的亮点，得到×××校长及其他校领导的赞许。也许我们的成绩不是最好的，但我们却以最好的精神面貌和状态，骄傲地站在各学院队伍的最中间，让在场每个人感到惊喜！

大家忘我的奉献和拼搏实在让人感动，此情此景只有身临其境才能体会到它的含义。正是它带给我们前所未有的好成绩。这次运动会我们每个项目都有运动员参加，没有一个空项，多个单项都有突破。彻底改变了某些人所持的××院参加运动会就是敷衍了事的看法，赢得了对手的尊重。

最后，体育部向所有对这次运动会作出贡献的运动员、服务人员、教职工表示最崇高的敬意和最诚挚的谢意。是大家的努力成就了××院的辉煌，是大家的奉献奠定了成功的基础。

对于大家所做的一切，历史将铭记。同学不会忘记，老师不会忘记，××院不会忘记！

范例二

某中专校长在重点中等职业学校田径运动会座谈会上的答谢辞

尊敬的××省教育厅、体育局领导，大会组委会，各市地教育局、各代表队领导，省派裁判，女士们、先生们，朋友们：

××省第一届重点中等职业学校田径运动会经过紧张的工作和比赛，明天就要圆满结束了，请允许我代表××中专的6167名师生向在座的各位表示感谢！

我们感谢省教育厅、省体育局的领导。在××举办这样的体育盛会给了我们锻炼和提高的宝贵机会。××是个小地方，××中专也是尚处在蓬勃发展中的一所学校。我校创办于1987年，规模很小，条件很简陋，经过 20 年的努力，现在发展成在校生 5865 人的国家级重点中等职业学校和全国职业教育先进单位。要创建一流的名校，举办这样的大型活动便是极好的锻炼良机，它是学校组织能力、协调能力、运作效率和办事水平的大检阅。因此，我们把学校良好的校风、良好的学生精神面貌展示给大家看，也把学校的不足展示给大家，希望大家提出宝贵意见，使我校在组织工作过程中一步一步得到提高。

我们感谢市政府和组委会各部门的鼎力支持。那么大的一项活动，光靠一个学校来完成是非常困难的。在这次运动会筹备过程中，得到了市政府的高度重视，×副市长亲自担任筹委会主任和组委会主任，多次关心、询问赛事筹备工作，几次现场察看，牵头并主持协调会研究和部署各项工作。筹委会成员，教育、体育、财政、公安、电力、卫生、建设、宣传等各部门高效率地开展工作，从根本上保证了运动会的顺利举行。

我们感谢组织参赛的各学校代表队。“全国职教是一家”，交流促进共同提高。45 支代表队，来自全省各地，你们不但把学校的体育精神带来了，也把你们学校先进的办学理念、良好的管理水平、务实的工作作风和高昂的师生风貌都带到了大会，从你们身上我们学到了很多东西，也正是有了这些，才使大会那么热烈，那么隆重，那么精彩。

最后感谢参与工作的裁判员、工作人员，你们的公平公正的执法态度和严谨敬业的工作作风给赛事添上成功、圆满的一笔。

范例三

某残运会主办城市的市委书记在残运会上的答谢辞

尊敬的各位领导、各位来宾：

在省委、省政府的亲切关怀和坚强领导下，在省级有关部门和各兄弟城市的大力支持下，在××325 万人民群众的共同关注、积极配合、广泛参与和共同努力下，××省第七届残疾人运动会胜利完成各项比赛任务，即将落下帷幕。在此，谨代表中共××市委、××市人民政府和全市人民，向出席闭幕式的各位领导、各位来宾表示热烈的欢迎！向获得“体育道德风尚奖”、“特别贡献奖”的兄弟市州代表团及取得优异比赛成绩的运动员、教练员表示热烈祝贺！向为成功举办本届省残运会付出辛勤劳动、作出积极贡献的省级有关部门、各兄弟市州代表团和教练员、裁判员、工作人员、新闻工作者、志愿者以及社会各界人士，表示衷心感谢并致以崇高的敬意！

××省第七届残疾人运动会在省委、省政府的正确领导下，圆满完成各项赛事，即将胜利闭幕了。第七届省残运会是我省举办的规模最大、规格最高的一次残疾人体育盛会，是对我省残疾人体育工作的一次大检阅，也是全省残疾人运动员自强不息、顽强拼搏、超越自我精神风貌的一次集中展示。本届运动会做到了组织有序、保障有力、赛事圆满、宣传到位，开得隆重、热烈、精彩、安全、圆满，是一届和谐的盛会、友谊的盛会、奋进的盛会！

在本届运动会期间，全省1000多名残疾人体育健儿相聚在美丽的××，一起享受着运动的快乐，一起诠释着体育的精髓，一起创造着生命的奇迹。各市（州）代表团的1311名优秀残疾人运动员共参加了15个大项、376个小项的比赛；通过紧张激烈的比赛，共决出金牌376枚，银牌299枚，铜牌237枚，3人次平世界纪录，1人次超全国纪录，222人次破省纪录。在这里，残运会成为了一个“舞台”，残疾人体育健儿们精彩的表演感动了社会各界；在这里，残运会成为了一个“窗口”，残疾人体育运动的魅力必将激励着越来越多的人们加入其中；在这里，残运会成为了一座“桥梁”，东道主的热情好客为来自各地的残疾人、残疾人工作者架起了一座友谊之桥。

七天的赛程是短暂的，但“乐观向上、自强不息、励志奋进”的残运精神必将永远传承下去。深信，随着国家的富强、社会的进步，一定会有越来越多的残疾人积极参与到残疾人体育运动中来，一定会有越来越多的人们更加关注和支持残疾人事业。希望，全省各级残联要以第七届省残运会成功举办为契机，在《中共××省委、××省人民政府关于促进残疾人事业发展的实施意见》的指导下，积极备战第八届全国残疾人运动会，加快推进残疾人社会保障体系和服务体系建设，努力实现残疾人“平等、参与、共享”的崇高目标，不断开创我省残疾人事业发展的新局面。

本届残运会，是我省历史上项目最多、规模最大的一次残疾人综合性体育盛会，是一届传播和谐、友谊和关爱的人文盛会，也是一届充分展示××人民自强不息、顽强拼搏的抗震救灾精神的盛会。作为东道主，××及325万××人民用满腔热情和积极参与，用“一流的环境、一流的策划、一流的服务”，努力实现了“省运残运同时承办，省运残运同样精彩”的承办目标，兑现了向省委、省政府和全省人民的庄严承诺。全体运动员发扬自强不息、顽强拼搏的精神，赛出了水平、赛出了风格，完美地诠释了“精彩残运，放飞梦想”这一主题，取得了精神文明和运动成绩双丰收！本届省运会、残运会遗留下的精神文明和宝贵财富，必将为加快推动××市经济、政治、文化、社会和谐发展发挥重要的作用。××将以此为契机，继续深入贯彻落实科学发展观，大力弘扬伟大的抗震救灾精神，抢抓机遇，开拓进取，为推进“两个加快”建设、促进经济社会及体育事业又好又快发展，作出新的贡献！

范例四

某公司领导在公司运动会上的答谢辞

各位同事：

感谢你们积极地响应公司的号召，参加公司内部的运动会，这次运动会是公司召开的首届运动会，但可能不是你参加的第一场运动会，感谢你们的努力，这将使我们公司的运动会进行得有声有色。

你的汗水洒在跑道，浇灌着成功的花朵开放。你的欢笑飞扬在赛场，为公司争光数你最棒。跑吧，追吧，在这广阔的赛场上，你似骏马似离弦的箭。跑吧，追吧！你比虎猛比豹强！

在这大好的秋日，运动会缓缓地拉开了帷幕。在这里，你可以触摸到跳跃的青春音符，感受到燃烧的激情，体会到四射的光芒。

《十日谈》中有这样一句话“攀缘的艰辛就换来了加倍的快乐”。运动会前期，我们公司各部人员干得热火朝天，如火如荼，正如巴金在散文《生》里写道：“将个人的生存放在群体的生存里，群体绵延不绝，能够继续到永远，则个人亦何尝不可以说是永生。”人人都在努力，醉心于集体的欢乐，宣传部：出会刊、拉横幅、做宣传板，风风火火，好不热闹。实践部：蓄势待发，做好会前会后的各种准备工作……上下齐心，势如破竹，铸就崭新的一页。“团结就是胜利”、“友谊万岁”、“拼搏奋斗”的运动精神在这里已经得到了很好的体现。

信念的坚定，可以使死亡转化为复活，使瞬间转化为永恒。为了心中的信念、自我的实现与塑造，看，当朝阳的光芒带来了新的生机，我们的运动员就早早地起来锻炼了。在沉寂和悄然中，他们已经为我们栽种了火种，相信在今年的运动会上，我们一定会与时俱进，开拓创新，在运动精神的鼓舞下，一定会赛出好成绩！再次感谢大家的努力，谢谢大家！

范例五

某学院领导致辞感谢参加全国少数民族传统体育运动会演出学生的家长

尊敬的家长：

您好！

感谢您多年来对我学院各项工作的大力支持！

我学院于2011年3月已顺利搬入××市××新区，新校址占地500亩，建筑面积20万平方米，一流的校舍，充满朝气的师生，迎来了学院加速跨越发展的大好机遇。今年9月，喜逢第×届全国少数民族传统体育运动会在××召开。运动会的主要活动在我院对面的××奥体中心举办。这是××省历史上第一次承办的全国性大型综合运动会，是党和国家交给我省的一项重大而光荣的任务，也是展示××、宣传××、发展××的一次难得机遇。作为在××这片热土上工作、学习、生活的每一位公民都应责无旁贷地为办好民运会尽一份绵薄之力。本次民运会由国家主办、××省承办、××市协办。我院作为协办单位之一，承担了民运会开幕式“雷山大牛角盛装”和“侗族大歌”文艺节目的表演任务，这是一项光荣的政治任务，是一次在全市、全省乃至全国人民面前展示学院师生精神风貌的难得机会。对老师和同学来说不仅是这次民族大团结盛会的见证者，同时也是参与者。经过学院的选拔，您的孩子荣幸参加了本届全国民族运动会开幕式“雷山大牛角盛装”和“侗族大歌”表演节目的演出，这是学生一生难得的社会实践，一次锻炼自己的难得机遇。我们相信为了国家的荣誉、为了省市的形象、为了学院的发展、为了学生的成长，您会鼎力支持您的孩子竭尽全力完成民运会及省市党委政府交给我们的光荣任务。

为了保障您的孩子及全体参演学生完成好此项任务，现将有关安排告知如下：（略。）

再次感谢您对学院工作的理解和支持，感谢您对××省办好全国少数民族传统体育运动会的大力支持。在即将到来的日子里，希望您给您的孩子多一点支持，多一点鼓励。

范例六

某学校校长在校运动会上的答谢辞

老师们、同学们：

通过全校师生的共同努力，我校 2011 年春季运动会开得安全、有序、健康、精彩，充分展示了我校师生积极进取、奋发向上、勇攀高峰的精神风貌。

举行一年一度的田径运动会，是我校贯彻党的教育方针，大力推进素质教育的重要举措。一个人的全面发展，应当是包括身体素质在内的各方面素质的和谐发展。学校培养的人才不仅应该具有高尚的品德、渊博的学识、创新的精神和实践能力，更应该拥有强健的体魄。因此，此届运动会的举行，既是对我校田径运动水平的一次全面检阅，也是我校师生精神风貌和综合素质的一次集中展示。今天，我们高兴地看到，各代表队顽强拼搏，奋勇争先，凝心聚力，团结一心，展现出空前的集体主义精神。正是这种精神鼓舞着运动员们创出一个又一个好成绩。

今天，我还看到了不辞辛苦跟班管理、与学生同喜同忧的班主任；尽职尽责、公正执法的裁判员；兢兢业业、任劳任怨的后勤工作人员。因此，在这里，我代表学校和运动会组委会向在本届运动会上顽强拼搏、取得优异成绩的广大运动员表示最热烈的祝贺！向为本届运动会付出辛勤劳动的全体师生员工表示最诚挚的感谢！

校运会结束了，比赛时间很短，还不足以让我们挥洒激情，展示青春；但是，它可以记载一种精神，传承一种动力。因为我们知道：一个拥有强健体魂和良好心态的人，才会是人生赛场上永远的冠军！我希望：同学们在以后的学习和生活中，把校运会所体现的永不服输、一往无前的精神发扬光大，以饱满的热情、昂扬的斗志、拼搏的精神，取得更加优异的成绩！

最后再次衷心感谢各位老师和同学！

第十三章

在聚会联谊活动上致答谢辞

范例一

某中学同学毕业 20 周年聚会组织者的致辞

今天是我们 × × 一中 89 级同学武汉聚会 20 周年喜重逢的日子。

开始之前，我代表我们组委会的三位成员 × × × 、× × 、× × 欢迎大家的到来。一个星期前的周末，我相信我们三位，都在家安心地相夫教子，绝没有想象到 7 天后，我们会坐在这里，召集了在座诸位，组织一个 30 多人的同学聚会。

聚会的缘起，本是我们三个女同学的久别重逢。但既然是相聚，为什么不多邀请一些同学呢？这 7 天里，我们打了不少电话，× × 订了不少机票、× × × 联系了不少同学。我们三人共同说得最多的一句话就是，来吧来吧。所以，今天能看到在座诸位，济济一堂，实在让我们感到欣慰。请允许我们首先感谢我们自己，感谢我们的积极与勇气，相互扶持，完成从被动到主动的蜕变。

我们想感谢在座的每一位同学。你们的积极参与，使我们觉得，我们的每一个电话，每一句来吧来吧，都是值得的。

有人说，同乡、同族、同学、同事构成了人生的四大关系网。其中，同学情，是最纯真，最无功利，最弥足珍贵的。我们1989年相识于公安一中，2009年相聚于武汉汉口，认识20年了。大家是不是也像我们一样经常回忆起一中的操场、油江河边的三层小楼和自己当年的青涩模样。

我知道，来参加同学聚会，大家的目的各不一样。有人是来叙旧，有人是来拉近关系，有人是来看美女。如果来叙旧，我们给你提供了叙旧的时间、空间和叙旧的对象。如果是拉近关系，那么你人生关系网的四分之一就在这里，请好好把握机会。如果是来看美女，那就看好了。只是记住，回去后不准对没来的同学摇摇头说，岁月催人老，你没去正好。我相信，在座的每一位美女都是快乐和健康的。请把这种快乐和健康的心情，传达给每一位没能来的同学，让他们也能感受到我们的快乐和喜悦。

这里有几位不远千里赶来聚会的外地的同学，我们特别想提出来表示感谢。比如，第一位到达的广州的××同学。第一位确认要来的北京的×××同学。还有，从深圳来的×××、×××，从郑州来的×××，从宜昌来的×××，从上海来的××同学和从广东佛山来的×××同学。最让我们感到亲切的，是给我们带来家乡气息，从本部来的×××、×××等同学。你们的到来，让我们感到了对20年同学情的珍惜，感受到了岁月的温暖。

还有很多同学，十分想来，但由于各种原因，没能来成，委托我在这里向各位问好。有出差了的×××、×××，上海的×××、×××，云南的×××、×××，深圳的×××同学，等等。

我们知道，我们的时间定得十分仓促，但择日不如撞日，没能来的，留下遗憾和期待。期待和他们的下次相聚。

请我们举起杯，为我们20年前同学时的青葱岁月、为我们20年后喜重逢时此刻的心情，也为我们明天的健康快乐和幸福，干杯！

最后祝大家武汉喜重逢聚会，吃得舒心，玩得开心，聊得尽兴！谢谢大家！

范例二

某同学聚会活动组织者的致辞

尊敬的老师和同学们：

你们好！

首先，请允许我向各位前来参加聚会的同学表示真诚的谢意！各位同学不辞辛苦前来重温师恩，共叙友情，使我深深地感到这份同学情谊的深厚！同时，对因各种原因未能前来参加聚会的同学，表示遗憾！在此送去我诚挚的问候和良好的祝愿！祝福他（她）们身体健康！家庭美满！事事如意！

此次聚会，同学们的踊跃响应，我感到非常高兴，在组委会的精心组织和安排下，在山东地区同学的大力支持下，特别是×××、××、××、×××同学，给本次聚会提供了无私的帮助，也正是在他们的努力和同学们的积极参与下，此次聚会才得以圆满完成，谢谢大家了！

我代表全体与会同学对×××、××、××、×××同学为我们此次聚会的盛情接待和付出的辛勤劳动表示衷心的感谢！

此次聚会时间虽短，但收获颇大。正如×××在同学聚会感言中所说："回想起学校生活的一桩桩、一幕幕，依然是那么清晰，仿佛就在昨天，让人激动不已！尤其当我们步入社会，品尝了人生的酸甜苦辣，经历了世事的沉沉浮浮之后，才发觉学生时代的生活就如同一杯陈年佳酿，如同一首饱满深情的歌，悠远而绵长；同学之间的友谊是一段割不断的情，是一份躲不开的缘，愈久愈纯正，愈久愈珍贵，愈久愈甘甜；人生沉浮廿载，同学情义始最真。""20年过去了，我们从青年走到了中年，我们各自都经历了人生的风雨和坎坷，不管我们的境遇如何，让我们善待自己！善待他人！珍惜生命！珍惜友情！珍惜今天吧！"

20年过去了，这份同学情永远难忘。在这里，我还要代表×××父母和×××的家人，向所有给予他支持的同学表示真诚的谢意，特别是×××、×××和××同学，尽管自己不能前来参与，但他们通过种种方式还是表达了他们的一点心意。虽然×××同学还在与病魔作顽强的斗争，虽然×××同学已远离我们而去，但同学们仍然没有忘记他俩，谢谢了！亲爱的同学们！

最后我作为组织者和策划者再次向本次组委会、向山东地区的同学、向与会的和没有参加聚会的同学表示衷心的感谢，希望来年再聚！并祝各位同学身体健康！生活愉快！万事如意！也祝我们的下一代茁壮成长！青出于蓝而胜于蓝！

“相见时难别亦难，心潮逐浪高！

手和手相握，心和心贴牢，几度夕阳红，同学情未了！

今日重欢聚，来年再相邀！”

为我们地久天长的友谊、为我们明天的再次相聚努力！

范例三

某同学代表在毕业30周年聚会活动上的答谢辞

尊敬的×老师、亲爱的各位老同学：

今天是我们高中毕业30周年纪念日，很高兴在毕业30年后的今天大家再次相聚。人的一生中能有几个30年呢？人生各个阶段的特殊意境，构成了整个人生多彩多姿的心路历程，而中学时代同学之间的友情就像陈年的老酒，时间越久越是醇香甘甜。

今年春节期间，我们高二（3）班的5位同学小聚，当时有同学提出搞一次同学30年聚会，热情的×××同学出面联络并征求了部分同学意见，结果闻者响应热烈，在几位热心同学的努力下，大家牵线搭桥终于促成了今天的聚会如期举行，我们尊敬的×老师和各位老同学都如约而至，大家欣喜万分。

在座谈会开始之前，我提议对我们高二（3）班已故的×××同学、×××同学、×××同学的早逝表示沉痛的哀悼和深切的怀念。

30年来，我心中时常有一种特殊的情感在涌动，那30年前点滴往事，就像陈年的美酒，沁人心脾，刻骨铭心，回味无穷。时空跨越30年，今天我们又相聚在高二（3）班这个温暖的家庭中，心情无比激动。30年前有缘结成一个集体，30年后有缘又一次相逢，我们有理由为我们的缘分和重逢而激动。

30年，在历史的长河中是一个短短的瞬间，而对于人生来说，却是一段长长的经历。在这长长的经历中，我们会常常怀念起中学时代的生活，那时的我们都还是个稚嫩的孩子。现在想来，那真是人的一生中最为难忘、最为感怀的青春岁月，纯真烂漫、无忧无虑，充满幻想。那时的情、那时的歌，那时的快乐和忧伤，就像昨夜的梦一样，既亲近又遥远，既清晰又朦胧。那个年代、那段历程，对我们每位同学的一生都有着重大影响，那是我们一生中最难以割舍的回忆。

我们的学生时代，正处在国家动乱、物质生活极度贫乏时期，给我们的人生带来了只有我们自己才能体会到的甘苦。毕业后，我们分布在四面八方，为了生活，甚至为了生存，我们苦苦挣扎，努力抗争，始终不向命运低头。我们流过泪，我们流过汗，我们有过失败的痛苦，但我们也有过成功和喜悦。酸甜苦辣，令人回味无穷。它正好与我们这一代人的遭遇相像，与我们对人生的感悟相同。

今天，我们的子女也大都超过了我们当年的年龄，时光带走了我们那幼稚的脸庞，但却怎么也抹不掉我们难忘的记忆。我们对生活、对人生、对社会的真诚，是30年前我们那个集体、那个时代给予我们最伟大的馈赠，要问我们现在还具备的淳朴、善良、真诚、奋进的精神从哪里来，就来自于那个时代属于我们的那个集体中，因为那是我们人生中最为艳丽的年华。

我们班的同学中，现在有的做了老板，有的当了领导，有的从事专业技术工作，有的在市场经济的大潮里自由搏击，也有的同学在经济结构调整中下岗，而更多的是在普通的工作岗位上辛勤劳作。30年间，大家都在不屈地与命运奋争，每位同学的经历都可以写就一部壮美的人生奋斗史。可以说，大家都是成功者，都拥有无悔的青春和绚丽的人生。

相见时难别亦难，时隔30年的聚会，你说是长还是短？我完全有理由相信，我们今天的聚会，能成为亲如兄弟姐妹般的同学情的碰撞、成为旧时友谊的升华。让我们在这重逢的短暂时间里，坦诚相待，真心面对。不问收入多少，不问职务高低，不论家庭财富，不比老公英俊，不比老婆漂亮，而更多地说说心里话！让我们抛开种种顾虑，放下所有的恩恩怨怨，倾情交谈，共诉衷肠，传递真诚！让我们在尽情地谈笑风生中畅叙友情吧！让我们在狂歌劲舞中找回自己青春的影子吧！让我们的聚会成为一道让人羡慕的风景线，让我们的聚会成为一种美丽的永恒！在今天的聚会中，如果你感到精神上愉悦，那聚会就圆满成功了！不论你现在是春风得意还是正遭受挫折，不论你现在是贫穷还是富贵，一只脚已跨进知天命门槛的我们，还有什么能比得上心情愉悦、感觉幸福更重要呢？同学之间的情谊应该永远是你坚强的精神支柱！

同学们，“老骥伏枥，志在千里”，我们虽然成熟了，同时我们也老了，有的同学已经退休。今天的相聚，除了4名同学因特殊原因不能参加外，远在省外或公务缠身的同学都克服困难积极参加了，这再次令我感动。说明大家彼此还没有忘记，心中依然怀着对老同学的一片深情，仍然还在相互思念和牵挂。寂寞的时候我常常想，人与人之间，是什么东西让人割舍不下？想来想去，还是人与人之间的感情，正是这种感情，促使我们过了30年还要再聚到一起来，这样的聚会也许让人永世难忘，因为我们曾经拥有的那个充满青春活力的集体，正是我们生命不歇的动力！

友谊地久天长，生命百年长青。相信至少还有一个30年等待着我们再次相聚，大家共同努力吧，我亲爱的兄弟姐妹们，让我们彼此珍重，好好享受这盛世的阳光！

祝愿我们伟大的祖国繁荣富强，祝福我们尊敬的×老师健康长寿，祈祷在座的各位同学身体健康、家庭幸福、生活富裕、事业顺利！

最后，祝愿我们这次30年聚会活动圆满成功！

范例四

某同学联谊组委会代表的答谢辞

尊敬的老师、亲爱的同学们：

今天，我们×届初高中老同学在这里举行难得的聚会，首先，请允许我代表同学联谊会组委会，向各位尊敬的老师，向从外地远道而来的同学，向所有的同学们、朋友们表示热烈的欢迎、亲切的问候和真挚的感谢！

此时此刻，还有一些同学们没能和我们同享聚会的欢乐，我们向他们问一声好，道一声记挂和想念，遥祝他们平安、如意。30年前，我们曾经在同一个教室学习。那正是我们人生的花季。那时，我们就像春天的小鸟，充满少年激情，怀抱远大理想，焕发青春活力，充分展示着人性的真善美。那时，我们心目中的世界，似乎永远是一片灿烂阳光！每一次早读和晚自习，每一次课外活动，每一次篮球赛，甚至于每个同学的绰号，同学间偶尔发生的误会和口角，都是我们纯真友情的真实记录，都会勾起我们美好甜蜜的回忆。我们同其他人一样有挫折、有屈辱、有徘徊、有迷茫，还有失败的痛苦，我们同样有收获、有成功、有进步、有光荣，还有摘取桂冠的欣喜。同学们，有道是“四十而不惑”、“五十而知天命”，我们已走过了青年、中年。30多年前的青年学生，如今已经为人父、为人母。抬眼望去，岁月虽然为我们每一个人留下年轮，但男士们依然潇洒、女士们依然美丽。

祝愿今天我们的聚会，成为亲如兄弟姐妹般的同学情的碰撞、同乡谊的升华。让我们在这短暂的重逢里，坦诚相待，真心面对，不问收入多少，不问职务高低，不比老公英俊，不比老婆漂亮，抛去行业、职位、金钱的外罩，更多地说说心里话！让我们抛开种种的顾虑，放下所有的恩怨是非，用心交谈，共话友情，传递友谊！让我们的聚会成为一种最美的永恒！相逢是短暂的，友谊是永恒的，让我们记住今天的聚会。

再次祝愿尊敬的×老师和亲爱的同学们合家欢乐，身体安康，万事如意！谢谢大家！

范例五

某工程学院毕业生在毕业20周年同学聚会上的致辞

尊敬的母校领导、尊敬的校友总会领导、尊敬的××工程学院领导，亲爱的老师们、亲爱的同学们：

大家好！

今天，在母校20周年聚会筹备组×××等同学的辛勤工作下，我们××83级40余名同学怀着激动和自豪的心情相聚母校，倍感温暖和亲切！我们感谢母校的各级领导莅临我们的聚会，为母校兴旺发达、飞速发展、更名为××大学而感到由衷的喜悦！当然，我们依然怀念20多年前在母校——江汉××学院一起度过的难以忘怀的4年时光！那时，带着对知识的渴望，带着对人生理想的追求，我们相识、相聚在美丽的荆州古城；相识、相聚在可爱的长江边；相识、相聚在伴随我们走过青春岁月、引领我们起飞、快乐成长的江汉××学院。同学们意气风发，也曾“激扬文字”，“指点江山”，“击水中流”；大家如饥似渴地汲取知识，在敬爱的母校领导和亲爱的老师关怀和教导下，在知识的海洋里畅游；大家同窗共勉，十分珍视同学之间纯洁真挚的友谊。恰是同学少年，风华正茂！20年前，我们学有所成，从这里怀抱着万丈雄心、壮志凌云地奔赴祖国各地。20年后，我们大都事业有成，娶妻、嫁夫，结婚生子，各自用我们的青春年华书写着我们的人生奋斗史，为党、为国、为石油事业贡献着我们的全部力量！

光阴荏苒，岁月如梭！20年前的举杯相约还历历在目，20年前的欢声笑语还荡漾于耳，20年前的惜惜相别还在记忆深处。“流水不因石而阻，友谊不因远而疏”，分手时的依依不舍和强烈的思念又把我们召集在了一起。我们又回到了这里，触摸着校园的一草一木，就如同大家彼此刚刚相见的感觉，让人既熟悉又陌生，既兴奋又亲切，让人既想说出满腹的话又不知从何开口。

20年的时间，我们和校园都变了，但是我们对母校的诚挚热爱从来也没改变；20年的时间，也许忘记了许多事、许多人，但是我们对老师曾给予我们的教诲永生难忘；20年的时间，冲淡了许多记忆，但是永远冲不淡我们同学之间的兄弟手足之情。20年的时间，对一个人来说，或许很长，但对历史的长河，不过是个瞬间。而人生值得纪念的不过就是一些瞬间。今天正是这样一个瞬间。让我们借这个瞬间感谢我们母校的领导和老师，让我们借这个瞬间祝福母校前程似锦，事业蒸蒸日上，培育更多人才和栋梁！让我们今后继续努力，为母校的历史和未来增添更多的辉煌的瞬间！

在此，我们还要感谢筹备组的×××等同学，谢谢他们为这次聚会付出的辛勤劳动！

同学们，让我们共同起立，一起说声：谢谢老师，节日好！

范例六

某老战友联谊会组织者的答谢辞

各位亲爱的战友：

大家好！

今天，我们欢聚一堂，隆重纪念××师××团战友入伍40周年。参加今天纪念活动的，共有68位战友。尚有部分战友因公私事务不能亲临现场，×××等特地发来电函，向所有亲爱的战友表示诚挚的祝福和问候！他们说，不能亲自参加活动，尽管十分遗憾，但同样能感受到战友们的友谊与激情，当年曾是生死与共的战友，今生就是同呼吸共命运的兄弟！战友的心，永远都是相通的！

今天，特别荣幸的是，我们的老首长、老战友×××、××、×××偕夫人亲临活动现场。他们的到来，使我们今天的纪念活动有了更深广的内涵，更彰显了人情、亲情、战友情的永恒与可贵。让我们以热烈的掌声，对三位老首长、老战友及夫人的到来表示欢迎与感谢！我们也为老首长送上真诚的祝福，祝他们青松不老，家庭幸福，福如东海，寿比南山！

今天××也特地前来参加我们的纪念活动，与我们一起同庆同贺，共话友谊。让我们以热烈的掌声，对他的到来表示热烈的欢迎和诚挚的感谢！

40年前，珍宝岛烽火骤起，枪炮轰鸣；乌苏里江车粼马啸，硝烟弥漫；中苏边界大兵压境，剑拔弩张；北部边陲虎狼当关，黑云压城！东北告急，内蒙告急，新疆告急，北部边防告急！——伟大统帅已经号令全党全国全军："要准备打仗！"祖国在召唤，人民在召唤！正是在这严峻时刻，1969年12月5日，我们150名热血青年，离开家乡，辞别父老，应征入伍，壮志从戎！

岁月悠悠，光阴荏苒。40年过去，弹指一挥间。当年龙腾虎跃的青年战士，如今是苍颜皓首，两鬓已斑。尽管如此，我们可以自豪地说：我们拼搏过，我们奋斗过，我们奉献过！我们曾经把自己最美好的青春年华奉献给了部队，奉献过了军营，奉献给了中华民族的国防事业！我们无愧于养育我们的人民，无愧于我们伟大的祖国！虽然已过40年，回首往事，我们怎能忘记那如火如荼的峥嵘岁月，怎能忘记那煅石成金的革命熔炉？怎能忘记在部队朝夕相处、苦乐与共的日日夜夜？

我们有多名战友在部队表现优异，光荣提干，成为身先士卒的带兵首长；×××、×××、×××三位战友光荣地分别晋升为中将、大校，跻身于人民军队的高级将领行列，这也是我们全体战友的骄傲与自豪！

我们有多名战友在部队期间或因舍己救人，或因突出贡献，成为学雷锋、学英雄的标兵，荣立军功，受到部队表彰奖励。

我们有更多的战友退伍还乡，扎根农村，为改变家乡面貌奉献了全部力量与汗水，作出了突出贡献。一些战友长期担任农村基层干部，为党的基层组织建设、农村基层政权建设奉献了全部的光和热。

我们有多名战友退伍后在市场经济的大潮中努力拼搏，艰苦创业，带头致富，开拓发展，取得了骄人的成就，成为改革开放的带头人和事业有成的厂长经理。

我们有多名战友退伍后在党政机关、工厂企业、教育卫生、财经贸易、公用事业等单位担任公职，一直牢记使命，忠于职守，服务人民，心系群众，清正廉洁，勤勉务实，受到人民群众的称赞与尊重。

回忆过去，我们更加珍视战友情，兄弟爱；回忆过去，我们更加珍惜过去的光荣，曾经的奉献；回忆过去，我们更加热爱生活，向往明天！

让我们一起畅叙友谊，牢记光荣，回忆过去，祝福未来！

谢谢大家！

范例七

某网友聚会组织者的答谢辞二则

（一）

12 月 7 日是我生日。以前在 × × 版，我组织版聚无数，但从来没在我生日这天特意组织过版聚。今年 2007 的这天生日正好是星期五，我本意是想把 × 版朋友们尽可能多地聚在一起相识、一起欢乐，所以特地在我生日这天组织了这次 × 版聚会，我代表 × × 版再次谢谢大家的光临！我代表我个人再一次谢谢大家的真诚和热情！

特别要感谢二版粉色小宝贝、三版孤独的波斯猫、新任斑竹政治家菲菲在这次生日聚会组织中的辛苦！感谢紫液泡影（泡泡）和白色山茶花，她们在聚会过程中也做了许多繁杂事务，没有她们的辛勤劳动，这次大规模的×版聚会就不能顺利进行。在此，再次非常衷心感谢来参加12月7日我生日聚会的每一位朋友！我把我想到的所有人的名单列一下：粉色小宝贝、政治家菲菲、紫液泡影（泡泡）、孤独的波丝猫、希伯来的利剑、飘雪、月光小鱼、明达、乐乐毛头、白色山茶花、欣欣公主、魔宫婷婷玉立、婷婷外挂MM、混沌的年代、二炮风、蓝色忧郁、不懂啊不懂、拖拉机超宝马、宝马外挂MM、爱从不停留、楚紫紫、方秒神探、乐乐李、乐乐李的外挂MM（喝酒很欢的漂亮MM）、花尖泪、小捣蛋MM、小捣蛋的外挂GG、水晶雁月、水晶外挂GG、小鱼儿82、猪猪敏感、尼儿（就是在版里发过几次西行照片的大胡子真男人）、柳慧、花自飘零写给海洋（谢谢你送给我一大束手捧鲜花）、学儿、模模（我老乡哦，帅哥）、笑傲江糊、薄荷帅0816、政治家菲菲外挂、龙非池中物、shlinna（莎莉娜）、小丫头（莎莉娜的妹妹）、金陵小区区委书记、美心（开始你自己也不知道能不能抽时间来，后来终于还是来了，谢谢!）、手心冰凉。

谢谢以上各位×版朋友的光临！来了那么多的×版朋友是我们组织者最初没想到的，聚会过程中可能存在许多对版友们照顾不周和组织不够完善的地方，还请大家谅解！

××××是我们共同的心灵家园！我们是快乐的一家人！×版之所以有“人气”，就是因为我们注重的是这种版友之间的真诚和热情！是因为我们在一起很开心快乐！×版不能玩一生，朋友可以做一世！

再次衷心感谢来参加12月7日生日聚会的每一位×版朋友！

（二）

本次聚会在大家的期盼中顺利开始、高兴中圆满结束，16位新朋老友济济一堂，谈笑风生、把酒言欢，增进了友谊，交流了经验，是一次顺利的聚会，也是一次开心的聚会。首先在这里我要感谢以下16位朋友（排名不分先后，女孩子排前面）：童话公主、林林、藏香阁、踏雪无痕、浪迹天涯、每天都看TV、天涯客、指缘间、潼南人在东莞、疯狂的石头、平安荣翔、男童、张应、刘洪、张琦，还有一个是“渝帆”也就是偶。如果记错了你们的名字请别见怪。

感谢大家的参与和支持，抽出自己宝贵的休息时间支持本次聚会，尤其是男童、藏香阁、指缘间、浪迹天涯、天涯客、林林等几个都是从深圳百里之外坐几个小时的车赶过来的，当然××市内的每天都看TV、疯狂的石头等也是挺远的，感谢你们带来的欢乐聚会。其次要感谢童话公主的友情赞助，他免费为我们设计并制作了聚会条幅，还带我们提前去看了聚餐的餐馆，谢谢小公主；同时还要感谢浪迹天涯（外乡流浪人）为我们本次聚会提供录像装备并全程辛勤摄录，为我们本次聚会留下了更多的回忆和影像；最后，还要感谢××论坛及××（广东）同乡会QQ群所有对本次活动予以关心和支援的朋友，虽然你们不能亲临聚会，但却在无形中陪伴着我们、支持着我们。我们寄望于将来你们中能有更多的人参加我们的聚会，甚至是发起、组织更多的聚会活动。谢谢大家，希望以后我们可以做得更好！

范例八

某户外徒步穿越赛组委会代表在户外徒步穿越活动结束后聚会上的致辞

亲爱的朋友们：

穿越天险追寻抗战历史足迹——户外徒步穿越赛活动圆满结束了。在这里，大赛组委会所有成员真诚地对各位朋友说声谢谢！

宜昌各户外群体对此次活动给予了高度关注和大力支持，他们是（排名不分先后）：

宜昌×××户外、宜昌××户外、中国户外××论坛、××户外、××户外、××户外、××户外（徒步、摄影）、××户外、宜昌×××医教户外、宜昌××户外等。同时，感谢宜昌市××协会、宜昌××探险救援支持！

特别鸣谢：××战队。

还有许多没有点到名的群体和朋友，也积极参与和支持了这次活动，为活动的成功倾注了自己的热情。

每每想到这些可爱的朋友，我们的内心都充满了感激之情。正是由于你们的无私支持和奉献，我们的活动才能做得这样有声有色。再次向积极参与活动的各位表示诚挚的感谢!

范例九

某捐资助学聚会活动组织者的答谢辞

尊敬的各位领导，各位女士、各位先生，各位老师和同学们：

首先我代表××乡党委、政府向菲律宾华侨×××（夫妇）先生捐资助学的义举深表感谢，同时向大力支持我乡教育事业发展的各级领导表示衷心的感谢，并致以崇高的敬意。

××是××的一个贫困×族乡，也是省市扶贫挂点乡。近年来，在省、市、县委各级领导的帮助和支持下，乡党委、政府确立了“农业立乡、三化兴乡、科技强乡、林业富乡”的发展思路，以构筑融生态农业和农产品加工业开发为一体的近郊型山区农业乡镇为目标，坚持以人为本，树立全面、协调、可持续的发展观，团结带领全乡2.5万人民同心协力，开拓进取，创新思路，艰苦创业，农村经济和全乡的各项社会事业取得了长足稳定的发展。

各位领导、各位老师、同学们，今天，我们不仅是接受了×××先生和市、县有关部门的捐赠、支持，更重要的是接受了一种精神力量，×××先生乐善好施的义举，值得我们学习。同时也激励我们以更加饱满的热情投入到发展教育的事业中去，同时也希望受捐赠的学校抓住这次机会进一步求真务实、开拓创新、加强建设和管理工作、用好资金，逐步完善办学条件，以突出的成绩来回报×××先生的善举和上级领导的关心，回报社会。

最后，我们衷心祝愿×××先生的事业蒸蒸日上，也诚挚地希望×××先生今后继续支持我乡的教育事业发展。我相信在各界领导的关怀、帮助下，在你们和社会各界的关心支持下，我乡教育事业步伐将继续加快，我们的教育事业将掀开新的篇章。

范例十

某医药有限公司领导在客户联谊会上的答谢辞

各位尊贵的来宾，女士们、先生们，各位领导、各位老师、各位亲爱的伙伴们，在座的所有朋友们：

大家晚上好！

首先给大家拜一个早年，祝大家身体健康、合家幸福、事业兴旺、万事如意！

今天莅临我们现场的有来自南到广东、北到山东等地的代理商朋友；与××公司长期合作的厂家朋友；武汉市及湖北省内医疗机构的新老客户，感谢你们的光临，在这儿我谨代表公司全体员工向你们表示衷心的感谢和热烈的欢迎！感谢总经理真诚的祝福，在这憧憬未来的盛夜，让我们牵起手来，相互支持，友好合作，携手奔向美好的明天。

今夜星光灿烂，回眸与公司同呼吸、共命运、心连心的五年，不由感慨万千，激情高昂，让我们在今晚燃烧所有的热情，尽享成功的喜悦！

感恩，会使心境变得平和；感恩，会使自己感到幸福；感恩，会使生活充满希望。拥有一颗感恩的心，才能理智地面对一切困难，从容地面对是是非非。我们怀着一颗感恩的心，感谢有你们！感谢有你们的支持，公司的发展才得以茁壮成长！千淘万漉虽辛苦，吹尽狂沙始到金。公司的营销伙伴始终不断超越自我，实现自我，用辛勤和汗水浇铸出了今天骄人的成绩。

一年过去了，这一小段光辉岁月见证的是我们公司逐步成长的足迹；

公司令我们无比欣慰与自豪。回首过去我们热情洋溢，注视现在我们激情澎湃，展望未来我们斗志昂扬，2011，我们将不断地前进！让我们在新的一年里张开腾飞的翅膀，向着更高的目标飞翔！让我们携手并肩，志存高远，实现新跨越，再创新辉煌。

最后祝愿我们在场的所有来宾、所有朋友们家庭幸福、生活美满、身体健康、万事如意！

范例十一

某酒商代理在客户新年联谊活动答谢会上的致辞

尊敬的各位来宾、各位朋友：

大家上午好！

瑞虎辞旧岁，玉兔迎新年。在这瑞雪飘飞的时刻，新的一年已经向我们走来，今天我们在这里隆重举行“安徽××酒业、石台××名烟名酒——迎新春感恩联谊活动答谢会”。首先请允许我代表安徽××酒业和石台××名烟名酒对在座各位的到来表示热烈的欢迎和诚挚的感谢！感谢大家多年来对安徽××酒业和石台××名烟名酒的大力支持，可以说如果没有你们的支持，安徽××酒业和石台××名烟名酒就不会取得今天的成就，再次谢谢大家。感谢大家来参加这次的新年联谊活动，祝大家在新的一年里福禄双喜，喜气洋洋，扬扬得意，意气风发，最重要的是在新的一年里继续发财，发大财！

即将过去的2010年，我们作为安徽××酒业在石台的总代理，紧紧围绕××酒业“执信有恒，成功有道”的经营宗旨，紧密依靠全县各级经销商和广大终端客户的鼎力支持，千方百计、积极主动地全面做好各项销售服务工作，使我们的××系列名酒在石台的营销又取得了骄人的业绩。这些成绩的取得，离不开在座各位的支持与信赖。作为××酒业的石台总代理，为你们对××酒业信赖，对××名烟名酒的支持表示衷心的感谢！

一杯××酒，盛满人间情，相约××酒，再创新辉煌。2011年，正是我们创造梦想、奋力突破的关键之年，我们将紧密依托××酒业的正确领导，紧密依托在座各位的大力支持，瞄准更高的目标，迎难而上，锐意进取，团结协作，大胆创新，力争××系列名酒在石台地区的销售再上一个新台阶！

最后请允许我借此机会，再次向大家拜个早年，真诚祝福在座的各位兔年快乐，幸福安康！生意兴隆，财运兴旺！事业发达，天天向上！

谢谢大家！

范例十二

某学院领导在军地联谊活动上答谢解放军官兵时的致辞

尊敬的军区军训办、军区教导大队、军区通讯总站领导，亲爱的我校相关领导和复转军人同志们：

今年是伟大的中国人民解放军建军83周年，值此“八一”建军节来临之际，我代表××学院全体师生员工向××军区军训办、××军区教导大队、××军区通讯总站全体官兵致以节日的祝贺和衷心的感谢！

今年也是××学院建校50周年的重大时刻，在此我向为我校建设事业作出贡献的全体师生员工，特别是喜迎双重节日的复转军人表示最诚挚的问候！

中国人民解放军是一支具有光荣革命传统和辉煌战斗业绩的人民军队。83年来，人民军队始终与中华民族命运共系，与中国人民血肉相连，为人民解放、民族独立、国家富强，进行了英勇顽强、艰苦卓绝的斗争，建立了卓越功勋。特别是近几年来，当祖国和人民群众一次次遭到天灾人祸面临危难之时，人民子弟兵总是最先站出来，抢险救灾。可以说，中国人民解放军是中国人民“最可依赖的人”。

最近几年来，我校在国防教育和学生军训工作方面取得了长足的进步，这些成绩和进步都包含着部队官兵的辛勤汗水和无私奉献。在此，我向一直以来关心和支持我校国防教育和学生军训工作的各级部队首长和官兵再次表示衷心的感谢和崇高的敬意。

我校“双拥”、“军、校共建”工作在学校党委、行政和全体师生员工的共同努力和各级部队首长和官兵的大力支持下，经过不断巩固提高和创新发展，特别是通过深入开展国防教育、学生军训和双拥、共建活动，进一步密切同呼吸、共命运、心连心的军地关系，巩固和发展了军、校团结的大好局面。现在，我们在科学发展观的指导下，以更加昂扬的精神状态，做好工作，抓好落实，进一步发展“同呼吸、共命运、心连心”的新型军民关系，继续谱写双拥工作新篇章，为了美好的未来作出新的更大的贡献。

今年正值人民军队建军83周年，也正值××学院建校50周年，这对我们军地双方都是一个应该铭记和欢庆的特殊时刻。而在此时此刻，我们要特别感谢一个特殊的群体——对学校发展作出了重大贡献的复转军人。这些曾经奋斗在保卫祖国第一线的钢铁战士，把部队中培养出来的火热激情投入到建设××学院的工作中来。××的蒸蒸日上，和你们的热情工作密不可分。我校现在共有复转军人125人，占全校教职工的8%左右。其中厅级1人，处级9人，科级39人，高级职称的7人。我校复转军人在各自的岗位上都发挥了积极的作用。我在此向你们和培养你们的人民军队表示真诚的感谢。

当然，“革命尚未成功，同志仍需努力”，为了我校的继续发展，我对复转军人提出殷切的期望，学校更要重视和支持复转军人的工作。

复转军人要有所作为，客观环境和条件固然重要，但最主要的还是要靠自身的努力和奋斗。有了这一条，不管在什么单位，也不管在什么岗位上，一定能有所作为。

全校要把关心复转军人落到实处来。各级领导、各有关部门都要把关心、培养和爱护复转军人作为自己的职责，从政治上、思想上、工作上、学习上和生活上等各各方面给予关心和帮助，把复转军人培养好，使用好，努力为他们创造条件，提供舞台，促进他们为我校的发展作出更大的贡献。

总之，我们要着眼新形势新任务，不断赋予军民共建新内涵，进一步巩固和发展军民团结，为加强军队的革命化现代化正规化建设和向上、文明、进步的××学院新发展而努力奋斗！

范例十三

某钓友联谊会春季钓鱼赛组织者的答谢辞

“××钓友联谊会”春季钓鱼比赛，在每年三月份的第三个周末举行，比赛地点就设在××市钓鱼协会比赛基地——美丽的×××湿地公园，这也是“××钓友联谊会”的传统钓鱼比赛。正是有你们这些钓鱼爱好者的加入，才使得这次的钓鱼大赛进行得有声有色，也正是你们的加入才使得我们钓鱼活动的影响力越来越大，爱好钓鱼的人数越来越多，对此我代表这次活动的发动者和组织者向为了这次活动付出努力的所有参与者表示衷心的感谢。

这次联谊活动有来自××市及××、××等地的广大竞技钓鱼高手报名参加了比赛，3月20日的天气情况异常恶劣，西北风在五六级，阵风达到七八级，强风早早地将西北方向的满天沙尘刮向东南方向，刮过黄河刮过钓场，并且不断地向东南继续推进。

大风夹杂着满天的黄沙形成强大沙尘暴，为参加比赛的选手们增加了极大的难度，顶风的选手们抛竿都相当困难，没有办法只好改换大号浮漂。强风和沙尘同时也给裁判及服务人员带来不小的困难，裁判和服务人员个个也都灰头土脸，满脸满脖子全是黄土。

全体参赛选手经过一天四场的——顶风坐岸难抛竿，顺风起鱼难上难，抄网抄空钩的现象普遍发生；因风力太大，刮得竿子总是感觉有鱼在钩上，其实大风一刮竿稍有一点泄力，那钩上的鱼儿就会成功脱钩，回头拿抄网的时间，再转回头来钩上鱼儿基本上逃脱。

回想在去年“××钓友联谊会”春季钓鱼比赛时，选手们在比赛中艰苦的历程，同样也是历历在目；但是每当看完当时的照片时，一切的酸甜苦辣都会遗忘得一干二净，感觉回忆总是那么的美好！谢谢大家的积极和努力。

第十四章

在各类纪念活动上致答谢辞

范例一

某大学领导在迁校 50 周年纪念活动上的致辞

尊敬的各位领导、来宾，校友和全体师生员工：

在各级领导、兄弟院校、社会各界的大力支持和全校上下通力合作、各地校友鼎立襄助之下，西安 ×× 科技大学纪念迁校 50 周年庆典活动已于 2008 年 12 月 12 日隆重举行。

此次纪念迁校 50 周年活动主题鲜明、影响广泛，既隆重热烈，又务实简朴。通过此次纪念活动，学校系统回顾了迁校西安 50 年的风雨历程，进一步凝聚了艰苦奋斗、自强不息的 ×× 精神，增强了广大师生的荣誉感和信心，增进了与校友的团结和友谊，增加了学校的凝聚力，也扩大了学校影响。为振奋斗志、发愤图强，面对新的机遇与挑战，以科学发展观为指导，全面推进学校的改革、建设与发展，起到了重要的推动作用！

在此，谨对拨冗出席本次庆典的各级领导、校友、各界人士，以及发来贺信、贺电的单位和领导表示衷心的感谢！对送来赠款、赠物的单位和校友表示诚挚的感谢！对在此次活动筹备期间给予我校大力支持的各级领导、各单位、各界人士表示诚挚的谢意！同时，对在我校创校、发展期间给予过支持、奉献过心血和汗水的所有人士表示由衷的感谢！

此次活动，由于时间仓促、事务繁重，活动期间若在接待和服务中存在不足和疏忽之处，在此表示深深的歉意，恳请您的谅解！

我校将以此次迁校50周年纪念活动为新的起点，众志成城、同舟共济、厉兵秣马、奋发有为，为建设国内一流、国际知名、高水平研究型大学的目标不懈努力，为国防现代化、国家信息化和区域经济社会创新发展作出新的更大的贡献！

范例二

某领导在建省办经济特区20周年纪念活动上的致辞

尊敬的湖南××瓷业公司×副总裁、各位新闻界的朋友：

正当全省人民以饱满的热情迎接××建省办经济特区20周年之际，今天，我们迎来了远方的贵客，来自中国瓷都湖南××的朋友，首先对你们的到来表示最热烈的欢迎。

随着××建省办经济特区20周年庆典活动的临近，我省各级政府、社会各界举办了形式多样、内容丰富的纪念活动、庆祝活动，高潮一浪接一浪，把全国的目光都吸引到了××这片热土，近段时间来，兄弟省份政府以及国内很多企业和个人纷纷以各种形式对我们表示祝贺，也给予了相当多的支持和帮助，借此机会，我代表××省政府、××建省办经济特区20周年庆祝活动组委会向全国人民表示衷心的感谢。

作为省庆的重要部分，年初，组委会决定定制一批代表中国陶瓷工艺与艺术水平的纪念瓷，经省经济技术合作促进会牵线与湖南××瓷业公司联系，他们非常的重视，决定以最好的设计水平和品质赶制这批纪念瓷，并且捐赠给××省庆。

××瓷业是国内规模最大、经济实力最强的日用陶瓷生产企业，也是“北京 2008 年奥运商品特许生产商”，一直以来，公司秉承“弘扬民族文化，打造陶瓷精品”的理念，开发了大量具有中国文化和中国精神的艺术珍品。这批××纪念陶瓷的研制成功，就凝聚了该公司近百位工艺大师和技术人员的心血，产品确实超凡脱俗，体现了湖南××陶瓷的魅力，既具有浓郁的中国特色，又饱含了××省庆的喜庆气息，是难得的陶瓷珍品。

今天，××瓷业的×副总裁一行还专程前来，把纪念瓷捐赠给××人民，进一步表达了湖南企业和湖南人民祝贺××的一片真情。在此，我提议以最热烈的掌声感谢××瓷业，感谢热情的湖南人民！

祝愿××瓷业欣欣向荣、事业进步！

谢谢大家！

范例三

女儿在纪念母亲去世一周年活动上的致辞

尊敬的各位亲友、尊敬的各位朋友、尊敬的各位来宾：

在这个特殊的日子里，首先，我代表我的兄弟姐妹，向能够前来一起追忆我的母亲的亲人们、朋友们、来宾们表示热烈的欢迎和衷心的感谢！

今天，无论是对我们这个村子，还是对我们这个家，注定是一个特殊的日子！去年的今天，我们最亲爱的母亲撒手人间，永远离开了深深爱着她的儿女们。在母亲去世一周年的今天，以纪念母亲的名义，我和我的亲人们、朋友们在这里相聚，这份回忆必将镌刻在我们每一个人的心中！

在这个特殊的时刻，有太多的话想说，但纵有千言万语也难以表达此刻的心情。所以我只讲一句话：欢迎，非常欢迎。感谢，非常感谢！

首先，感谢母亲。简单计算，母亲生了我们五个儿女，每个人的哺乳期按五年计算，她花了整整 25 年时间，在那样贫穷的年代把众多儿女培养成人，其中的含辛茹苦可以想象。在她本可以享受生活的时候，她却突然走了，突然得没有留下半句话，突然得没有让儿女们照顾半天。也正是从那一天开始，母亲给我们留下了无尽的遗憾，母亲成了我们心中永远美好的记忆。我相信，即使是词典中最痛苦的词，也难以表达儿女失去母亲的那种痛楚，无法刻画失去母爱的那种感觉，无法形容失去母亲陪伴的那种孤独。

母亲在世时，每当节假日来临，只要有可能，不管路途多么遥远，我总是想回来看看，这几乎成了一个习惯。因为在我心中，没有什么床比母亲烧的炕更舒适，没有什么饭比母亲做的莜面更好吃，没有什么歌比母亲讲的家长里短更动听，没有什么画比母亲被儿女们宠坏的样子更好看。这么多年来，我的每一次离家，母亲都要站在门口，向着渐渐远去的车轻轻地挥手；我的每一次归来，母亲都会早早地站在门口，为我的归来守望。如今，所有这一切随着母亲的离去变得那么遥不可及。这座孕育了我的生命的院落，这个我曾经生活了十八个春夏秋冬的村庄，这片让我品尝过无尽酸甜苦辣的草原，这个让我充满童年和青春记忆的家乡，在母亲离开的一瞬间，变得那么酸楚和矛盾。

一年了，我的离家再也看不到母亲的挥手相送，我的归来再也看不到母亲的含笑守望，这让我深深觉得：没有母亲的家，回来的脚步竟然是这样沉重，没有母亲的家，离开的步伐竟然是这样的心痛，没有母亲陪伴的日子竟然是这么难熬！因此，今天我们以这种活动来追忆我的母亲，纪念我的母亲，这实在不是一个简单的形式，而是一种情感释放！如果真的有灵魂，我想对母亲说：感谢母亲给了我们生命，养育我们长大，教会我们做人！如果真的有灵魂，我相信，今天的母亲一定是开心的，快乐的，幸福的。

其次，感谢亲人。母亲生前得到了亲人们无微不至的关心和照顾；母亲生病期间，亲人们纷纷在第一时间前来看望；母亲去世后，亲人们放下一切赶来为她送行；今天，亲人们又不辞劳苦地前来参加母亲的周年纪念活动，与我们一起寻找母亲的影子，追忆母亲的人生路程。对此，我们深感温暖，深受感动！这里我想对你们说，有你们在，爱不会在我们身上缺失。我们会把这种爱刻在脑中，记在心中！在此，向所有亲人们表示深深的感谢！

再次，感谢朋友。世界上最富有的人是有朋友的人，世界上最快乐的人是被朋友包围着的人。今天，面对远去的母亲，面对在座的所有亲人，面对前来的朋友，我想对你们说，我是富有的，我是快乐的，因为我的生命中有你们。这些年来，我所经历的所有感受都是你们的感受，我开心的时候你们跟着开心，我痛苦的时候你们跟着伤心，我困难的时候你们全力相助，与我共同走在生命之路上。我想告诉朋友们的是：我的生活因为有你们，我并不感到孤独！你们尽管身居要职，身负重务，但今天放下工作上的事，放下家中的事，千里迢迢，不嫌贫寒来到我们这个家，对此，向朋友们表示深深的感谢！

最后需要说明的是：在农村举办这样的活动比较难，由于条件所限，无法给大家提供一个舒适的环境。但我想，无论条件多么恶劣艰苦，这里毕竟是我们的家呀。再就是，对于母亲，这是我们儿女为她做的最后一件事了，对我来说，这次活动实际上也具有告别性。所以利用这个机会把朋友们邀请到我出生、成长的地方来看看，来聚聚，来聊聊，吃顿农家饭，看场家乡戏，相信大家会别有一种感觉在心头！

范例四

某书法名家之女在其父书法研讨会纪念活动上的致辞

亲爱的各位来宾朋友：

感谢大家在这么冷的天气里，放下手头的事情来这里参加这个研讨会，我先谢谢了！

家父×××在社会上的影响，比我所想象的要更深远。1985年的×××遗作展，就是在大家的建议中办起来的，当时参观的有几千人，展览后呼吁结集出版的呼声很高，无奈当时条件不允许。以后，虽然不断有出书或办展览的想法，但是，都觉得没有准备充分，加上创办××美校，建立××书画院，这件事情就搁在了一边。

今年夏天的时候我患了很严重的肠胃疾病，身体极其虚弱，几次休克抢救，一度几乎感觉不能再支撑下去了，要去见马克思了！我觉得唯一的遗憾是没有把父亲的事做好，没能给大家一个交代，内心很不安。

病愈之后，在今年10月中旬和几个朋友一起，策划了这个研讨会。

这次研讨会，得到多方面的热情支持，有书法名家撰写文章，也有普通的农民提供碑刻、拓片，有藏家慷慨提供展品，有外地朋友帮助集募资金……通过这次活动，我还有幸结识了好几个学养好为人热情的朋友，如×××等。结识了年轻朋友××等，从开始的策划到最后的布展全程参与，出了大力气。

家父生在河洛，长在河洛，在这里浸润，为大家所喜爱，他和他的书法艺术完全是属于这片土地的！今天，在这里，不仅仅是纪念一个诞辰120周年的故人，是大家真心喜爱老先生的笔墨和为人，我全力操办这个事情，也远远超出了一个女儿对父亲的情怀，我把研讨会当成一个开始，把弘扬他的书法艺术当做了一种使命。

感谢各位领导的莅临支持！

感谢各位专家学者，你们专业、独特的视角，让我也更加立体、深刻地了解了父亲和他的书法艺术，谢谢你们的辛勤劳动！

最后，我要特别向和我一起筹备书法集和研讨会的每一位工作人员表示感谢，洛阳美术馆的×××、××、××及其他服务人员，在这里一并致谢。

我1984年创办河南省第一所私立美术学校，知天命之年创办××女子书画院，今天给老先生办研讨会，都是凭着一腔对文化的热爱，凭着一些和我志趣相投的朋友们的无私帮助。我还会继续努力，后面的路很长，我相信，有朋友的支持和陪伴，我不寂寞，我有信心。

我要说，我很感动，我很感谢！再次谢谢大家！

范例五

某工程项目建设者在五一国际劳动节纪念演出上的致辞

各位来宾、各位演职人员、同志们：

正值×××工程项目喜获国家发改委核准，工程建设掀起大干高潮之际，山西××公司××主席率领公司艺术团对奋战在一线的建设者们进行慰问演出，为广大建设者献上丰富的精神大餐，体现了山西××公司对本工程项目的高度重视和关心，我相信此次精彩的文艺演出一定能够激发广大建设者的热情，激励广大建设者鼓足干劲全身心投入到工程建设中去。借此机会，我代表×××工程项目的所有辛勤工作奋战在一线的建设者们向山西××公司××主席率领公司艺术团的到来表示崇高的敬意和衷心的感谢！

自工程开工以来，业主×××公司、监理公司及山西××公司在工程建设中精诚团结、密切协作，共同克服各种困难，使得工程建设取得了阶段性重要成果，谢谢大家的支持与合作，工程的顺利进行和你们的帮助是分不开的，在此，我代表建设者们由衷地谢谢大家。

在今后的工程建设中，我们建设者们会一如既往地努力工作，当然××公司项目部也会全力以赴抓好工程建设。我也衷心地希望山西××公司继续发扬顽强拼搏、敢打硬仗的优良传统，进一步抓好网络进度的实施，千方百计抢工期；加强质量管理，在质量上高标准、严要求；在保证进度和质量的同时，抓好安全工作。提高文明施工水平，再接再厉，再创佳绩。

同志们，一年之计在于春，让我们团结一心，抓住当前施工的黄金季节，自我加压、负重奋进，为实现机组早日发电的宏观目标努力奋斗！

最后，预祝演出获得成功！“五一”国际劳动节就要到了，在此，祝愿广大工程建设者节日愉快、身体健康、工作顺利！

谢谢大家！

范例六

某公司团委代表在五四青年节纪念大会上的致辞

尊敬的各位领导、青年朋友们：

第90个“五四”青年节即将来临，在这庄严的时刻，我谨代表公司团委，向公司广大团员青年致以节日的问候！向当选的“十佳青年标兵”表示热烈的祝贺！

借此机会，向始终关心、关注青年成长，重视、支持青年工作的公司各级领导，向为共青团工作辛勤耕耘、默默奉献的各级团干部表示衷心的感谢！

恩格斯曾说过：“时代的性格就是青年的性格。”青年是社会中最活跃、最积极的因素，是社会进步的先锋。90年前那场伟大的五四运动，在中国点燃了反帝反封建的火炬，唤起了民族的觉醒和对国家前途、命运的关切。

正是在“爱国、进步、科学、民主”的“五四”精神的感召下，一代又一代热血青年汇集到一起，为拯救濒临危难的祖国、实现民族复兴而上下求索，前仆后继，创下了无愧于历史、无愧于后人的光辉业绩，树起了一面鲜红的旗帜，立起了一座伟大的丰碑。

也正是由于传承了“五四”精神，20世纪60年代以来，一批批有志青年从祖国的四面八方赶来，为早日甩掉“石油贫国”的帽子，头顶蓝天，脚踏荒原，克服了重重困难，硬是在荒无人迹的盐碱滩上开发建设成了我国第一个大油田，擎起了共和国石油工业的半壁江山，为国民经济的发展作出了巨大贡献。

可以这样说，××一次创业的实践凝结着油田几代青年的智慧和汗水，所创下的历史辉煌和培育的“爱国、创业、求实、奉献”的××精神也镌刻着油田几代青年的奋进历程，闪耀着他们理想的光芒。如今，历史的接力棒传到了我们这一代人手中，身为××油田的一员，我们光荣地加入到了××油田二次创业的历程，每一个有责任感的青年都应感到历史的厚重和肩负的使命。

我们公司现有青工700多人，占员工总数的78%，绝大部分青工工作在生产第一线，承载着公司发展建设的重要使命。青年决定着油田发展的未来，正是从实现公司中长期发展目标的需要出发，在公司内部营造一个崇尚先进、学习先进、争当先进的良好氛围，引导和激励更多的青年在各自的工作实践中建功立业，为公司的长远发展贡献青春、智慧和汗水。

这些同志是公司青年员工的优秀代表。他们中绝大多数都是公司生产一线的工长，还有参加工作不久的大学毕业生。这些同志在各自的岗位上，刻苦攻关、锐意进取、爱岗敬业，乐于奉献，在公司的发展建设中作出了突出的贡献。他们在不同的岗位上实践着青春的理想追求和人生轨迹，是我们公司广大青年学习的楷模。

青年是油田的希望。我们广大团员青年要自觉地向他们学习，学习他们脚踏实地的奉献精神，把责任意识和大局意识融入到实际行动中，争先锋，打头阵，充分发挥生力军和突击队作用；学习他们做勤奋学习的典范，进一步增强危机感和紧迫感，切实把公司的发展和岗位工作的现实需要，作为自己学习的主要内容和努力方向；学习他们立足岗位、知难而进、百折不挠、开拓进取的创新精神。

作为当代青年，要努力解放思想，创新观念，在观念更新中走在时代的前列，树立正确的大局观、竞争观、择业观、分配观、利益观和贡献观，对待工作和生活要保持一种始于足下，始于至善，不刻意追求回报的良好心态。作为当代青年，要大兴学习之风、创新之风、竞争之风、奉献之风、发展之风，要不断追求新知，超越自我，争做时代的先锋。

历史的脚步不会停息，社会的发展奔腾向前。未来属于青年，青年的未来属于为大多数人的共同理想而奋斗的伟大实践。团员青年要认清新形势，明确新任务，进一步学习和继承五四运动光荣传统，肩负起时代的重任，自觉投身改革开放和现代化建设的伟大实践，创造更加辉煌的业绩。

谢谢大家！

范例七

某领导在“八一”建军节纪念大会上的致辞

各位来宾、各位同志：

今天，我们欢聚一堂，热烈庆祝中国人民解放军建军78周年。首先，我代表中共××市委、市人大常委会、市政府、市政协和全市600多万各族人民，向军区、军区空军、××市军区、武警××市总队的各位领导，向人民解放军驻地部队全体指战员、武警官兵、预备役军人和广大民兵，致以节日的祝贺，向军队离退休干部、革命伤残军人、转业复退军人以及烈军属，表示诚挚的慰问和良好的祝愿！祝大家节日快乐、身体健康、工作顺利！

中国人民解放军是一支具有光荣革命传统和辉煌战斗业绩的人民军队。78年来，人民军队始终与中华民族命运共系，与中国人民血肉相连，在中国共产党的领导下，经历了血与火的洗礼，为人民解放、民族独立、国家富强，进行了英勇顽强、艰苦卓绝的斗争，建立了卓越功勋。中国人民解放军不愧为人民民主专政的坚强柱石，不愧为捍卫国家主权和领土完整的钢铁长城，不愧为社会主义建设的重要力量，不愧为全心全意为人民服务的子弟兵。

长期以来，驻地解放军和武警官兵大力弘扬人民军队的光荣传统，在圆满完成各项军事任务的同时，积极支持、参加地方的改革和建设，为我市“两个文明”建设作出了重要贡献，充分展现了人民子弟兵的英雄本色和威武之师、文明之师的光辉形象，赢得了全市人民的爱戴和赞誉。××

各族人民永远不会忘记，在我市的重点建设工程、维护稳定、扶贫帮困和许多急难险重的任务中，都得到了驻地部队和武警部队领导的高度重视和关心，得到了广大指战员的大力支持和帮助。据不完全统计，去年以来，驻地部队和武警官兵共投入兵力 18 万人次，出动机械车辆 5 万台次，完成义务劳动日 20 万个，有力地支援了 × × 的经济建设和各项事业的发展。其中治理荒山荒坡 4 万多亩，建设了一批国防林、民兵林和双拥林等工程；建立扶贫点 1500 多个，援建援助“希望小学”145 所，参加抢险救灾 560 多次。军民携手共建精神文明示范点 2850 个，共建治安模范小区 1650 个。尤其是在去年我市 × × 、 × × 一带发生强烈地震后，驻地部队和武警官兵 2000 多名指战员迅速投入抗震救灾，在海拔高、气温低、生活条件差、余震不断的险情下，连续奋战 20 多天，抢救转移受伤群众，拆修危房，搭建帐篷，拉运建筑材料，以实际行动有力地支援了灾后重建工作。所有这些，都对 × × 的发展起到了重要作用。在人民解放军驻地部队和武警官兵的大力支援下， × × 的经济社会有了历史性的长足发展。实践证明， × × 的发展离不开军政军民团结，离不开军地的共同努力。在这里，我代表全市各族人民群众，向人民解放军驻地部队和武警官兵表示崇高的敬意和衷心的感谢！

发展是我们党执政兴国的第一要务。在 × × 这样一个欠发达城市，加快发展是最大的政治，是广大干部群众的期盼。为了进一步加快发展，实现市党代会和人代会确定的奋斗目标，市委提出“两个高举、一个加强”和“两抓、两放”的重大举措。现在，全市上下已经形成了以项目为载体带动发展、以改革为动力促进发展的喜人局面。我们热切希望驻地解放军和武警官兵继续关心、支持、参与我市两个文明建设，为加快全市发展作出更大的努力。

广泛开展拥军优属、拥政爱民活动，不断加强军政军民团结，这是我们从胜利走向胜利的根本保证。当前，我们正处于加快发展的重要战略机遇期，改革和发展的任务十分艰巨。我们要从维护国家安全和社会稳定，促进改革开放和经济发展的高度，进一步增强做好双拥工作的责任感和紧迫感，不断巩固和发展军政军民团结的大好局面，努力为发展社会生产力、提高部队战斗力和增强民族凝聚力作出新的贡献。

我们要继续大力加强国防建设。全市各级党委、政府，要把推进国防现代化建设作为义不容辞的重大政治责任，牢固树立“关心国防就是关心国家利益”“服务国防就是服务大局”的观念，切实抓好国防教育，从组织建设、军事训练、教育管理和基层建设等各个方面，抓好民兵和预备役工作的调整改革，积极探索市场经济条件下民兵和预备役部队建设的新路子，为建设强大的国防后备力量作出新的努力。

我们要全力支持部队做好军事斗争准备。全市各级党委、政府要一如既往地关心、支持部队的各项建设，尤其要把支持部队做好军事斗争准备作为维护国家安全、促进祖国统一、推进社会主义现代化建设事业的大事，纳入地方经济社会发展的总体规划，摆在重要位置，全力给予支持。同时，要积极配合部队搞好体制调整改革，切实做好优抚安置工作，依法维护军人及其家属的合法权益。

我们要更加广泛深入地开展军民共建活动。要通过坚持不懈的双拥宣传，继续大力开展军民联片创建活动，推动军民共建活动深入发展，努力把全市的双拥工作提高到一个新的水平。

同志们，“兵民是胜利之本”，“军民团结如一人，试看天下谁能敌”。在战争年代是这样，在和平建设时期同样是这样。让我们紧密地团结在以胡锦涛同志为总书记的党中央周围，高举邓小平理论伟大旗帜，全面贯彻“三个代表”重要思想，认真落实党的十七大精神，进一步巩固和发展军政军民团结，为加强军队的革命化现代化正规化建设，为加快××的经济社会发展而共同奋斗！

范例八

某反贪局侦查科科长在建党 90 周年纪念活动上的致辞选段

90 载自强不息，铸就了不可磨灭的辉煌；90 载风雨兼程，走进了全民共富的康庄；历经坎坷，几经洗礼，中国共产党带领着中国人民昂首走入了经济高速发展的新世纪。2011 年 7 月 1 日，一个值得全体中国公民庆贺的日子，这一天我们将为伟大的党点燃 90 支许愿烛，共同祝愿党的光辉永照四方。

“没有共产党就没有新中国”被一代代的中华儿女传唱，“共产党辛劳为民族”的精神更是感动了最广大的中国民众。中国共产党以其与时俱进的指导思想、实事求是的工作作风、不断创新的决策方针为中国的腾飞插上了强劲的羽翼。我们深知，只有跟党走，才能走向强大；只有跟党走，才能走向幸福。

面对压迫时，中国共产党的立场是坚定的。中国共产党从 1921 年光荣诞生以来，经历了“左倾”错误思潮的磨砺，白色恐怖的残酷绞杀，帝国主义的疯狂打击，血迹斑斑，然而血迹并未改变中国共产党人的坚定立场，也未使红色的旗帜倒下，相反党旗变得更加的鲜红、飘得更高、照得更远。中国共产党的星星之火燎燃了广阔草原，以小米加步枪驱逐了日本帝国主义的铁蹄，以农村的群众武装推翻了城市的纸老虎，因为有了中国共产党，中国人民站起来了。

面对发展时，中国共产党的决策是长远的。1949 年新中国成立以来，我们伟大的党熬过了一穷二白的烂摊子境况，顶住了帝国主义和霸权主义的敌视、孤立和封锁，遏制住了各种内乱分子的舞云弄雨，最终以改革开放的新决策，使我国以矫健的步伐、高壮的姿态挺立于世界民族之林，东方的巨龙腾飞翱翔，因为有了共产党，中国人民富起来了。

面对天灾时，中国共产党的关怀是温暖的。不论是 1998 年的抗洪救灾，还是 2008 年的汶川地震，再到 2010 年舟曲泥石流，党中央国务院对灾情都高度重视，积极采取措施、下达通知，要求灾区各级基层党组织充分发挥坚强的战斗堡垒作用，组织和动员一切力量，把救灾作为当前第一位的任务，认真做好服务群众、宣传群众、组织群众的工作，稳定人心，凝聚力量，团结和带领群众投入到抗洪救灾中去，真正做到“一个党组织就是一座坚强堡垒”。在灾难面前，党员干部充分发扬不畏艰险，连续作战的作风，冲锋在前，战斗在前，做到哪里工作最艰苦，哪里灾情最严重，哪里群众最需要，就出现在哪里，战斗在哪里，真正做到“一个党员就是一面旗帜”。因为有了共产党，中国人民更强大了。

面对成绩，中国共产党的执政是廉洁的。中国共产党始终坚持全心全意为人民服务的宗旨，以人为本，关注民生，不断改善和提高人民的物质文化和精神文化生活水平，国民生产总值稳步提高；面对成绩，中国共产党始终保持清醒的头脑，不断加强党员队伍先进性建设，狠抓党风廉政教育，坚持以领导干部为重点，强化党员教育，使党员干部自觉筑牢拒腐防变的思想道德防线，践行社会主义荣辱观，不断增强广大党员干部严于律己、廉洁奉公的自律意识和立党为公、执政为民的自觉性，常修为政之德、常思贪欲之害、常怀律己之心，自觉抵制拜金主义、享乐主义、极端个人主义等消极腐朽思想文化的侵蚀，真正做到为民、务实、清廉，把党的先进性要求转化为广大党员的自觉意识和实际行动。因为有了共产党，中国人民更安心了。

感谢伟大的党，带领中国人民走向繁荣富强；感谢伟大的党，为我们创造今日的现代化生活。没有共产党，就没有新中国；只有共产党，才能更好地建设现代中国。感恩中国，感恩中国共产党！

范例九

某评论员致辞纪念汶川大地震1周年选段

时近一年，为汶川地震死难者鸣响的汽笛声犹在耳。一次地震激发人心，十三亿人努力照亮灵魂。感谢祖国，让我们生长于这个人心高尚、光明照耀的时代；感谢祖国，让我们有幸在960万平方公里土地上，与遍地平凡英雄同一脉搏；感谢祖国，让我们刹那间冲破平庸与狭隘，一次又一次谛听、理解、接受、珍惜那无数尊贵的生命。

一年行尽，回望巨大灾害袭来后的日日夜夜，每一个平凡日子，留下奇迹的笔触；每一个生命，都至尊至圣；每一秒钟寂静，由无数祈盼、祝愿谱成。

感谢祖国，让我们有机会看到每一个生命放射出同样光明。我们难以忘记，国家主席和共和国总理地震灾区坚执身影；难以忘记，高空穿云扑险十三位伞兵；难以忘记，悬崖边手手相连子弟兵人链；难以忘记，橘红色消防队员在废墟上跃动。

更多平凡让我们深深铭记：有父母舍身抢救膝下儿女，有教师卫护自己学生，有在无人处痛哭亲人的村支书，有不问家人尽忠公职的派出所干警；有大情行义的唐山队伍，有千里驰援的民营厂主，有救人不计代价的出租车司机，有都市街头献血队伍的蜿蜒长龙；有泪水打湿镜头的新闻记者，有无影灯照亮的白衣天使，有忠贞牺牲的直升机驾驶员，有废墟边播种的无言农夫。还有平地涌起，无处不在的志愿者。行胜于言，他们是苦痛者的安慰，救难者的助力，一切受灾百姓、需要者的至爱亲朋。涓滴等洪流，笔墨难尽述。在那一刻，960万平方公里土地上，每一个人，每一个位置，每一个言行，尊贵与平凡，生者与死者，灾区内与外，13亿中华儿女熠熠同辉，正大光明。

感谢祖国，让我们在灾难中，抛弃狭劣，放下偏执，直面生命。

巨灾后的一年，我们动用国家最精锐力量，也向每一个普通人的努力致敬；我们启动对口支援体制、集中政府资源倾斜配置，也放手让市场发挥作用；我们汲取学者专家智慧救灾重建，也倾听普通人点滴音声。我们不再遽论乡镇村基层干部，他们奉献，他们牺牲，他们同样是受灾群众，又是受灾群众的组织者、主心骨；我们不再轻议农民，他们沉默，他们忍耐，他们在无言中坚忍顽强，他们是大地和地上生命的主人。

让我们再次回忆三个平时争议不休的群体：地震中，许多位中小学教师，为保护学生献出自己的生命，他们在地震中为他人牺牲最多；几乎所有灾区公安民警，都放下自己的家人，维护公共秩序，救人救灾，他们最显“无情”；全国最优秀医生护士，不计代价，轮赴灾区，从应战非典到抗震救灾，他们始终在重大灾难中贡献心血、关键时刻同赴国难。偏执在急难中舍弃，纷争在生命前平息。

感谢祖国，我们接受，我们包容，我们放下自我偏见与互相攻讦，在光明德行中凝聚共同核心价值，于平凡日夜里创造每个人尽忠尽责环境。

感谢祖国，让我们能正视不足，寻求进步，凝聚力量共谋中华伟大复兴。面对灾难，中央政府率先垂范，第一时间公布信息，将透明政府向前大大推进一步；国家启动Ⅰ级救灾紧急响应，一切行动按应急预案和有关法规进行，法治精神处处彰显；中央军委出动炮兵、装甲兵、工程兵、陆军航空兵等十多个军兵种和武装警察部队，共和国精锐千里机动，救民危难刻不留行。

在灾难中奋起，在灾难中超越，在灾难中，凝聚起推动中国进步的伟大力量。我们看到，最近发生的甲型流感中，国务院要求依靠科学、公开透明地加强防控。在涉及群众切身利益上公开透明，不仅继承发扬，而且成为预先指导原则；我们看到，抗震救灾后及时修订相关法规，救灾资金全程监督，全国清查中小学危房……各个领域不断创新制度，汲取教训，防患未然成为行政新潮。我们看到，国家应急救援力量进一步整理、设计、组合，国家救灾制度不断完善、创新，未雨绸缪中，崭新的力量在积蓄、建设、运用。

感谢祖国，感恩每一个平凡生命。我们这个民族在灾难中失去的，也将由我们的进步来补偿。感谢祖国，让我们能重建坐标，超越小我，升华生命。

汶川地震一年后的经历让我们相信：中华儿女有着同等责任，都是共和国主人翁。我们将共同成长，我们将共同承担，我们将共同接受，面对我们共同的明天。

由此上溯五千年，从那时起，为了中华民族生存、发展与进步，在一切灾难和艰难险阻前奉献、付出、牺牲的人们，他们的精神，与日月同辉。

第十五章

获奖项奖金时致答谢辞

范例一

某公司获奖部门代表的答谢辞

尊敬的领导及同事们：

当获知我们××部被评为店首批“最佳服务团队”时，我的心情无比激动，这是我们部全体人员相互协作、齐心协力的结果，“优秀团队”一直是我们部为之奋斗的目标，它意味着公司的最高的荣誉，它是我们××部所有人的荣誉，也是店领导及各位同事对××部工作的高度肯定。

当我站在这里宣读获奖感言时，我还是压抑不了内心激动的情绪，我有很多想说的，也有很多的人要感谢，我想感谢所有曾经帮助过我们××部成长的人，包括店领导、各部门同事等。此时此刻我想说些发生在我部门那些感人的工作场景，每天闭店员工走后都能看见我们的保洁阿姨一遍遍拖地辛勤忙碌的身影；当电梯、线路、设备出现故障的时候，是我们的电工冲锋在前，不怕脏不畏艰难来排除一个个的故障，来保障卖场的设备正常运行；在活动期间客流较多时，缝纫大姐们为了服务好每个顾客而主动放弃用餐；还有当员工得知夜班×师傅被车碰伤时，每位都主动要求顶替上岗的一幕幕；还有当得知缝纫×大姐出车祸时，正值活动高峰，缝纫×大姐三天连续上全天，员工还自发组织去看望病榻上的×大姐，还有很多很多……正是从这些点点滴滴的小事情上看到了我们团队成员中的一种互帮互助的团队协作精神。在工作时间内，我们是同事、是患难与共的战友、上下级关系；在工作时间外，我们是无话不谈的兄长、是挚友，也是好姐妹。正是这样，我们的团队才高度团结、永远激情四射；也正是有了许多这样的感人小事，才使得我们的团队更加具有凝聚力和战斗力。当选我店首次“最佳服务团队”，对我们来讲，不仅是至高的荣誉更是一种动力的鞭策，我们以后要在保障门店正常营运秩序的同时继续协助做好营运、收货等各项工作，我们将以此共勉，将再接再厉，争创下一个“优秀团队”。我知道我们会有更多更加强劲的竞争对手，这对我们来说是压力也是动力，只有保持良好心态，不断完善自己，不断挑战自己，才能在激烈的竞争中立于不败之地。我相信我们团队中的每一员，我更加相信在店领导的正确领导及指引下会把我们锻炼成为更加优秀的团队。

范例二

某公司员工被评为星级促销员后的答谢辞

亲爱的领导及同事们：

这次，能被评为公司“星级促销员”荣誉称号，我感到非常的高兴与荣幸。在此，感谢公司对我的厚爱与信任，感谢领导对我的关爱，感谢同事们对我的大力支持。

能作为星级促销员之一，我是一个幸运儿。在此，我非常感谢领导的指点与帮助，尤其感谢主管和督导的不断督促使我的长处充分发挥；感谢销售经理和业务代表的谅解与支持使我的销售指标顺利完成；感谢公司给我一个发展的平台，让我发挥所长；感谢同事们的支持，我能和大家一起在××公司这个大家庭中努力奋斗，感到十分快乐。

自××年进××工作至今，我并没有为公司作出了不起的大贡献，也没取得特别值得炫耀可喜的业绩，我只是尽量做好自己的本职工作，尽自己最大的努力地去完成每一次的指标，总结自己的经验，从经验中学习，向他人学习，尽量将自己的工作争取一次比一次做得更好，尽可能地提高工作效率，虽然我没有光辉的成绩，但我的付出得到了公司的认可，我深感无比的荣幸，我想公司这次评优活动也再次向每位员工传达与说明了只要有付出，只要脚踏实地地做好了属于自己的那份工作，就会有回报。

这次能被评为星级促销员，我想这既是公司对我个人工作能力与成绩的肯定，也是对我今后工作的一种热情的鼓励。我也坚信，今后的工作我一定会做得更好。

最后，衷心祝愿明天的××更加兴旺。

范例三 某银行员工在荣获服务之星后的答谢辞

各位尊敬的领导、亲爱的同事们：

大家好！

此时此刻，高兴的心情无法抑制，很荣幸我能够获得9月份的服务之星。首先，我代表我自己向投票给我的人致敬并致谢，我感到了作为一名银行营销人员应有的喜悦，尤其感到了各位同事对我工作极大的支持和帮助。今天能获得这个殊荣，首先要感谢×总，感谢他为我们创造这样一个展示自我的平台。还要谢谢一起工作的所有同事，你们是我坚强的后盾。

参加工作以来，我在领导的亲切关怀和同事们的精心指导下，刻苦努力，勤奋工作，始终坚持“道虽通不行不至，事虽小不为不成”的人生信条。而且，保持一颗年轻的心很重要，心态决定一切，××银行是一个充满希望的公司，自己也希望在未来的工作中发挥更大的潜能，用正确的方法做正确的事，不断学习，不断创造奇迹！

××银行的文化和工作氛围让我感觉到了优秀公司的气氛，能够在这样的银行工作让我感到很幸运。我相信我在以后的工作中会更加努力，为我们银行的发展尽最大的力量。作为一名××银行员工，要像公司一样有长期目标，有着眼于一生的详细规划，不断地提高工作能力和与人相处、合作的技巧。自我发展，同时需要自我约束，相信辛苦努力获得的报酬终究会令人心满意足。在今后的工作中，我决心从自身工作实际出发，对工作全身心地投入，树立坚定的信心，通过不断的学习和实践，提高自身素质，积极投身××银行改革和发展大潮中去，让人生价值在银行改革中充分发挥和升华。并以实际行动来报答一切关心和支持我的领导、亲人和朋友们。

谢谢！

范例四

某医院护理技术操作比赛获奖护士的答谢辞

各位领导、护士姐妹们：

大家好！

伴随着夏天的脚步，今年的“5·12”国际护士节又来到了我们身边。在这特殊的日子里，为了提高我院护理队伍的整体业务水平，医院举办了护理技术操作比赛。在自己的节日里，我们用自己的方式表达着对护理工作的热爱和节日的激情。

首先，请允许我代表所有参赛并取得优胜的护士姐妹诚挚地感谢医院举办这次活动，是医院提供了一个让我们能够充分展现自我的平台；感谢各位领导对我们的关心和栽培，是你们的鼓励给了我们前进的勇气；感谢护士长和同事们的支持，在你们的帮助和共同努力下，我们才能够不断进步。谢谢你们！

在今年的护士节，我有幸代表我们××科参加决赛并取得了较好的成绩，我非常激动。回想训练、参赛整个过程的点点滴滴，更是感慨万千：在我们××科，榜样和楷模的力量无处不在。主管护师×××是曾经的操作能手，至今依然风采依旧；护师×××和××是我院去年操作比赛的冠军和亚军，她们俩对各项操作都精益求精，追求完美，她们的操作像她们的工作一样稳重而认真；×××默默无闻却实力雄厚；还有我科更年轻的×××、×××更是后生可畏，她们永远都那么精力充沛，不知疲倦。为了参加这次操作比赛，她们一个个都是那样的刻苦认真。

为了我们的操作更规范、完美，护士长对我们更是悉心指导，严格把关，从每个动作到每个眼神，每个细节之处都一丝不苟。我们每天练习到几点，她就陪到几点，有时候为了能够让她早点休息，我们就故意较早结束训练。我们的×××主任在比赛前夕要出差，临走前还鼓励我们：要加油呀！为了练习我们的胆量，科室的大夫们还时常在我们练习的时候给我们当观众。

科室工作太忙了，危重病人多，护理任务重，再加上科室还有四五个怀孕的姐妹们要照顾，护士长实在是排不出更多的休息时间让我们练习，眼看就要决赛了，科室其他姐妹们纷纷主动放弃自己的休息时间替我们值班，她们说：你们专心练习吧，因为你们代表的是我们整个××科。这是怎样的力量源泉啊！有了如此的支持和鼓励，我们力大无比！

一分耕耘，一分收获。虽然我们付出了辛劳，但我们收获更多，因为我们得到的不仅仅是荣誉，更是操作技能的提高和不断增强的自信心。在以后的岁月中，在日复一日的工作中，我们会因这次比赛重新正视操作的规范性，更加严谨地对待操作中的每一个细节，巩固并完善我们的操作技能。今后我们将更加精诚团结，为我院的达标上等，为我院的再次腾飞贡献力量！

范例五

某公司获奖员工的答谢辞

尊敬的各位领导、亲爱的各位同事：

晚上好！

首先我很激动。没想到我会获得最佳员工奖，同时也很荣幸此刻能够站在这里给诸位汇报我一年来的工作，在此我衷心地感谢公司领导对我工作的肯定以及各位同人给予我的支持，我还要特别感谢××，之所以能有今天的成绩是与您当初给我的鼓励和关怀分不开的。

在刚刚过去的2009年，凭着一丝不苟的工作态度，同事之间真诚的互帮互助，赢得了公司领导及同事的赞赏，才使我有机会能站在这里。我的进步不仅仅是我自己努力的结果，而是在公司领导和同事的帮助下取得的进步。在此表示感谢。

公司领导及全体员工的这种精神，使我深深感受到在××公司这个大家庭里，兄弟姐妹间深厚的感情，患难见真情，我对公司领导及全体员工的这种深情厚谊，再次发自内心地表示感谢！

2010年，一切的成绩和荣誉都已成过去，在这崭新的一年，我必定恪尽职守，为我们公司明天的宏伟蓝图添一份力，我一定再接再厉，奋发向上，不辜负公司及诸位对我的信任。我们有理由相信2010年××公司在某某领导下又将是辉煌的一年。

最后祝诸位新年快乐，工作顺利，身体安康！

范例六

某法律硕士获得奖学金后的答谢辞

尊敬的各位嘉宾，尊敬的法学院领导、老师，亲爱的同学们：

大家好！

我是08级法律硕士××。今天，能站在这里，作为××奖学金的获奖代表，表达我心中的感想和感谢，我深感荣幸！

首先，感谢××奖学金的设办方——96级杰出的法硕校友们，你们的成就让×大法学院因你们而骄傲，你们对母校的深情厚谊让法学院更像一个温暖的家，你们对师弟师妹学习成长的关心和帮助是我们前进的动力。

感谢亲爱的×大法学院，这里有关心同学、平易近人的领导，有辛勤耕耘、推动着中国法制发展的老师，有良好的学习环境、丰富的资源，有志存高远、努力奋斗的同学。在这样一个神圣的殿堂里，在这样一个温暖的大家庭里，我们怎能不珍惜时光，认真学习，努力工作，不断汲取知识、培养能力，将自己打造成一个合格的×大法律人，让今天的我以×大为荣，明天的×大以我为骄傲！

两年前，当我以优异的成绩考入×大，当时父母为我骄傲，本科的学弟学妹也把我当成了榜样。从那刻起，我就对这个来之不易的学习机会倍感珍惜。在全国最好的法学院里，我从一个非法专业生向法律梦迈出了第一步。

选择了自己钟情的法律专业，平日的学习便不再是一种负担；有曾经只在电视上见到的偶像级老师给我们授课，不认真听讲怎能说得过去；怀着对法律职业的向往，走上社会参加实践，是知行合一，是锻炼；在学校的丰富活动中广交朋友，提升自我，是青春的诠释，心灵的盛宴。

其实我做得很普通，只是踏实认真地对待学习，对待生活，从不奢望耍小聪明，不付出就收获。当我的笔记成为班里的畅销读物时，当我高分通过司法考试时，当我的论文发表、获奖时，我感到自己的选择是正确的，内心充满平和和踏实。

此时此刻，我不禁想和大家分享一句汪国真老师的话，以此共勉：

我不去想，我是否能够成功，既然选择了远方，便只顾风雨兼程；我不去想，身后是否袭来凉风冷雨，既然目标是地平线，留给世界的只能是背影。

拿到奖学金，所以说的都是学习。而学习不仅体现在课堂上，校园里的活动、社会实践更是一门丰富的课，一卷更耐读的书。

在×大法律援助中心的法律咨询服务中，我将自己的知识化作了帮助他人的工具；在基层法院烦琐的卷宗工作里，我学会了耐心和细致；在检察院实习，出庭宣读起诉书时，我体会到了一个法律工作者的神圣使命；在律师所的工作中，我将本科的会计专业用到了破产清算的实务中，体会到了学以致用的快乐。

一粒种子，只有深深根植于沃土，才能生机无限；而一名学生，只有置身于良好的氛围，才能蓬勃向上。

我深知，没有心系母校的校友们对我们的支持和关注，就没有××奖学金的诞生；没有法学院各位老师的辛勤培养和教诲，就没有我们的成长；没有法学院团委不辞辛苦地组织工作，就没有我们展示风采的舞台；没有各位校友、老师百忙之中的评定和面试，就没有我们今天的获奖。

感谢了这么多，我还想在此谢谢我的导师×××教授，虽然他今天没有到场，但他的信任和教诲给了我莫大的帮助和鼓励。

还要特别谢谢我的同学，××、××、××，两年前我们分到一个宿舍，一起参加辩论队，前几天的面试都挨在一起，今天又一起来领奖，正是因为有如此志同道合的同窗好友，我们才能互相帮助，共同进步。还有同样获奖的×××，我们辩论队里唯一的一片绿叶。还记得当我们获得首届北京法硕辩论赛冠军时，也是在这个教室，×院长和×书记给我们颁奖。那一刻，我们团队每个人的心中都充满了无限的力量。

曾经因为不是法学出身而慨叹自己基础薄弱，没有信心，后来发现专业的互补、知识的融合是一种开拓创新的视野，一种兼收并蓄的情怀；曾经为学院只为法学专业、民商专业设立奖学金而略感失落，如今，珍贵的××奖学金体现了我们法硕的至高荣誉。

我更为自己是一名×大法硕而自豪。

我想，××奖学金的命名不光是因为96级法硕的杰出代表，时代先锋×××，也是因为每一个×大学子与母校的感情就如同鱼和水一样紧密。无论是已经离开母校多年、功成名就的校友，还是我们这些将来要告别校园，走上社会的在校学生，都会怀着一颗感恩的心，时时刻刻，心系母校。

法学院的老师们，请你们放心，我们是法学院的一分子，无论走到哪里，都会用真诚的心和努力的行动，追逐梦想，不断进取，奉献社会，回报母校！

最后，请允许我再次代表所有获奖同学，向各位嘉宾和老师们致以最深的谢意！

谢谢大家！

范例七

某大学国家助学金获奖者的答谢辞

尊敬的各位领导、老师：

你们好！

我是××大学文学院的一名学生。首先，在此我真诚地感谢国家对我们贫困大学生的支持和关爱！

真的，万分感谢国家的大好政策对寒门子弟求学的大力支持，感谢学校提供一个共同学习、平等竞争的平台，感谢老师在学业上对我们的谆谆教导，在人生道路上的指导，感谢亲爱的同学在生活上给予我的无私帮助。同时，我还要感谢老师和同学在助学金评选工作中付出的辛勤努力！

收拾行囊，怀揣着梦想，我来到了××大学。然而，微薄的家庭收入却无法承担我和姐姐两个人在读大学时的学费和生活费等费用。这无疑又给父母带来了更沉重的负担！我的心里也一直为此担忧，担心日渐年迈的双亲为了给我们创造良好的生活学习条件而更加不顾一切地辛劳付出！可怜天下父母心！我也希望能尽自己的努力尽量地为父母分忧。当我得知自己获得助学金时，我的心里升起无限的希望与喜悦，我明显感觉自己舒了口气，同时，我也不得不为我的家人感到欣慰。真的，感谢你们，感谢你们给予我的援助，不仅极大地减轻了家人的负担，也让我能够更好地继续深造学习！

我异常珍惜上大学的机会。俗话说，“宝剑锋从磨砺出，梅花香自苦寒来”，不经历风雨，怎能见彩虹？进校以来在学习上我从未懈怠，我深知学习的重要性。大学时代是学习现代科学知识的黄金时代，我应该抓住这个机会，用知识武装头脑。在学习上我会好好规划，用心对待。第一，我会用心听讲，积极思考，积极回答老师的问题。第二，要保质保量地完成老师布置的作业，必须独立思考，认真对待，还得保证效率。第三，“图书馆是大学的心脏”，我会好好利用这珍贵的资源，多泡图书馆，积极阅读有关书籍和资料，开阔眼界，陶冶情操。第四，我也懂得要合理安排时间，调整好作息时间，分配好学习工作娱乐的时间。

生活上，我是一个勤劳俭朴的人，喜欢简单。我从不奢求物质上的满足，从不买名牌，也从不随意消费。我一直坚信俭朴善良才是真！快乐幸福并不在于物质，而是重在精神上的满足。我希望自己能在大学阶段在修养品德方面得到进一步的提升。我们学习马克思主义、毛泽东思想、邓小平理论，从中学习伟人们高屋建瓴的思想、高尚的精神品德，也从中学习他们的坚毅刚强，吃苦耐劳，不怕困难的勇敢顽强！我也注重在礼仪方面的培养，多次去听关于礼仪知识的讲座，在言行举止方面做得更好了。我会面带笑容，积极地面对每一天，热情地对待每一个人，我想让自己更加完善，更加优秀，我要做更优秀的自己！

常言道：世上无难事，只怕有心人！我知道，只有书本知识的学习是远远不能满足社会对人才多样化的需求的，只有理论联系实际，才能相得益彰。因此，在努力完成学业的同时，我也充分利用课余时间积极参加社会实践活动，增长见识，拓宽视野。同时，我也积极参加班级、院系、学校举行的活动。为了更多地服务同学，锻炼自己的组织策划能力和表达能力，我积极地担任了班级的团支书，也积极加入了校学生会。我希望自己能够接受更多的锻炼和考验，我希望四年后的自己与刚入大学的自己相比成长更多！

当然，感动的同时，我也感到更多的责任和压力，激励我再接再厉，继续前行！一方面，我深切感受到了国家对于我们来自贫困家庭的学生的关爱和支持。另一方面，我也深深感受到了国家对我们的期望与要求。在国家为我们解除后顾之忧后，我们更应该把所有的精力投入到学习中去，争取取得更好的成绩，获得更大的进步，为祖国建设添砖加瓦！今天的我们接受来自社会的捐助和学校的补助，明天的我们一定会用自己的努力改变命运。我们会好好学习，以优异的成绩回报社会。我们会不断锻炼自己，用努力搏出属于自己的路。也会在他人需要帮助时伸出温暖的手，尽自己的微薄之力。在社会需要我的时候，义不容辞！

国家助学金给了我很多的帮助，大大地减轻了家庭负担，使家庭经济极度贫困的我能够继续完成我的学业。我将会合理地运用这些钱，使之充分实现它的价值。

我再次感谢你们，感谢中国××基金会，感谢××大学，感谢那些关爱我的人。面对开学以来你们所给予的帮助和鼓励，我心中虽万般感激，却无法言表，只能用简简单单、普普通通的话表达我的心声：谢谢你们，亲爱的领导、老师和同学们。多年后的我，一定不会忘记在××大学这段艰辛却洋溢着幸福的岁月，不会忘记大学期间那些大公无私默默资助我的人，不会忘记那些关心帮助和鼓励我的人。我将一生不会忘记你们！

最后，我依然想说，非常感谢国家和学校对我们这些贫困生的关注，并且给予我们实际的帮助。在这里，我表示深深的感谢，向学校及各位关心与帮助我的老师表示衷心的感谢！

衷心希望我们的××大学越办越好，祝愿我们伟大的社会主义祖国更加兴旺发达！

范例八

某学生获得某公司奖学金后的答谢辞

各位领导：

有幸承蒙得到贵公司的奖学金支持，这次给我的奖励，我觉得不仅仅是物质上给了我很大的帮助，更重要的是给予了我精神上无限的力量。这股力量一直激励着我去奋斗，去努力前行。得到这笔奖学金后，我没有骄傲自满，而以一颗平常心去对待生活，去对待身边的每一个同学。在大学的我，大多数钱都是父母用血汗换回来的，每一分钱我都必须花得有意义、有价值，这样我才能安心。

我是一个来自贫困的农村家庭的孩子，深知生活的艰难，得到贵公司的这笔奖学金，我几乎都是花在生活上，剩余那部分我用在自己的学习资料费上。这一年来我努力地把各门功课学好，努力地提高自己的各方面的素质。我的综合测评每个学期都能取得年级专业第一。这笔奖学金减轻了父母的不少负担，我一直严格要求自己。我知道现在作为学生的我，无法用什么伟大的行动来回报社会，但我会用努力得来的优异的成绩去实现我的梦想，在毕业的时候，为社会作出一份自己应有的贡献，不辜负贵公司对我的期望，对我的支持。

在思想上，我将逐步变得更加成熟，遵守学校的规章制度，尊敬师长，团结同学，做同学的好榜样，积极地参加各种社会实践活动，锻炼好自己的身体，做一名优秀的大学生，在未来，做一个对社会有贡献的人才。作为学生会主席，我时刻关心同学的生活，服务同学，做一个忠实的卫士。同时，搭好老师与学生的桥梁，加强自己的服务精神、服务意识和抗压能力，做一名“俯首甘为孺子牛”的学生干部。

贵公司的××奖学金，给予了我无限的动力，使我努力向上的信心更加坚定不移。在我看来，这笔奖学金不在于金钱的数量的多少，而在于它给了我一种向上的精神，一种为了实现自己心中的目标，努力做好同学们榜样的奋斗精神。

再一次感谢贵公司对我的帮助，我要用自己的实际行为去回报社会，回报××奖学金对我的期望。力争做一名21世纪不负众望，敢于实现理想、乐于奉献的优秀人才。

范例九

某获奖歌手代表在青歌赛颁奖晚会上的答谢辞

各位评委老师、各位观众：

大家好！

我很荣幸，能代表所有的获奖者致答谢辞。

首先，我们为能走上青歌赛的舞台感谢时代；其次，能在这个舞台上获奖，我们感谢中央电视台、感谢各位评委老师、感谢广大的电视观众，还有我们的青年朋友以及家人。因为热爱音乐、喜欢唱歌，我们从全国各地走到了一起，不论哪一种唱法，都只是我们表达青春的方式，我们的青春梦想，与歌声同步、与时代同行！我们要为爱而歌唱，唱响和平的世界，唱响和睦的情感，唱响和谐的家园！谢谢！

范例十

某省商务大赛获奖者的答谢辞

各位评委老师、各位观众：

大家好！

我非常高兴能参加这次电子商务大赛，这是一次经历，一次成长，能在这次大赛中荣获冠军，结果是让人欣慰和满意的。这次比赛的整个准备以及参赛过程对我来说无疑是一次美好的回忆。

首先，我非常感谢×老师和×主任对我热心的帮助和认真的指导，感谢系里对这次比赛的重视和大力支持。如果没有他们的努力和汗水，我们也不可能取得那么骄人的成绩。其次，我也非常高兴能加入我们的团队。团结就是力量，这次比赛就是对它最好的诠释。在刚开始的时候，并没有想过结果是什么，只是抱着对专业知识的一种兴趣，一种求知心理，去参加比赛测试一下自己的能力及学习水平，以及在这一年的大学生活中自己到底学得怎么样。

在老师的指导下，我们团队经常在一起讨论和思考。虽然在准备阶段我们遇到了问题，遇到了阻碍，但我们还是坚持不懈地努力着。因为我们知道我们的目标，在此过程中，我也深深体会到了团队的重要性，团队的力量。最终我们把论文改好，也完成了发言稿和PPT。真的很高兴我们团队在比赛中脱颖而出，获得如此好的成绩。通过这次比赛，我受益匪浅。

感谢我的团队，我觉得在一个团队里团结很重要。俗话说，三个臭皮匠，赛过一个诸葛亮。我们是一个很团结的团队，我们各有所长，并且还有对我们特别关心和照顾的指导老师。老师在这次比赛期间花了很多心思，也熬了很多夜，为我们细心地指导，并且尽可能地为我们解决一切困难。每遇到一个问题，我们团队成员和老师就会在一起沟通交流，或者通过E-mail、QQ、电话等进行交流。其实在交流的过程中，大家你一言我一语，无意中就会碰撞出火花，产生很好的想法和观念。

态度在我们的比赛中也扮演重要的角色。不管做什么，态度很重要，不管你能力大小，只要努力去做，没有什么事情做不了。细节决定成败，这句话真的很对。不管做什么都不能粗心，应该认真地考虑到每一个细节。木桶理论也说明了这一点，整体中的一部分做不好，就会影响整体的发挥。

我们都是在一次次的经历中逐渐成熟和发展起来的，电子商务大赛给了我一个展示自我的平台，让我获得了自我发展的机会。以后我会更加珍惜人生中的每一次比赛，以百分百的信心和十足的干劲投入比赛，从而完善自我。

在这次比赛中，不仅在知识上让我更上一个台阶，还对自己的专业知识有了更进一步的了解。此外，在备赛的同时，对老师也有了更进一步的了解，对团队成员由不认识到熟悉，甚至到朋友，这都是一种情感的收获，是用金钱买不到的。

这次比赛获得了骄人的成绩，也使我了解到自己的不足。在以后的学习中，我会继续发扬我的优点，并且努力弥补自己的不足，使自己越来越有竞争力。

谢谢大家！

范例十一

某戏剧学院毕业生获得优秀话剧表演奖时的答谢辞

各位评委、各位老师：

感谢××话剧艺术中心、感谢××××，感谢SMG，感谢××戏剧学院。我拿到优秀毕业生而且能获得优秀话剧表演奖我很高兴。在即将毕业之际，在自己学校的舞台上完成自己的“毕业大戏”，是我一直以来的心愿，我眼泪情不自禁地溢出眼眶，心中的依恋难以形容。但是那一鞠躬，却不能表达我心中的感激。

感谢杨××老师、吕×老师、李××老师、雷××导演，我知道话剧中心有很多非常优秀的年轻演员，但是你们愿意给我这样一个初出茅庐的学生如此的机会，真的非常感谢，也非常感激！毕竟在舞台上我的能力是薄弱的，在舞台技巧和经验上我都是十分匮乏的。一定意义上，让我来挑这个大梁，确实有些沉重，也有风险。但是你们的包容和鼓励让我坚持下来，虽然不是话剧中心的演员，但是我依然会用那样的高标准来要求自己，感谢各位老师给了我这一份珍贵的毕业礼物！

感谢雷××导演。从去年的《红与黑》到今年的《茶花女》。您一直在关注着我的成长，谢谢您向母亲一样地保护着我。作为一个刚毕业的学生，我没有郭××的技术，没有××哥的经验，但是我却真的把自己的生命给了排练场，虽然作为B组的演员没有太多的排练时间，但是我依然会把我们走过的调度和要注意的地方记录下来，我感觉到了自己的成长，希望我没有给您丢脸，希望您能为我高兴!!

感谢孙××。我的玛格丽特。作为女主角本身就要承担非常重的演出任务，可是这一次又要抽出双倍的时间陪我这样一个学生级的演员排戏，负担是很大的。但是每一次排练你都是带着百分之五百的情感在帮我对戏，你的敬业和付出总让我觉得应该做得更好，感谢你。感谢王×。我进校的时候你已经大四了，当时看了你的戏就觉着这人太厉害了，于是你自然而然地成了师弟心中追赶的目标。听说要和你演同一个角色的时候，我心里的忐忑和激动难以形容。舞台上我的调度基本上都是你给我走出来的，你的每一次表演总在激励着我，因为你是我的目标。我会继续的、不停的往前追，所以哥，你也要加油哦!

感谢许××老师。亲爱的许爸爸，感谢你一直抽出自己的休息时间给我们“补课”，感谢您在表演的时候不辞辛劳地为我们“把关”，指出我们的问题。感谢您用自己的热情让我们看到了什么叫做“艺术”。感谢您在我不自信的时候说的每一句“不错”。谢谢，乔治·迪瓦尔先生!

感谢李××老师。原吉雷伯爵的扮演者，因为演出时间的冲突，您不得不离开我们这个剧组。但是我却想对您说一声“谢谢”，或许如果没有您，我不一定能坚持下来。记得第一天下地排练的时候，因为紧张、不自信，我整个人都不敢抬起头来表演，总觉得周围的演员都在看着我，总觉得他们会笑话我，因为我什么都不会，当时我基本上是要疯了，只是硬着头皮站在台上，心里祈求这一切早点结束。休息的时候您走到我身边告诉我，“小伙子，不错的。我觉得你刚才有一些表现特别符合阿尔芒这个人物，第一次演戏，没关系的。慢慢来。”当时眼泪没有流出来，但是现在回头想起，却有点儿泪眼模糊。谢谢您给了我自信和勇气！您是第一个!

感谢徐×老师。作为“火线救兵”，您第一时间来到了我们组里。感谢您让这次演出顺利地进行。感谢您在演出前和我握手表示的鼓励。感谢您在后台不断地帮我分析台词上的问题和舞台节奏上的不足，您是我老师的同班同学，谢谢大师叔！下一次见面，我们不打赌了，一万法郎……太贵了。

感谢李××老师。作为医生的扮演者，您总是第一时间来到排练场，总是会不断地给我们带来“惊喜”。您总是让这个排练场充满欢声笑语，谢谢。

感谢××姐。“披肩代言人”普里当斯。因为你轻松自然的表演，总能让我在舞台上找到轻松的感觉。而且你总是不断地丰富着普里当斯这个人物，因为你的表现，所以大家都积极的开始了创造角色的努力。谢谢你在我演出前给我的忠告，谢谢你普里当斯！

谢谢你们对我的关爱，谢谢大家。

范例十二

某网络名人成为《时代周刊》年度人物后的答谢辞

各位朋友：

大家好！

感谢《时代周刊》颁给我年度人物这一奖项，同时我还想感谢无数和我一起获奖的网人，无论你们是网络内容的使用者还是创造者，我们一起缔造了这个人类历史上从未有过的新世界，一块抵达人数最多的新大陆。

当世界上最初两台电脑连接起来，发布第一封电子邮件的时候，没有人知道一个新的世界即将降临。甚至是各国建立起了信息高速公路，网人开始从站点到站点冲浪的时候，也还没有人知道这个伟大的工程已经悄然开始。直到 Web2.0 时代终于来临，每个网人都成为网络内容的创造者和使用者，从 BBS 到 BLOG，从 PODCAST 到 YOUTUBE，我们才猛然惊觉自己站在了一块经由无数双击键的手造就的新世界上，我们的世界。

在这里我们用WIKI建造了人类最大的百科全书，前人所未能完成的巴别塔在我们的世界里耸立云霄。我们终于打破了地理的界限，证明了天涯只是咫尺，任何人都可以光速访问地球上的任何一个角落。我们更在网络上创造了前所未闻的人类社会，这里有新闻、文学、艺术、音乐、科技和一切你所能想象到的东西，甚至我们还创造出了自然界中根本不存在的壮丽景观。最重要的是，所有这一切把我们拉得更近而不是分散得更远。敲击键盘的手永远不会孤独，在这个新世界里总能找到可以和自己分享、互助的人。我们超越了国界、民族、宗教，在网络中建造了人类最大的共同体。上帝用七天创造了世界，我们在第八天创造了网络世界。

15年后，现实世界终于承认了我们的存在，承认网络世界是一个人生活中不可缺少的部分，承认一个人在电脑屏幕之后还有第二重生命，而且这种生命及其生活同样值得尊敬。网络世界曾经被认为是现实生活的补充，而现在现实世界却要努力变做网络世界的一部分。由伟大的程序员和黑客发端，由IT技术人员建造，由无数网人贡献而成就的新世界浮出了比特之海，使得人们在自由、平等、资源共享的原则下实现了最大可能的交流和协作。人类从未如此贴近，从未如此激情，也从未如此爆发出耀眼的创造力。

为了这一天，我等待了太长时间。而现在我要说，这种等待很值得。

范例十三

著名作家莫言在获得华语文学传媒大奖后的答谢辞

亲爱的各位来宾：

大家好！

我荣幸地获得了第二届“华语文学传媒大奖——年度杰出成就奖”。与首届获此奖项的史铁生先生相比，我感到十分惭愧。与诸多同行相比，我也深感惭愧。尽管我表达了这么多的惭愧，尽管我知道伴随着这个荣誉而来的更多的会是冷嘲和热讽，但这毕竟是一件光荣的事情，因此我要感谢把我推举到领奖台上的推荐评委和终审评委，并感谢设立这个奖项的媒体和设立这个奖项的决策人。我还要特别地感谢为我颁奖的史铁生先生，在新时期文学的道路上，他留下的痕迹，比我们所有人的足迹都要深刻。

据说这个奖有一点"终身成就奖"的意思，一个作家一辈子只能得一次，这就使我不由自主地回顾了一下自己 20 多年的写作历程。20 世纪 80 年代初，新时期文学勃发之时，我是凭借着一股"初生牛犊不怕虎"的勇气，凭借着一股急于发出不与他人雷同的声音的热望，几乎是在懵懂无知的状态下，冲上了文坛，并浪得了虚名。这个过程中，当然离不开师长们的教诲、栽培和同行们的帮助与激励。现在，这头当初就很不可爱的牛犊，即将成为一头令人厌烦的老牛，却突然被"华语文学传媒大奖"的光芒照耀了一下，这可以看做是对我多年耕耘的奖赏，也可以看做是对我的鞭策。

尽管这个奖有那么点"终身成就奖"的意味，但我当然不愿意让这次得奖成为创作的终结。对一头耕耘多年、尚有劳动能力的准老牛来说，已经没有必要再来讲述耕耘的重要意义，默默地埋头拉犁，比什么都重要。"老牛已知夕阳晚，不须扬鞭自奋蹄"，何况这"华语文学传媒大奖"的鞭子还高高地悬在头上呢。当然，这样的比喻马上会让人联想到站在后边扶犁扬鞭的农夫，而谁又是这个农夫？由此可见，没有个性的比喻也总是蹩脚的。

谢谢各位，并向即将获得第三届"华语文学传媒大奖——年度杰出成就奖"的那位同行表示祝贺。

范例十四

某获奖作者代表在颁奖大会上的答谢辞

尊敬的各位领导、评委、朋友们：

大家上午好！简单介绍一下，我叫×××，来自我国中部的千湖之省湖北，工作在汉水之滨，生活在美丽的水乡园林城市潜江，是一名普普通通的防汛卫士和文学艺术爱好者。今天，非常荣幸能够应邀参加这次大会，并作为获奖代表在此发言，我深感兴奋和激动。首先，请允许我代表参加这次颁奖大会的获奖作者，向大赛组委会的领导和评委致以诚挚的敬意！并为中国××学会、北京市××学会、北京××××国际文化交流中心为我们搭建如此广阔的文学艺术交流平台表示衷心的感谢。

今天，因为大家共同的爱好，我们相聚在首都北京，同感伟大祖国的非凡成就；今天，因为大家共同的爱好，我们成了有缘的朋友，大家在一起开心联谊，分享美好时光。颁奖大会这种形式真好，它非常有利于与会代表的交流，来自全国各地的获奖作者在和谐的氛围中敞开心扉，吐露心声，分享喜悦，宣泄烦恼，寻觅知音！

今天，我作为获奖作者的代表站在这里感到幸运和不安，因为我看到的是非常令人鼓舞的场面，感受到的是莫大的鞭策和激励。但我深知自己在文学艺术方面还是一个刚刚起步的学生，基础还很差，层次还很低，前面要走的路还很长。特别是看了评委对那些优秀作品的点评后，更是感受良多，在我看来，那些作者视野之开阔、经历之丰富、洞察之敏锐、立题之新颖均非我所能及，其作品主题之鲜明、构思之巧妙、切题之准确、功底之深厚、文笔之精美都是我学习的榜样。评委们的评语更如细雨润物，语重心长，叹为观止。是在彷徨中止步，还是立足于现实而奋起。不再年轻的现实告诉我，答案只有一个，学习，学习，再学习。积累，积累，再积累。在美好中寻觅，在快乐中追求，在爱好中提高，在执著中升华。我从来不奢望成名成家，但我坚信爱好会让人充满希望，学习的过程会给我带来无穷的欢乐。

诗文书画赋新风，歌舞欢腾颂中华。我们正处在一个空前伟大的时代，社会主义建设日新月异，我们身边更是新潮涌动，百舸争流，千帆竞发，万象更新，让我们拿起手中的笔，尽情赞颂伟大祖国的时代风貌和人民的幸福生活，贴近时代、贴近群众、贴近生活，让文学艺术百花争艳，为建设小康、和谐发展作出应有的贡献。

最后，再次感谢“×××”组委会给我们提供这次交流学习的机会。在此，我衷心地祝愿与会的各位领导、评委和朋友们身体健康，生活愉快，创作丰硕，事业通达；祝愿“×××”全国文学艺术大赛越办越好。

谢谢大家!

范例十五

某大学教授在日经亚洲奖颁奖仪式上的答谢辞

尊敬的喜多恒雄社长、丰田章一郎委员长，尊敬的各位来宾、女士们、先生们：

大家晚上好!

登上这个领奖台，手捧获奖证书，心情非常激动。我想，我应当首先感谢日经亚洲奖评审委员会的各位委员对我们中国××大学污染受害者法律帮助中心工作及其作用正确而中肯的评价，同时要感谢我中心各位志愿者近10年来对中国污染受害者法律帮助事业所作出的无私奉献。另外还要感谢国内外一些基金会、社会公益组织，包括日本国在内的一些专家学者对我中心工作的支持和帮助。

获得这么高的荣誉，是我所始料不及的。作为一个普通的大学教授，我只不过是在完成环境法教学和研究工作的同时，又组织热心环境法律援助的志愿者做了一些力所能及的帮助污染受害者维护其环境权益的工作。这些工作，一方面确实使污染受害者的环境权益得到一定程度的维护，并通过大量环境案例的宣传和报道提高了公众的环境意识、法律意识和维权意识，促进和改善了中国的环境立法；另一方面也对一些违法排污的企业形成了相当大的压力，使其不得不遵守环境法的规定，并促使一些行政机关不得不严格执法。日经亚洲奖评委会将这一奖项授予我本人，不仅仅是对我本人和我们中心工作的肯定，也是对中国发展环境法制、依法保护环境、维护受害者环境权益、建立和谐社会取得成就的一种认可。帮助污染受害者进行环境维权，不仅顺应了中国环境保护和公众的需求，而且也符合中国建立法治国家、保护人权、建立生态文明社会的大方向。

中国作为最大的发展中国家，在经济发展的过程中也受到环境恶化问题的严重困扰。尽管中国政府已经把环境保护作为基本国策，制定了一系列的环境保护立法，但是环境状况恶化的趋势总是难以扭转。其原因当然是多方面的，其中环境法律法规不能得到真正的执行和遵守不能不说是一个十分重要的原因。我们污染受害者法律帮助中心的宗旨就是要通过帮助污染受害者向法院提起诉讼的方式，来对污染者和不严格执法的行政机关形成一种压力，从而促进环境法的执行和遵守。这种努力已经取得了一定成效，我们也会继续努力，让它发挥更大的作用。地球一体，环境问题无国界，保护中国的环境，同时也是保护世界的环境；帮助中国的污染受害者，同时也是维护我们每一个人的环境权益。我们工作的困难当然需要我们自己去克服，但同时也需要其他一切热爱环境保护公益事业的组织和个人与我们携手一起去克服。我们非常需要像日经新闻社这样的机构团体给予我们的鼓励和支持。

最后我想说的是，中国目前正经历着一场大自然灾难带来的痛苦和哀伤，几万人因地震而死亡，几十万座房屋倒塌成为瓦砾，几十万人等待救援。对此，我不能无动于衷，更不能袖手旁观，因此我决定将这次获得的300万日元奖金全部捐给地震灾区，为灾区的重建尽绵薄之力。我也希望有更多的人向地震灾区的人民伸出援助之手，帮助他们重建家园。我坚信："用自己的快乐和爱心去照亮他人的生活，这样做永远是值得的。"

再一次感谢日本经济新闻社，再一次谢谢大家！

范例十六

某论坛“优秀板油奖”获奖者的答谢辞

各位来宾：

晚上好！

两个月前，××××论坛设立“优秀板油奖”。当时我没在意，因为我是“××××”家族的新成员，论资格只够吃饭时端个碗站门口。现在能获奖，而且蝉联八月九月奖项，这是没想到的。采用的什么评奖办法，是坛主指名还是板油投票，我不清楚。总之，要感谢领导赏识和鞭策，感谢群众捧场和容忍。令人高兴的是，各位实力老大都榜上有名。我知道自己该站哪里。如果按年龄或是姓氏比划，可以名排前列。若论原创或灌水的贡献大小，只能敬陪末座。

其实，如果冷静想想，这个奖的最大赢家是颁奖单位。它的真正用意，在于把我等时常犯懒的人轮流揪出水面。进了“××××”的门，大小都算个文人。文人脸皮最薄，骂不得也夸不得。大幅光荣榜顶在正房，网站的厚礼又快递上门，你还好意思不出活？

这就是“××××”的一大特色。大小斑竹机关算尽，变着戏法活跃气氛。设立“优秀板油奖”，撮合近亲联姻，抖露私房玉照，对外出逾期不归者发布“通缉令”。五花八门应有尽有。另一方面，众多板油勇于灌水一呼百应。同一个人回帖，大小文章通吃占去半个版面。在原创文章后面跟帖，则成为旧雨新知的短信交际场所。更有人祭出“社区点击排行”大旗推波助澜。

“××××”论坛的文章好看，人更可爱。绘制“××108将”的大师呕心沥血，恢弘气势不输清明上河图。为设“优秀板油奖”，有关领导毅然改名，使每个获奖人能得到网站奖赏。此外，“××××”家族几位当红人物的身份和性别“扑朔迷离”，相互关系的发展变化犹如一部猛赚眼球的在线连续剧。常有人恍然大悟，有人连呼上当。其实，这种事情不要太认真。就好比来泰国看人妖，只管欣赏上半身表演，谁还在乎那下半身……抱歉，跑题了。

“××××”论坛很有几位高手，写作速度之快，收视率之高，让我望尘莫及。但我对自己有信心。我的优点是态度认真工作努力，每篇文章都要把玩多时，每次动笔都想一鸣惊人。所以写得很累很辛苦，过早患上专业作家才有的苦恼综合征。每当“吵吵要请假”，那就是又犯病了。

我的缺点是文章内容不够深度，人物情感缺乏咸湿度，气氛烘托达不到燃烧温度。近来尤其没有进入“置顶”最高尺度。还有些小毛病，像跟帖少回帖慢；总盼受贿但很少送礼。有时鱼目混珠把自己的原创说成转帖，曾受到领导批评。最要命的是有盲目效仿的癖好。发现恋爱题材流行，就跟着嚷嚷要写点靓妹帅哥的故事，但拖了很久没结果。看到有些大腕儿请假外出发通告，也贴出“不是请假的请假条”。在大家的帮助下，我认识到这些做法有自我推销嫌疑，不利于健康成长。

当然，对文学作品有不同理解是另一回事，也很正常。喜欢的人越多当然越好，但有个自我提高和被别人认同的过程。我对自己并不是盲目有信心。想想看，有充裕时间，浓厚兴趣，又有数目不高但相对稳定的收入，还不用烦恼复习考试找工作嫁老公生孩子。“××108 将”里，形容我是“一头特立独行幸福的 B 型猪”。是否属于特立我不敢说，独行倒是常事，那是没找到同行者，至于幸福与否就看众人捧场了。

讲得长了点。好在是通过网络颁奖，大家可以边看边喝咖啡打电话修趾甲，都不耽误。按照惯例，我还准备了一份名单，要感谢所有相关人员，包括父母妻小兄妹亲友领导同事。由于时间关系不在此宣读，请颁奖组织按新闻稿散发刊登。

最后祝××××论坛发扬光大茁壮成长。

范例十七

女作家托妮·莫里森在获诺贝尔文学奖后的答谢辞

陛下、阁下、女士们、先生们：

当我走进这间大厅时我的脑子里萦回着那些在我之前走进这里的人士的身影。我能和那些桂冠文人为伍使我感到畏怯和欢悦，因为在那个行列中的一些名家的力作曾把整个世界展现在我的面前。他们那挥洒自如与别具风格的笔触，以其真知灼见之清晰和勇气使我有时感动得为之心碎。他们在写作中所显示的惊人才华对我又是挑战、又是培育。我对他们的感激正如我对瑞典学院把我挑选出来参加到这显赫的行列中来的深切感激正好相似。

早在 10 月间，一位艺术界的朋友给我一个留言，被我储存在留言机里好几个星期。我不时反复把它重放，只是为了再聆听一次她由于高兴而有些颤抖的音调和那道出真情的语句：“你获得的大奖也是我们大家的；你是再合适不过的人选了。”她在这句话里流露的大功告成的欢悦和崇高的信任代替我纪念了这难忘的今日。

但当我离开这间大厅时，我将带着比我走进时更为新鲜、更加高兴的心情，那是一种将与今后的桂冠文人站在同一行列的欢悦心情。甚至就在我讲话的此刻，他们正在挖掘、筛选、润色着他们的作品语言，以便来照亮我们这里谁都还未曾梦想到的世界。但是，不管在他们当中有谁能获得这个圣殿中的一个席位，这个作家群将会越聚越多则是肯定无疑的。他们的声音将会道出已逝和未来的种种文明；他们站在高高的悬崖上所做的幻想的凝视将会吸引住我们大家的目光；而他们将目不转睛、决不回避。

因此，我是在牢记我们前辈的才华、我的姐妹们的祝福并在迎接着未来的作家的出现的心情中接受瑞典学院赋予我的荣誉的，并请诸位和我来同享这光彩的一刻。

范例十八

加缪获诺贝尔文学奖后的答谢辞选段

秉承自由精神的瑞典皇家科学院将这份殊荣授予我，万分感激之余更添万般惶愧。再理智的人，再理智的艺术家，都渴望被认可。我也不例外。但比起自己所做的一切，这份殊荣是过于沉重了。一个年届不惑却依然满怀困惑的人，创作生涯正值中途，习惯远离朋友、孤独劳作，突然被拦下脚步、推至聚光灯下，四顾无援的他怎能不惊慌失措？他将借着怎样的心情来接受这份荣耀？此时此刻，就在欧洲，有许多作家，甚至是最伟大的作家，依然默默无闻、乏人问津；此时此刻，就在我出生的地方，依然不幸接连着不幸。

这样的惶惑不安与内心焦灼于我并不陌生。面对命运的过度垂青，想要重归平静，唯有力求问心无愧。既然我所做的一切与此盛誉颇不相称，别无他法，只有拿一生中最险恶的逆境下支撑我的信念来应对：对艺术的信念，对作家这一角色的信念。借此机会，怀着感激和友善之情，敬请诸位允许我用最简约的方式来阐释这两种信念。

没有艺术，我的生命将不复存在。但我从不将这艺术置于一切之上。如果说艺术对我而言不可或缺，那是因为它决不自我孤立，在与他人同等的层面上，让我本色地活下去。我觉得艺术不应是独自享受，而是一种方法，用它来感动最大多数的人，向他们奉献一种超乎苦痛和普通欢愉之上的形象。它迫使艺术家不再自我孤立，让他臣服于最卑微、最普遍的真理。通常情况下，选择献身艺术的人，都曾自视与众不同。然而他很快会发现，自己的艺术、自己的与众不同，往往就扎根在与所有人的相似中。艺术家就是在自我与他者不断的交往中、在半途不可错过的美景中、在无法抽离的群体中慢慢锤炼自己的。因此，真正的艺术家看重一切，他们逼迫着自己去理解，而不仅仅满足当个评判。在这世上，他们必须选择一个阵营，那一定是代表某一集团的立场，据尼采的伟大洞见，在这个集团中，占统治地位的不是判官，而是创造者，他们之中既有劳动者，也有知识分子。

再来谈谈作家的角色，同样责任重大。确切地说，今天的作家不应为制造历史的人服务，而要为承受历史的人服务。否则，他将形影相吊，远离真正的艺术。任何暴君的千百万军队都无法将一个作家从孤独中拯救出来，尤其当这个作家同他们的步调一致的时候。相反，一个无名囚徒的沉默，一个被遗弃在世界另一个角落百般受辱的囚徒，就足以将作家从流放中召回，就算这个作家身处优境，只要他不忘记这种沉默，用艺术的种种方式来彰表这种沉默。

我们之中没有一个人能强大到不负这一使命。但在作家漫长一生的境遇中，晦暗也好，腾达也好，在暴君的铁牢中也好，能自在发出声音时也好，只要他尽力做到为真理服务，为自由服务，他就能重新找回勃勃而富有生机的集体情感和支撑。为真理服务，为自由服务，这两条也足以体现作家职业的伟大。既然作家的使命是团结尽可能多的人，那就只有容忍谎言和奴性。这个世界充斥着谎言和奴性，孤独的荒草到处疯长。无论我们每个人有怎样的弱点，作家职业的高贵永远植根在两种艰难的介入中：拒绝谎言，反抗逼迫。

20多年荒唐的历史进程中，我茫然无助，和许多同龄人一样，在时代的剧烈动荡中，仅靠一种情感模模糊糊地支撑自己：写作的光荣。写作之所以光荣，是因为它有所承担，它承担的不仅仅是写作。它迫使我以自己的方式、凭自己的力量、和这个时代所有的人一起，承担我们共有的不幸和希望。这代人，生于一战之初；20多岁时伴随早期的工业革命进程，又遭遇希特勒的暴政；随后，仿佛要让他们的经历更完美，发生了西班牙战争、二战、集中营惨剧，整个欧洲满目疮痍、狱祸四起；如今，他们又不得不在核毁灭的阴影下哺育子嗣、成就事业。没人能要求他们更乐观。我甚至主张在与之斗争的同时，要理解他们的错误。他们只是因为过度绝望才行不智之举，对时代的虚无主义趋之若鹜。但终究我们中的大多数，不止是在我国，也在整个欧洲，都拒绝这样的虚无主义，致力于追寻合法性。我们需要锻造一种灾难时代生活的艺术，以全新的面貌获得再生，与历史生涯中死亡的本能作斗争。

或许，每一代人都自负能重构这个世界。而我们这一代人却明白这是痴人说梦。但我们的使命也许更伟大，那就是要防止这个世界分崩离析。这一代人继承的历史是腐化的，混杂着失败的革命、疯狂的技术、死去的神祇和疲弱的意识形态。在这样的历史之中，政权能摧毁今天的一切，却并不能说服，智者自贬身价成了仇视和压迫的奴役。这代人不得不带着独有的清醒，为自身和周围修复一点点生存和死亡的尊严。在这个即将分崩离析的世界面前，审查官建立的恐怕是永久死亡的国度。这代人明白，在与时间疯狂赛跑的同时，他们应在不同民族间建立不屈于任何强权的和平，调和劳作与文化的关系，在每个人心里重建和解的桥梁。能否完成这一使命还是未知数，但在世界各处，他们祭起真理和自由的大旗，必要时，愿意为此牺牲而无怨无悔。这一代人在哪里都值得敬重、值得鼓励，尤其是在他们献身的地方。总之，应该是向他们，献上你们刚刚赋予我的荣耀，我想你们也会深有同感。

阐述完作家职业的高贵，我还想借此机会谈谈作家的本职。除了战斗者他们没有其他头衔，他们脆弱却执著，虽得不到公正却向往公正，众目睽睽之下不卑不亢地构思，永远在痛苦与美好之间徘徊，在历史毁灭性的运动中以及其自身双重的存在里，抽丝剥茧般最终完成自己的创造。除此之外，谁又能指望从作家那里得到现成的答案和美丽的道德信条呢？真理是难以捉摸、稍纵即逝、永远有待追逐的。自由之路险境重重、难以生存却又令人振奋。我们必须朝着真理和自由的目标前进，艰苦卓绝却坚定不移，路漫漫却要勇往直前。从此，哪个有着自知之明的作家还敢自诩为道德说教者？至于我本人，再次重申，我绝不扮演这样的角色。我从不曾放弃过追求光明，感受存在的幸福，向往少年时自由自在的生活。这种种贪恋之情尽管也让我犯了不少错误，却也帮助我更好地理解了我的职业，支持我不假思索地站在那些沉默者一边。对他们而言，要在这世上活下去，唯有靠那一点点幸福、自由却又短暂的回忆。

由此回到现实中的我，回到我的局限、我的债务，回到我艰难的信仰上来。作为结束，我感到能更坦然地向诸位表达我的情意。这份殊荣，我愿意接受并与所有同我一起战斗的人分享，他们从未得到过任何一点奖赏，却唯独受尽了折磨与不幸。最后，请再次接受我发自内心的感激和公开忠诚的承诺。这一古老而忠诚的承诺，是每一个真正的艺术家每天面对自己默默必行的功课。

第十六章

授予仪式上的答谢辞

范例一

全日空会长大桥洋治在“中日友好使者”称号授予仪式上的答谢辞

尊敬的唐家璇前国务委员阁下，尊敬的中国人民对外友好协会、中日友好协会副会长井顿泉先生，尊敬的各位来宾、各位朋友：

今天，各位在百忙当中为我们举办如此盛大的活动，首先表示衷心的感谢！

刚才唐家璇阁下亲自给我授予了“中日友好使者”这一受之有愧的称号，我深感荣幸，并充满了感谢、感激之情。

如阁下所知，我本人出生于中国黑龙江省的佳木斯市。战争结束时，我与母亲一起，在中国人的帮助下，从辽东半岛的葫芦岛乘船回到日本。中国是我的第二故乡，我与中国的情怀使我上大学时将毕业论文的题目选择为“日中贸易论”。同时，家乡的老前辈、全日空第二任社长，已故冈崎嘉平太先生生前为了日中邦交正常化的实现，奉献了毕生心血，受到了中国已故周恩来总理的高度评价。作为全日空的会长，受到冈崎先生熏陶的我，今天在这里接受这个荣誉称号，实在是感慨万分！

众所周知，23 年前的 1987 年 4 月 16 日，即冈崎嘉平太先生满 90 岁生日那一天，全日空开通了飞往中国大连、北京的定期航班。冈崎先生在通航时谆谆教导我们"今后全日空的员工要为日本与中国，乃至亚洲的发展作出贡献"。我们继承了冈崎先生的遗志，现在飞往中国的10个城市，每周运行20条航线，包括货机在内每周199个航班。

这主要归功于中国朋友们的支持与关照。全日空将永志不忘迄今支持和帮助过我们的朋友，不忘为两国友好事业发展作出贡献的掘井的老朋友，不满足于现状，将"梦想"和"感动"送给世界上的各位乘客，并以谦逊的态度去勇敢地挑战未来。

我想，冈崎先生现在也许正从天国注视着我们。为了不有愧于冈崎先生的丰功伟绩，我将以今天为新的起点，通过航空事业，今后为日中两国友好关系的进一步发展，竭尽微力，作出自己的贡献。

最后，我衷心祝愿全日空及中日友协的友好关系不断发展，祝愿日中两国子子孙孙、世世代代友好。同时，希望今后继续得到唐家璇阁下以及在座各位的指导和鞭策，以此作为我的简单的答谢词。

谢谢各位！

范例二

在某大学名誉博士授予仪式上致答谢辞

尊敬的××校长，尊敬的各位来宾，各位老师、同学们：

大家好！

今天这个日子，无论对于我个人，还是对于××大学与××大学，都具有特殊的意义。对我个人而言，获得××大学的名誉博士学位，是我终生的荣誉，是××大学对一个曾来此进修过的学者的最高奖励，我将永远为拥有这份荣誉而感到自豪和光荣，并会让我的家人、朋友和学生共同分享。对××大学与××大学而言，××大学授予××大学校长荣誉博士一事，在两校关系的历史上，是首开先河的一件大事，在世界高等教育史上，这样的事情也不多见。这预示着两校关系将揭开新的篇章，两校的友好交流将进入新的历史阶段。在此，我作为荣誉的获得者，向荣誉的颁发者××校长表示由衷的感谢。

1988 年 3 月，我作为××大学派出的进修教师来到日本。我记得是××大学事务局负责国际交流事务工作的××先生去福冈接我乘新干线然后来校的。我的指导教师××教授设家宴为我接风。他曾精心指导我阅读世界政治史与人权史的著作，也曾向我讲解明治维新的历史。他退休后，接替他的××先生和我既是指导关系也是朋友关系。我听过他的《日本国宪法》的课，也参加过他主持的宪法案例讨论。在他的带领下，我曾去××大学出席日本法学界第五十三届民主大会，也去过××大学出席日本宪法年会，还去××大学拜访过日本著名宪法学学者××先生。更让我难忘的是××先生带我去他的故乡兵库县，探望了他住在乡下的父母及家人。我住在××先生父母的家里，与其父亲边喝酒边讨论中日陶瓷技艺的差别，老人家甚至还带我去看村里烧陶的窑厂。这些场景，令我至今仍感念难忘。

在此，我要向我的两位指导教师××教授、××教授及其家人表示由衷的感谢。除了两位指导教师对我的帮助外，××大学教养部的××教授与××教授也常对我有所提携。我记得，我曾向××教授请教围棋技术，也曾向××教授请教日本民俗问题，他们的热情指导使我的进修生活增加了许多新的收获。

在此，我要向××大学以××教授和××教授为代表的诸多给予我帮助的教师、职员表示感谢。

在学习与研究之外，一年间，我收获了来自××县和××日中友协各位朋友的友谊。著名律师××先生多次向我介绍日本的司法制度并赠我他在中央大学法学部读书时曾读过的学术著作；企业家××××先生是我到山口大学后第一个到我研究室看望我的人；××××先生多次邀请我到他家里就餐并讨论中国文化；××市的××夫妇以令人感动的真情邀请我与其他中国留学生到他家里住宿、观光和交流；××××先生每当与夫人去中国旅游回国时，总要邀请我与他们边进晚餐边共同欣赏他们拍的风光照片，在我回国前的晚上还单独设家宴为我送行。一年中，与我见面次数最多的是对日中友好活动达到痴迷程度的××××先生。他用于与中国留学生交往的时间超过了与自己朋友和家人的交流时间。我离日回国时，他驾车将我送到××机场。

在此，我要向上述我尊敬的各位朋友以及我尚未提到名字但曾给予我关心的××县××市日中友协的各位朋友表示感谢。

1989年3月，我完成交流计划回到××大学。走的时候，我带回中国的既没有日本的家用电器，也没有衣食等其他用品，而是整整二十箱子我精心选购和自己复印的用于学术研究的图书和资料。这些资料成为我学术进步的一个个阶梯，帮助我从一名讲师成为教授，从教师成为校长，从学问家成为立法家。

××大学是我确立以人权研究为主要学术方向的地方；××大学是我学会了用比较的方法进行思维和研究的地方；××大学是我开始用世界的眼光看待中国与外国的地方。

20年后，我带着特殊的感情第二次以公出的身份来到××大学。这次来的目的已不同于过去。本次××之行，我是为巩固两校26年的友谊而来，是为寻求两校合作的新机遇而来，是为推动两校间交流的全面发展而来。同时，也是为了向××大学及各位老师和那些为中日友好作出贡献的友人表达感谢而来。

再过五天，就是我从中国××大学校长任上转任××大学校长职务一周年。在这个纪念日到来之前我获得了××大学如此崇高的荣誉，我非常感动。我深知，这份荣誉不仅属于我，同时它应属于××大学，属于自1983年两校建立合作关系以来先后来××大学进修过的近百××的教师。这份荣誉代表着两校关系上升到历史新高度，同时也使两校交流的教师有了新的方向。

再过两年，××大学将迎来她的110周年校庆。现在××大学由于在九年前实行了与××医科大学、××工业大学的合并，在办学规模上已属中国第一。全日制在校学生已达六万余人，专业与学科已涵盖所有领域，198个学科可授予博士学位，学术综合实力排在中国的前列，数学学科、材料学科、微生物学科等已达到了世界水平。我们面向未来的目标是争取再用二十年左右的时间，将其办成中国的代表性大学和世界一流大学。

为实现这个目标，学校正在实施“学术振兴行动计划”和国际化战略，拟通过提升学术创新能力而实现与世界名校的合作。××大学是××大学在日本最古老、最知心的朋友，两校间的交流在××有着特殊的地位。我希望××大学在××实现办学目标过程中发挥更大的作用。我很高兴地看到，与二十年前比，我们两校交流的范围已从教师扩大到了学生，我建议下一步还应在多学科领域中开展共同研究，共同组织国际会议，共同参与国际竞争等，使我们的友谊焕发出新的生机。

最后，我再次感谢××大学给我的这份荣誉，感谢××校长所做出的努力，感谢××大学的各位老师，感谢在座的所有朋友。欢迎你们常去××大学访问，我期待着在××大学两年后迎来110周年校庆时，大家能成为我们庆典上最尊贵的来宾。

谢谢大家。

范例三

某领导在“中国宜居城市”授予仪式上的答谢辞

尊敬的各位领导、各位来宾、专家朋友们：

今天，中国城市国际协会向我市颁授“中国宜居城市”牌匾，这是××城市发展史上的一件大事。在此，我谨代表中共××市委、××市人民政府对中国城市国际协会表示衷心的感谢！同时，对为××创建“中国宜居城市”做了大量工作、付出勤劳智慧的中国城市科学研究会中小城市分会和××大学城市与资源规划系的各位专家、学者，“创建办”全体工作人员，以及积极参与创建工作的全市广大干部群众表示诚挚的谢意！

近年来，××紧紧抓住国际、国内产业转移，尤其是珠三角产业转移的有利机遇，大力实施工业化、城市化、市场化和珠三角后花园“三化一园”发展战略，实现了经济社会的跨越式发展。××市委、市政府高度重视城市建设，将创建宜居城市作为加快实现强市富民、推进全面小康社会建设进程的重要举措，不断完善城市基础设施，加强城市管理，改善城市环境，提升城市品位，使××的城市面貌日新月异，综合竞争力日益增强。今天，中国城市国际协会授予我市“中国宜居城市”称号，这既是对我市城市规划、建设与管理工作的肯定，同时，也给我们今后的城市规划、建设与管理工作提出了更高目标。我们将根据研究报告和专家们的意见，以及《宜居城市科学评价指标体系》的要求，按照“保护北江，东拓、西展、南延、北控”的思路，搞好城市建设，积极融入大珠江三角都市圈，拓宽城市发展空间；建立城市管理长效机制，进一步完善城市配套设施，丰富城市文化内涵，提升城市品位；坚持城市、生态、产业、文化、社会协同推进，以建设特色城市为目标，做活“山、水、绿、文、人”等文章，创造更加优美的人居环境，把××建设成为独具特色的“湖城”，充分展示××宜居城市的魅力。我们也衷心希望，各位领导、各位来宾、专家朋友们一如既往地关心支持××，为促进××经济社会发展，尤其是城市建设传经送宝、加强指导，让××这颗“北江明珠”散发出更加夺目的光芒！

最后，再次对中国城市国际协会的厚爱表示感谢！衷心祝愿各位领导、各位来宾、专家朋友们身体健康、家庭幸福、万事如意！

谢谢大家！

范例四

某公司职员在某荣誉称号颁发仪式上的答谢辞

尊敬的各位领导、同事们：

大家好！

这次，能被××公司授予“××××”的荣誉称号，我感到非常的高兴与荣幸。在此，感谢公司对我的厚爱与信任，感谢领导对我的关爱，当然，更要感谢同事们对我的大力支持。

在此，我特别感谢经理对我的帮助，更要感谢我的合作伙伴高××，通过这次获颁“××××”，让我懂得，只有与同事充分团结协作，才能更好地做好业务工作，尤其是对房地产而言，团结就是力量。感谢××能给我一个发展的平台，让我发挥所长。感谢同事们的支持，我能和大家一起在公司这个大家庭中努力拼搏，并为自己的理想而奋斗。

其实我并没有为公司作出惊天动地的贡献，也没取得特别值得炫耀可喜的业绩，我只是尽量做好属于自己岗位上的工作，尽自己最大努力去完成每一次的业务指标，只是总结自己的经验，从经验中学习，向他人学习，尽量将自己的工作争取一次比一次做得更好，尽可能地提高工作效率，虽然我做的都是分内事，但我的付出得到了公司的认可，对此，我深感无比荣幸。我想公司对我的褒奖，也再次向员工传达与说明了：只要有付出，只要脚踏实地地做好属于自己的工作，就会有回报。

这次能被授予“××××”称号，我想这既是公司对我个人工作能力与成绩的肯定，也是对我今后把工作做得更好的一种鼓励。我也坚信，我一定会把今后的工作做得更好。我坚信，通过大家的共同努力，××的未来一定会更辉煌。

最后，衷心祝愿明天的××更强，更美好。

范例五

大学学位授予仪式上学生代表的答谢辞二则

(一)

尊敬的各位领导、老师，亲爱的同学们：

大家下午好!

在这庄严的学位授予仪式上，我很荣幸能够站在这里作为毕业生代表发言。首先，请允许我代表2010届全体毕业生向辛勤培育我们的母校和导师，向关心、支持我们的领导、老师、家长们表示最衷心的感谢!

今天是2010年7月1日，对于国家而言，这是中国共产党建立89周年纪念日；对于我们而言，也同样是一个具有历史意义的时刻，因为今天是我校自动化与信息工程学院电子工程系学位授予的日子。我们此时此刻相聚在这里，有我们最复杂的心情：这当中既充满着伤感、感慨与不舍，同时也洋溢着喜悦、感激与期盼。今天之后，我们就是××大学的毕业生。我们将再一次踏上新的旅程，迎接新的天地，翻开人生崭新的一页。

四年之前，大家经历了高考的严峻考验，来到了这里。那时的我们，怀着对大学生活的好奇与憧憬，第一次踏进了××大学的校门。大一的军训，难忘的是××的烈日炎炎，但那时的汗水和欢笑成为一生中最为深刻的回忆。随后便开始了我们各自憧憬中的大学生活。上课，第一次有了占座的概念，而且还要根据“具体情况”来决定是占后面的位子还是占前面的位子。自习，成为我们四年里面最熟悉的事情，特别是在考试之前。毕业生晚会成为离别前学院送给每位毕业生最美好、最真挚的祝福。

在紧张的学习和丰富的活动中，我们渐渐融入到大学的生活当中。无论是“5·12”地震的恐慌，还是甲流时的担心，四年的时间一晃而过，曾经是一群稚气未除的少年，来到这里学知识、学做人，现在大家都已学有所成，准备走上社会的各个岗位。雏鸟将要离巢远飞时，都会徘徊不前，回首昔日温暖的安乐窝而眷恋不舍。××大学就像一棵大树，日复一日，为我们挡风遮雨，为此我们对母校心怀感激。四年光阴，要感激的实在太多。每一位老师，身边的同学，还有一直以来默默不语的校舍，数不尽的人和物，不知是谁的安排，都来到我们身边，和我们一同成长，这些无不使我们受益匪浅。还有院系的各位老师，对每一位学生都孜孜不倦地教诲，对我们的生活也体贴入微。特别是在过去的一个学期里，为了各位同学的发展，院系老师都尽可能地把最新的动态及时提供给我们，同时对每个人的情况也密切关注。还有每一位曾经陌生的老师，多年以来，一直对一群曾经毫不相识的学生教诲不倦，倾其所能，给我们传授知识。不管寒冬酷暑，刮风下雨，老师们都会早早地到教室做好上课的准备。他们的言传身教，启发了我们做人、做学问的道理。数年之后，我们对课堂可能没有什么印象了，但老师教导的做人之道，我们却始终会铭记于心。没有各位老师的付出，就没有我们今天的收获。对于学校领导及老师的恩情，我们感激不尽！

今天，我们作为××大学的毕业生坐在一起；明天，我们会在社会的各个岗位作出自己的贡献。我们中有人会投身政界，成为国家的领导人；有人会在商界打拼，在世界富豪中拼得一席之地；也有人会从事科学研究，获得诺贝尔奖；还有人会成为教书育人的老师，教育出各种人才……有句话说得好：没有做不到，只有想不到。这个时代就是需要敢想敢做的人才。我们作为新时代的青年，要用智慧和汗水来实现我们心中的梦想！

今天，坐在大家身边的是同窗四载的同学。从陌生到认识，到现在相熟相知，这是一场缘分。今日虽然是一个别离的日子，但我们无须悲伤。因为明天我们将站在各自的舞台上演绎精彩的人生。正所谓，聚是一团火，散是满天星。前路可能风雨交加，前路可能荆棘满途，但请大家记住母校的启迪，我们都必能昂首阔步，结伴同行。

明天还是有灿烂的阳光，明天还是有清新的空气，所以我们应当振翅，应当高飞。

祝愿我们的母校永葆青春，桃李满天下；

祝愿母校老师身体健康，工作顺利；

祝愿各位同学前程锦绣，永怀母校。

谢谢大家！

（二）

尊敬的各位领导、老师，亲爱的同学们：

大家好！

在这庄严的学位授予仪式上，我很荣幸能够站在这里作为毕业生代表发言。

有人说，丰富多彩的大学校园是一个熔炉，燃烧出每个人与众不同的精彩人生。我们经历了大一的纯真时代，走过了大二的轻舞飞扬，告别了大三的紧张与忙碌，来到了大四的依依别离。过了今天，我们的大学生活将画上一个圆满的句号，我们将告别朝夕相处的同学，告别循循善诱的老师，告别辛勤培育我们的母校，踏上人生新的征程。在这个激动人心的时刻，请允许我代表我系2011届全体毕业生，向辛勤培育我们的领导和老师们，表示最衷心的感谢和最崇高的敬意！

四年来，我们在母校温暖的怀抱里健康成长，学会了分析与思考、学会了竞争与合作、学会了继承与创新，也学会了如何不断点燃激情、超越自己的极限，从思考中确立自我，从学习中寻求真理，从实践中赢得价值，从追求中获得力量。这四年，恩师扶着我们从象牙塔意气风发走向社会；这四年，同学们团结友爱、共同进步，成为一生的挚友；这四年，我们羽翼日益丰满，以待展翅高飞。四年是艰苦的，但这寒窗苦读的经历，对莘莘学子来说，却是一笔重要的财富。四年是短暂的，但这有限的经历，对人生的成长来说，却是具有无限的意义。

青春是人生最美好的时光，而在大学里度过的这一段青春岁月无疑将成为我们人生中最为宝贵的记忆。精彩的大学生活让我们深刻地体会到，广博的知识、真诚的沟通、高尚的品格不仅让我们在学生时代受益匪浅，而且在我们今后的人生道路上也至关重要。天下没有不散的筵席，而离别不是感情的终结，为的是明天更好的相聚。在求学的路上我们已经翻过了一座又一座大山，蹚过了一条又一条河流，站在毕业的门槛上，我们听到了来自社会这个大舞台的召唤。远方那更为猛烈的潮水在激荡着我们的心怀，不论前方的路是风雨当头，还是彩虹高挂，只要我们心中存在永不言败的信念，存在对美好未来的希望，存在对理想的执著，我们的目标就不会遥远！

毕业——是起点又是结束，是征程又是驿站。明天，我们将背负母校的期望走向另一片更为广阔的大陆，去为实现自己的梦想而奋斗。无论我的兄弟姐妹们脚步将踏向何方，是将要选择继续在求学路上翻开另一页篇章，还是将要踏入社会，奔赴工作岗位一展自己的风采。我都真心地祝愿大家在这更为广阔的社会舞台上舞出自己的精彩。

老师们，请您放心，您的学生、您的孩子已经长大了，我们将要张开理想的翅膀去远航了。今后，我们一定会牢记恩师们的谆谆教诲，牢记“博文明理，厚德尚能”的校训，应用我们所掌握的专业技能，勤于实践、踏实做事，一步一个脚印迈向我们精彩纷呈的人生。用我们的努力和成功来回报社会，回报母校，回报培育我们的恩师，回报养育我们的父母。

最后，请允许我再次代表全体毕业生，祝愿我们的母校永葆青春，再创辉煌！祝愿母校老师身体健康，工作顺利！祝愿我的兄弟姐妹们前程锦绣，事业有成！

谢谢大家！

范例六

在授予主管护师仪式上致答谢辞

各位朋友们：

大家好！

有幸结识网络，竟让我这个大龄学员考过中级，实现了主管护师的梦想。心中除了感谢还是感谢。

感谢我在××教育网上认识的所有的朋友们，希望考试结束后我们仍旧能够再次探讨。在今后的生活和工作中能够共同撑起一片晴朗的晴天；有风有雨的时候，让我们能够相互鼓励。

在这里，令我惊叹的是，各位老师真的都是满腹经纶、博学多才。徐老师的大师风范，×老师的激情洋溢，×老师的耐心严谨，×老师的精明极致，×老师的端庄稳重，都令我深深地折服。同时诸位同仁的敬业精神也非常让我钦佩。医学教育网真正让我领略到了名师的风采：学风严谨，思路清晰，大家风范，才华横溢。听着老师们的课件讲解，老师的渊博学识真的让我流连忘返，竟让我能逃避外面的精彩世界，心安理得地走进寂寞的学习知识的殿堂，精美着我的灿烂人生。

在这里，有着那么多的人奋斗于主管护师的人生，这本身除了护理事业的魅力所在，更是因与诸位默默奉献的老师结缘。区区的考试，竟然能让无数的奋斗者独守内心的宁静，演绎着与护士职业的深深情缘，充盈着自身的价值。我们收获的不仅仅是证书，更是收获着知识，收获着七彩之光的人生。我们感谢老师的无私奉献，更感谢老师带给我们的“山登绝顶我为峰”的勃勃雄心。

如今的社会，竞争之激烈让人敬而生畏。它让多少有志之士悲痛欲绝、失望至极，又给多少人带来了惊喜，立志要奋发图强。

尽管许多人都觉得护理的资格考试在应对当今社会压力上，作用甚微，但所有上了这条船的人都以永不放弃的精神在不断追逐着，因为他们相信天道酬勤。也是因此，把一些渴求它、钟爱它的人拒之门外，让很多护理考试的失败者心灰意冷。在这里我要对他们说：不要轻言放弃，人的一生难免会遇到挫折，我们要学会困难面前不退缩，坚定信念。相信这种拒绝只是暂时的，只要你不懈地努力，总有一天你会破解开门的密码，实现你的愿望。

回想中级护师漫漫心酸考途，只因老师的一路辛勤陪伴，我才会贪婪地游弋在书山题海之中，才会在浩瀚的书海中畅游得益。

星光依旧灿烂，激情仍然燃烧。因为有梦想，所以我拼搏。在年轻的天空中，留下一片云淡风轻。在似水的年华里，留下一丝甜甜的微笑，慢慢地绽放，便是灿烂满怀。捡拾起岁月的痕迹，装帧在淡然的生活中，在属于自己的安然中，徐徐奋进。徐老师的“大师风范”永存记忆，叶老师的“娓娓道来”永远欣赏。在此教师节来临之际，祝所有老师幸福快乐，工作愉快，非凡的气质永远洒脱、飘逸！

让我们一起为了一个共同的目标奋斗吧，我们坚信：终有一天，辛勤的汗水会换来成功的喜悦。

范例七

曾宪义在艾克斯·马赛大学“名誉博士学位”授予仪式上的答谢辞

尊敬的女士们、先生们：

根据法国政府的批准，今天在艾克斯·马赛大学举行授予我名誉博士学位的隆重仪式，我深感荣幸。艾克斯·马赛大学作为具有六百年历史的法国著名大学，历史悠久、文化底蕴深厚，在欧洲乃至世界范围内都享有很高的声誉。更为重要的是，作为法国最早同中国开展法学交流的大学，艾克斯·马赛大学为中法两国的法学教育交流和文化交流做出了具有历史意义的重要贡献，为此，能在艾克斯·马赛大学接受名誉博士学位，我更是感到由衷的自豪和喜悦，这不仅是给予我个人的崇高荣誉，也是给予我所在的中国人民大学暨人大法学院和中国法学教育界的荣誉。在此，请允许我对法国政府、对艾克斯·马赛大学和菲利普·塔米其昂校长、对我的老朋友克里斯蒂安·路易特名誉校长及欧亚研究所所长金邦贵教授表示我最真诚的感谢！

艾克斯·马赛大学授予我的名誉博士学位是对我从事近半个世纪的法

学教育和推动中国法学教育改革事业的肯定与褒奖。艾克斯·马赛大学授予我的名誉博士学位也是对我长期以来在推动中国法学教育与法国、欧洲乃至全世界的交流与合作中所作贡献的肯定和褒奖。

中国古代伟大的教育家、先哲孔子在著名的《论语》中说过："士不可以不弘毅，任重而道远。"意思是说人对社会责任重大，要走的路很长，因此必须有远大的抱负和坚强的意志。所以，今天授予我的名誉博士学位对我而言也是一种激励，我将继续推动中国法学教育的改革发展、推动中国同法国以及中国同世界各国的法学教育交流与合作。最后，我作为艾克斯·马赛大学的名誉博士，衷心地祝福和祝愿艾克斯·马赛大学、祝福和祝愿中法两国的法律交流、文化交流和历史友谊在新的世纪里取得更加辉煌的成就！

谢谢！

第十七章

毕业论文完成后的答谢辞

范例一

某大学法学院学生论文答谢辞

回忆我在××大学法学院学习的四年，虽然没有发生什么惊天动地的事情，但是××的××校区，××的法学院，××的老师和同学，已经成为我记忆里无法抹去的一缕风景，这一点毋庸置疑。虽然总在抱怨民大不好，总在唠叨自己的学校太烂了，可是此时此刻，心里却又是那么的不舍。××，我待了四年的地方；××，我播撒了青春的地方；××，让我梦想起飞的地方。我们是××新校区的第一批学子，也成了××法学院目前最辉煌的一届学生。其实在我们的内心从来都没有瞧不起××法学院，我相信不久××法学院也会以我们05级为荣。

在这里，良好的学习氛围，优越的生活环境，让我们的大学生活丰富多彩；在这里，我们的老师治学严谨、学识渊博、品德高尚、平易近人。四年的时间里，你们不仅传授了做学问的秘诀，还传授了为人处世的准则，这都将使我们受益终生。无论是在理论学习阶段，还是在论文的选题、资料查询、开题、研究和撰写的每一个环节，无不得到各位老师的悉心指导和帮助。借此机会我向老师们表示衷心的感谢，谢谢你们！特别是我的论文指导老师——念老师，您在论文写作方面给了我大量的指导，让我学到了许多知识，掌握了科研的基本方法，也获得了实践锻炼的机会。您严谨的治学态度、对我的严格要求以及为人处世的坦荡，让我深深折服。在此我怀着一颗感恩的心，祝愿您身体健康、全家幸福！

同时，感谢我们宿舍的××同学，感谢你经常跟我无休止地争论，这种学习的方式让我受益匪浅。最后谢谢所有法学院05级1班的你们，同窗之谊、手足之情，我将终生难忘。路漫漫其修远兮，吾将上下而求索。我愿在未来的学习和工作中，以更加优异的表现来答谢曾经关心、帮助和支持过我的所有人：领导、老师、同学、朋友，还有你。

学无止境。明天，将是我新里程上的又一个起点。朋友，祝福吧，为我、为你，为了我们大家！

范例二

北京某大学学生论文答谢辞

经过半年的忙碌和工作，本次毕业设计已经接近尾声，作为一个本科生的毕业设计，由于经验的匮乏，难免有许多考虑不周全的地方，如果没有导师的督促指导，以及一起工作的同学们的支持，想要完成这个设计是难以想象的。

在这里首先要感谢我的导师××老师。××老师平日里工作繁多，但在我做毕业设计的每个阶段，从外出实习到查阅资料，设计草案的确定和修改，中期检查，后期详细设计，装配草图等整个过程中都给予了我悉心的指导。我的设计较为复杂烦琐，但是××老师仍然细心地纠正图纸中的错误。除了××老师的专业水平外，他的治学严谨和科学研究的精神也是我永远学习的榜样，并将积极影响我今后的学习和工作。

其次要感谢和我一起做毕业设计的玉树临风的××同学，她在本次设计中勤奋工作，克服了许多困难来完成此次毕业设计，并承担了大部分的工作。如果没有她的努力工作，此次设计的完成将变得非常困难。

然后还要感谢大学四年来所有的老师，为我们打下机械专业知识的基础；同时还要感谢所有的同学们，正是因为有了你们的支持和鼓励。此次毕业设计才会顺利完成。

最后感谢工学院和我的母校——北京××大学四年对我的大力栽培。

范例三

某博士的毕业论文答谢辞

犬马之齿，已及三十，一路磕磕绊绊走到了象牙塔的尽头。几度意懒心疏，每次都是在爸爸妈妈的支持下坚持下来，渡过了一个又一个难关，这个博士论文首先当做给他们的献礼吧！

幸运地进入国家重点实验室并得到××老师的指导，引领我在无线通信领域开展研究。××老师花甲之年仍坚持在第一线指导并参与科研工作，一丝不苟精益求精的治学态度鞭策着年轻人在学术道路上不可懈怠，也示范着一届届的学生在今后的事业发展上勇攀新高。

从见到××老师，记忆中学术之外更多的是生活的细节。水处下而包容，容污而不惊，无声无息地滋润出新芽，托起孩子们远航的风帆驶向理想的彼岸。清泉冽冽，可以濯人面；夜雨蒙蒙，可以润人心，老师对我的影响将受用毕生。

闻道有先后，术业有专攻，读博期间遇到许多博学笃行的同窗，和他们共同钻研是我的福气，个人的进步离不开同学及同行间的相互交流和启发。在此一并谢过，让我们互相帮助、携手并肩，共同编织锦绣的未来。

感谢两座母校，××大学和××交大的培养。带来的是童稚，带走的是专业本领，更是被涓涓书香沁浸过的治学为用，知行合一的传统。马足出群休恋栈，燕辞故垒更图新，昨天我们以母校为荣，明天母校将为我们骄傲。

疾驰的列车离不开每根枕木的支撑。疲劳的旅人，嗅到空中不知何处飘来的芳香，停下脚步脱帽致以深深的敬意。这些年在××的求学生活中，得到了来自各方面的关心，感谢所有为知不为、知施善于我的人。

绽放在夜空中的礼花短暂却绚烂，流彩整个苍穹，映红了人们欣喜的面容，我要做那最高最亮的一颗，以此回报所有帮助我、爱护我的人们。

范例四

高校学生毕业论文答谢辞四则

(一)

我至今还记得三年前本科毕业时的情景，记得身穿学士服在教学楼下、图书馆前的留影；当无数个伴随着相机“咔嚓”定格声而流过的分秒慢慢汇集起来的时候，我知道，我又要毕业了。不同的是，这一次，是正式的挥手作别，是告别一段长达七年的时光，是告别一起走过七年的××。而这篇论文，则是我作为学生，交给母校的最后一份作业。

仔细想一想，应当感谢的人实在很多。首先一定是我的导师——××教授。××先生广博的知识、深厚的学术造诣、扎实的理论功底以及诙谐幽默的讲授方式，三年来一直深深感染着我。我至今仍能清晰地记得入学时，先生便多次与我谈心，希望我潜心学术，他日在专业领域内做出一番成就。虽然最终我辜负了先生的厚望，没有选择继续深造下去，但先生勉励的话语，以及对我能力的肯定，仍将成为我一生前进的动力；先生严谨踏实的治学精神，一丝不苟的工作作风，也将是我一生学习的方向。而具体到这篇论文的撰写过程，先生不仅开列了大量的参考书籍，还主动复印了《土话指南》与《官话指南》两部著作供我研究，同时，还不时询问我论文的进度，给予提纲挈领的指导……先生的教诲，将使我终生受益。

还有很多老师是需要致谢的：感谢××教授、××教授和××老师，谢谢你们三年来对我的关怀和培养；感谢院办××老师、辅导员××老师；甚至还要感谢招毕办副主任××教授和学院原党委书记××教授，以及韩国××州大学国际协力中心的×××教授和×××老师，没有你们的共同努力，我也不可能有机会在读书阶段便跨出国门，“开眼看世界”，感受迥异的异国风情与文化，体味海外大学的校园氛围。谢谢你们！

感谢我的导师×××教授，他严谨细致、一丝不苟的作风，一直是我工作、学习中的榜样；他循循善诱的教导和不拘一格的思路，给予我无尽的启迪。

感谢×××、××、×××等同学，对我的帮助和指点。没有他们的帮助和提供资料，对于我一个对××知识一窍不通的人来说，要想在短短的几个月的时间里，学习、掌握到××知识并完成毕业论文，是几乎不可能的事情。

在论文即将完成之际，我的心情无法平静，从开始进入课题到论文的顺利完成，有多少可敬的师长、同学、朋友给了我无言的帮助，在这里请接受我诚挚的谢意！

感谢生我、养我的黄土高原，感谢父老乡亲，感谢一把屎一把尿把我养大的父母。感谢我忘不掉的甘甜的×河水，感谢××那清新的带有煤渣的空气。感谢我幼儿园给我擦PP的××阿姨，感谢在小学被我用小刀割烂裙子的女生，如果当时没有这个经历的话，我现在去经历就不好了吧。

感谢幼儿园到大学期间拒绝过我的无数女生，不是你们我哪有这么多时间从事我的技术研究，你们对我真好，我理解你们。还感谢那些被我拒绝的女生们（虽然目前还没有，但我相信以后也不会有的）。

感谢寝室里的患难兄弟，是你们4年来对我的蹂躏，才使我的意志品质变得如此坚强，大学真锻炼人呀。

感谢身边的朋友们：×××、×××、×××、×××、×××……在×国结识的×××、×××、×××、×××……太多的挚友，难以一一罗列，在这里一并致以深深的谢意。

最后，要特别感谢我的父母和亲人。没有你们，我很难坚强地一路走到今天。25 年来，无论是成功时的欣喜，还是失败后的颓丧，你们都会永远陪在我的身边，一起承担、风雨同路。谢谢你们给予我的深爱。我也爱你们。

（二）

本课题在选题及研究过程中得到 × × 老师的悉心指导。× × 老师多次询问研究进程，并为我指点迷津，帮助我开拓研究思路，精心点拨、热忱鼓励。× × 老师一丝不苟的作风、严谨求实的态度、踏踏实实的精神，不仅授我以文，而且教我做人，历时三载，给了我终生受益无穷之道。对 × × 老师的感激之情是无法用言语表达的。

感谢 × × 老师、× × 老师、× × 老师、× × 老师等对我的教育培养。他们悉心指导我的学习与研究，在此，我要向诸位老师深深地鞠上一躬。

× × 学院 × × 院长，科学教育系 × × 主任、× × 书记、× × 老师、× × 老师等老师为我提供了良好的研究条件，谨向各位同人表示诚挚的敬意和感谢。

感谢我的同学 × ×、× ×、× ×、× × 三年来对我学习、生活的关心和帮助。

最后，向我的父亲、母亲、爱人、女儿致谢，感谢他们对我的理解与支持。

（三）

感谢我的导师 × × 教授，他们严谨细致、一丝不苟的作风一直是我工作、学习中的榜样；他们循循善诱的教导和不拘一格的思路给予我无尽的启迪。

感谢我的 × × 老师，这篇论文的每个实验细节和每个数据，都离不开你的细心指导。而你开朗的个性和宽容的态度，帮助我能够很快地融入我们这个新的实验室。

只是今后大家就难得再聚在一起吃每年元旦那顿饭了吧，没关系，各奔前程，大家珍重。但愿远赴美国的××平平安安，留守复旦的××、××、××快快乐乐，挥师北上的××顺顺利利，也愿离开我们寝室的××、××开开心心。我们在一起的日子，我会记一辈子的。

感谢我的爸爸妈妈，焉得谖草，言树之背，养育之恩，无以回报，你们永远健康快乐是我最大的心愿。

（四）

本研究及学位论文是在我的导师××副教授的亲切关怀和悉心指导下完成的。他严肃的科学态度，严谨的治学精神，精益求精的工作作风，深深地感染和激励着我。从课题的选择到项目的最终完成，××老师都始终给予我细心的指导和不懈的支持。两年多来，郑教授不仅在学业上给我以精心指导，同时还在思想、生活上给我以无微不至的关怀，在此谨向郑老师致以诚挚的谢意和崇高的敬意。

在此，我还要感谢在一起愉快地度过研究生生活的电工楼105各位同门，正是由于你们的帮助和支持，我才能克服一个一个的困难和疑惑，直至本文的顺利完成。特别感谢我的师妹××同学，她为本课题做了不少工作，给予我不少的帮助。

在论文即将完成之际，我的心情无法平静，从开始进入课题到论文的顺利完成，有多少可敬的师长、同学、朋友给了我无言的帮助，在这里请接受我诚挚的谢意！

最后，我还要感谢含辛茹苦培养我长大的父母，谢谢你们！

范例五

某大学计算机学院学生毕业论文答谢辞

如火的六月，我即将毕业，缤纷的四年大学生活，真有些依依不舍。

回首四年的大学生活，我是多么庆幸自己能碰上这么多好教员、好队干。他们对我成长的关心和帮助，使我终生受益。在他们身上，我看到的是为人师表的高尚情操，学到的是丰富的知识和做人的道理。在此，对他们表示我最真诚的感谢！

我的论文指导老师×××教员学识渊博、教学有方，特有亲和力，我打心底里庆幸自己能碰上她这样的好老师。×老师自己的工作十分繁忙，但她一直耐心地指导我，从论文选题到最终定稿，每一步都充满了老师对学生的深深关心和她无穷的智慧。借此机会，向她表示我衷心的感谢，谢谢您——×老师！

祝福曾经关心过我的所有教员、队干和同学健康、快乐、工作顺利。感谢××老师对我论文的悉心指导，从论文选题到论文的写作过程都给予我真诚的鼓励、中肯的建议和指导。他严谨的治学作风给予我深深的影响，促使我在论文写作中精益求精。对×老师的辛勤指导，呈上我最诚挚的谢意。

感谢我的父母在我论文写作过程中给予的鼓励和支持，他们的经历促使我满怀热情地投入到这篇论文的写作之中。感谢在我大学四年学习生活中，给予我谆谆教诲的所有的老师们，谢谢你们曾经给予我的一切。

范例六

某大学文法学院学生毕业论文答谢辞

在毕业论文即将完成之时，××里又一次飘起了漫天的梧桐絮，最美的盛春时节正在从身边悄悄走过。于是很喜欢校园里这样的简单、从容又充实，于是很留恋在这里所度过的青春年华。

首先要感谢我的指导老师××副教授。非常有幸能够拜在先生门下学习。在两年的学习生涯中，先生不仅无私传授给我专业知识，同时也教育我怎样做人，怎样做事。他学识广博、治学严谨、待人和善，他拼搏进取、自强不息的精神永远激励我奋发向上。在我的毕业论文的研究、写作、修改过程中，先生付出了极大的心血，从论文的选题、资料收集、大纲的草拟和调整，到论文的措词、观点、论证方法以及格式调整，他都给予我最细心的指导。师恩厚重如山，正所谓一日为师，终身为父，弟子感激之情无法言表。

感谢法学院的××老师，他的辛勤教学让我获益匪浅，使我在专业方面获得了更深刻的知识，也使我进一步掌握了法学研究的方法。

感谢同门××对我的关心、支持，感谢同窗好友××对我的专业上的帮助和生活上的关心。

特别感谢我的父母亲，我的哥哥、嫂子，你们对我无私的物质帮助和精神鼓励使我渡过了最困难的时刻。亲情不言谢，但是我知道，我永远爱你们。

最后，感谢一下自己，无论遇到什么情况，永不放弃、永远向前，我喜欢这样的自己。

本人学识有限，论文中的不足和疏漏之处，本人对此承担全部责任，诚恳请各位老师批评指正，我会在今后的学习和生活中不断地完善。

范例七

毕业论文答谢辞二则

（一）

在毕业论文即将完成之际，我想向曾经给我帮助和支持的人们表示衷心的感谢！首先，要感谢我的论文指导老师——×××老师，他在学习方面给了我大量的指导，让我学到了知识，掌握了研究的方法，也获得了实践锻炼的机会。他严谨的治学态度、对我的严格要求以及为人处世的坦荡，将使我终生受益。在此，祝愿他身体健康，全家幸福！

接着，我要感谢我们同一小组的成员，没有你们，我无法顺利地完成论文，是你们的悉心帮助，让我从对 ASP 一无所知，到最后用 ASP 完成这篇论文。感谢你们，祝愿你们都有一个美好的未来。

如今，各奔前程，大家珍重。我们在一起的日子，我会记一辈子的。紧接着，我要感谢生我养我的父母，是他们给了我无私的爱，我深知他们为我求学所付出的巨大牺牲和努力，而我至今仍无以为报。祝福他们，以及那些给予我关爱的长辈，祝他们幸福、安康！

最后，衷心感谢在百忙之中抽出时间审阅本论文的专家教授。

（二）

时光荏苒，如白驹过隙，随着毕业论文的结尾，短暂而又充实的三年硕士生活也将落下帷幕。三年来，给我帮助的人太多太多，令我感动的时刻数不胜数，岁月的脚步依然匆匆，我会把每一份关怀，每一份勉励都铭记、珍藏。

回首往事兮景幻多，感念吾师兮梦婆娑。感谢我的导师——韩老师对我学习的支持、勉励，三年来，韩老师严谨踏实的治学态度和平易近人的人格魅力潜移默化地熏陶着我，在写作毕业论文阶段，每遇我有所求，韩老师便会放下繁忙的工作不厌其烦地指点我，使我在求学、求知的路上不致迷失方向。“桃李不言，下自成蹊”，感念吾师，企望今后能有结草衔环之机会以报涌泉之恩。感谢杨老师、李老师、黄老师、于老师、林老师、汤老师和童老师在论文开题、写作过程中提出的宝贵意见和有益的启发。感谢王老师在平时的工作学习中不吝于给我无私的帮助。“手浇桃李千行绿，点缀春光满上林。”一批又一批的学生来了又走了，不变的是老师们无怨无悔承担起的育人树人之责、传道授业解惑之任，在此真诚地祝福老师们一生平安幸福。

感谢三年来与我倾心相交的朋友们，你们的名字已经成为我心底深深的印记：401 的兄弟——戴×、齐×、李×，402 的兄弟——李×、李×、杨×、陈×，西方经济学专业的兄弟姐妹，师兄×××和山东的老大哥张×、刘×。怀念我们相互支持、共同进取的日子，怀念我们一起青梅煮酒，纵论天下的日子。感谢三年来你们对我的支持和帮助，我一无所拒，唯领而已。

我性质朴，乃承恩于父母，是他们对我的关爱、理解和支持陪伴我度过生命中许多难忘的日子，他们是我学习和生活的精神支柱。今后我将竭尽所能，加倍补偿这份一辈子也还不清的深情。

别过××大学，踏上新的征途，前路多艰，吾将且歌且行。

范例八

某大学毕业生的学士论文答谢辞

通过四年在校的系统学习和这一阶段的努力，我的毕业论文《××××××》终于完成了，这意味着大学生活即将结束。在大学阶段，我在学习上和思想上都受益匪浅，这除了自身的努力外，与各位老师、同学和朋友的关心、支持和鼓励是分不开的。

首先我要衷心感谢我最敬爱的导师×××教授，老师在我论文的选题、开题、写作和定稿的每个过程中都付出了巨大的心血，给了我耐心的指导和无私的帮助。我的论文在写作期间经常遇到自己不能理解的地方，论证逻辑不严谨以及参考资料不足等情况，这些都是在×××老师的帮助下得以解决的。由此，我深表感激。在论文的字里行间无不体现出他作为导师所具有的深厚理论水平，超前的思考方法和严谨的治学态度，这些都给我留下了深刻的印象，必将使我受益终生，激励我前行！

同时，也要感谢学院的各位老师这么多年的教育和培养，感谢他们给予我学业上的帮助和真挚的关怀。为了指导我们的毕业论文，他们放弃了自己的休息时间，他们的这种无私奉献的敬业精神令人钦佩，在此我向他们表示我诚挚的谢意。如果没有老师的认真指导和严格要求，我的论文就不可能完成。

同时，感谢所有任课老师在这四年来给自己的指导和帮助，是他们教会了我专业知识，教会了我如何学习，教会了我如何做人。正是由于他们，我才能在各方面取得显著的进步，在此向他们表示我由衷的谢意，并祝所有的老师培养出越来越多的优秀人才，桃李满天下！

我还要感谢在我学习期间给我极大关心和支持的同学和朋友，我有问题的时候他们会给予我很多意见。没有大家就没有我今天的毕业论文，我期望每位同学都能够顺利地毕业。

最后感谢爸爸妈妈对我的养育之恩和对我在学习上的长期支持，他们无私的爱，无以回报。祝愿家人永远健康快乐。

同时写毕业论文总结报告是一次再系统学习的过程，毕业论文答辩自述的完成，同样也意味着新的学习生活的开始。我将铭记我曾是一名××学子，在今后的工作中把××的优良传统发扬光大。

范例九

某高校本科学生的毕业论文答谢辞

毕业论文是对我们知识运用能力的一次全面的考核，也是对我们进行科学研究基本功的训练，培养我们综合运用所学知识独立地分析问题和解决问题的能力，为以后撰写专业学术论文和工作打下良好的基础。

当然毕业论文暂告收尾，也就意味着我在×××大学的四年的学习生活即将结束。回首既往，自己一生最宝贵的时光能于这样的校园之中，能在众多学富五车、才华横溢的老师们的熏陶下度过，实是荣幸至极。在这四年的时间里，我在学习上和思想上都受益匪浅。这除了自身努力外，与各位老师、同学和朋友的关心、支持和鼓励是分不开的，谢谢大家在这四年里对我的帮助与支持。

论文的写作是枯燥艰辛而又富有挑战的。老师的谆谆诱导、同学的出谋划策及家长的支持鼓励，是我坚持完成论文的动力源泉。在此，我特别要感谢我的导师×××老师。从论文的选题、文献的采集、框架的设计、结构的布局到最终的论文定稿，从内容到格式，从标题到标点，她都费尽心血。如果没有×××老师的辛勤栽培、谆谆教诲，那么就没有我论文的顺利完成。在这里我再次向我的老师×××表示衷心的感谢。

同时我还要感谢经济××××系的各位同学，与他们的交流使我受益颇多。最后要感谢我的家人以及我的朋友们对我的理解、支持、鼓励和帮助，正是因为有了他们，我所做的一切才更有意义；也正是因为有了他们，我才有了追求进步的勇气和信心。

当然，由于时间的仓促及自身专业水平的不足，整篇论文肯定存在一些尚未发现的缺点和错误。恳请阅读此篇论文的老师、同学，多予指正，我将不胜感激！

谢谢大家！

范例十

某研究生的毕业论文答谢辞

各位老师、各位教授：

大家好！

在本论文即将完成之际，谨向我的导师郑××副教授致以衷心的感谢和崇高的敬意！本研究及学位论文是在我的导师郑××副教授的亲切关怀和悉心指导下完成的。在攻读硕士的这三年里，导师不仅为我创造了优越的科研和学习环境，使我得以在计算机科学领域中自由翱翔，同时在思想上、人生态度和意志品质方面也给予了我谆谆教诲，这些教益必将激励着我在今后的人生道路上奋勇向前。郑老师以他敏锐的洞察力、渊博的知识、严谨的治学态度、精益求精的工作作风和对科学的献身精神给我留下了深刻的印象，这些使我受益匪浅，并将成为我终身献身科学、献身事业的动力。他严肃的科学态度、严谨的治学精神、精益求精的工作作风，也深深地感染和激励着我。从课题的选择到项目的最终完成，郑老师始终给予我细心的指导和不懈的支持。两年多来，郑教授不仅在学业上给我以精心指导，同时还在思想上、生活上给我以无微不至的关怀，在此我谨向郑老师致以诚挚的谢意和崇高的敬意。

在此，我还要感谢在一起度过研究生生活的电工楼105室的各位同门，正是由于你们的帮助和支持，我才能克服一个又一个的困难，直至论文的顺利完成。特别感谢我的师妹叶××同学，她为本课题做了不少工作，给予我不少的帮助。

真诚感谢教研室的××博士和师兄××硕士，他们不仅在学术上给我指引，而且在生活上予以帮助，从他们身上我学到很多知识。感谢项目组成员在论文项目开发中的互助合作，正是集体的努力才使得我的论文项目得以进展顺利。

由衷感谢我的室友，他们开创性的研究拓展了我的学术视野，彼此无数次的争论和探讨使我的研究工作有了长足进展。

衷心地感谢我的父母和其他亲朋好友对我的关心、支持和理解，没有他们的关心、鼓励和支持，我无法完成硕士学业。

最后，感谢曾经教育和帮助过我的所有老师。衷心地感谢为评阅本论文而付出宝贵时间和辛勤劳动的专家和教授们！

范例十一

某本科生的毕业论文答谢辞

各位老师：

大家好！

经过几个月的查资料、整理材料、写论文，今天终于可以顺利地完成论文的最后的谢辞了，能够说出这番答谢辞，表示我可以进行毕业答辩了。时光匆匆飞逝，四年的努力与付出，随着论文的完成，终于让我的大学生活得以画下完美的句点。

论文得以完成，要感谢的人实在是太多了，首先要感谢韦××教授，因为论文是在韦教授的悉心指导下完成的。韦教授渊博的专业知识，严谨的教学态度，精益求精的工作作风，诲人不倦的高尚师德，严于律己、宽以待人的崇高风范，朴实无华、平易近人的人格魅力对我影响深远，使我在完成论文之外还明白了做学问所应有的态度。韦教授指导我的论文写作方向和构架，并对我的论文初稿进行逐字批阅，指出了其中的误谬之处，他的严谨细致、一丝不苟的作风无一不值得人学习，这里我再次向韦教授表示衷心感谢和崇高敬意。同时还要感谢四年来所有老师对我的教诲和栽培。不积跬步无以至千里，各位任课教师都十分认真负责，在他们的悉心帮助和支持下，我能够很好地掌握和运用专业知识，并在设计中得以体现，并顺利完成毕业论文。

同时，在论文的写作过程中，我还参考了有关的书籍和论文，这里我一并向有关作者表示谢意。

我还要感谢同级实验室的各位兄弟姐妹的帮助和关照，在毕业设计的这段时间里，你们给了我很多的启发，指出了很多宝贵的意见，对于你们的帮助和支持，在此我表示深深的感谢。感谢范××帮我调试 VCI 接口上的信号。感谢焦××，以及学弟汪×和韩×，我有很多的想法没有太多时间去做，也有很多的困惑没有解开，是你们帮我把课题接着做下去，帮我修改了很多环境和代码中的 bug，解开了我们的谜团，推进了研究，非常地感谢你们。希望你们在接下去的学习中能有更大进步。

谢谢大家。

范例十二

湖南某大学硕士研究生的毕业论文答谢辞

岳麓山依旧，湘江水长流！转眼间，我已在岳麓山脚下的××大学度过了七个年头。七年，一段不短的时间，从本科到研究生，七年的光阴让我成长，让我从青涩走向成熟。特别是，攻读研究生，让我的人生有了不同的轨迹。

在这宝贵的两年半的研究生生活中，首先我要感谢我的导师——陈××教授。“授人以鱼，不如授之以渔”，陈老师正是这样以言传身教来教导着我们。

初识陈老师是在本科时，那时他任我们《财务经济分析》一课。其间陈老师的博学、睿智让我敬佩不已，暗下决心一定要成为陈老师门下的弟子。终于，在2005年的秋天我的愿望得以实现。自此以后，与陈老师的联系增多，对他的了解更多。陈老师的博学，让我知道学海无涯仍需努力；陈老师的勤奋，让我明白天道酬勤要坚持始终；陈老师的大度，让我能以宽容之心面对生活；陈老师的朴实，让我明白善良的价值。生活中，他教我们如何真诚做人、踏实做事；每一次的谈话都如同春风化雨，指引着我们沿着正确方向前进。毕业论文的每一个过程都凝结着陈老师的心血，从选题到答辩的每一步，都离不开陈老师悉心的指导。陈老师对我的影响是巨大而深刻的，这种影响不是一朝的迸发，而是日积月累的渗透，在这点滴汇聚中使我逐渐形成正确、成熟的人生观、价值观。为此，我常常庆幸于自己的幸运——有这样的导师是我研究生生涯的一大幸事。遗憾的是，毕业在即，能够在陈老师身边学习的日子已屈指可数。多么希望时间可以再多些，日子可以再长些，让我可以有更多的时间、更多的机会向陈老师再多学一点。但我知道，我人生的角色该转换了，我该走出校园了，在这转变发生之前我有陈老师给我的如此多的指导，就将使我在面对以后的工作和生活时有可以借鉴的资本。在此，我要真诚地说声：“谢谢您，陈老师！”

在这里，还要特别感谢我的师母——××女士，您由内而外的美丽、大方与优雅永远需要我学习。您给予我们的温暖我将永远记在心里。

感谢在研究生学习期间给我诸多教诲和帮助的会计学院的各位老师，感谢何××老师、朱××老师、凌××老师、周××老师给予我的指导和帮助！

感谢和我一起生活两年半的室友，是你们让我们的寝室充满快乐与温馨，××的善良、××的执著、××的果断、××的勤奋和××的理性，值得我学习。“君子和而不同”，我们正是如此，愿我们以后的人生都可以充实、多彩与快乐。

感谢我的同门，谢谢你们给予我的帮助！

感谢我的朋友，感谢你们在我失意时给我鼓励，在失落时给我支持，感谢你们和我一路走来，让我在此过程中倍感温暖。

感谢我的家人——我的父母、姐姐和弟弟。没有你们，就不会有今天的我！我一直感恩，感恩于我可以拥有一个如此温馨的家庭，让我的一切都可以在你们这里得到理解与支持，得到谅解和分担。我爱你们，爱我们的家。

一个人的成长绝不是一件孤立的事，没有别人的支持与帮助绝不可能办到。我感谢可以有这样一个空间，让我对所有给予我关心、帮助的人说声“谢谢”！今后，我会继续努力，好好工作、好好学习、好好生活。

第十八章

出席论坛活动时的答谢辞

范例一

某领导在第七届天马文化旅游节某国学论坛上的答谢辞

尊敬的各位老前辈、各位领导、各位专家，女士们、先生们：

第七届天马文化旅游节“××国学文化论坛”就要落下帷幕了，但全国工商联国学文化管理中心××市国学文化培训基地却从今天正式揭牌营运，这是我们义务弘扬国学文化，为促进××文化大繁荣、大发展所做的一件具体事情。论坛开幕时，全国工商联人才交流中心处长××先生、××市工商联主席××先生为全国工商联国学文化管理中心，××市国学文化培训基地和××咨询策划公司揭了牌，王处长还做了重要讲话，为我们今后开展国学文化培训、交流活动指明了方向；曾主席做了热情洋溢的讲话，为我们今后做好国学文化的交流与传播鼓了劲，添了力；××老师的精彩演讲，给我们上了一堂生动的国学文化课，使今天参加会议的各位代表受益匪浅；××市××国学文化管理培训中心副主任、高级环境规划师×××先生做了《周易·堪舆·建筑》专题演讲，使大家对易经与风水文化有了新的认识。这次论坛虽然时间较短，准备仓促，但主题突出，开得很成功，很顺利，达到了预期的目的。

本次会议的召开，先后得到了全国工商联人才交流中心、全国工商联国学文化管理中心、××市第七届天马文化旅游节组委会、××市委宣传部、××市工商联、××市文联、××市文化新闻出版局、旅游局的鼎力支持；得到了朱××、曾××、毛××等老前辈、老领导和社会各有关部门领导的大力支持；得到了社会各界人士的大力相助；得到了各位与会嘉宾的热心捧场。在论坛筹备过程中，是老前辈鼓励我们，有关部门领导支持我们，社会同人好友帮助我们，才使这次论坛取得了圆满成功。在此，我代表“××国学文化论坛”主办单位，对各位老领导、老前辈、各位领导、各位专家、各位嘉宾、社会各界人士和同人好友表示最衷心的感谢！

在这里，我还要特别感谢全国工商联人才交流中心王××处长在百忙中，专程从北京前来指导我们的会议；特别感谢吴××老师放下北京繁忙的讲学任务，到千里之外的××给我们讲学，使我们聆听了博大精深的国学文化、修心文化；特别感谢天马文化旅游节组委会对论坛的接纳与冠名；特别感谢社会各界国学同人、朋友们为这次会议的准备工作所付出的辛勤劳动和心血；同时，我也要感谢我的父母、家人，感谢××大酒店总经理和全体员工为会议提供的周到服务。

自古以来，中华民族始终心怀安定和谐、共存共荣的美好愿望，尤其当前我国正处于“构建和谐社会”的重要历史阶段，处在中华民族复兴的关键时期，“为往圣继绝学，为万世开太平”，是我们每一个华夏儿女肩负的共同使命。××是天马的故乡，历史文化悠久，全国第三大孔庙——武威文庙，供奉着孔子行教像，更有着深厚的国学文化底蕴。泮水汤汤，儒风习习，棂星烁烁，载物厚德。天马的精神就是勇往直前、自强不息的精神。生活在这样一个文化底蕴深厚的城市，是我们的自豪和骄傲。挖掘××文化，弘扬天马精神，更是我们义不容辞的责任和义务。全国工商联国学文化管理中心××市国学文化培训基地、××市××咨询策划公司，是我们为同人们搭建的一个交流国学、传承国学、弘扬国学的场所和平台。我们真诚邀请和希望社会各界国学文化方面的专家、学者、爱好者和有志之士，一如既往地支持我们，共学国学、承传国学，一道弘扬中华传统国学文化，为把××建设成真正的文化大市贡献我们微薄的力量。

谢谢大家！

范例二

某经济学院院长在中国经济50人论坛研讨会上的答谢辞

尊敬的中国经济50人论坛的各位专家教授，尊敬的企业界朋友，尊敬的各位来宾：

很荣幸今天有机会能够代表××研讨会的承办方，最后致答谢辞，今天一天时间很短，有这么多的专家、学者，还有来自于企业界、政府等方方面面的人士，在这里讨论东部产业转移与××产业承接的话题。听了一天，我在想，答谢的时候说什么，肯定要说谢谢的话，但是我想说三个“谢谢”，首先是谢谢中国经济50人论坛，给了××一个非常好的机会，也给了××经济学院一个非常好的机会。会议上各种思维的碰撞，各方面提供的信息，还有各方面观点的交换，对于××在现在这种时候，如何抓住机遇，加快发展，提供了非常好的平台和机会。

另外，我觉得专家们给我们提供的不仅仅是信息，不仅仅是思想，还给我们提供了一种精神，就是如何把一种学术的成果转化成为实际推动中国经济发展，推动中国社会进步的一种力量的精神。所以，我想这种精神带给我们的，应该是比仅仅讨论一个题目，或者是仅仅做一次研讨会更多的东西，这使我们受益匪浅。

另外，我还要感谢学校，我们是地方性的院校。虽然是以管理和经济为主的地方院校，但能有机会参与课题的研究，并且作为这次研讨会的承办方，给了我们非常好的机遇，让我们的教师们，让我们的学者们，能够有一次学习的机会。因此，我们也组织了一个团队，来到会上。我还顺便说一下，今天带给我们的不仅是精神上的享受，我们还有额外的收获，大家都在说，我们能这么近距离和中国经济学界顶级的专家们接触，也是非常好的一段经历。我今天看到吴教授的时候，想起20多年前在北大听课的情景，这是很多年以前的事了，那个时候在学校里面听课是什么样的一种感受？所以说，其实可能是教授，或者是一个学者的一次演讲，会改变一个人的一生。我们在这样的时候，使我们今天享受了精神大餐。

另外，我还要感谢来参加会议的政府，还有企业界，尤其是来自外地的企业家。你们给我们增添了很多的内容，丰富了信息。我代表××经济学院也要感谢会议方方面面给我们提供的机会。衷心地希望各位专家、学者还有各位企业界的朋友们，以后能多来××，并且多给××的发展提供一些指导和支持。也希望各位能有机会到××经济学院，对我们的老师多一些指导，给我们的学生多一些帮助。

今天的会议时间很短，但是我觉得意义非凡，研讨会是短暂的，但是研讨会留下来的精神，留下来的一些智慧，留下来的一些机遇是永久、无限的。

我们今天是在××的冬天，也是在社会的冬天里来讨论这样的话题，那么讨论这个话题的时候，我们是讨论怎么过冬，今天的会议给冬天带来了很多的温暖，这种温暖会帮助我们更好地去迎接春天。最后我想用一句话来说，冬天已经来了，春天还会远吗！

范例三

某学院领导在“传播学学科发展高峰论坛”上的答谢辞

尊敬的各位专家：

感谢你们在百忙之中来我们学院参与论坛活动，并指导工作，尤其是为我们的学科建设引路、号脉。与君一席话，胜读十年书。经专家们点拨，我们对学科发展的思路更加明晰了，对自己也更加有信心了。专家们是我们永远的老师，在以后的学科建设中，我们还会不断地向你们讨教，从你们那里得到智慧和奋勇前进的动力。

海内存知己，天涯若比邻。友谊贵在真诚，我们永存感念，将以更加出色的工作来回报你们，不辜负你们的殷切期望。

最后祝你们返程一路顺风！

范例四

越野E族某大队领导在2011年会论坛上的答谢辞

尊敬的各位朋友：

一年一度的越野人年度盛宴，在族友们的欢歌笑语里，终于落下帷幕。

本次盛况空前的年度盛宴，得到了社会各界和众多族友的关注、支持和参与，在此表示最衷心的谢意。

感谢众多热心的族友，因为你们的关注和参与，我们的年度盛宴才能够圆满地举行；感谢慷慨大方的赞助商，因了你们的鼎力相助，我们的年度盛宴才更加的丰富多彩；感谢那些无私的志愿者，你们冒着寒风、饿着肚皮在第一线无怨从事着繁杂的接待工作，因为你们辛苦的付出，我们的年度盛宴才有了如此的精彩和华丽；感谢那些族友背后的家属们，你们的无怨无悔，是族友们参加活动的最强劲的动力；感谢那些一直默默陪伴××大队的板块走过来的兄弟姐妹，因了你们一直不离不弃的陪伴，我们的论坛才有如今的热闹和谐，因了你们的一路鞭策，我们的越野生活才有如此的多姿多彩。

谢谢所有支持或者关注我们论坛的朋友，你们的支持和关注，亦是我们论坛不断更新的动力。新的一年已经翻开了崭新的一页，在2011年里，在今后的FB生活，我们期待你更多的关注、参与和无私的支持。

范例五

某市委领导在中国大秦文化高层论坛上的答谢辞

尊敬的各位领导，各位专家学者，各位嘉宾、同志们：

大家好！

“中国大秦文化高层论坛”就要落下帷幕了，论坛虽然只有短短的一天时间，但主题突出，成果显著，开得很成功、很圆满，达到了预期目的。这次受邀的各位专家学者都是我国历史文化研究领域声名卓著、享誉国内外的高层精英。一天来，大家围绕“弘扬秦文化与建设大西安”的主题，结合自己的研究成果和体会，从不同的角度和视野，对秦文化的内涵、特征、历史地位和影响，弘扬秦文化精神与大西安建设，咸阳秦文化资源的保护开发和利用，以及以秦文化为主体的文化产业发展战略等重大课题进行了高层研讨，为我们奉献了一场内涵丰富、论述精辟、深刻生动的文化盛宴。在此，请允许我代表中共××市委、××市人民政府和516万××人民，对各位专家的精彩论述和辛勤付出，表示最衷心的感谢！

大秦文化是中国传统文化极其重要的组成部分和源头之一，对中华文明的形成与发展产生了非常深远的影响。作为大秦文明的重要发源地，早在两千多年之前，××就已经形成了“渭水贯都，以象天汉，横桥南渡，以法牵牛”的都市气度和“开放包容、雄浑大气、一言九鼎”的人文精神，其深厚的秦文化底蕴无与伦比，应该也完全能够成为全国乃至世界秦文化研究成果交流和展示的最佳平台，理所应当成为秦文化的代言城市。挖掘秦文化内涵，弘扬秦文化精神，让秦文化成为咸阳靓丽的“城市名片”，是我们××人义不容辞的责任。本次论坛不仅为我们传承秦文化，交流秦文化，更加深入地挖掘、解读秦文化，弘扬秦文化精神提供了一次难得的机遇，同时对我们进一步明确××市及××新区文化发展定位，科学保护和开发秦文化资源，对加快建设××国际化大都市具有重要的促进作用。

我们将积极吸收这次论坛取得的丰硕成果，充分吸纳和运用各位专家学者的真知灼见，进一步解放思想、理清思路，以××新区为载体，以秦文化为品牌，以挖掘文化内涵为关键，着力培育一批具有影响力的大秦历史文化旅游品牌。真正让大秦文化这一中华民族的宝贵遗产从地下走上来，从书本里走出来，从历史中走回来，重新焕发出璀璨夺目的耀眼光芒。

我们也真诚希望各位专家学者能一如既往地关注××，对××的发展给予更多的支持和帮助，和我们一道共同开创咸阳美好的明天！

最后，再次对各位领导、各位专家、嘉宾朋友们以及积极承办本次论坛的××市××新区表示最诚挚的谢意和衷心的感谢！祝愿大家工作顺利、身体健康、合家幸福。

谢谢大家！

范例六

某市中语会会长在“沪浙苏皖新语文”圆桌论坛活动上致答谢辞

各位专家、各位同行：

大家好！

“沪浙苏皖新语文”圆桌论坛活动，到今天已经圆满结束了，这是近年来在××市召开的中语界的一次高档次的学术研讨活动，专家的报告、论坛的主题的研讨、体现新课程教学理念的观摩研讨课让我们大开眼界。它必将对我们××的语文教学、语文教学研究起到积极的推动和指导作用。在此，我谨代表××教研室和××市中语会，对光临××的各位专家表示崇高的敬意，对积极参与这次活动的语文界和同行表示真诚的感谢。

同时，也对具体组织操办此次活动的××中学的同志们辛勤而又高效的劳动，为大家创造良好的学习机会表示感谢。各位代表，党的“十六大”提出要坚持教育创新，推行教育创新就是教育思想的创新、教育制度的创新、教学内容和方法的创新。

21世纪的钟声呼唤当今活跃在中学语文教坛的中青年精英，为语文教改谱写新的篇章。沪浙苏皖同好有志于此，共同商定举办语文学术论坛，发新论、试新法、探新路，自由交流、共同切磋，以期发聩于华东这片既有深层文化积淀又领风气之先的热土，为中学语文教育之改革尽绵薄之力。

我们××市能够成为交流聚会的东道主，为语文教改作出自己的努力，我们感到十分荣幸。我祝愿“沪浙苏皖新语文”圆桌论坛越办越好，希望三省一市参加论坛的专家、同行们在创新的年代与时俱进，创造更多更好的语文教学的新经验让我们共享。

最后，祝大家返程平安，一路顺风。

范例七

中华传统文化论坛某与会者的致辞

大家好：

我有幸参加了“中华传统文化论坛”，至今耳边仍然回响着数千人共同虔诚朗诵《弟子规》的声音：“父母呼，应勿缓；父母命，行勿懒；父母教，须静听；父母责，须顺承”，“凡是人，皆须爱；天同覆，地同载”。

我感到参加论坛的所有人都上了此生最重要的两堂课：一个是身教，一个是言教。

身教就是义工们的行动，他们会前会后、餐前餐后深深地鞠躬和亲切问候，他们纯真灿烂的笑容，比××春天的花朵更显得美丽滋润。我刚刚给他们发了致谢的短信，称赞他们的行动“堪为国师”，相信他们就这样坚持下去，一天天影响更多的人，他们的今天就是明天中国人的样子，明天中国的样子。我们期待着，我们也应该像他们那样行动起来，所以，我说，将用此生后来所有的时间，“向他们还礼”！

三天半的时间，早晨5点钟起床，晚上10点钟休息，除了坐车吃饭去洗手间外，所有的时间所有的人都在课堂上。腿坐麻了，脚控肿了，但人人都笑容满面以为幸运；几乎每个老师的讲课都要超时，但我们却希望他们都能多讲一点，再多讲一点；怀中的娃娃与80岁老翁同堂上课，礼堂里座无虚席，悄无声息；不得已短暂离开，每个人都自觉躬身到座位以下竭力不影响别人听讲。

即便是讲课的老师，他们也都是身教在前，言教在后。

说忠的，把忠做到了极致：一位学者，历时12年走黄河，一次次死里逃生，14天不吃饭，4夜晚不睡觉，白羊在绝壁上引路。3只、6只、9只，出现时用眼睛呼唤，临别时排队行礼。黄狼在眼前让路，在走几天都不见人影的荒漠，一开始目目相视，到后来安然离开。这一切，如果不是亲耳听到老师的回忆讲述，亲眼看到老师的镜头记录，没有人能够相信。这位老师用自己躬行的事实证明了老祖宗的话“真实不虚”、“盖闻善摄生者，路行不遇犀虎，入军不被甲兵”（《道德经》）。

为什么要以如此极端的方式走黄河？黄河是中华文化的摇篮，是东方人类生命的源头。太长时间了，我们以“孝子贤孙”为耻辱，视“离经叛道”为荣耀，不懂得做人的规矩，偏离了做人的轨道，因此而恶报现前：儿女不服从父母，妻子不服从丈夫，学生不服从老师，下级不服从上级。我们吃饭没饭味，喝水没水味，是因为做人没人味了。我们污染了环境，扰乱了天地秩序，因此而恶报现前，灾殃不断。得有人直面列祖列宗、天地自然，虔诚地向他们下跪忏悔，从此发誓痛改前非——“为天地立心，为生民立命，为往圣继绝学，为万世开太平”。

讲孝的，把孝做到了极致。为了兑现自己让植物人的父亲活到80岁以上的诺言，不成家不结婚，24年如一日陪伴着父亲，给老父亲翻身、洗身、擦身、按摩肢体，用口给父亲吸痰，用手给父亲通便。甚至创造出医疗奇迹，走上大学护理课的讲堂。

论义的，把义做到了极致：把一个烧成糊状只剩下囫囵身体，连医生都无能为力，亲朋好友劝其抛弃，父母公婆亲自动手扔掉的孩子捡回来，不仅奇迹般养活了，还养得那么杰出，成为学子状元，与母亲一起来到论坛的讲堂，引领大家一步步走进老祖宗的智慧。这位杰出的女子克服了千难万险，怀抱着、看护着、喂养着、治疗着毫无人状的儿子，还要外出四处寻找因投借无门多次自杀寻死的丈夫。她集人间众美于一身：顶天立地的女人、温柔体贴的妻子、恭顺善良的女儿、胸襟豁达的儿媳、承载一切的母亲。还那么健康好看，亮闪闪走在中国奥运火炬手的队列里。还那么长于演讲，一个乡下女子在人生的每一个重大关口，都有自己总结的哲言妙语当明灯指路，帮助这个家庭一次次绝处逢生。

母以慈效法孟母，不离尺寸，子以孝直追先贤，舍身成仁。

在今天的世界，我们太长时间不会当父亲不会当母亲了，辛辛苦苦培育出的是与自己尖锐对立，甚至以拳相加，以刀相向的儿女。

不要紧，有人给我们做出了样子。这位母亲把自己以先贤祖训为行为准则教养儿子的经验，从十月怀胎到童蒙养正，到小学、中学、大学，到出国留学，成为国际著名院校的硕士、博士，全都记入家庭文库。走上讲坛，刻成光盘，印成书籍，供我们如法炮制。

太长时间我们不会当儿女、不会当晚辈、不会当后代了，现在才知道，我们身体不健康，诸事不顺利原来都是因为孝道不圆满，没学过如何做人。

不要紧，有人给我们做出了样子。你看看这个儿子，母亲叫他好好读书，他就好好读书，母亲叫他助人为乐他就助人为乐，母亲叫他不谈恋爱他就不谈恋爱，叫他上大学就上大学，叫他读博士他就读博士，叫他走成圣成贤的道路他就走成圣成贤的道路。心想事成，两代人集中精力共同想一件事情，想长了哪能不成功？

我们太长时间不懂得忏悔不会认错了，一开口都是自我吹捧，都是抬高自己、贬低别人。即便头破血流，也绝不承认错在自己。头脑因虚荣而板结，血管因骄傲而僵硬，连父母都容不下，哪里能容得下领导，哪里能容得下同事朋友？

不要紧，有人给我们做出了样子。你看看这位浑身都挂满了成功荣誉的演艺界明星，还有这位刚刚长大成人的孩子。正是因为论坛正气的感召，他们才勇敢主动地走上讲台，在大庭广众之中向父亲跪拜忏悔，向母亲认错低头，用古圣先贤的教导对照检查，从学童一直到今天，一件件一桩桩，绝无疏漏。他们通过洗刷自身，洗刷了我们所有有幸聆听的人。

我们太长时间错把金钱和权势当前程了，不跪父母跪金钱，不跪祖宗跪权势，用现代技术追求更快更好更强。为了获取更多的利润，我们建设短命的楼房，我们制造短命的衣物，我们蓄养短命的家禽，我们种植短命的菜蔬。我们创造了所有短命的环境中短命的一切，自身哪能不短命？

不要紧，有人给我们做出了样子。他们把最荣耀的地位抛了，最挣钱的岗位弃了，豪华车捐出去，别墅捐出去，把银行所有的积蓄存款都捐出去。吃最差的饭食，穿最粗的衣裳，住最简的房舍，用最便宜的器具，干最不挣钱的行当。身体反而更健康，容貌反而更年轻，精神反而更快乐。而且还动员更多的仁人志士身体力行，把我们从全国各地聚集到这里共同研读古圣先贤。讲课不要钱，用餐不要钱，发放书籍材料不要钱，还一次次鞠躬到底，给我们演示礼让谦恭。

应该真诚感恩我们的祖先，他们没有忘记自己的子孙，肯定一直在天上看着我们，关心我们目前的境遇。要不然，怎么会忽然间降下这么多"再来人"？

此生，我们从来没有经历过这么多发自内心的掌声，如风行松林，接踵而至；如海起波涛，此起彼伏；更如泉流山涧，万壑回应。太长时间，我们心情没有如此激动过了，整整三天半的时间，我们的眼泪没有干过。眼泪，在眼眶里含着，在心里边涌动，在面颊上奔流……如醍醐灌顶，经历了一次次彻头彻尾、彻里彻外的精神洗礼。

这些老师的讲课，其感染人、教育人、征服人的力量，无以言状，不可思议。不仅仅开眼界、开智慧，更能够开视野、开胸怀。还有，那位装束整齐，雍容典雅可为现代淑女楷模的主持人，从始至终，她没有告诉我们自己的名字，可我们永远记住了她的音容笑貌。她的声音那么动听，她的评论那么悦耳，学养深厚、出口成章，准确恰当、直指人心。

“不登高山，不知山之高也；不临深谷，不知地之厚也；不闻先王之遗言，不知学问之大也。”（荀子《劝学篇》）这一次，我们真正见识天高地厚了。

感恩论坛的组织者、策划者，感恩论坛的领导者，感恩义工及其所有服务人员。我们会永远记住这些值得尊敬的老师，记住他们讲课的样子，记住他们的名字：任××、钟××、赵××……

“同志没有错，都是自己错，如果认为同志错，那一定是我搞错。”我们每个人面对父母儿女、面对亲戚朋友、面对同事领导，在任何时候任何情况下，与他人发生矛盾，都应一遍遍检查自己，认识到是自己错了，不是别人冲突了自己，而是自己冲突了别人；不是环境污染了我们，而是我们污染了环境。

“心净则国土净”。果然如此，一切时一切事，我们都能做到“行有不得，反求诸己”。做到“存好心、说好话、行好事、做好人”。做到“诸恶莫做，众善奉行”。我们的身体会少生多少毛病，我们的家庭会少出多少是非，我们的监狱会少关多少罪犯。我们会天天生活在人间天堂。

范例八

某有限公司副总经理在高峰论坛上的致辞

各位嘉宾，各位财经界、企业界、媒体界朋友，所有在搜狐、腾讯、金融界、和讯、东方财网关注论坛的朋友们，女士们、先生们：

大家下午好！

“思辨全球　领新变局”××基金全球视野高峰经济论坛已临近尾声。

非常感谢大家能在百忙之中参加、关注我们的论坛。在今天的论坛上，美国第43届佛罗里达州州长——××先生为我们深度解读了美国当前的经济环境，以及他眼中未来美国经济复苏和变革的方向；中国入世首席谈判代表、原外经贸部副部长——××先生，为大家深入剖析了中国的经济现状，并展望了中国经济的未来发展趋势。相信大家在今天的论坛上都交流愉快、有所收获。

在未来，作为全球视野的投资专家，××基金将进一步发挥自身优势，回报所有信任我们、支持我们、关心我们的朋友们。首先，我们将坚定地履行基金公司的信托责任，将保障持有人的利益放在首位。目前，××基金旗下所有成立满三年的产品均获××四星或五星评级，我们会将此作为新的起点，继续努力为持有人提供长期、稳健的投资回报；同时，我们将投入更多的资源和人力，全力做好持有人和合作伙伴的服务，令持有人和合作伙伴能够安心地与××基金一起，共同分享未来资本市场的机遇和收益。

全球资本市场风云变幻但机会丰富，××基金将继续秉承“精诚合作、共创未来”的精神，发挥我们在风险管理和主动投资方面的优势，和我们的合作伙伴、我们的客户共同打造未来多赢的格局！

最后，再次感谢各位参加“思辨全球　领新变局”××基金全球视野高峰经济论坛，祝各位在新的一年里宏图大展、万事如意，并预祝大家新春愉快！“思辨全球　领新变局”××基金全球视野高峰经济论坛至此圆满闭幕。

谢谢大家！

范例九

品牌中国产业联盟秘书长在第二届品牌中国高峰论坛上致答谢辞

尊敬的各位领导，女士们、先生们：

大家辛苦了！

首先请允许我代表主办单位，代表××主席，代表战略顾问××先生向出席今天颁奖大会的国家领导人、中央部委的领导同志表示最衷心的感谢，向从伟大祖国四面八方赶来参加大会的同志，表示最最热烈的欢迎。

我还要感谢本次活动的总冠名赞助商××资讯总裁××先生对这次活动的无私支持。因为他的支持，我们可以自豪地告诉大家，我们参评企业没有任何费用，包括会务费用。而且他们还为获得25大事件、人物的代表本人报销了来回的头等舱机票。中国有很多评奖，每天都在搞。但像我们这样没有盈利的、公正客观的评选比较少，所以要感谢××先生，还要感谢××控股集团××先生。还有××茶叶、中国×酒、××别墅等赞助商对本次活动的大力支持。你们的贡献将永远铭刻在中国品牌发展史上，你们的企业也将借助东风扬帆起航。

在这里，我代表品牌中国总评榜总成员，发自内心向各位来宾、新闻界的朋友，各位远道而来的贵宾们深深地鞠上一躬。感谢大家，感谢大家的光临，感谢大家的支持。

改革开放以来我国涌现出一批影响力比较大的品牌，但我国自主品牌建设比较薄弱，品牌周期不是很长。这次评选有一个硬的指标，企业一定要20年以上，其中有四家新的企业：阿里巴巴、分众传媒、百度、新浪。这四家企业没有上25年为什么能评上？因为他们开创了这个行业，是这个行业里历史最久的企业，所以我们给他评上了。同时为已去世的功勋人物，我们总结过去。

这里要感谢大家对评选的理解。想到这些，任何一个有责任心的人，任何一个爱国商人，都应该感觉到压力和责任，并应该将压力和责任转化为动力，付诸于实践。基于这个想法，在全国工商联等单位的指导下，总评榜组委会历时八个多月，联合众多媒体，举办了这次活动。

同时发动了三百多万人参与了手机短信和网络投票，并组成了权威公正的专家评审团。通过严格规范的评审程序，评选出25大品牌企业、城市、人物、事件，这在中国品牌事业的进程中当数有史以来的第一次。今天下午×总将发表精彩的演讲，大家请期待。我们付出了真诚，也感受到了荣誉，希望我们对品牌历程的感谢奉献给国人梦想，激励我们大家为品牌事业的发展，多一点睿智、热情，多一点真知灼见。

刚才××委员长在讲话中高屋建瓴地指出需要企业参与，我完全拥护。××委员长表示我们正在做有意义的事情。四海皆宾朋，真诚到永远，让我们缘缘相会，岁岁相逢，扎扎实实紧密携起手来，把品牌更受尊敬变为美好的现实，谢谢！

范例十

某食品有限责任公司董事长在首届“中国粥文化”高峰论坛上的致辞

尊敬的××副委员长，尊敬的各位领导、各位嘉宾，同志们、朋友们：

大家上午好！

11月3日，我们在这里刚刚成功举办了首届“中国粥文化”高峰论坛启动仪式暨“中国粥文化博物馆”揭牌仪式，全国人大副委员长××同志亲临现场，参加了相关活动。

今天，由中国××网、××市人民政府联合主办，××县人民政府、××食品有限责任公司承办的首届“中国粥文化”高峰论坛，又在这里隆重拉开了帷幕。全国人大副委员长××同志，从百忙中抽出时间，专程来到××，现场指导我们的活动。我们深受鼓舞、倍感荣幸。让我们以热烈的掌声对××首长一行的莅临，表示衷心的感谢。今天，有三位部级领导、八位司局级领导也专程从北京赶来参加本届论坛，因为公务繁忙，他们中的五位下午就要赶回北京，有三位领导还要结合“十二五规划”精神和今天参观、考察的感受，发表精彩演讲。他们舟车劳顿，来给我们输出智慧、对接政策、释疑解惑，让我们以同样热烈的掌声对他们的支持表示由衷的感谢。

今天我们在这里举办首届“中国粥文化”高峰论坛，就是要结合国家“十二五”规划精神，结合××特点和××特色，结合食品行业实际及粥品市场发展需求，选择典型、解剖麻雀，为××市合力打造一个自主创新、转型发展型的“中国粥产品领军企业和中国粥文化第一品牌”。

这次高峰论坛，我们特意邀请了中央部委领导和专家进行实地考察，组织主题讲座、举行行业研讨，使国家政策和行业实际及时对接，我们将理论结合实践，及时总结经验，针对性地研讨行业走势，提出引领行业发展的理论成果和报告，向全国推广。通过论坛，我们还将打造一个集“权威性、典型性、实践性、指导性”于一身，有全国性影响力的品牌战略基地和引领中国粥品市场发展走势的理论阵地。

同志们、朋友们，2011年就是“十二五”规划的开局之年，胡锦涛总书记在五中全会上强调，未来的五年“是全面建设小康社会的关键时期，是深化改革开放、加快转变经济发展方式的攻坚时期”。宏伟的蓝图需要具体的工作来实现，“转型发展”需要和我们的实际工作紧密结合。我们要抓住和用好我国发展的这个重要战略机遇期，使我们的实际工作和国家的大政方略有效对接、高效对接。

中国粥文化历史悠久，粥品种类繁多。中华文明有四千年文字记载的历史中，粥文化伴随始终，《周》书就有“黄帝始烹谷为粥”的记载。“民以食为天，食以粥为先”。碗小乾坤大，粥文化里有大文章。我是××公司的品牌顾问，在××建设粥文化博物馆和粥品研究院的过程中，××董事长和我多次交流思想，决定在五中全会后马上举办首届“中国粥文化”高峰论坛。以后五年中，将结合国家政策和实际工作，每年举办一次这样的论坛，请各位领导和专家来输出思想、对接政策、规划标准、指导实践。今天，我们的梦想之舰终于正式隆重起航了。谢谢大家！

同志们、朋友们，人间有真味，说明人间有真情，真情才能品出真味。让我们珍惜今天的这次真情盛会，携手发展。祝愿大家在“十二五”规划开局之年，同福、同乐、同健康、同进步！

第十九章

升学宴上的答谢辞

范例一

升学宴上家长的答谢辞

各位来宾、各位亲友们：

大家晚上好！

首先，请允许我代表全家，向百忙中抽空光临今天宴会的各位领导、老师、同事、朋友、来宾及亲友们表示热烈的欢迎和衷心的感谢！

作为一名父亲，女儿能考出优异的成绩，我感到很骄傲，女儿能进入××大学我更是感到很激动，我为她而自豪、为她而高兴。孩子能考上中国高等学府××大学，实现了梦寐以求的愿望，这不仅仅是我们一家的光荣，也是我们×家的荣耀与自豪。所以我今天宴请各位，请各位来分享我们全家的幸福与快乐。希望大家能开怀畅饮，共同度过美好的一天。

女儿能够取得好成绩，是和教育她的所有小学老师、中学老师和班主任老师谆谆的教诲分不开的，还与在座亲友的鼎力相助分不开，所以在此，我还要郑重地再次说声，谢谢你们的培养教育，谢谢你们的栽培。

芳林新叶催陈叶，流水前波让后波。女儿的进步让我感到自豪和骄傲。金榜题名也只是她人生旅途所踏出的第一步，希望她在今后的日子里百尺竿头，更进一步，学业有成，一路高歌。

最后让我再次向多年来关心和帮助我的领导、同事、朋友、来宾和亲友表示衷心的感谢，并祝福你们家庭幸福、万事如意，心想事成。

同时也感谢为庆典而忙碌的学校领导、同事以及××大酒店总经理和全体员工。

谢谢大家！

范例二

升学宴上学生答谢辞五则

（一）

尊敬的老师及亲朋好友们：

大家中午好！

金秋八月，乡里我家喜迎八方宾朋；秋风送爽，众亲好友齐贺金榜佳话。

在这如此美好、如此喜庆的日子里，大家抛开百忙的工作，接受我家诚挚的邀请，冒着酷暑前来参加祝贺我考上××大学的升学宴会。今天的宴会大厅，因为有你们的光临而蓬荜生辉，我和我的全家因你们的如约而至甚感激动。此时此刻，我的心里充满了感激，感谢各位专程而来，谢谢你们！

今天，我很荣幸地请来我的恩师，是他们的悉心教导、授业解惑，才使我有今天的成绩。俗话说：“名师出高徒”，尽管我不是高徒，但你们却是名师。因此，师恩难以言尽，千言万语汇成一个字——敬。敬是真情、是感激，永藏在心底。我要把内心最诚挚的谢意送给你们！

今天，我还要特别感谢在我的成长中悉心呵护和照料我的父母，这份深情我铭记于心。天下没有父母不疼爱自己的孩子，虽然你们平时的工作都很繁忙，但是你们所有的付出都是为了我，你们在背后默默地支持着我、关心着我、鼓励着我，无论你们的爱是鼓励还是批评的方式，你们都无时无刻不让我感受到你们就是我最坚实的后盾，在这里我想说一声“爸爸妈妈，你们辛苦了”，“我永远地爱你们”！

今天，有父母的亲朋好友同聚，衷心感谢你们的关心和爱护，你们的到来是我和我父母的骄傲。有道是“朋友就是财富，朋友就是力量”，我为我父母有你们这些朋友而自豪，谢谢你们的到来。

今天，在座的还有我很多同学，一日同学，百日朋友，那是割不断的情，那是分不开的缘。无论人生浮沉与贫富贵贱如何变化，同学间的友情始终是淳朴真挚的，而且就像我们桌上的美酒一样，越久就越香越浓。让我们的青春友情像钻石一样永恒久远。

今天，我要感谢的人还有很多，虽然我不能一一言谢，但我会对所有的亲情、所有的友情、所有的关心和帮助、所有的鼓励与期待，念念不忘，我的父母也会念念不忘。

学海无涯，知识无边。我会以大学生活为新的人生起点，勤奋学习、刻苦钻研，争取早日成为国家建设的栋梁之才，因为只有这样，才不会辜负老师和同学、各位亲朋好友对我和我全家的关爱。最后，祝大家身体健康、万事如意、合家欢乐。

谢谢！

（二）

各位长辈，各位亲戚朋友、叔叔阿姨和各位同学：

大家好！

首先，我要感谢大家在百忙之中抽出时间来参加我的升学宴，在这里我谢谢大家。

今天，可以说是我人生旅途当中有着特别意义和难忘的一天。因为，我有幸成为××大学的一名大学生，对于我来说，是我十二年求学生涯的一个终点，也是我人生新的旅程的一个起点。站在这里，回顾昨天，我想说的太多太多，心中充满感激之情。

首先我要感谢生我养我的父母，感谢你们的养育之恩和谆谆教导。其次我要感谢教过我的老师，你们不仅教会了我知识，而且教会了我怎样做人。我还要感谢所有的亲戚朋友，感谢你们在我学习和生活中给予的帮助与关心。最后我还要感谢我的同学，正是因为有了你们一路的陪伴与支持，让我坚定顽强地走到今天。

再一次向所有关爱我的人表示感谢，谢谢你们!

(三)

尊敬的各位长辈及各位嘉宾:

大家好!

感谢大家在百忙之中抽时间来参加我的升学答谢宴。为了金榜题名这一天，我付出了 12 年的努力，其间的苦与乐更是让我铭记在心。但更让我难以忘怀的，是为了我的今天而给予我帮助的人们：我伟大的父母，辛勤教育我的老师，关心我的长辈，和与我一同走过这段不平凡岁月的同学们，有了你们，我才有今天的成功。今天我非常高兴，不仅是因为我到达了一个期盼已久的终点，还因为我站在了一条新的起跑线上，我将以更快的速度不断地向前冲，因为，我要报答伟大的为我付出一切的父母；因为，我不会辜负你们的期望；更因为，在那遥远前方，有着我一直追求的理想。

12 年寒窗苦读，终于在今年的高考中有了回报。我考上了梦寐以求的大学，宝剑锋从磨砺出，梅花香自苦寒来。在人生的道路上，在我为了心中的理想拼搏的过程中，付出的不只是我自己，更有我的父母和我的老师。从我呱呱坠地，父母就开始他们新的征程，她们从我这得到些许欢笑，但他们给我的却是更多操不完的心和付不完的爱；当我咿呀学语，每一个字词，每一串不成句的话，都是他们十倍甚至百倍的努力换来的；当我上了学，每天的接送，每一顿饭都是他们辛苦安排的。没有他们的努力，就没有我生活上的舒适，没有我生活上的舒适就没有我学习上的顺利，当然就更不会有我金榜题名的今天。当我生病，最愁最急的是他们，病在我身却痛在父母心；当我学习上遇到了坎坷，最焦虑的也是他们，他们总是千方百计地帮我铺平道路，让我的人生顺利平安。他们不仅在生活上为我付出，他们还教育我如何做人，如何成为对国家有用的人才。在我最苦最累的高中三年里，我的父母甚至比我还累，多少次我看见白发悄悄爬上父亲的鬓角，多少次我看见皱纹轻轻走上妈妈的眉梢。我暗暗发誓，要做出成绩来报答我的父母！在此我要深深感谢我的父母。

为了这一天我苦读了 12 年，尤其是在 × 中的 1000 多个日日夜夜，有过成功的喜悦，也有失败的痛苦，但是青春没有失败，为了心中的理想，我可以忘记苦累，亦余心之所善兮，虽九死其尤未悔。一分耕耘就有一分收获，今天我终于可以高兴地说我终于看见我的所有梦想都开花。在此我谢谢在我最苦最累的日子里陪我一路走来的我最亲爱的朋友，是你们在我难过时给我安慰，在我疲惫时给我打气，让我快乐地走完高中，走向大学。今天不是我学习生活的终结，而是我人生新的征程的开始。马上我就要成为一名大学生，一只脚已经踏入社会，我会不断用知识去武装自己，路漫漫其修远兮，吾将上下而求索！用我所掌握的知识去贡献社会，报效祖国。

现在我的心情无以言表，今天是我人生中最难忘的一天，因为我站在一条新的起跑线上，马上要去冲刺我人生新的巅峰。天行健，君子以自强不息。在我人生重要的转折点上，有各位亲朋好友的祝福，我相信未来的我会更出色。

再一次感谢大家的到来，祝愿各位叔叔阿姨工作顺利，各位同学学习进步。祝愿大家万事如意！在此，我还想说的是，我以后学习的道路还有很长，希望大家一如既往地支持和关心我，我一定会加倍地努力学习，不辜负父母对我的殷切希望和各位来宾对我无微不至的关爱，优异的成绩将是我对大家最好的回报。

最后恭祝各位来宾，事业蒸蒸日上，家庭美满幸福，身体健康。

（四）

各位来宾、朋友们：

大家晚上好！

首先，我要感谢大家在百忙之中抽出时间来参加我的答谢宴，在这里我谢谢大家（鞠躬）。今天我能够站在这里，与在座各位的支持，学校老师的教导，班级同学的帮助是分不开的。在这里，我要特别提到两个人，他们就是我的父母，一对平凡而又伟大的父母。说他们平凡是因为他们同样是万千考生背后那些默默操劳的家长中的两位，说他们伟大是因为他们给予我的恩情我这一生也报答不完。所以，我想我不会在升入大学以后而有所懈怠，相反，我将以一颗感恩的心发奋努力，以更好的成绩来回报各位，回报老师、回报父母、回报社会。谢谢！

金秋时节，凉风送爽。在这个满怀喜悦、收获成功的季节，在这个播种希望、描绘锦绣的季节，夫妇爱子，荣登科第，金榜题名；栉风沐雨，勤奋耕耘；春华秋实，硕果累累。在人生旅途上，我通过自己的努力迈开了扎实的第一步。光辉灿烂的前景在招手，铺满鲜花的道路就在脚下，相信在今后学习、工作、生活中，我一定能够成为一个自尊、自爱、自立、自强的男子汉；带着甜美、带着微笑、带着真诚、带着祝福。今天，我们欢聚在此，让我们共同举杯再次祝愿大家明天更美好；同时也祝愿所有的来宾朋友合家欢乐，幸福安康。

（五）

尊敬的各位长辈、同学，亲爱的来宾朋友们：

大家中午好！

今天我的心情非常激动，有这么多的亲朋好友前来参加我考取大学的升学宴会，在此我要代表我们全家对大家的盛情光临表示最热烈的欢迎和最诚挚的谢意。

此时此刻我的心中有种说不出的激动和感动，激动的是：寒窗数载，今天终于可以轻松地站在刚刚结束的跑道上分享胜利的喜悦和欢愉。感动的是：在匆匆而逝的时光里，有许多人一直默默地关心、关怀着我；我是幸运的，因为有辛勤培育我的老师、有细心帮助我的朋友、有关心呵护我的长辈、有养育我的父母。我心底里蕴藏的是尊敬，脸上显露的是钦佩，而要说出口的是无尽的感谢。今天的升学宴席让我有机会当面向各位长辈、老师、朋友表达我的感谢之情，

感谢你们对我学习和生活的关心，让我时时都能感觉到前进的动力；

感谢你们对我父母工作的支持，使他们每天都有很好的心情；

感谢你们对我们整个家庭的照顾，让这个家处处充满快乐的阳光。

我想，在我今后求知的道路上，会因为大家的关心和我的感恩之情而更加充满希望。

在感激你们的同时，我最要感激的两个人就是我的父母，是他们给了我站在这里的机会，是他们教会了我做人的道理。爸爸、妈妈，你们对我的恩情是我这一辈子也无法报答的！

在此，我还想说的是，我今后的学习道路还很长，希望大家能一如既往的支持和关心我，我一定会加倍地努力学习，不辜负父母对我的殷切希望和各位来宾对我无微不至的关爱，我将用优异的成绩来回报大家。

最后恭祝各位来宾：事业蒸蒸日上、家庭美满幸福、身体健康。谢谢大家！

范例三

女儿升学宴父母的答谢辞

尊敬的各位来宾和亲友们：

你们好！

我代表全家向各位来宾和亲友们表示热烈的欢迎和衷心的感谢！

女儿如愿升学，作为父亲我非常高兴。所以在这里宴请各位，请各位来分享我们全家的幸福与快乐。希望大家能开怀畅饮，共同度过一个美好

的良宵。

女儿的进步让我感到自豪和骄傲。走入大学只是她人生旅途步入社会的第一步，希望她在今后的日子里百尺竿头，更进一步，学业有成，一路高歌。

女儿取得今天的成绩，是和老师的教育分不开的，更是和在座的各位亲朋好友们的帮助分不开的。在这里我要说出我的三个感谢：

第一个感谢是感谢我和我爱人的单位，能有你们这样的好领导和好同事，没有你们的支持和帮助就不会有我们家的今天。第二个感谢是感谢我的妻子和我们双方的家人，特别是我的妻子，是她支撑着这个家庭走到了今天。第三个感谢是感谢我的女儿，她的成绩是对我最大的精神支持。

最后，我祝福多年来帮助和关心我的各位家庭幸福、永葆健康、事事如愿、万事通达。

范例四

家长在孩子的升学宴上致的答谢辞二则

(一)

尊敬的各位领导、各位来宾、各位亲朋好友：

大家好！

金秋时节，秋高气爽，阳光灿烂。在今天这样一个大好的日子里，我们怀着无比激动的心情，在这里欢聚一堂，为共同祝贺我的儿子考取××大学举行隆重的升学宴会。在此，我代表我的全家对各位嘉宾的赏脸光临表示最热烈的欢迎和最衷心的感谢！

常言道：宝剑锋从磨砺出，梅花香自苦寒来。高考成功，金榜题名，确实是来自于12年寒窗的苦苦追求和奋力拼搏。今年，小子××能够以比较优异的成绩考取自己心仪的大学，实现自己的梦想，同样也是来自于他多年的刻苦学习和顽强拼搏。但是，更离不开各位老师的精心栽培和无私奉献，离不开各位同学的全力帮助，也离不开各位领导、各位亲朋好友的关心、关爱和关照。在此，我对各位的关心和支持表示最诚挚的谢意，谢谢了，谢谢你们了！

书山有路勤为径，学海无涯苦作舟。考上大学，只不过是人生事业旅途刚刚走出第一步。

我们希望儿子上大学以后能够更加刻苦地学习，更加勤奋地读书，百尺竿头，更进一步，早日成为国家的有用之才，栋梁之才，以此来报答各位领导、各位老师、各位亲朋好友的恩情。同时，也祝愿他、相信他，通过自己的努力，一定会有一个更加美好、更加灿烂、更加辉煌的明天。

各位来宾，由于本人能力和条件非常有限，今天所备酒席非常淡薄，也非常简陋，实在是不成敬意，有招待不周的地方还希望各位多多包涵，多多原谅。虽然是粗茶淡饭，但我们的谢意是真诚的。希望各位嘉宾吃得开开心心，饮得高高兴兴，喝得痛痛快快。

作为父母，我们今天无比的激动和高兴，请各位亲朋好友开怀畅饮，共度今天这个美好的日子。

最后，让我们再次对亲友们、同事们、老师和同学们，表示最诚挚的感谢！我衷心地祝愿各位嘉宾身体健康，工作顺利，合家幸福，万事顺意！谢谢大家！

（二）

尊敬的各位亲朋、各位同事、各位老师和同学：

大家中午好！

从儿子出生那一天开始，我就每天关注他的成长，关注他的学习。十八年过去了，在他成长的十八年里，我为他操心，为他无怨无悔地付出，其间有过欢笑，也有过眼泪，有过抱怨，也有过幸福。直到高考成绩单的公布，我再也无法掩饰内心的激动，无论过去付出过多少，我认为一切都是值得的。儿子成年了，他考上了理想的大学，还有什么比这还要令天下父母感到欣慰的呢。今天，我特意借儿子升学的机会，举办筵席，其实我更多的是想表达谢意。

首先，我代表我们全家，对各位亲友的光临，表示最热烈的欢迎和诚挚的谢意。允许我代表全家，向百忙中抽空光临今天宴会的各位领导、老师、同事、朋友、来宾及亲友们表示热烈的欢迎和衷心的感谢。

然后，我还感谢我的父母、我的岳父岳母、我的兄弟姐妹，这么多年来，是你们的关爱、支持和帮助，使我们如愿以偿。大家每一份的关心和期待，都是我们的动力，我们一直在努力。

其次，我还要感谢我的领导与同事，感谢我的单位。是单位给我提供了宝贵的机会，让有个宽阔的舞台大展拳脚，是领导与同事们在工作中给予我大量的关心与照顾，让我的工作无忧生活无忧。你们每一份恩情，我们会铭记在心，你们每一份关爱，我们都会感激不尽。

最后，我要特别感谢儿子的老师与同学们。从幼儿园开始，我的儿子就一直受到老师的诸多照顾，学习上给予了帮助，最重要的是，我们做父母的很忙，有时候忽略了孩子的教育，但是因为有了这群老师们，教导我的儿子读书、做人。现在，我的儿子不仅学习成绩好，还心地善良，乐于帮助他人，这一点是我们最愿意看到的，真诚地感谢你们。还有儿子的朋友们，你们在他孤单的时候陪伴他，在他失落的时候鼓励他，这份友谊，我们将永远珍藏，祝愿你们学业有成。儿子能够取得好成绩，是和教育她的所有小学老师、中学老师和班主任老师谆谆的教诲，还有在座亲友的鼎力相助分不开的。所以在此，我还要郑重地再次说声谢谢你们的培养教育，谢谢你们的栽培。

还有太多太多要感谢的人了，我已经无法用语言来一一表达。今天的升学宴会，只是薄酒素菜，但是，其中却蕴涵了我们全家的真挚感情。哪怕是几杯水酒几碟小菜，也会成为美酒佳肴，供大家来回味过去的美好时光，来品味今天的幸福与快乐，来畅谈未来的愿望与理想。请大家不要客气，尽情地享用。

最后，让我们再次对亲友们、同事们、老师和同学们，表示最诚挚的感谢。祝愿大家永葆安康、万事如意！

谢谢！

范例五

升学宴上高中毕业生致答谢辞二则

（一）

各位尊敬的长辈、同学，亲爱的来宾朋友们：

大家晚上好！

首先，感谢大家在百忙之中抽出时间来参加我的升学宴，在此，我要代表我们全家对大家的盛情光临表示最热烈的欢迎和最诚挚的谢意，并预祝大家用餐愉快！

今天，对于我来说，是我十二年求学生涯的一个终点，也是我人生新的旅程的一个起点，站在这里，回顾昨天，我想说的有太多太多。

其实，我今天所取得的成绩并不只是我一个人的努力，而是倾注了很多人的辛苦与汗水。这包括我的父母、家人和一直以来默默支持我关心我的叔叔阿姨们，他们都是我坚实的后盾。尤其是我的父母，他们为我付出得太多了，对我倾注了全部的心血，在物质上和精神上也倾其所有，让我没有后顾之忧。可以说，在学业上没有老爸老妈含辛茹苦的培养，我不可能获得今天的成绩，至少，我不可能站在今天这个起点上。对于这份恩情，我觉得无论是用多么华丽的言语来表达也都是苍白的。

所以，在未来四年的大学生活中，我会不断完善自己的品格，不断用知识去武装自己，争取成为有用的人才来报答家人，贡献社会。带着各位亲朋好友的祝福，我相信未来的我会更出色！

最后恭祝各位来宾：事业蒸蒸日上、家庭美满幸福、身体健康、万事如意。

谢谢大家！

（二）

各位叔叔阿姨、朋友们：

大家好！

感谢大家在百忙之中来参加我的升学宴，谢谢大家，我的高中生活已经结束了，马上我就要迎来人生的另一个起点——大学生活，借此机会我要特别感谢陪伴我一起学习和生活了三年的同学朋友们。虽然现在我们不在一个城市生活，但是我们的友谊却是长久的，虽然今天你们不能来参加我的升学宴，不能亲耳听到我的感谢之词，但是在这里我还是要感谢你们，感谢有你们的陪伴。

亲爱的朋友们，你们都还好吗？已有好久我们都没能有机会聚在一起。然而高度发达的通信设备，将我们的情感，化作无形的电话与信息，为我们传递。

每当我心情郁闷时，总会听到或看到你们关切的语言；我高兴时，也是第一时间有你们与我分享。有了你们，我的生活不再寂寞；有了你们我的生活变得多彩。感谢你们在遥远的距离，对我的关心；感谢你们一直以来，对我的鼓励，感谢你们陪伴着我一路走来；因为有你们的存在，我感到无比幸福。朋友的感觉犹如清冽的泉水在心中流淌，随时使人感到清新透爽。

以前，我们一起上学，放学，一起骑着自行车，并排在马路中间。边骑边开始我们的车谈会。宽敞的马路让我们占去一大半，每次都把司机急得直按喇叭。一路上，我们各自发表所见的糗事，一起拿所不喜欢的老师开涮，给老师起外号，我们讲好看的电视剧，讲恶劣的鬼故事。我们的欢笑和记忆与自行车相伴。

记得我们在漆黑操场上自由地跑着，每天早上天未亮，我们就按学校规定，在操场上，开始我们凌乱的征程，犹如足球场上散乱分布的运动员。累了，就开始绕着操场散步，我们嬉笑着打闹着，仿佛这是我们最快乐的时光。后来换了学校，早上不再那么自由，但我们开始晚上出来活动，依然是漆黑的操场，映着远处昏暗的路灯，我们并排着，时不时吼几声，尽情地放纵着自己，唱着我们喜欢的歌曲，说着自己喜欢的话题，看着周围三三两两的人群逐渐减少，我们的笑声才会慢慢消失在操场上空。

后来，我们分开了，分布在不同的城市，但我对操场，总有种特殊的情感。每次心情烦躁、郁闷时，总喜欢在那待会。昏暗的操场，给人带来种静谧、顺畅、自由的感觉。

我要感谢你们，感谢你们陪我度过枯燥的学习生活，感谢你们给我带来的快乐，感谢你们留给我的美好记忆！

范例六

某学生在自己的升学宴上向帮助他的人们致答谢辞

各位长辈、亲友以及我的朋友们：

很高兴今天你们能来到这里。

首先，我想说的是，和很多更优秀的同学相比，我没有取得什么特别值得骄傲的成绩，但是经历了高考，我在学习生活中收获了一段难忘的记忆，锻炼了身体和心理的素质。我觉得，这是一笔千金不换的人生财富。

今晚的宴会，我认为，与其说是为了庆贺，倒不如把它定位为感恩与展望。首先是感恩，我想对在座的所有一直以来关心帮助我的人，表示最真诚的感谢。感恩于我的父母家人，虽然平时都很忙，但你们始终默默地支持我，关心我并鼓励我，成为我永远不变的最坚实的后盾。感谢你们包容我时而的叛逆与不懂事，高中短短三年，你们为我付出的点点滴滴，“谁言寸草心，报得三春晖”，我都将会珍藏。在这里我想说上一声“爸爸妈妈，你们辛苦了。”

感恩于我的老师们，师恩难忘，一路走来，我很幸运。是你们，在我遇到挫折时，给予我鼓励，点燃我的信心，让我冲破迷惘。是你们，一遍遍，不厌其烦，给我耐心地讲解剖析。我还记得一个个自习课，一次次课间，每一次负责的讲解，每一份真诚的沟通。三生有幸，让我遇到一群好老师。谢谢你们！

还有我的朋友们，爸爸妈妈的同事们，感谢你们一直以来对我和我们全家的关心帮助。也祝愿大家，和和美美，幸福快乐。

将感恩牢记于心，展望未来，我将迈上新的征程。海阔凭鱼跃，天高任鸟飞，未来将是一幅斑斓的画卷。曾经的我是一只雏鹰，躲在父母温暖的庇护下成长，是爸妈教会了我坚强，教会了我要勇敢地面对生命的挑战。现如今，这只小鹰已经长大，即将离开你们的怀抱，展翅高飞。学海无涯，知识无边，我将带着师长亲朋的关怀，牢记你们的教诲，尽我所能，以一种优美昂扬的姿态，翱翔蓝天，画出精彩的痕迹！

至此，想说的话还有很多，所有的关怀与感谢我都将一一铭记，最后希望各位用餐愉悦，同时也祝各位合家欢乐，万事如意！

第二十章

生日宴会上的答谢辞

范例一

慈母古稀庆典上的答谢辞

各位长辈、各位亲友：

大家中午好！

今天喜逢我母亲七十大寿。大家不辞辛劳，在百忙中抽出时间，来到这个远离喧嚣的山乡参加今天的聚会。我谨代表我的家人，真诚地欢迎大家，感谢大家。各位的光临让今天的聚会更有意义，我们感到万分荣幸！

首先，希望大家今天在这里吃好、喝好、玩好。同时，我也代表我的兄弟姊妹，向喜逢古稀的慈母道一声“谢谢”，感谢您的养育之恩。是您给了我们生命，让我们能感受到清新的空气、温暖的阳光、五彩的世界和人间的温情。曾记得：母亲在艰难的生活条件下，为了我们兄弟姐妹，为了我们的学习成长、成家立业，含辛茹苦、日夜操劳，不知耗费了多少心血和汗水。可以说，母亲为了我们这个家，为了自己的儿女，奉献了一切，为创建我们的幸福大家庭奠定了坚实的基础，作出了巨大贡献。母亲既是我们的亲人，又是我们的恩人，也是我们的导师。她对我们的期望和教诲，深深地扎根在我们的心里。岁月的风霜早已悄悄地爬上了她的脸庞，也将她满头的青丝染成了白发，可以说父辈这一代人都饱尝了生活的酸甜苦辣，也见证了世间的人生百态。

七十个春秋风雨，七十载生活沧桑。无论在什么情况下老人家始终坚守淡泊名利、克己礼让、宽厚待人、勤劳俭朴的做人原则，从容而乐观地面对人生。她经常教育我们要“老老实实做人，诚诚恳恳办事”，简单的话语，严律的家训，我们始终铭刻在心。

杜甫有句诗说：“酒债寻常行处有，人生七十古来稀”，七十“古稀”就是示意我们岁月如流、人生易老。今天适逢老人家的七十华诞，承蒙好友亲朋前来庆贺，我们非常感激。我们兄弟姐妹也简简单单地备了几杯薄酒以示谢意，愧对大家了。不管怎样，只要老人家高兴、快乐，我们也就皆大欢喜了。

如今我们家已是儿孙满堂，一家人也都把“老老实实做人，诚诚恳恳办事”的教诲视为我们家的家训。也正是因为有了老人家勤劳朴实，宽宏厚道的家风和言传身教，有了各位亲朋好友长期的关心和支持，我们家才有了今天这幸福美满的生活，再次谢谢大家！

祝愿在座的长辈们和各位亲朋好友：身体健康，家庭幸福，事业兴旺，心想事成。同时恭祝我母亲：福如东海，寿比南山；天伦永享，笑口常开。

谢谢大家！

范例二

父亲生日宴会儿女致答谢辞

各位父老乡亲、叔伯兄弟：

今天，是我父亲八十大寿的日子，非常感谢大家能在百忙之中，抽出宝贵的时间，来参加我父亲的八十寿筵。借此机会，我代表我们兄妹，祝愿各位长辈和我父亲福如东海，寿比南山；祝愿各位同辈生活幸福，万事如意；祝愿晚辈身体健康，快乐成长。

我父亲弱冠之时，便告别故乡，另创家业，迄今已有六十多年历史，其间栉风沐雨，饱经沧桑，虽有千言万语，亦不能尽倾。父亲离开家之后，在一片新的土地上，沥尽汗水、辛勤劳作，硬是用自己的双手，开创出新的家园，也和母亲一道共同抚养了一男四女五个孩子，如今，我们一男四女均已成人，他老人家也含饴弄孙，不亦乐乎。追今抚昔，倍觉辛酸。

古语云：“孔雀东飞，绕树三匝。”我父亲虽离开家乡，但他对家乡的热爱之情，却始终未变。老家来人，即使再忙，也要和来人坐在一起，拉拉家长、询长问短、事无巨细、唯恐不知，而且极力挽留，虽粗茶淡饭，亦要用过之后方肯放行。亲人有恙，定仔细询问病情，返家探望，即使不能亲往，亦必遣子女前去探访。老家有璋瓦之喜，必欣喜异常，携子带女，一同前往祝贺。老父亲对家乡亲人的情深意切，牵肠挂肚，真可谓数十年如一日，历久亦新，老而弥坚。家乡人也常挂念父亲，特别是堂兄弟一家，更是待之如生父，不曾有少许冷淡，未尝有半点疏远。每谈起父亲，堂兄弟都要说：“我伯父多年劳累，如今已是儿孙满堂，天伦之乐，自当尽享”。其间有苦尽甘来之意，谈到动情之处，往往感慨良久。父亲偶有身体不适，党兄弟便会买来滋补品，隔三差五探视，走时一再嘱咐我们，要多照顾好父亲，邻居均为之动容，都言不是亲生，好比亲生。家中有基建之事或农活紧张，堂兄弟们更是不辞辛劳，全家出动，前来帮忙。父亲身染沉疴，卧床之时，问得最多的也是：“家里人来了没有，我真想他们啊。”我家中拮据，捉襟见肘，父亲又未享过清福，值此八十大寿之际，我心有余而力不足。家人们再三商议，为我父筹办寿筵，一者彰显我父长者风范，再者显现我族中关系融洽，三者可在全村乃至四邻八乡倡导尊老养老的良好道德风范。此情此心，怎能不教人敬重。在此，我再次向堂兄弟表示谢意，我为父亲有此贤侄感到高兴，又为大家能够顾念我及堂兄弟的孝心，赏光赴寿而再致叩谢。

范例三

生日宴会答谢辞三则

（一）

尊敬的各位亲朋好友、领导同事们：

大家晚上好！

非常感谢大家在百忙之中来到这里，为我庆贺 36 岁生日。

36 岁是人生的一个转折点，它让我在匆匆的行程中回头看一看曾经走过的风景，也让我登上更高的山峰，仰望更高的峰顶！

如果把人的一生比作登山，那今天在座的各位亲朋好友、领导同事还有父母双亲，就是助推我登山的人，是大家让我站得更高，看得更远。

借今天这个难得的机会，请允许我表达我的感激之情。感谢父母和岳父母，感谢他们的养育之恩，还有我的爱人×××和女儿×××，她们在背后帮助我挑起工作和生活的重担，给我无限的前进动力，带来无尽的天伦之情。感谢曾经培育过我的企业和领导，特别是××汽车×××特约销售服务店的总经理×××先生，是他领导的企业给了我成长和发展的舞台。感谢我的同事、亲戚、战友、同学和好友，你们是我人生最大的财富，在我遇到困难和挫折的时候，是你们给了我关心和帮助，在我取得小成绩的时候，是你们与我一起分享喜悦。在我们人生的历程中，每天都有新的变化，但我们的亲情和友谊却是永恒不变的。

为了永恒不变的友谊和亲情，为了答谢大家对我的一路支持和关爱，我提议：今晚开怀畅饮。期望大家吃得开心，玩得尽兴。

谢谢大家。

（二）

尊敬的各位长辈、亲朋好友，尊敬的各位同学：

今天，是我进入不惑之年的日子，感谢各位亲朋好友的莅临，使我的生日过得快乐而充实。

今天过这个生日，不是什么大寿，因为我还年轻，正是做事的年纪，上有含辛茹苦一辈子的老母亲，下有懵懂待教的六龄小儿，人生之路还任重道远。今天到场的都是知心好友，请大家来有两个目的，一是不想自己悄无声息地迈入40岁这个值得纪念的年龄门槛，因为我愿意追求人生真谛，而人生的快乐莫过于有朋友相伴；二是想借这个机会和大家共话情意，增进友谊。

今天在这里我最想说的是感恩。我要感谢我远在湘西的母亲在39年前怀胎十月、痛苦分娩以及辛勤哺乳了我；我要感谢远在安化的养父母十多年对我最朴素真挚的抚养和教育，至今他们教导我的那些淳朴的做人道理依然照亮我前行的道路；我要感谢我的岳父母生养出如此优秀的女儿，我温柔贤淑的妻子；感谢妻子11年来和我风雨相伴不离不弃的爱；感谢我可爱的儿子，你的天真童趣使我能时时刻感受到童真。

星空之所以灿烂，是繁星交汇的结果。今天在此我最想说感谢的，是你们，在座各位陪伴我曾走过风雨，共享过欢乐的朋友！在长沙求学、工作18年来，是你们用友谊和关爱构建了我在异乡的全新生活，是你们让我过得精彩而充实，能感受自己真实的存在！今天借这个机会，对大家说声谢谢！

让我介绍这些令我自豪的朋友。这位是我的来自蚩尤故里、梅山文化之乡的安化老乡，我在那里度过了童年和初中时光，我的根在那里；

这些都是我中学的学弟学妹们，在我们拥有的QQ群里，他们用乡音建立我们的精神家园；

这些是来自中国椪柑之乡的湘西泸溪老乡，泸溪山清水秀，我在那里度过了高中时光，他们都是我的同学或兄长，这是我的同学，来自泸溪的湖南卫视知名主持人×××，感谢他今天为聚会作的精彩主持；

这是我相濡以沫、共同战斗生活的湖南高支队的兄弟们，他们用支持关爱为我的工作构筑了一个平台，他们栉风沐雨保平安，是一群真正的男人，我为你们自豪！

还有来自长沙各界的其他一些朋友，××投资的黄总、××重科的刘总，我的其他一些亲友，谢谢你们!

孔子说四十不惑，人生的道理我已明白了几分。在未来的人生路上，友谊将是我人生的第一基石。让我们共同举杯，期待人生精彩，共祝友谊长存!

(三)

尊敬的各位亲朋：

大家好!

今天，是我人生中一个值得纪念的日子。在幸福、欢乐的气氛中，我迎来了自己的50岁生日。此时此刻承蒙各位抽空，光临我的生日聚会，你们为我送来了温暖和真诚的祝愿，更给这个生日聚会增添了无限的喜庆。

在座的各位中，有多年以来与我相扶相帮的老战友、老同事和相互关心的老朋友。在这里，我要谢谢你们，谢谢你们多年以来对我及我全家的关心、照顾与支持，谢谢你们在我人生岁月里留下的足迹和令人怀想的美好回忆。

五十岁，人生的知命之年，想想这五十年忙忙碌碌的人生，虽然平凡，却也充满着亲情与友情。也经历过人生的挫折与沧桑，品尝过人世的多滋与多味，懂得了怎样从容地看待成败得失，学会了怡然欣赏人生的风景。在今后的岁月里，还要跟在座的各位一起分享和品尝有生之年美味的人生。时间的流逝，虽然带走了我们曾经共同拥有的岁月，然而它留下和沉淀下的，却是我们之间的友情、亲情与真情。

在此，我代表我全家对各位高亲贵友的到来，表示衷心的感谢。请大家端起酒杯，让我们一起饮下这醇香的美酒，祝愿大家幸福、快乐。

范例四

爷爷70岁生日孙子致答谢辞选段

亲爱的爷爷，您养育子孙的恩典，真是深如东海、重如泰山。

妈妈常对我说，在我小的时候，夏天里，您给我洗身、打蚊；

冬天里，您常常怀抱我，让我享受您肌肤的温暖。

我已经十岁，深夜里，您还常常替我捡起掉到床边的衣被，轻轻地盖在我进入梦乡的脊背。

不管您多么劳累，只要我叫声爷爷，您就会笑得眉飞。

古有窦燕山，五子名扬后世传。

您有六女男，都是建设祖国的骨干，

孙辈男女共九个，都是红领巾、共青团。

老师常常教我们，要学蜜蜂爱劳动的优点，

然而蜜蜂要有冬眠，您一年到头哪有一日休闲。

蜜蜂做事先嗡嗡叫嚷，怕人不见，

您就是累病了，也常常不对人言；

您先人后己，几十年如一日。

光荣榜上从未见过您的名字，也从未给您过奖金、奖旗。

亲爱的爷爷，您光辉的形象，就像一座巨大的丰碑，永远矗立在我们的心灵深处。

我们衷心祝愿您健康长寿，像那挺拔的青松，强劲、苍翠。

范例五

父亲生日宴会儿女致答谢辞

各位亲朋：

在这金秋送爽的晚秋十月，在这个欢乐祥和的夜晚，我们迎来了我爸爸56岁生日庆典，我代表我们兄妹三人及我们家族这些后辈向前来光临宴会的嘉宾表示热烈的欢迎和诚挚的谢意。感谢你们在工作中对我爸爸的支持和帮助，感谢你们在生活中，对我们的关心和照顾。

首先，让我们举起酒杯，祝福我们的老寿星——我爸爸的妈妈、我的奶奶，祝她老人家福如东海。

同时也要祝福今天的主角，我的爸爸。祝爸爸56岁生日快乐、幸福安康，天天有个好心情。年年有今日，岁岁有今朝。

风风雨雨56载，爸爸阅尽太多沧桑，他一生中积累的最大财富是他那勤劳善良的朴素品格，他那宽厚待人的处世之道，他那严爱有加的朴实家风。在工作中，爸爸是掌顾全局的领导。在生活中，他是一名严厉的父亲。不晓得在他眼里，我们是不是他的骄傲。但是在我的眼里，他永远值得我们自豪。

有人说："儿女眼中，父亲是最完美的。"这话真好，在我眼中，爸爸睿智、幽默、宽容、豁达，严格不严厉，威信却不威风。想到你，心里就会觉得很踏实、很安定，你是我们全家的顶梁柱，是我们最坚强的后盾。特别是作为子女已近或已过而立之年的我们，在生活、工作中还有很多无知，有您这样的爸爸，做子女的总觉得能有个倚靠。

今天，我们在这里举行不同于以往形式的生日庆典，我们今天在这儿表达的只是孝敬老人的一种形式，通过这种形式让下一代学习怎样尽孝，怎样做人。当然，孝敬老人不单独表现在形式上，最重要的还是体现在生活的方方面面。请爸爸看我们今后的行动。

56年来，你把爱心和关心献给了亲人，把诚心真心献给了朋友。今天我就提议，让我们也献出一次，让我们献出热烈的掌声，为爸爸送去无穷无尽的祝福。

最后，祝各位嘉宾万事如意，让我们共同度过一个难忘的今宵。谢谢大家，干杯！

范例六

夫妇生日宴会爱人致答谢辞

尊敬的各位领导、长辈、亲爱的朋友们：

今天，天气晴朗，灿烂无比；今天，丹桂飘香，温馨无比；今天，欢声笑语，快乐无比；今天，感慨万千，感动无比！

今天，是我和我的爱人进入不惑之年的日子，首先感谢各位亲朋好友的光临，使我们的生日过得快乐而充实。在此，我真诚地向你们道一声：谢谢，谢谢你们！

因为爱，所以多情；因为多情，所以感动。感动于亲情、友情、真情。

今天我们最想说的是感恩亲情。我们要感谢父母多年来对我们最朴素真挚的养育之情，是你们那有着泥土气息的做人道理陪我们前行；我们要感谢我们所有的亲人，是你们给了我们特殊而温情的照顾；我要感谢我们的晚辈，是你们的天真童趣使我们再度童真。因此我们感恩亲情，亲情是困难中的一根拐杖，当我们脚步蹒跚时，为我们支撑起一片希望的原野。

今天我们最想说的是感谢友情。我们要感谢我们的领导，是你们的引导、培养、关照才有我们健康的成长；我们要感谢我们的同事，是你们的关心、呵护、理解才有我们快乐的工作；我们要感谢我们的同学、朋友们，是你们陪伴我们走过风雨，用友谊和关爱给了我们精彩而丰富的生活。因此，我们感谢友情，友谊如一颗颗珍珠，我们共同穿缀，联成一座座美丽的虹桥。

今天我们最想说的是珍惜真情。阳光，从云中穿过，留下丝丝温暖；岁月，从树林中走过，留下圈圈年轮；真情，在我们心中镌刻，留下滴滴深情。因此，我们珍惜真情，真情如一粒粒花种，我们共同播撒，培育出一个个五彩的人生。

人生四十，光阴荏苒。忆亲情友情，良多趣味，这些都如片片枫叶，珍藏在我们人生的诗集里。我们真诚地祝愿在座的所有来宾，身体健康、家庭幸福、心想事成。一桌素菜，一杯薄酒，聊表我们心中的谢意。千言万语，万语千言，汇成一句话：衷心地感谢你们对我们一家的厚爱，谢谢你们！

范例七

某生日宴会答谢辞

××的所有好友们：

大家晚上好！

今夜，皓月当空，星光灿烂；今夜，微风轻拂，温馨无比；今夜，烛光融融，美酒飘香；今夜，激动不已，感慨万千。现在，我双手猛拍，向各位朋友的到来表示热烈地欢迎。现在，我立正敬礼，对你们的祝福表示衷心的感谢。在这几天里，我收到了好多朋友给我送的生日祝福帖，我真的好感动。你们在工作那么忙、那么多事情要做、时间又那么紧的情况下，没有忘记我这个朋友的生日，花了许多的时间和精力，精心制作了精美的帖子。在这里，我首先向你们表示衷心的感谢。看着朋友们在这些帖子上的留言和送上的蛋糕、鲜花，我的心就飞向了你们所在的地方。在心的天空里飞翔、在心的地图上停留，一路走来，犹如奥运火炬的传递。每到一地，我似乎看见了你们那一个个熟悉的身影、一张张灿烂的笑脸、一篇篇记忆犹新的文章。真的，网络使我们的距离不再遥远，纵然相隔千山万水，只要打开电脑，就能够听见彼此的呼唤。

飞翔一圈，回到现实，我感到无比的温暖。这些来自祖国各地的问候和祝福，既是给我的鼓舞，也是给我的鞭策。在感激朋友们的同时，我感激网络，是她让我认识了这么多的朋友，是她给我带来了如此多的幸福和快乐。相识是缘，相知于诚。在我的空间里，我轻轻地点击着你们的名字，看着你们的文字，无论是华丽的散文、优美的诗词、美丽的图片，还是平淡日志，我都跟着你的思绪前行，与你心情共鸣、灵魂相融，牵挂与关爱共存；在我的空间里，我曾经用朴实的文字吐露自己的心声，让你感到网络不再虚拟，如同面对面的交谈，没有拘束和不安，实在与真诚就在身边，同欢同乐，尊重与信赖同在；在空间里，那些友情链接和评论、留言是我们友谊的见证，我会经常地打开它，细细地回味我们的心路；在月光下，我也会给你送去一份祝福和问候，让友谊之花常开不败。在网络里，我与你们共同生活在网络这个虚拟的世界里，受到了美的熏陶，得到了精神上的愉悦，感到生活的充实和快乐，能够在这样的氛围里开心地度过每一天，不枉人生此行。

因此，在今后的日子里，我愿是一杯陈年的老酒，让你越品越香甜；我愿是一杯清淡的白开水，让你感到它是解渴的唯一；我愿是明月旁的一颗小星星，在你举头望月的时候，不感到月的寂寞与孤单；我愿是爱的使者，把幸福和欢乐撒向你们。

范例八

某校长在66岁生日宴会上的答谢辞

各位领导、各位来宾、各位亲朋好友：

大家好！

此时此刻，我的心情无比激动。因为在这样的场合中，我不但能和亲朋好友相聚，还能和过去为了理想，为了事业共同奋斗在教育战线上的一些老领导、老同事、老部下在此相逢，我感到特别高兴。同时也使我想起很多难忘的往事。此情此景，我真的觉得时间的流逝，虽然带走了我们曾经共同拥有的岁月，然而它留下和沉淀下的，才是我们之间的友情、亲情与真情。而这一情感，将成为我们之间永恒的友谊，它也将铭记在我们每一个人的心中。

我也要把大家对我的祝福转化成为我对大家的祝愿。愿今天在场的所有人：珍惜人生天地宽，亲朋好友总团圆，天天相见天天乐，人人长寿过百年。

最后，我要代表我的家人，对中心校领导班子及全体师生，在这次庆典活动中所做的特别筹备工作，表示衷心的感谢。同时也祝愿××中心校，在以××校长为首的领导班子带领下，充分发挥每一个人的聪明才智，靠智慧治校，追求卓越，再创明天的辉煌。

庆典之后，我准备了薄酒素菜，酒是祝福的酒，菜是祝寿的菜，让我们共同分享，共同增福、增寿、增健康。

谢谢大家！

范例九

母亲80岁生日宴会答谢辞

各位亲友、各位来宾：

今天是母亲80大寿和父母亲60周年钻石婚庆典，又恰逢新房落成和爱女上学，我们兄弟姊妹和大家欢聚在此，共同庆贺这个美好时刻。在此，我向光临寿筵现场的各位宾朋致以衷心的感谢。

80年来，父亲母亲，勤劳、勤奋、勤俭持家，用他们无私的爱，践行着宽容忍让，和睦邻里，教育后代，诚信待人的人生信条，为家庭、为子女撑起了一片生活和成长的蓝天。目前，儿女们都业有所托、事有所成，孙子孙女们也都学有精进，健康成长。有出国留学的，有上大学的，有在学校积极进取的，这些自豪和骄傲的资本，无不渗透着你们的心血，播撒着你们的爱心。我们也坚信老人家今后的日子会更加幸福、健康、快乐、长寿。

这次四喜临门的欢乐庆典，是在我们儿孙的一再要求下才举办的。老人家再三要求我们不张扬、不奢侈，不给亲朋添麻烦，但我们想到大家庭现在的幸福祥和，看到第三代人的成长进步，目睹第四代人的天真活泼，想借母亲80寿诞和父亲母亲60周年钻石婚庆典这个机会，来回顾父亲母亲的美德，弘扬长辈的风范，增进邻里友谊，激励后代进步而举办了这次庆典，借此机会，来感谢大家对我和我们这个家庭的无私关怀和帮助，表达我们的诚挚和谢意。

愿上苍保佑父亲、母亲健康长寿，天天开心。愿我们的大家庭兴旺发达，平安幸福。愿各位亲朋好友身体健康，万事如意。

范例十

孙子在爷爷80大寿上向客人致答谢辞

尊敬的各位长辈，各位来宾、亲朋好友们：

大家中午好！

今天是我爷爷80寿诞的大好日子，在这幸福、欢乐、吉祥的气氛中，感谢各位的参加，我代表今天的寿星老人和我们全家对各位嘉宾的光临表示热烈的欢迎和衷心的感谢。

风风雨雨八十年，我爷爷经历了太多的沧桑、太多的磨难，但他一生中积累的最大财富是他那勤劳善良的朴素品格，他那宽厚待人的处世之道，他那严爱有加的朴实家风。数十年来，爷爷把自己的心血和汗水都洒在了这块黄土地上，洒在了他充满艰辛坎坷的人生之路上。

如今，爷爷已成了一位满头银发的老人，人生大部分的青春年华和宝贵时光都奉献给了儿女。在艰苦的生活条件下，爷爷为了晚辈的学习成长、成家立业，他含辛茹苦、日夜操劳，不知耗费了多少心血和汗水。可以说，爷爷为了我们这个家，为了自己的子女及孙辈，奉献了一切。岁月的风霜早以悄悄地爬上了他的脸庞，也将他满头的青丝染成了白发，可以说，爷爷饱尝了生活的酸甜苦辣，也见证了世间的人生百态。在这里，我们向爷爷由衷地说一声：爷爷，您坚强果敢的高尚品质永远是我们学习的榜样。

在今天的这个时刻，承蒙各位来宾、亲朋好友前来庆贺我爷爷八十华诞，我们非常感激，在这里略备薄酒淡饭。愿所有的来宾开怀畅饮，与我们共同度过一个难忘的时刻。

最后，祝愿在座的来宾、长辈们和各位亲朋好友们，身体健康、家庭幸福、事业兴旺、心想事成。也在此祝愿我的爷爷如月之恒、如南山之寿，永远健康、笑口常开。

谢谢大家！

范例十一

儿女在母亲80寿辰晚会上的致辞

各位亲朋好友、街坊四邻，各位来宾：

大家晚上好！

春光明媚、春意融融的时节，我们相聚在此，共同祝贺我的母亲80大寿，我谨代表全家向光临晚会现场的各方宾朋致以衷心的感谢和崇高的敬意。

今天是我母亲人生中又一个值得纪念的日子。在幸福、欢乐的气氛中，我们迎来了母亲80岁生日。此时此刻承蒙各位从百忙中抽空，光临我母亲的生日宴，并为我母亲带来了许多真诚的祝愿，给这个生日宴会增添了无限喜庆的气氛。儿女的成功来自于父母的支持和鼓励，来自于父母的执著和刚强，我们的成功就是他们的希望、就是他们的成功。在此，我代表您的儿女向您老表示：我们要牢记你们的教导，承继你们的精神，忠孝传家、遗风子孙、团结和睦、刚毅进取，事业有建树，生活更富庶，使王氏家族蒸蒸日上。

谁言寸草心。像天底下无数伟大的母亲那样，她思想开明、生活节俭、尊老爱幼、宽容忍让，以自己的一言一行潜移默化地感化着后人，激励着大家，为家庭支撑起一片生活的蓝天，时至今日，她仍在默默无闻地奉献余热、播撒爱心。她一生尤其让人钦佩、令人称道的一大亮点便是用心构建的和谐相处的婆媳关系，都说“清官难断家务事”、“众口难调”，但天南海北的几个媳妇与她有着说不完的话、剪不断的情。

去年10月10日的一次意外，使我的母亲经受了近半年股骨颈骨骨折带来的煎熬，而她始终没有被病魔所击倒，处之泰然、乐观向上的人生态度，使她创造了这个年龄层次只有1/3的患者才能康复的医学奇迹。这不能不令人肃然起敬，当然，这其中也倾注着社会各界、朋友家人的无私关爱，特别是凝聚着二哥、二嫂全家的心血与汗水。

能在最艰难的岁月扛着我们这个家庭迈向新时代，能在80高龄仍坚强地重新站立起来，我们更有理由相信她老人家今后的日子会更加幸福、安康、快乐。

在此，我谨代表我全家对各位高亲贵友的到来，表示最热烈的欢迎和衷心的感谢。在幸福、欢乐的乐曲声中，我吹灭了象征着自己人生历程的烛光，默默地许下几个心愿，那就是：祝各位嘉宾天天有个好心情，笑口常开；月月有个好收入，四季发财；年年有个好身体，青春常在；终生有个好家庭，夫妻恩爱。今天略备薄酒希望大家吃好喝倒，谢谢大家。

最后，再次感谢大家的光临，祝大家春华秋实、春风得意、和气生财、合家幸福！

第二十一章

乔迁宴会上的答谢辞

范例一

某市国土资源局领导在办公大楼乔迁仪式上致答谢辞

各位领导、各位来宾：

今天，我局隆重举行办公大楼乔迁庆典。首先，请让我代表××市国土资源局向前来参加庆典活动的各位领导、各位来宾表示热烈的欢迎，并致以崇高的敬意。

为适应国土资源管理事业发展的客观要求，带动××开发区建设，我局办公大楼经市政府常务会议研究决定，于××年×月正式动工兴建。在办公楼建设过程中，我们积极筹划，确保建设资金到位，先后向上级主管部门及其他相关部门争取资金，得到了省市领导的高度重视和大力支持。为做到合理规划布局、科学设计，把国土资源大楼建设成华新开发区的一个亮点，得到了市规划部门、建设部门、质监部门的支持和帮助。为依法依规按程序操作，我们自觉接受监督，公开、公平、公正招标施工单位，严格执行工程预算、核算方案，得到上级领导和社会各界的理解和肯定。为不增加财政负担，我们发扬自力更生、艰苦创业的精神，在足额完成财政上缴任务的前提下，既求生存，又图发展，秉着厉行节约的原则，紧缩开支，保证了建设速度、保证了安全施工、保证了工程质量。尤其是后期工程建设，为加快建设进度，施工单位克服重重困难、加班加点、日夜苦战，取得了较好的经济效益和社会效益。

大爱无形，润物有声。经过艰苦努力，国土资源大楼现已正式落成，总建筑面积×××平方米，总造价××万元。可以说，国土资源大楼的落成乔迁，倾注了省国土资源厅领导的热情关怀，体现了市委、市人大、市政府、市政协领导的英明决策，得到了相关单位和社会各界的大力支持，也凝聚了建设施工单位的艰辛劳动。

目前，我局工作形势很好，在耕地保护上实现了占补平衡和耕地总量动态平衡；在土地收益上实现了翻两番的目标；在资产管理上实现了市场运作经营理念；在业务工作上实现了国家级先进单位零的突破。在新的工作环境中，我们决不辜负上级领导和社会各界的殷切期望，我们将在新的起点，以崭新的姿态，切实增强使命感和责任感，牢固树立忧患意识，爱岗敬业、求真务实、与时俱进、开拓创新，为我局文明建设和全市国土资源管理事业做出更新更大的成绩，为促进全市经济发展，全面建设小康社会作出应有的贡献，我们的明天将会更加美好。

最后，请让我代表××市国土资源局全体干部职工，向所有关心支持我局办公楼建设的各级领导、有关单位、社会各界人士，以及参加大楼建设的全体施工人员表示衷心的感谢，祝各位领导、各位来宾身体健康、工作顺利。谢谢大家！

范例二

某安防科技有限公司领导致乔迁答谢辞

尊敬的各位领导、尊贵的各位来宾：

大家好！

今天是个好日子，冬日暖阳、丹桂飘香，领导贵宾欢聚一堂。共同为我××科技有限公司庆贺乔迁之喜。

你们的光临，我们深受感动。你们在百忙之中挤出时间前来贺喜，带来了深切的关怀，带来了殷切的期望。我们感动至深，倍觉荣幸；真是蓬荜生辉，伴福沾光。在此我代表公司怀着喜悦之心，谨向你们表示热烈的欢迎，致以亲切的问候。

你们的帮助，我们铭记在心。近一年多来，你们对我公司非常重视，给予了高度的关注，给予了十分的热忱，给予了无私的帮助。我们清楚地记得，在公司一度困难的情况下，是你们一番番话语暖人心；一回回鼓励提精神；一个个项目被攻克。给了我们信心，勇气和力量。战胜了困难，图得了发展。注册资本从 50 万增资到 200 万，公司资质从三级晋升为二级。用户的满意度和信誉度直线攀升。抚今思昔，感慨万千。在此，我怀着感恩之心，谨向你们表示衷心的感谢，至以崇高的敬意。

你们的期望，让我们倍加努力。乔迁之喜，喜气洋洋；祝贺之语，真情荡漾。你们美好的祝愿，将成为我们前进的动力。我们深知：市场经济，竞争激烈；优胜劣汰，永恒法则。正如逆水行舟，不进则退；正如赛场起跑，奋起直追。我公司秉承“用户至上、服务优良、科技领先、质量保障、诚实守信、开拓市场”的宗旨，不断进取、团结实干、自我加压、拼搏向上。同时，也竭诚期待各位领导和朋友一如既往的支持和帮助，记得有段名言说得好：朋友是天，朋友是地，有了朋友可以顶天立地；朋友是风，朋友是雨，有了朋友可以呼风唤雨。财富不是永久的朋友，朋友却是永久的财富。在此，我怀着恭敬之心，谨向你们表示虔诚的祈祷，致以美好的祝愿。

一祝大家工作顺利，旗开得胜；

二祝大家财运亨通，生意兴隆；

三祝大家家庭美满，幸福安康！

最后，我提议，请大家共同举杯，为了公司乔迁之喜，为了今天的有缘相聚，为了未来美好的前景，为了我们的深厚友谊，干杯！

范例三

乔迁之喜答谢辞四则

（一）

女士们、先生们：

晚上好！

首先我要代表我的家人，对各位的光临表示由衷的谢意。谢谢，谢谢你们！

俗话说，人逢喜事精神爽。提到喜事，我们中国人日常生活中，有许多值得庆祝的喜事。从传统的角度来讲：洞房花烛夜，金榜题名时，是人生的两件大事。而在今天对于生活在大都市的现代人来说，解决住房，装饰一个温馨舒适的家，已成为不亚于嫁娶的大事。君不见，朋友相逢谈论最多的就是房子问题。也就是说，今天人们的生活中又多了一喜，那就是乔迁之喜。本人就沉浸在这乔迁之喜的喜气之中。再次感谢大家的到来。

知道我装修新房，有同事和朋友很早就打招呼：喂，什么时候燎锅底？搬没搬呀？喝你的酒可真不容易啊！谢谢大家的关心，其实听了朋友们的问候，我是既感动又惭愧。感动的是：朋友们的问候充满了真诚；惭愧的是：这些年，也确实欠下了大家不少的酒债。

其实我是很喜欢酒的，尽管我不能喝。我也很佩服会喝酒的人，因为酒是人们生活中的一部分。酒能振奋人的精神，李白不就曾经斗酒诗百篇吗！酒还能缩短人与人之间的距离，一席酒能使陌生人成为朋友，一席酒能让朋友增进情谊。酒更能为人们的生活增添喜气，不然怎么会有美酒之称呢！

只是以前，由于心居寒舍、身处陋室，实在是不敢言酒，更不敢邀朋友以畅饮。因那寒舍太寒酸了，怕朋友们误解主人待客不诚；那陋室太简陋了，真怕委屈了如归的佳宾。

今天不同了，因为今天我已经有了一个能真正称得上是家的家了。这个家虽然不如杜甫老先生追求的那么广大；这个家虽然谈不上富丽堂皇；但这个家，它不失恬静、明亮，不失舒适与温馨。更重要的是，这个家洋溢着、充满着爱。有了这样一个恬静、明亮、舒适、温馨的家，心情能不高兴吗，能不舒畅吗！人一高兴，心情一舒畅，浑身就洋溢着喜气。伴着喜气去喝舒心的酒，那会是一种什么样的滋味呢？我想，一定会又美又醇。

今天特意备下这席美酒，就是要把我乔迁之喜的喜气分享给大家；更要借这席美酒为同事、朋友对我乔迁的祝贺表示我最真诚的谢意；还要借这席美酒，祝各位生活美满、工作顺利、前程似锦！

谢谢！

（二）

尊敬的各位来宾、各位领导，同志们、朋友们：

大家中午好！

首先，我代表我们全家，对出席今天答谢酒宴的各位来宾，表示热烈的欢迎和衷心的感谢！欢迎你们的光临与捧场，感谢你们的盛情与美意。

说句心里话，拥用一套称心如意的住房，一直是全家人最大的愿望。现在我们××的楼市，可谓“天价楼房日日涨，工薪阶层却步望”。如今托在座各位的福，我们终于如愿以偿，实现了这一夙愿与梦想。自打迁入新居以来，我们一家三口感到十分高兴，也十分欣慰。高兴的是，我们经过 8 年“抗战”，终于告别“蜗居”八载的“陋室”，搬进了宽敞、明亮的 12 层“空中楼阁”。欣慰的是，有许多关心我们的亲朋好友、领导同志，对我们的乔迁表示祝贺、送上祝福，与我们共同分享喜悦与幸福。今天借“××山庄”这块温馨、典雅的宝地，略备薄酒一杯、淡菜一口，以示答谢，实在不成敬意。望大家在这春天里能够开怀畅饮、共度周日美好时光。如招待不周，望其见谅！

最后，我衷心地祝愿在座所有来宾生活美满、一生平安！

（三）

尊敬的各位来宾，女士们、先生们，亲爱的亲戚朋友们：

大家中午好！

首先让我代表全家人向各位的到来表示热烈的欢迎和衷心的感谢！说句心里话，拥有一套称心如意的房子一直是我们全家人最大的愿望。如今，承蒙县教育局的精心组织，我们以“团购的形式、按揭的方式”在××购得住房一套，终于如愿以偿，实现了这一梦想，结束了居无定所的生活。此刻的心情，相当的激动。今天借××饭店这块宝地宴请各位，请大家一起来分享我们的幸福和快乐。希望大家能够开怀畅饮，共同度过这一段美好的时光。

在此，让我代表全家人向多年来对我们家关心和帮助的领导、老师、同学、同事、工匠师傅和亲友们表示衷心的感谢，同时也衷心感谢为今天宴请而忙碌的各位亲朋及酒店里的工作人员。并祝福你们家庭幸福、永葆健康、万事通达、事事如愿。宴请过程中，若有招待不周，礼貌不全之处，还望各位多多包涵。

现在，请大家满上各自的酒杯，我敬大家一杯酒，干杯。

（四）

尊敬的各位领导、各位来宾、各位亲朋好友：

大家中午好！

春有百花秋望月，夏有凉风冬至雪。在我们家乔迁新居的美好时刻，在座的各位领导、各位来宾、各位亲朋好友就是春天的百花、秋天的月、夏天的凉风、冬至的雪，为我们家送来了吉祥，送来了如意，送来了兴旺，送来了发达。为此我代表我们全家对在座的各位表示衷心的感谢和热烈的欢迎，欢迎你们。

多年来因为有在座的各位领导、各位来宾、各位亲朋好友的关心和支持，才使我们家战胜了一个又一个困难，闯过了一道又一道难关，如今又购买了一套新的住房，使我们家人有了一个安度人生的享乐之地，为此我再一次代表我们全家向各位表示衷心的感谢，谢谢你们。

人们常说“朋友是人生最大的财富”，我要说在座的你们就是我们全家人一生最大的财富，希望你们以后还要一如既往地关心支持我们家，常来常往常联系，我们永远是朋友。

最后我要借此机会把最美好的祝福也送给在座的各位，祝在座的各位领导、各位来宾、各位亲朋好友在今后的日子里能够：一帆风顺、二红有喜、三生万物、四季平安、五子登科、六六大顺、七星高照、八方进财、九九归一、十全十美、百事顺心、千秋康泰、万事如意。

谢谢大家！

范例四

乔迁新居致宴会答谢辞

尊敬的各位领导、各位来宾、各位亲朋好友，女士们、先生们：

大家中午好！

承蒙各位的关心、关注、关怀和关爱，今天，我们顺利地迁入了新居。在此，我代表全家对各位给予我们的支持与帮助表示衷心的感谢！

“衣食住行”与我们的生活息息相关。在不缺吃、不少穿，生活水平日益提升的今天，有一处好的住所，地理位置优越，房间宽敞明亮、结构合理、视野开阔，邻里和睦相处是我们一家多年来的愿望，今天终于得以实现，喜悦心情无以言表。在此，我模仿唐代著名文学家刘禹锡的《陋室铭》表达此时此刻我的心境——房不在大，够住就行；钱不在多，够花就行；得友相助，我心满意足。

时间过得真快，迈入2007年的门槛已是7天了。新的一年，新的企盼。记不清是哪位名人说过：平安是福，健康是财。借此机会，我代表全家衷心地祝愿各位：在新的一年里，平平安安、健健康康、发福生财。衷心地祝愿2007这只金猪、幸运之猪、转运之猪，在新的一年里，能够给各位带来吉祥、快乐与好运。

谢谢！

范例五

乔迁宴请主人致宴会答谢辞

尊敬的各位来宾，女士们、先生们，亲爱的父老乡亲们：

大家上午好！

首先让我代表全家人向各位的到来表示热烈的欢迎和衷心的感谢！

说句心里话，拥有一套称心如意的房子一直是我们全家人最大的愿望，如今，在各方面的大力支持下，我们终于如愿以偿，实现了这一梦想，此时此刻我们的心情，用宋丹丹的一句话来说——我们的心情那是相当的激动啦。今天借××酒店这块宝地宴请各位，请大家来分享我们的幸福和快乐。希望大家能够开怀畅饮，共同度过一段美好的时光。

在此，让我代表全家人向多年来给予我们一家关心和帮助的来宾和亲友们表示衷心的感谢，并祝福你们家庭幸福、永葆康健、万事通达、事事如愿。

同时也衷心感谢为今天宴请忙碌的主持人、各位朋友及酒店的工作人员，因为以前我家没举行过宴请活动，所以有招待不周之处，还恳请在座的各位多多包涵！

最后，请允许我引用范伟的一句经典台词：谢谢啊，缘份哪！

范例六

某公司负责人致乔迁宴会答谢辞

尊敬的各位来宾、各位亲朋好友：

春风送暖雪消融，万象更新谱新篇。这是一个欢庆的日子，这是一个××人永远不会忘记的日子。五年前的今天，××咨询公司在喜庆的鞭炮声中开业。我很荣幸与在座的各位一起见证××的成长发展，更感谢大家的鼎力扶持，今天××的乔迁凝聚着您的支持和厚爱。在这里，请允许我代表××公司全体员工，向出席今天答谢会的各位来宾、各位朋友致以最热烈的欢迎和最诚挚的问候！

××的五年是奋进的五年、发展的五年、感恩的五年，××从最初的几位客户到现在的23家客户，从租赁的办公地点到今天拥有自己的办公室。点滴的进步都包含着各位的真情和厚爱，在感谢各位客户和朋友的同时，我还要感谢××的各位同事，正因为有大家的努力××才有了今天的飞跃；我相信你为××添彩，××也会给你更加广阔的舞台。

信立于行，邦始于心。在今后的岁月里，××公司将以真心、诚心、爱心为客户服务，为朋友分忧。树忠厚做人之德，兴谋略发展之道。让我们共同祝愿：××在新的一年开启新的希望，迈向更高的发展平台。在这里，我衷心地祝愿各位来宾、各位朋友身体健康、事业蓬勃、家庭幸福、吉祥如意。让我们在今后的岁月里共同谱写新的篇章。

谢谢大家！

范例七

某酒店乔迁宴会上的答谢辞

尊敬的领导、来宾，各位业界同人和朋友们：

大家好！

很高兴，在这个特别的日子里，我们能够相聚一堂，共同庆祝××大酒店隆重开业。首先，请允许我代表××大酒店的全体员工，向今天到场的领导、董事长和所有的来宾朋友们表示衷心的感谢和热烈的欢迎！

××大酒店位于××市××区中心地带，是集商铺、办公、酒店、餐饮、休闲、娱乐于一体，按照四星级旅游涉外饭店标准投资兴建的新型综合性豪华商务酒店。值得一提的是，它是××首家客房内拥有干湿分离卫生间及景观阳台的星级酒店。其优越的地段、豪华的环境、优质的服务和智能化的配套设施，必将给您耳目一新的感受。它是顺应××特大型城市建设发展的精品建筑，是××区的地标，也是各商家投资、置业、理财的新途径。

正如我们的董事长所说，××大酒店是“我们××人智慧和汗水的结晶”。它的筹划和诞生，倾注了我们××人的所有心血，凝聚了××全新的信念。欣慰的是，有这么多的朋友默默地关心和支持着我们，陪伴我们一路走来。其中，有××区领导的高度重视和政策指导，我们××集团高层的殷切关怀和鼎力扶持，还有社会各界朋友的热心帮助等，让我们感激不已。

跨入新世纪，××的现代化建设突飞猛进，××区发展如火如荼，未来的竞争日益激烈。作为总经理，××大酒店的具体运营者，我深知自己肩负的重担和使命。我的一言一行、一举一动，都将和××大酒店乃至整个××未来的建设发展联系在一起。但是，困难与希望同在，这么多朋友的关心和指导，是支撑××大酒店存在并运作的信心和源泉。面对挑战，我坚信，××大酒店必将在市场上傲然挺立，拥有一席之地。为此，我将携××大厦全体工作人员，用良好的业绩来回报各界，以不辜负领导、董事长和社会各界的期望。同时，我们××大酒店全体员工，将坚持求变创新的开拓精神，和诸位业界同人一起，全力以赴，共同致力于××区的建设发展，为××进一步的繁荣昌盛添上辉煌灿烂的一笔。

正如我们××大酒店的宗旨所阐述的一样，我们要作好××区的地标和窗口，要奏响新区经济发展的最强音，要为××人民创造一个永不落幕的新都会。

最后，我要特别感谢××区领导的莅临指导，感谢董事长于百忙之中能够亲临开业现场致辞。再次感谢各位朋友的光临！

谢谢大家！

范例八

某公司总经理在公司乔迁仪式上的致辞

各位领导、各位来宾，女士们、先生们：

大家上午好！

今天是 8 月 8 号，曾经的 8 月 8 号让全中国人民幸福激动不已，今天的 8 月 8 号对于我们 × × 电脑公司更是一个大喜的日子，感谢大家在这个特别的日子莅临我们新店乔迁仪式，谢谢大家的到来。

我们 × × 公司成立于 1996 年，是一家股份制的电脑公司，目前已发展到以 × × 为总公司，周边多家县市为分公司的高新科技公司。× × 的发展离不开大家的关心和支持，也离不开 × × 员工的努力。正是大家的齐心协力，才使 × × 有了今天的成就，借此机会，我向一直关心和支持 × × 生存和发展的各位领导、来宾和 × × 的员工表示衷心的感谢，谢谢大家！

× × 公司成立至今，在业界获得了广泛好评，并且在 2007 年市质量监督局颁发 AA 级购物放心商店，2008 年市工商局授予重合同守信用企业，各大品牌厂商也成为密切合作伙伴。今天，× × 分公司领导也莅临我店，我们是 × × 地区唯一商用电脑授权代理商。

回首过去的十五年，× × 公司一路走来，到现在无论是技术、产品，还是服务绝对是 × × 地区电脑公司的 NO.1。取得的成绩离不开全体员工的辛勤努力，更离不开在座各位来宾和领导的大力支持。我们将以更优的质量，更好的服务，更低的价格来回报消费者。衷心地谢谢大家，谢谢！

范例九

某矿职工代表在公寓入住仪式上的致辞

各位领导、各位来宾、同志们：

今天，离举世瞩目的北京奥运会开幕还剩 10 天。在全国上下喜迎奥运的大喜日子里，我们在这里举行××公寓开业庆典仪式。这不仅是××房屋租赁公司的一件大喜事，也是××镇政府和××矿的一件大喜事。

在此，我谨代表××矿的全体干部职工，向××公寓入住表示衷心的祝贺，向出席入住仪式的各位领导、各位嘉宾，表示热烈的欢迎和诚挚的感谢。

公寓自2007年初破土动工以来，施工人员克服各种困难，精心组织施工，狠抓工程质量，经过一年多的努力，保证了公寓按时建成投入使用。××公寓设计新颖、风格别致，电视、电话、空调等内部设施齐全，餐饮、休闲娱乐等后续服务也将陆续跟进。同时，从矿院到公寓，沿途还将安装完备的安全监控系统，确保每名职工在这里住得安心、放心、舒心。在此，请允许我再次代表××矿入住的全体职工向单位和施工人员表示衷心的感谢。

××公寓的开业，是我们落实“职工是第一牵挂”，关心职工生活、改善职工住宿条件的一项重要举措。是××矿按照集团公司要求，创新管理模式，推进后勤服务社会化，引进战略合作结出的硕果。是企业参与地方经济建设，推进和谐社会建设的一个重要步骤，必将为实现地、矿“双赢”产生积极的影响。

希望××房屋租赁有限公司要不断强化服务意识，加强内部管理，提高服务质量，在为职工提供优质服务的同时，早日见到经济效益。

希望我们入住的职工要文明住宿，注重形象、服从安排、服从管理、遵守公寓的规章制度。要大力倡导积极向上的生活方式，遵纪守法，在企业争当优秀职工，在社会争当遵纪守法的优秀公民，树立煤矿工人的良好形象。

最后，祝愿每位职工在这里住得舒适、开心，预祝××房屋租赁公司蒸蒸日上，事业辉煌。谢谢大家!

范例十

某公司员工在乔迁新居答谢宴上的致辞

尊敬的各位领导、各位同事、各位亲朋好友：

大家中午好！

今天，是我们全家乔迁新居的日子。各位领导、同事、亲人、朋友能够在百忙之中抽出时间欢聚于此，是我们全家的荣幸。在此，请允许我们夫妻代表全家，对大家的到来，表示热烈的欢迎和衷心的感谢。

时光飞逝，岁月如梭，10年弹指一挥间。从最初的走出校门到后来的成家立业，从以前的身居陋室到现在的喜迁新居，我们的生活在不经意间发生了许多变化，我们虽然因此而欣喜，但我们却时刻没有忘记，我们的每一点进步、每一次成长，都离不开各位领导的关心与培养，离不开各位亲朋的帮助与支持。

今天，我们在此备下薄酒素菜，不仅是想把心中的这份喜悦与大家共同分享，更是想借此机会，对大家多年来的关心、关注与厚爱表示感谢。酒菜过后，欢迎大家到家里去参观，我家的装潢虽不是请知名的设计师设计的，但是从每个布局和搭配，都倾注了我和爱人的无限心血，希望大家对家里的装潢布置多提宝贵意见，我将不胜感激。

当然，就算是千言万语也难表我们夫妻心中的谢意，在此，就让我和我的爱人，真诚地为大家敬上一杯喜庆的酒、祝福的酒，再送上我们诚挚的祝福：

祝愿尊敬的各位领导、同事以及所有的亲朋好友在新的一年里，身体健康、心情愉快、心想事成、万事顺意！

第二十二章

满月酒宴上的答谢辞

范例一

父母在子女满月酒宴上的答谢辞三则

（一）

各位同事、各位朋友：

你们好！

非常感谢，感谢你们的盛情，感谢你们能在百忙之中，抽出时间来参加我宝宝的满月酒。

一个月以来，为着这个小家伙，我们全家忙得不亦乐乎。可是每个人的脸上都带着笑。事实上，从××呱呱落地的那一天起，我们家就充满了欢声笑语，巨大的幸福洋溢在我们家每一个人的心里。我的心中，更是充满了幸福。

今天，为着我们这个刚满月的小太阳，我们欢聚在一起。让我们举起杯来共同畅饮吧！祝福他的明天如日东升，也祝愿我们每一个人的生活都蒸蒸日上。初为人父，心情是激动的、快乐的、满足的，我想每个初为人父的朋友都是一样的感受，但是，父母对孩子的心愿只有一个，就是望子成龙。

下面请求各位亲朋好友和我互动一下：请大家闭上双眼用心去为我的儿子祈祷一分钟，恳求上天的祝福：长命百岁、快乐聪明、博学多才、早日成龙，也求上天赐福给今天所有莅临酒会的亲朋好友，赐给大家一个健康的身体、和睦的家庭和理想的事业。

今天到场的亲友和同事都是我家的至亲，希望大家不要拘束，放开酒量、敞开肚量、吃喝无量。再次感谢大家光临，谢谢大家！

（二）

各位来宾、各位长辈、各位亲朋好友：

大家好！

在我儿子××满月之际，承蒙各位百忙之中前来祝贺，我谨代表全家向各位的到来表示热烈的欢迎和衷心的感谢！

××，生于2009年2月26日15点52分，顺产，重5斤。他的到来给我们的生活带来了无限的欢乐，也占据了我们绝大部分休息与空闲时间，虽然为人父母只有短短的一个多月时间，可我俩对“养儿方知父母恩”这句话有了更深的理解，也让我们怀有一颗感恩的心感谢生养我们的父母。

希望这种喜悦的气氛能够感染在座的每一位。为人父母是人生中又幸福、难忘的时刻，这一刻，我特别想感谢给予我生命的父母，感谢我的妻子。希望我的儿子快快长大，绘画出属于自己的美丽风景。同时希望朋友们一如既往地关心支持××机电和××公司的发展，希望大家在新的一年里身体健康、家庭幸福、事业发达！

另外，还要感谢我们的亲朋好友、领导、同事，正是有了各位的支持、关心、帮助，才让我们感到生活更加甜蜜，工作更加顺利；衷心祝愿大家生活小康、身体健康、合家安康！

最后，让我们端起手中的美酒，祝愿我儿健康美丽幸福，祝愿我们的明天会更好。

今天在此略备薄宴，聊表寸心，不周之处，请多多包涵。请各位开怀畅饮，谢谢大家！

（三）

尊敬的各位领导、各位亲友、各位来宾，亲爱的朋友们：

大家下午好！

报告大家一个好消息，我有儿子了，大家替我高兴吧！十二年的期盼，十二的等待，终于让我们没有了遗憾，二人世界变成了三口之家，让我们也尝到了为人父母的幸福和感受。

我感谢上天给了我们一个惊喜，我感谢我的爱妻，是你的辛苦孕育，成就了我做父亲的梦想。

我要感谢我的父母和老岳母，养儿才知父母恩，舐犊之情，养育之恩，儿子没齿难忘。我要感谢各位长辈和亲友，是你们的关注和关怀让我们心存温暖，倍感坚强。

我要感谢我的同学和朋友，真诚的友谊永远不会忘记，在我最困难、最迷茫的时候，是你们与我相伴相随，同舟共济。

我要感谢各位领导对我的栽培和鼓励，我要感谢各位同事对我工作的支持，生活的关心，事业上的帮助。

我要感谢我远在××的哥哥和嫂子，是你们的真情付出、慷慨相助，让我们的梦想变成了现实，手足之情，永远铭刻在心。

今天，我的心情很激动，纵有千言万语，也表达不尽我的感激之情，我和我的爱人现在没有太大的能力，我们只有一颗感恩的心，我们会把感动化作行动，用我们的真心、真情和真意，孝敬好父母，抚养好孩子，善待好亲朋。在这里，衷心地祝愿所有来宾好人一生平安，希望每一个家庭都幸福美满、祥和快乐，企盼这个世界多一些心想事成，少一些痛苦和遗憾。谢谢大家！

范例二

父亲在宝宝满月酒宴上的致辞

尊敬的各位嘉宾、各位亲朋好友：

大家中午好！

今天是我儿子××的满月宴，承蒙各位前来祝贺。首先请允许我代表全家向各位的到来表示热烈的欢迎和衷心的感谢。昨天晚上想了几句话，怕今天心情太激动不记得，所以特意带了张稿子上台。

2008年12月27日晚8点，我的妻子××顺产生下7斤2两的男孩，我做了爸爸。这是我们家一件大事。虽然做父母只有一个多月的时间，可我俩对“生身容易养身难”这句话有了更深的理解，我既体验到了做父亲的快乐，也体会到了为人父母的艰辛。在这里我对双方父母大人的养育之恩表示感谢，特别向老婆××同志在生产过程中忍受的巨大痛苦和这种奉献精神表示感激。从××呱呱落地的那一天起，一个月以来我们全家忙得不亦乐乎，但每个人的脸上都有带着笑容。巨大的幸福洋溢在我们家每一个人的心里。在我的心中，也有了为奶粉钱搏命的责任感。以往30年的经历可能都不及这1个月的变化，我经常都在想着：“妻了、孩子。一个小家的平淡的生活就这么真实地开始了。感谢上天把这么一个帅气可爱的孩子赐给我们！”现在，面对着小宝宝，我想说：“孩子，你是幸运而且幸福的，因为有爱着你的爸爸妈妈，有这么多关心你的亲人，你一定会每天生活在阳光与欢笑之中。”

每个父母对子女都有美好祝愿。大家前后为小宝宝想了10多个名字，最后决定宝宝的大名叫俊言。俊字的本义是德才兼备的意思，言字的本义有一言九鼎的意思。希望宝宝以后能够成为一个德才兼备，一言九鼎的男子汉。

最后还要感谢我们的亲朋好友，各单位的领导、朋友。正是有了各位的支持、关心、帮助，才让我们生活更加甜蜜，工作更加顺利。也衷心希望大家能一如既往地支持我们、帮助我们。

今天在座的各位都是咱自己人，所以希望大家不要拘束，尽情地吃、尽情地喝。谢谢！

范例三

母亲在宝宝满月酒宴上的致辞

各位来宾、各位亲朋好友：

大家好！

在我家儿子××满月之际，承蒙各位百忙之中前来祝贺，我谨代表全家向各位的到来表示热烈的欢迎和衷心的感谢！

儿子生于2009年5月7日（农历4月13日）14点36分，重6斤半。他的到来虽然占据了我们绝大部分休息与空闲时间，但同时也给我们的生活带来了无限的欢乐。今天，我要感谢在座的亲朋好友、领导、同事，正是有了各位的支持、关心、帮助，才让我们感到生活更加甜蜜，工作更加顺利；欢迎大家来喝我儿子的满月酒，我想今天的满月酒代表了三层意思：第一是分享喜悦，宝宝的诞生给我家带来了无比的喜悦，借此机会和大家一起分享这份喜悦之情；第二是感谢，工作至今，我们走过的每一步，都得到了领导、同事和朋友的关心和帮助，借此机会向大家表示感谢；第三是祝愿，首先祝愿有小孩的朋友，祝小孩子能健健康康、快快乐乐地成长，早日成为栋梁之才。没有生小孩的朋友，祝愿大家想龙得龙，想凤得凤！

在此，我提议：请在座的每位亲朋好友，举起酒杯，不为菜的丰盛；不为酒的甘醇；不为千姿百态的人生，只为××崭新的生命和幸福的生活，干杯！

谢谢大家！

范例四

某教师在孩子满月酒宴上的致辞

尊敬的各位老师、各位朋友：

大家晚上好！

今天是我儿子××的满月宴，承蒙各位前来祝贺。请允许我代表全家向各位的到来表示热烈的欢迎和衷心的感谢。2010 年 12 月 19 日 15 点 30 分，××出生了。他的出生带给我们无限欢乐，希望能和大家共同分享我们的喜悦。借此机会也要向一直关心帮助我们的各位亲人、老师和朋友表达真挚的感激。

首先要感谢我们的父母。这三个多月，我们既体验到了天伦之乐，也体会到了为人父母的艰辛。“养儿方知父母恩”，我们更深切地体会到双方父母养育我们耗费的心血，为我们做出的无私奉献，在此向他们表示真诚的感谢！

其次要感谢我们的老师。我们走过的每一步都离不开您的扶持，没有您多年以来的无私关怀和不倦教诲，就没有我们现在安定幸福的生活。

最后要感谢我们的朋友。正是有了各位的支持、关心、帮助，才让我们生活更加甜蜜，工作更加顺利。也衷心希望大家能一如既往地支持我们、帮助我们。

××的出生给了我们上进的动力，替我们开启了看待世界的另一个视角。我们希望能在陪伴他成长的过程中以善良、理性的态度面对生活，将××培养成有理想、有智慧、有能力、有品位的“四有新人”。

再次感谢大家对我们的支持，对××的祝愿，祝大家身体健康、万事如意。其他感谢的话我就不多讲了。请大家共同举起手中的美酒，为幸福干杯！

谢谢大家！

范例五

某父母在双胞胎女儿满月酒宴上的致辞

尊敬的各位来宾、各位同人、各位亲朋好友：

大家中午好！

今天时逢我的女儿满月之际，承蒙各位前来祝贺，首先请允许我代表全家向各位的到来表示热烈的欢迎和衷心的感谢！

一个月前的今天，也就是2010年×月×日，农历×月×日凌晨2时26分，本人正式升级成功。我妻子很伟大，通过剖腹，平安生下一对双胞胎女儿，大的六斤，小的五斤半，她们现在都长得健康、可爱。她们的到来，使我既体验到了做父亲的快乐，也感受到了做父母的艰辛，也真正明白了“不养儿不知父母恩”的真实含义。

每个父母都有望子成龙的愿望。因此，我给她们取了个小名，叫娇娇和奥奥，也是希望她们成为父母的骄傲，也希望是在座的所有人的骄傲。

在座的各位都是我们家最亲近的人，所以希望大家不要拘束，请大家慢慢享用！

谢谢大家！

第二十三章

毕业典礼上的答谢辞

范例一

毕业典礼上学生致答谢辞

尊敬的各位领导、老师们、党员同志们：

大家下午好！

非常荣幸能在这个即将离开母校的时刻，代表××学院的2007届全体毕业生党员在此发言。在这里请允许我代表全体毕业生党员对我院辛勤工作、无私奉献的领导和全体老师们表示深深的感谢和崇高的敬意。

四年的大学时光如白驹过隙，转瞬即逝。作为一名学子，从一个渴求知识的新生，到一名略有所成的毕业生，生活、学习中的点点滴滴无不凝聚了各位领导和老师们的心血。是你们教给了我们科学的知识和严谨的态度；是你们让我们感受到了科研的艰辛；是你们让我们体会到了取得成功的喜悦；是你们教给了我们做人的道理。今天我们之所以能满怀自信地站在这里，站在英雄的面前，都要感谢我们的母校，感谢××学院的全体老师，感谢你们用青春和汗水换来了我们今天的成绩。

回首四年的大学生活，今天来看，竟然像昨天的事情。还清晰记得第一次站在军训操场上的那个瞬间，带着未脱的稚气和对大学未来生活的无限憧憬，我们开启了通向丰富多彩大学生活的大门。转眼间，时间的年轮匆匆转过，我们的回忆中多了足够一辈子品味的东西。和我们一起成长的流芳校区，青青的小山，美丽的叠翠湖，鸟语花香树下的长凳都曾留下了我们的晨读的背影；精密的实验仪器、条件优越的实验室里，曾留下了我们对科学的向往，运动场上留下了我们拼搏的身影……那铭刻了我们共同经历的日子，让我们受到了锻炼，增长了经验，也更让我们体会到了××学院严谨的作风和学风，体会到了那种团结向上的精神面貌，也更加感受到了我们××学子的那种精神，再次谢谢学校和老师的教导，正是有了你们孜孜不倦的教育，才有了我们现在的成功。

春华秋实，四季更替。四年的大学生活，使我们由普通的青年成长为一批信仰坚定的无产阶级的追随者。作为共产党员，我们始终以邓小平理论和“三个代表”重要思想武装自己，不断加强自身思想政治建设，提高自身理论修养，把保持共产党员先进性作为自身一项长期的工作来进行。在院领导和老师们的谆谆教导下，涌现了一批批像××那样优秀的共产党员；这里留下了我们一次次的支部会议，这里流动着我们一批批新鲜的血液，这里有我们对党和国家大事的讨论，这里有我们一次次生动活泼的党组织生活。

不久之后，我们将踏上新的征程。让我们再一次向领导和老师们说声“谢谢”，是你们用自己的言行和关爱让我们得到了远比书本知识更加宝贵的信念；让我们对自己的父母说声“谢谢”，是他们一如既往的支持让我们在人生路上充满了勇气；让我们对这美丽的校园说声“谢谢”，是它不变的安静、祥和记载了我们的奋斗与成长。让我们对彼此互相说声“谢谢”，让我们回想那纯真灿烂的笑容、朋友间的友谊，去感悟那美好的生活，让我们××学院全体学生党员一起记录下这美好的时刻。

同时，我相信我们的学弟学妹们会比我们优秀，希望你们能抓紧在校学习的机会，不仅要努力学习，而且作为一名学生党员，你们是一批优秀的学生代表，你们更要加强自身理论知识的学习，时刻保持共产党员的先进性，积极配合我院的各项工作，服从我院的发展大局，从而为我院更快更好地发展作出自己应有的贡献。

最后，让我们衷心祝愿我们的同志们能够学有所成，祝愿××学院能够蒸蒸日上，祝愿我们的母校越办越好，同时我们也希望通过我们毕业生的不断努力来回报社会、回报母校。

谢谢大家。

范例二

研究生代表在毕业典礼上致答谢辞

尊敬的各位领导、各位老师，亲爱的同学们：

大家下午好！

在学院多年的学习生活，给我留下了太多难忘的记忆。忘不了母校的美景：春天里烂漫的花开，夏日里繁茂的绿树，秋季里金黄的落叶，冬日里皑皑的白雪。忘不了在学院学习的点滴：藏书丰富的资料室，藏品多样的博物馆，木香园里庄严肃穆的孔子像，她是我们的精神故乡。忘不了老师们的谆谆教诲：不仅教给我们所学的专业知识，更教育我们成人和成才。忘不了同窗情谊：曾经我们为梦想而来，共同学习，勇攀学术高峰。

七年前，当我刚进入校门时，可能我同大家有一样的困惑：学这些能有什么用？七年后，当我要离开这里的时候，我会想七年的生活给了我什么，而我又会从这里带走些什么。我想在座的各位同学都会有各自独特的体会。但就我个人而言，在这七年里，因为有了老师的帮助和同学的支持，我感觉所学不仅可以作为我们终生为之奋斗的职业，更能成为自己的兴趣爱好，让我们成为穿越古今的使者，感受之美。通过这几年的学习，除了学到专业知识外，更重要的是，我们拥有了所学的专业素养，能用更为客观的态度和独立的思考来观察这个复杂的世界，处理我们生活中遇到的种种问题，指导我们前行的方向。谢谢在这七年中一直陪伴和支持我的老师和同学们。这几年在学校的生活，正如一位学者所言，给了我们虽不富足但却充实的生活。

亲爱的同学们，毕业典礼是我们人生中一场重要的仪式，它预示着我们向一段学习生活作告别，也意味着我们将开始承担不同的角色和责任，开始新的人生旅程。站在离别的当口，望向并不确定的未来，大家可能和我一样怀有既喜且惧的心情。有的同学会继续深造，继续从事研究；有的同学会步入社会，开始为事业打拼。虽然目标各异，但凭着多年所学的专业训练，我相信大家都会坚定地、坚强地、坚韧地面对人生挑战，成就人生梦想。

最后，请允许我代表各位即将毕业的同学向我们最亲爱的老师们道声感谢，感谢老师们在我们成长和成熟的过程中所给予的宽容、支持和鼓励，祝福我们的老师身体健康、工作顺利、桃李满天下。

谢谢大家！

范例三

某优秀毕业生代表的毕业答谢辞

尊敬的各位领导、各位老师、各位同学：

大家上午好！

非常荣幸能作为优秀毕业生代表，站在这里发言。首先请允许我代表09级全体同学感谢我们母校和老师，感谢你们这三年来的悉心教导和精心栽培！

我站在这里，很荣幸，也很忐忑。在××这个传统与现代结合、知识和梦想辉映的神圣殿堂，恩师的谆谆教诲和辛勤付出，让我掌握了知识、学会了坚强、懂得了感恩、明白了人生。同学之间的真诚友谊伴我度过了无数个难忘的日日夜夜，尤其在我遇到困难的时候，你们一句句鼓励的话语、一个个善良的微笑，让我心里充满了温情暖意。在此，我谨向给我人生坐标的领导和老师、给我关怀友爱的同学和朋友，致以最真诚的感谢和敬意。祝老师们阖家幸福、工作顺利，愿同学们前程似锦，成为建设国家的栋梁之才。

分别才知情深，我们即将离开母校，可知我们每个人心中有多么的依依不舍，校园里的每一栋教学楼，每一个实验室，一草一木，都会引起我们无尽的回忆和思念。然而不管多么难以割舍，为了母校的荣誉，为了我们的未来，我们都必须惜别这里的一切，去另一个人生的舞台上开始新的征程和梦想，所以，我们忍着眼泪，离开××。

房子有了爱便成了家，城市有了道义就成为社会，红砖有了真理就成了学堂，陋室有了宗教就成了圣殿。不管今后走得多远，我们一定会铭记恩师的谆谆教诲，同窗情谊的拳拳之心，把我们的信念和理想放在一处，使之升华，克服身上的急功近利，超越现在的不完美，去创造一个闪耀着希望的绚丽光彩的未来。

让时间作证，我们09级的所有毕业生，一定会做拥有智慧并富有激情的人，做胸怀大智并脚踏实地的人。不畏艰险、追求卓越，用我们的热血铸造起××之魂，不辱××的称号。

最后，请允许我代表在座即将离校的全体学生，向足以让我们铭记一生、感恩一生的老师鞠上一躬，并道声："老师，辛苦了！"

谢谢大家。

范例四

某学生代表在毕业典礼上的答谢辞

尊敬的老师、亲爱的同学们：

大家好！

在五四青年节到来之际，也是即将要离开母校之时，此时此刻，我们舍不得陪伴我们度过四年美好时光的校园；舍不得同窗苦读的同学；更舍不得辛辛苦苦传授我们知识的老师。××学校就像一个大摇篮，里面装载着无数只大鹏鸟，只要大鹏鸟一长大，就会飞向远处的天空，但它们不会忘记摇篮的养育之恩。我们就好比那一只只大鹏鸟，带着希望、梦想与感恩，飞向属于自己的天空。我们感谢辛勤的园丁——无私奉献的老师们，每天都在为我们而操劳，为我们奉献了人生中最宝贵的青春时光。"春蝉到死丝方尽，蜡炬成灰泪始干"是对你们真实的写照。各位老师，我们一定会努力学习，为我们的信念，为不辜负你们的期望而努力奋斗。

我们怀着对母校依依不舍的眷恋之情，即将开始全新的生活，进入一个崭新的学习阶段。面对即将到来的考验，我们没有任何理由退缩。当你以四年的汗水让初中的奏鸣曲结束前达到最高潮之时，一个新的乐章又将在你面前展开。我们选择继续学习的学校虽然不同，但这与各位老师对我们的关心、教育和培养是一致的。我们将在新的学校努力刻苦学习，继续保持在××学校的良好学习习惯，牢记老师的教导，将来成为对社会有用的人才。

老师常教导我们说学习的道路是曲折而漫长的，不会因一时的成绩而铺就，应该志存高远、脚踏实地、勤奋刻苦，为实现自己的理想而努力学习。感谢老师的教诲，让我们知道在未来的道路上不可能一帆风顺，也许会徘徊、会沮丧、会迷茫……但学习就像一面镜子，你向它微笑，它便还你微笑。当风来临之时，我们只要坚信自己独特的力量，然后尽情高歌，去击起更加绚烂美丽的浪花。我们相信，你们会用辛勤和智慧装扮××学校希望的明天，用成绩和汗水铸就××学校辉煌的未来。

我们以自己的青春和热血构建了我们的精神家园，我们把成功的喜悦写满笑脸，我们把青春时光撒满校园，我们为理想、为未来不畏艰险，一往无前。我们也知道，我们毕竟还年轻，我们可能幼稚、可能没有经验，但我们有热情、有信念、有自信。我们会谨记老师的教导：今天的嫩枝，将会成为明天的绿荫，让我们用自信和热情扬起学习的风帆，用青春和信念书写未来人生壮丽的诗篇！

范例五

学生家长在毕业典礼上致答谢辞

亲爱的老师：

谢谢您！

强国要科技，科技需人才，人才靠教育，教育要教师。教师需付出，付出……千言万语，道不尽那年那月；万水千山，隔不断缕缕师恩。我要衷心对您说一声：谢谢您，老师！教了孩子知识，教会了我做人。

悦耳的铃声，妖艳的鲜花都受时间的限制，只有我的祝福，永远永远祝福您——给我的孩子智慧之泉的老师。

您的辛劳是我们孩子的动力，我们孩子的成功是您的骄傲，然而我们的孩子会为您自豪。

谢谢您，老师！您，是黑夜的启明星；您，是白昼的晴空；您，是骄阳下的清风；您，是雨中的屋檐；您，是大海；您，是山川。是您塑造了我的孩子灵魂。您，是载送卫星的火箭；您，是海上的罗盘针；您，是投入；您，是付出。您就是我们的孩子最敬爱的老师。您教给我们的孩子"学而不思则罔，思而不学则殆"。

当我们采摘丰收果实的时候，您留给自己的是粉笔灰染白的两鬓白发。向您致敬，敬爱的老师。

在这美好的节日里，我们孩子要用老师教写的字，用老师教的美好词句，为老师写一首最美的小诗……

对您的感激千言万语也无法表达，对您的祝福百千万年也不会改变——老师，祝您万事如意。

一个个日子升起又降落，一届届学生走来又走过，不变的是您深沉的爱和灿烂的笑容。祝福您——亲爱的老师。

手中的粉笔慢慢化为漫天爱的灰屑，这爱染白了您原本乌黑的头发。在这特别的日子，献上一句：老师您辛苦了！

祝老师步步大顺、事事有成、桃李满天下！

范例六

应届毕业生在毕业仪式上向导师致答谢辞

各位领导、老师、同学们：

大家好！

在即将毕业之际，我在此感谢大家在我大学生活中对我在学习和生活中的不断帮助，尤其是我的导师×××，老师，谢谢您。

人生旅程上，您丰富我的心灵，开发我的智力，为我点燃了希望的光芒。谢谢您，老师！

春雨，染绿了世界，而自己却无声地消失在泥土之中。老师，您就是滋润我们心田的春雨，我们将永远感谢您。

老师，您是海洋，我是贝壳，是您给了我斑斓的色彩……我当怎样地感谢您！

踏遍心田的每一角，踩透心灵的每一寸，满是对您的敬意。有如从朔风凛冽的户外来到冬日雪夜的炉边；老师，您的关怀，如这炉炭的殷红，给我无限温暖。我怎能不感谢您？

对于您教诲的苦心，我无比感激，并将铭记于心。天涯海角有尽处，只有师恩无穷期。感谢您，老师！

您用心中全部的爱，染成了我青春的色彩；您用执著的信念，铸成了我性格的不屈……

老师，我生命的火花里闪耀着一个您。

鸟儿遇到风雨，躲进它的巢里；我心上有风雨袭来，总是躲在您的怀里——我的师长，您是我遮雨的伞，挡风的墙，我怎能不感谢您。

没有您的慷慨奉献，哪有我收获的今天。十二万分地感谢您，敬爱的老师。

您送我进入一个彩色的天地，您将我带入一个无限的世界……老师，我的心在喊着您，在向您敬礼。

把精魂给了我，把柔情给了我，把母亲般的一腔爱给了我……老师，您只知道给予而从不想收取，我怎能不向您表示由衷的敬意？

您的眼神是无声的语言，对我充满期待；是燃烧的火焰，给我巨大的热力：它将久久地、久久地印在我的心里……

假如我能搏击蓝天，那是您给了我腾飞的翅膀；假如我是击浪的勇士，那是您给了我弄潮的力量；假如我是不灭的火炬，那是您给了我青春的光亮。

老师，在今天我们身上散发的智慧光芒里，依然闪烁着您当年点燃的火花。

往日，您在我的心田播下了知识的种子，今天，才有我在科研中结出的硕果——老师，这是您的丰收。

您谆谆的教诲，化作我脑中的智慧、胸中的热血、行为的规范……我感谢您，感谢您对我的精心培育。

因为您的一片爱心的灌浇，一番耕耘的辛劳，才会有桃李的绚丽，稻麦的金黄。愿我的谢意化成一束不凋的鲜花，给您的生活带来分芳。

忘不了您和风细雨般的话语，荡涤了我心灵上的尘泥；忘不了您浩荡东风般的叮咛，鼓起我前进的勇气。老师，我终生感激您。

真诚、坚定、谦逊、朴素——这是您教给我唱的歌，这是您指引我走的人生之路。

有一道彩虹，不出现在雨后，也不出现在天空，它常出现在我心中，鞭策着我堂堂正正地做人。

老师，感谢您用自己的生命之光，照亮了我人生的旅途。

范例七

中国佛学院2008届研究生代表在毕业仪式上的答谢辞

尊敬的××大和尚、××大和尚、各位领导、各位法师：

下午好！

特别感谢我们的院长××大和尚，不惮年高，于法务繁忙之际亲临佛学院。非常感谢各位领导、各位法师、各位善知识于百忙之中来参加中国佛学院2008届研究生毕业典礼。在此，我谨代表中国佛学院2008届全体研究生，对你们的到来表示热烈的欢迎和衷心的感谢！

6月30日上午，在中国佛学院大礼堂，由××法师、××法师、杨××教授、姚××教授、魏××教授、李××教授、徐××教授组成的答辩委员会评审团对××、××、××、××、××、××六位同学的毕业论文进行了认真的点评，给予了高度的评价，并提出了具体的修改意见。评审团一致认为，我们六位同学的论文选题新颖、资料翔实、观点明确、结构谨严、说理清晰、文字通畅，在某些问题上有着自己的创新和独到见解，填补了学术界一些研究领域的空白，具有一定的学术价值。

我们六位研究生论文能得到各位评审委员的一致肯定与好评，这些成绩的取得，既与我们七年来的努力学习和研究分不开，更与党和政府的关怀、学院领导的关心、指导教授的悉心指导、学院各位法师、各位老师辛勤教学、学院后勤各位工作人员的辛苦、××寺各位常住的支持是分不开的。在这里，我代表毕业研究生，对你们表示最诚挚的谢意！

往事难忘，温馨如昨。7年前，“心怀度生慈悲愿，身似法海不系舟”的我们来到了中国汉语系佛教最高学府——中国佛学院求知。7年了，记忆中经历了无数个刹那。那一个个的刹那，珍藏在我们的心中。法师的开示，犹如醍醐之灌顶；老师的教导，好似甘霖之润泽。随学长，文学馆听讲座；与学弟，美术馆看展览。我们一起在图书馆博览群书，一同在球场上尽情挥洒。学院前面的广场上，记录了我们多少欢声笑语，××殿前的石钵里，留下了我们几许的诗情禅意。法海真源，大雄宝殿，那些欢快的鸟儿吟唱的梵呗声里，有我们共同的熏陶。这么多的一串串记忆，一番番欢喜，一次次感动。是你们，中国佛学院的法师、老师、同道们赠给我们的无价珍宝，谢谢你们。

7 年学院生活，将我们造就成为热爱祖国、信仰坚定、具有一定佛学素养、饱含弘法热情的青年僧才。虽然学僧生活即将结束，但结束也意味着新的开始，修学的路程没有尽头。我们早就作好“将此深心奉尘刹，立志教育报佛恩”的准备，尽此生，尽未来际——让学子之心，融为慧光照亮十方刹；令法源之情，化作法雨遍洒大千界。

我们真诚地祝愿我们的母校——中国佛学院的明天更加辉煌。祈愿 2008 北京奥运会能够取得圆满成功，祈愿我们伟大的祖国平安、吉祥、繁荣富强！

再次感谢 × × 院长对我们的关心，感谢各位领导、各位法师们。

阿弥陀佛！

范例八

某大学毕业生代表在毕业仪式上向楼管阿姨致答谢辞

尊敬的楼管阿姨：

日月如梭，转眼间大学生活即将结束了。四年的时间我收获颇丰，我感谢这片土地，感谢我的学校，我深深地爱着 × × 大学，更深深地爱上了这里每一个督促我成长的师长同学。然而在校园里总有这样一位老师：她不是站在课堂上传授我们知识的授课老师和督促我成长的学院领导，但是她一直默默支持着我，我的生活从来都离不开她。她就是 × × 大学 21 号宿舍楼楼管陶阿姨。四年来她给了我无微不至的关怀，使我们感到了家的温暖。在此，我代表全寝室和我身边的和我有着同样感受的好朋友，向阿姨道一声：阿姨，您辛苦了！

每当你走进××21楼，总会迎上一个亲切的笑脸。这就是陶阿姨，永远是那么的平易近人。你总会发现在1楼有一块儿小黑板，写着近期一些该注意的事情，时刻提醒着大家该注意什么。看似平常的小事，却饱含着一颗体贴的柔软心肠。还记得2009年全运会的时候，作为志愿者的我每天都要披着星星早早地出门，那时宿舍楼还没有到开门的时间，但是每次到了那个时间，阿姨早就起床准备好为我们开门，还叮嘱我要注意身体，看着我整天早起她很是心疼。她每天比我们睡得晚，起得比我们早。进入大四我选择了去实习，公司每天都加班到很晚，坐102回到学校已经近十二点了，一开始看到紧锁的宿舍门我感到非常的无助，非常愧疚地去敲门叫醒阿姨，当阿姨来到门前的那一刻，看着她忙碌而又焦急的样子，我们找到了家的感觉，而她，就是我们切切实实的一位母亲……

经历了三年的毕业生离校和新生进校的时间段，这个时间段她非常的疲惫，因为要处理的事情太多，但是她还是面带笑容地非常有耐心地仔细地处理着每件事情。她的倾心付出送走了一届届优秀的毕业生，让这些优秀的毕业生带着××校的关心离开校门，怀着感恩的心开始自己的事业。

她虽然只是一位楼管阿姨，平凡的工作里却做着不平凡的小事，感谢她这四年多的时间里为我们做的点点滴滴。

你是这个偌大校园里默默无闻的工作者，你看着我们从刚入学的青涩稚嫩到现在的稳重自信，守护着、关心着我们的成长。在这里，我向你表达我心底的感谢，同时感谢我们敬爱的社区中心领导，感谢你们给我们安排了这么优秀负责的楼管老师们。他们时刻直观地展示着学校的形象，让我们深深地爱上我们的大学，感受到上级领导对我们生活上的关心和支持，感谢我们的社区领导。

大学的宿舍不再像高中时那样只是晚上睡觉的一个床铺，放时令衣服的一个小壁橱，它成了我们展示个性、温暖舒适的家。不管我们游荡在校园的何处，我们都有归宿感，在校园的某个地方有一个小小的空间是属于我的——它安全、清洁、自由、充满活力。而这些与陶阿姨的辛勤劳动是分不开的。陶阿姨每天充满活力地擦玻璃扫地，我从没有想过她竟然已经年过六旬。

你们每天坐在传达室，没有电脑、电视机，还要密切注视来往的人群中是否有可疑人员，连坐在餐厅清闲的吃个午饭的时间都没有，因为中午正是进出寝楼人最多的时候。

当我们寝室灯坏了，暖气不热，窗帘掉了，窗纱破了或者电用完了等等琐事发生时，我们第一个想到的就是你们，而你们总是尽快地帮我们解决这些细小却与生活息息相关的问题。

四年来，我有过数次学业上碰到的坎坷和生活中的失意，但是一路走来有你的陪伴、有你的叮嘱，我都会很快走出低谷，再次挑战自己进而取得属于自己的新成就。大学期间一直以系第一名的成绩连续获得××大学一等奖学金；多次被评为校级“三好学生”，“优秀团员”，“优秀学生干部”，“优秀团干部”，“积极分子”；“××省优秀学生”，“××省优秀毕业生”等称号。每次获得这些奖项我都会冲回宿舍给你报喜，你总是非常肯定和鼓励我，脸上露出发自内心的为我高兴的笑容，这种会心的笑真的是母亲才有的那种为儿女骄傲的笑容。

想说的话太多，我真的不知道该怎么感谢我亲爱的陶阿姨，因为她从不求回报，我只能偷偷地向领导反映，也让领导们了解广大毕业生的心声。我们都热爱自己的大学，我们将怀着感恩的心踏入社会，再次感谢社区中心的领导们，感谢你们为我们精心安排负责任的楼管阿姨，让我们的大学生活充满温馨。同时我们相信领导们会有相应的政策去鼓励像陶阿姨这样默默坚守自己岗位服务广大同学的楼管们。

第二十四章

年终大会上的答谢辞

范例一

某公司领导在年会上对某大学领导的答谢辞

尊敬的××大学高职院领导：

您好！

非常感谢贵校对我公司此次校园招聘工作给予的热忱支持。校园招聘是企业补充人才的主要渠道，校企联合也是社会价值与社会责任的彰显。此次我公司一行到达贵校时，贵校的周到接待和得力宣传，为我公司招聘工作顺利开展铺平了道路。同时，贵校井然有序的就业安排和所培养的优秀学子的积极参与，使得我公司此次招聘取到了很好的收效。此次我公司在贵校共招聘到位 10 名学生，达到了我们的预定计划，且贵校学生普遍综合素质较高，非常符合我公司发展需要，我们非常满意。

希望贵校与我公司保持较为密切的联系，在关注学生的心态变化及报到问题时，还是期待贵校能够给予一定的帮助：其一，在学生心态方面，希望贵校能密切关注、及时了解学生需求，确保较高的到岗率；其二，在协议中我公司与学生约定了预报到的时间范围，希望贵校能尽早确定具体的报到日期，以便公司作相应的接待工作，同时热忱欢迎贵校就业办统一带学生来我公司报到并对我公司考察指导。

最后，对贵校给予的大力支持再次表示诚挚谢意，愿贵校的事业蒸蒸日上。期待与贵校的进一步合作，创造更大的社会价值！

范例二

某公司负责人在年终会议上致代理商们的答谢辞

尊敬的代理商们：

又是一个春华秋实，又是一个新年伊始，走过了一年的风雨兼程，××有限公司又跨上了一个崭新的台阶。

不知不觉，2007年过去了，回想起来，我们走过的这段日子，每一天都是不平凡的。既感受到了市场开拓的艰辛和科研、生产、管理工作的巨大压力，也享受到了成功的喜悦。一年来，是你们将有几十个系列，上百个品种的“××隐形防护防盗网”、“××易拆洗隐形纱门窗”两个品牌防护防盗网推向祖国的大江南北、长城内外，满足了各种家庭的需求。你们的心血没有白费，你们的汗水没有白流，在你们的厚爱下，公司不断走向强大，各方面都有了长足的发展与进步，已渐渐成长为一棵初具规模的大树，2007年实现了公司跨越式的发展。这些成绩的取得首先要归功于你们，你们是公司持续、稳定的发展之源，是××公司最宝贵的财富。公司为能拥有像你们这样一批优秀的代理商而感到自豪。在此，××公司向你们表示衷心的感谢和崇高的敬意。

2007年过去了，转眼间迎来了崭新的2008年。××公司一定要把已经取得的成绩作为2008年的起点，携手你们，把工作中所激发的斗志保持下去。同心同德，干好每一件事，完成每一个销售目标，为公司能成长为“繁茂的森林”更加努力地去拼搏、去创造，朝着2008年美好愿景奋勇前进！

再过些日子就是春节了，在佳节来临之际，××公司向你们和你们的家人致以节日的问候和诚挚的祝福，祝你们节日快乐、身体健康、合家欢乐！谢谢！

范例三

在某公司年会上代理商的致辞

尊敬的××总部领导：

你们好！

我是××县的加盟商××，首先感谢总部在我加盟以来的关心与支持，同时也让我深深体会到了××这个大家庭的温暖。我是在经过两个多月的仔细考察衡量，斟酌再三才加盟××的，由始至终我坚信我的选择是正确无误的。

首先让我感触最深的是在公司培训时，总部还针对我们学员首次自主创业的特点，在很多细节上提供了全方位的支持、帮助与鼓励，包括选址、装修设计、渠道搭建及市场运作、广告策划、经营管理，帮助我们以最低的资金投入，换取最大的利润，并携手共进，开创美好未来。加盟以来总部的热情与周到服务，充分展示了××总部能与各加盟商一同发展所应具备的各项素养和能力，在创立汽车美容服务行业共赢局面中起到了很好的表率与带动作用。

在整个加盟项目的开拓与运作过程中，我和××总部双方的合作是默契的、高效的。××的形象和服务也给我们店面员工起到了良好的典范作用，帮助他们成长和提升，同时也为我店立足开拓市场带来了极大的便利。这次与××的成功合作，使我们在感受了××高品质产品和周到的服务的同时，也感受到了像×经理、×老师等公司一大批员工爱岗敬业、恪尽职守的可贵品格。××的至诚之道永无止息，其日新月异、不断追求进步的企业精神犹如一个巨大的磁场，必将吸引着更多的有识之士前来合作加盟。携手××汽车美容连锁，知识增值、资源增值、财富增值、行业地位增值，不仅仅是口号，还会是长期连接总部与加盟商的桥梁，这座桥梁将会通向互惠双赢的彼岸。在此，特地向贵公司表示我诚挚的谢意。

祝贵公司生意兴隆，财源广进！

范例四

某公司董事长在年会上致答谢辞

亲爱的工作伙伴们：

大家晚上好！

虎去兔来一年复始，春明日丽万象更新。值此新春佳节来临之际，在这辞旧迎新的美好时刻，我谨代表公司董事会，向辛勤工作在各个岗位上的伙伴们及家属致以节日的问候和新春的祝福！

2010年，是公司保持良好发展势头的一年，是市场拓展、队伍建设取得骄人成绩的一年，是公司全体员工迎接挑战、经受考验、努力克服困难、出色完成全年任务的一年。物流工程部高端体育用品商贸物流中心项目详细蓝图获批，各项工作紧锣密鼓进行；化工外贸部，更是斗志昂扬，销售额是直线上升，市场不断开拓疆土；集团形象则是更具国际化色彩，写字楼办公面积翻倍，集团LOGO创新设计，更张扬大气，而公司的宣传CD、具有××公司特色的纸杯、小礼品等都在紧张筹备进行中；公司规模的扩大，离不开规范的管理，而今行政部也在筹备公司新的规章薪酬体系，更加人文和效率；高效率的工作是我们业绩提升的保证，目前我们外贸部的远景系统也在筹备运行……

细数过去一年的种种，作为集团的创始人，感谢所有员工的付出和努力，××公司今天这些成绩的取得均饱含着公司全体员工的辛勤劳动和汗水，××公司的明天因你们而更加精彩辉煌。

过去的成绩凝聚着公司全体员工的心血和汗水，未来的机遇和挑战，需要我们继续不懈努力地去面对。在这辞旧迎新之际，分享胜利喜悦的同时，还要清醒地认识到，在激烈的市场竞争中，化工农药企业依然面对广泛的机遇和严峻的挑战，物流房地产项目更是任重道远，我们必须抓住新的机遇，迎接新的挑战，以高度的责任感和使命感推进公司持续发展。

新的一年开启了新的历程，托举着新的希望，承载着新的梦想。让我们××公司全体同人共同努力，以百倍的激情、诚实的劳动，同心协力、共创佳绩，没有什么能阻挡，没有什么能动摇。我们满怀信心，开足马力，奔向更加辉煌的新的一年！

最后，再次感谢大家为××公司的付出和努力，祝大家新春愉快、工作顺利、身体健康、合家幸福、万事如意！给大家拜个早年了！

谢谢！

范例五

某公司代表在年会上致客户的答谢辞

亲爱的朋友们：

你们好！邀请你们在百忙之中来参加公司的年会，是为了表达我们公司由衷的感谢，谢谢你们一直以来对我们的支持和信任。同时，我为能争取到你们的认可和友谊而感到高兴，我们会珍惜，并维系到长远。

在过去的日子里，网络让我们开始有了接触和交流，我不知道你们是否对我们的服务感到满意，我想我的工作肯定还有做得不够之处，但是你们都能够谅解并给予反馈，让我们得以改进并学习到更多的经验，我很感激，这都有赖于你们的每一份支持和厚爱。在这里我代表公司和个人再次感谢你们的支持和厚爱，正是有了你们的不断支持，公司才真正地有了发展，当然，我们在以后的日子里还会一如既往地工作。

如有任何问题，请不要忘了拿起桌上的电话致电给我们，欢迎你们提出任何的意见和建议，以便我们更顺畅地沟通及改进，并为您提供更好的服务。

最后，在你们需要帮助的时候，请记得联系我们……

在未来的日子里，希望你们能继续支持我们公司，也愿我们携手共进，共同进步。诚祝大家幸福安康、事业兴旺！

范例六

某保险销售员在年会上致客户的答谢辞

尊敬的客户：

您好！我怀着感恩的心情，向您致以亲切的问候和诚挚的谢意。您过去对我的支持和帮助，让我在这个行业中充满信心和勇气，并从中享有收获和喜悦。

保险，作为一种未来的生活方式，正在被越来越多的人所接受和喜爱，我很荣幸能做您的寿险顾问并有机会为您服务。在过去的日子里，保险让我们有了很多的接触和交流，您的乐观与认同，理解与信任，让我备受启迪并心存感激。

保险宣传其实是一件很辛苦的事，风吹雨打、酸甜苦辣都要经历，不过宣传也是很快乐的，自从进入这个行业，保险让我的内心开始变得更加宽广和融合、坚强与进取。每每心灵受挫、受打击时，一想到您还有众多客户的支持和信赖，看到家人期待的目光和眼神，我就不敢让自己懈怠，而继续勇敢地在这个行业中前行。

在过去的日子里，我不知道您是否烦过，我向您介绍保险，是否对我的服务感到满意，但我从内心深处希望您拥有足够的××保险，哪怕不是在我这里购买的。因为每当我看到身边的人没有保险，而有事发生不能承受生命之重时，我就为自己没能事前向他们介绍保险而感到自责。而当我看到身边越来越多的人开始拥有××保险时，我的内心便充满了无限的快乐与恬静，从容与宁静是生命力量的体现，源于内心的坦然和安全感。××保险虽然不能抵御风险，却可以让人悲痛之余抚慰心灵，让爱我们的人和我们所爱的人深切地感知一份绵绵不绝的爱和深切的责任，从而在内心深处升腾起生的勇气与创造美好的新生活的憧憬。这是其他商品和服务所不能做到的，所以我不只一次地告诫自己，决不要因为情面而不向他人销售保险，也决不要轻易对这个行业说不，我要在这个行业中坚定地走下去，并给更多的人送去满意的保险服务。

您让我有机会向您学习和请教，祝福您在新年的每一天大展宏图，对于我自己我将不断进取，让自己更加充实和专业，愿您能在未来的日子里，继续给我更多的支持和帮助，助我在这个行业中快速成长！

谢谢，愿每个家庭拥有平安！

范例七

某公司领导在年会上的答谢辞

各位同人：

一些朋友常常在抱怨他们的工作："我这么辛苦地工作，我的薪水才那么少，这里的同事不好相处，老是处处为难我"……工作对他们来说总是处处不如意。于是他们便不停地跳槽，但当他们变换了几份工作后，听到的依然是抱怨声，或许他们在变换工作的同时应该检查一下自己，或者换一个角度，用一颗感恩的心去看待工作，也许会有一种惊喜。

感谢公司，让我与公司共同成长。许多人觉得几乎所有的公司都在压榨自己的劳动力，自己这么辛苦地工作都是为了公司，而自己的价值根本体现不出来。有了这种想法后，他们对待工作总是马马虎虎，觉得干好干不好都是公司的事，于己无关，从没有想过工作的同时，也是为了自己。

"大河有水，小河满；大河无水，小河干"这句话同样适用于公司与员工之间的关系。公司的发展与个人的发展并不矛盾，如同演员需要一个舞台展示她们的优美姿势一样，企业也是这样一个大舞台，一个让员工发挥才能的舞台。如果你想在舞台上更好地诠释自己，实现自己的最大价值，那么怀着一颗感恩的心去对待工作，踏踏实实地做好自己的工作，以达到在工作中能实现的最大价值吧！这既实现自己的个人价值又促进了公司的发展，同时公司的发展也将为你提供一个更大的发展空间。何乐而不为呢？

感谢我的上司。也许你学富五车、才高八斗，抱着满腔热情打算大干一番，但是你，觉得没有伯乐来赏识你这匹千里马，觉得上司不了解你、不重视你，公司埋没了你。你的才能没有完全发挥出来，于是你郁郁寡欢，不平而鸣。那么试着回想一下，当初是谁把你招进公司来的呢？你是谁在工作上的搭档，你应该感谢你的上司，是他给了你一个尝试的机会，让你有机会进入公司并和他一起共事。那么怀着对你上司感恩的心，好好发挥你的才干吧，与你上司同舟共济，让你的上司觉得他没有选错人。

团队精神一直是公司所关注的一种精神，也正逐渐成为公司的一个重要文化因素。团队精神把员工的士气、向心力凝聚在一起，让每个员工都感觉到是在一个大家庭里工作，正在为自己的团队做贡献。团队精神有着无可比拟的重要性，团体成员集体工作的成就是个人能力简单的叠加所不能达到的成就。“一个篱笆三个桩，一个好汉三个帮”，再能干的人也离不开别人的帮助。所以，你所取得的工作成就很大一部分是别人成就了你。那么，想一想你工作遇到困难时曾向你伸出援助的那一双手，想一想你做错事情时投来的原谅的目光……

怀着感恩的心，给你的同事一个微笑吧！对在工作上给予你支持和帮助的同事心存感激吧！生活是一面镜子，你对它笑，它也笑；你对它哭，它也哭。那么，微笑吧，怀着你那感恩的心，微笑地对待工作吧，善待生活吧！

第二十五章

座谈会上的答谢辞

范例一

某领导在春节答谢座谈会上的致辞

中共××县委、××县人民政府，各位领导、同志们：

在令人鼓舞的羊年刚刚过去，催人奋进的猴年到来之际，中共××县委、县人民政府在此召开答谢座谈会，以感谢各位领导长期以来对××经济建设和社会各项事业发展给予的关心、支持和帮助。在此，我谨代表中共××县委、县人大、县人民政府、县政协及全县14.5万各族人民，对挂钩帮扶××和××籍以及在此工作过的各位领导为××的经济发展和社会进步所作的贡献表示衷心的感谢。对你们一直关心、支持、帮助××，为××经济建设和社会发展献计出力表示诚挚的谢意。

各位领导，过去的一年，××的各项工作取得了一定成绩。这些成绩的取得，是历届县委、政府努力的结果，是挂钩帮扶单位和各位领导关心、支持和帮助的结果。展望未来，××的发展面临新的机遇和挑战，但我们坚信，有省州党委、政府的正确领导，有历届县委、政府辛勤工作打下的基础，有挂钩帮扶单位和各位领导一如既往的关心、支持和帮助，我们有信心、也有决心带领全县14.5万各族人民以全面建设小康社会为目标统揽全局，正视困难、稳抓机遇，把握局势、应对发展，与时俱进、真抓实干，努力促进××经济持续快速健康发展和社会全面进步，把××建设成为名副其实的“后花园”。

最后，在春节即将到来之际，我代表中共××县委、县人大、县人民政府、县政协及全县14.5万各族人民向各位领导致以节日的良好祝愿，祝你们猴年吉祥、身体健康、工作顺利、万事如意！

范例二

某大厦领导在新春客户座谈会上的致辞

各位来宾、朋友们：

在我们满怀豪情迎接新的一年来临之际，我们以最真诚的感谢、最真挚的祝福在这里举办迎新春答谢客户酒会。首先，我代表××大厦向一直给予我们支持和厚爱的新老客户朋友们表示谢意，并祝你们在新的一年里身体健康、工作顺利、生意兴隆、万事如意！

过去的一年是××大厦快速发展的一年，我们在集团公司的领导下、在各位客户公司老总的支持下，经过我们全体员工的共同努力取得了一定的成绩：顺利通过建设部关于国家级示范大厦的复检，保持着物业管理最高荣誉；全面启动了ISO9001质量管理体系试运行，全面强化了基础管理工作；荣获了市物业管理先进单位和××市公安局经保系统先进单位等光荣称号。20××年客户对大厦各项服务满意率又有新的上升，各项服务水平又有新的提高。

金猿腾空昔年去，雄鸡唱晓新春来。回首过去峥嵘岁月，欣慰神驰；展望未来锦绣前程，壮怀激越。

在新的一年里，我们将继续努力，不断取得新的突破，来回报广大客户的厚爱，为您事业的成功尽我们微薄之力。我们将以百倍的努力和良好的服务以及崭新的精神风貌服务于您，我相信，通过我们相互支持、友好合作，我们一定能实现双赢的目标。让我们携手奔向美好的明天！

再次祝福全厦客户及各公司员工新年快乐、万事如意，祝各位事业辉煌、如日中天！祝各单位百业俱兴、宏业大展、前程无限、吉年大发！

范例三 某有限公司领导在用户座谈会上的致辞

女士们、先生们，同志们、朋友们：

下午好！

在这微雪将至的岁末年初、新旧交替之际，承蒙各位的赏光，我们得以相聚在一起展望全新的一年。在此，请首先允许我代表××建材有限公司及全体员工，对各位的到来表示衷心的感谢和热烈的欢迎。

在即将过去的2004年，××公司承蒙广大用户的支持和厚爱，在不利的市场环境下仍取得了不错的成绩。2004年3月18日，××公司第二条新型工艺熟料生产线——日产2000吨熟料新线按期点火投产。由此，××公司的优质高标号水泥生产规模已扩大到150万吨，××也因此成为浙北地区最大的水泥生产基地之一。截至昨天，××2004年已累计销售水泥（含熟料）100万吨，为××和周边地区社会经济的建设和广大用户的共同成长作出了自己的贡献。

今天在座的各位来宾，都是与××有着长期传统友谊的合作伙伴，都是××最值得信赖和尊敬的朋友。我们认为，在企业的整个经营过程中，用户的满意才是唯一珍贵的财富，只有让用户满意，我们才能成长，才能成为市场的主导。××在多年的营销实践中认识到，只有站在用户的立场上考虑问题，最大限度的满足用户的需求，不断地把用户的满意作为工作的新起点，才能为用户所信赖和支持。

××非常愿意在即将到来的新一年里，与在座的各位来宾继续保持、巩固和发展良好、全面的合作关系，以双边和多边无间的合作来获得双赢或者说是共赢。2005 年，× × 将一如既往做好做精水泥主业，凭借国家免检产品“× ×”牌水泥的优良质量和市场美誉度，凭借我们在水泥领域四十多年的生产管理技术和经验，我深信，“× ×”牌水泥必将继续为各位带来最佳的效益。

最后，我谨以× ×公司和我个人的名义，对各位的赏光再次表示由衷的感谢。祝愿大家在新的一年里万事顺意、财源滚滚，祝愿× ×与各位的良好合作更上一层楼。同时，向今天所有的来宾，并通过你们，向你们的亲人、朋友和同事拜个早年，祝各位身体健康、合家幸福！

谢谢！

范例四

《× ×论丛》作者在该书出版座谈会上的答谢辞

尊敬的各位领导、各位朋友：

举办这次小型座谈会，在我的眼中有着非同寻常的意义。今天恰好是“五四”青年节，这个日子的本身就意味着青春活力和阳光灿烂，也预示着前途和未来的美好。因为会议规模较小，所以显得很精致。因为地方紧凑，所以我们更加亲密。这是一个让我感到无限荣幸的特殊场合，尽管我身体消瘦、面色黝黑，但我依然觉得自己容光焕发、红光满面。我脸上的一切光彩都得益于各位的赏光。

作家是吃百家奶长大的，读者就是我的上帝，在座的各位都是我的老师，你们的话都是金玉良言。本来，在这时我只能当一个忠实听众，保持沉默就是我最好的发言方式。可是，沉默又不能表达我的满腔感激之情，所以还得“在沉默中爆发”——说几句发自肺腑的话。

感谢× ×市委市政府和× ×学院领导对我的关心和支持，感谢× ×县委县政府长期以来对我的关心和支持。感谢《× ×论丛》主编和副主编为编辑此书所付出的艰苦劳动。感谢新闻界、文学界朋友对我的关心和关注。感谢在座的各位老师和朋友在百忙中光临今天的会议。感谢我的同胞哥哥几十年来像父亲一样爱我，感谢为此书作序的两位朋友：××大学教授、博士生导师××先生和××大学教授、博士生导师××先生。这些感谢没有先后顺序，不分深浅厚薄，在我心中都一样的厚重，一样的衷心、一样的真诚。

以上所有的感谢都会化作我进步的动力，鼓励我在今后的道路上，做一个好学生，做一个好老师，做一个好作家，做一个好人。将来，如果我这几方面都做好了，真正无愧于人了，那么，我在感谢大家的同时，我也会感谢我自己：感谢我在社会的哺育下，吮吸着人民大众的乳汁书写人间的美好故事，我还会感谢我没有糟蹋中华民族的汉字母语，把×××的名字越写越好，越写越大。那时的我会对自己说：××，你这个娃子还是争气的。

但是，截至现在，我还没有资格这样感谢和夸奖我自己，因为我有太多的不足，有太多需要检讨和自省的地方，所以我还是要首先感谢大家，而不是感谢自己。请大家不要嫌我的感谢之词太多，这既不是恭维，也不是自谦，更不是为了博得大家的欢心，而是为了我个人的健康成长。从这个角度上说，我对大家的感谢充满了自私自利。

谢谢大家。

范例五

在欢送座谈会上代表致答谢辞

同志们：

今天，是一个让我们非常高兴而又十分难舍的日子。我们高兴，是因为跟我们在一起并肩战斗过的四位书记，四位亲密的战友，因组织的安排，即将调离××岗位，赴任新的、重要的领导工作岗位。因组织安排，××同志到××工作，与我们一起并肩战斗；我们难舍，是因为像他们这样优秀的领导干部，就要和我们分开了。在此，让我们以热烈的掌声欢迎××同志、××同志、××同志参加这次会议。××同志因病请假，不能到会。

这四位同志在××工作的时间有长有短，但是在对工作上都是尽职尽责，作为县委领导班子成员，大家在一起合作共事，对××的经济社会发展都作出了较大贡献！作为我个人来说，在班子中，这几位领导，既是我的好战友，更是我的好兄长，在一起共事的近千个日日夜夜，大家同甘共苦、风雨同舟，建立了深厚的友谊。感谢四位的认真工作，虽然以后我们不在一起工作了，但是四位认真工作的态度会一直跟随着我们，在今后的工作中我们要继续努力一丝不苟的坚持努力工作。

俗话说：有缘千里来相会。能够在一起共事的确是难得的缘分，也是我们彼此修来的福分。几位战友都是非常优秀和成熟的领导干部，是容易相处、值得信任的工作搭档。作为县委班子中的几位主要成员，几位同志自觉把自己担负的工作置于县委的集体领导下，在自己分管的领域，独当一面，做了很多艰苦细致的工作，为××经济和社会发展作出了重要贡献。可以说，这几年××经济社会一直保持健康、协调、较快发展，与几位同志的努力工作是密不可分的，××的发展凝聚了大家的心血和智慧。对此，我们是不会忘记的，××人民是不会忘记的。

在此，我代表到会的同志、全县各级各部门和全县46万父老乡亲，对大家付出的劳动、作出的贡献表示衷心的感谢。同时我也恳切希望几位同志到外地工作以后，对××一如既往给予厚爱和关心。也请大家经常抽时间多回××指导工作，常回家走走、常回家看看。

最后，衷心祝愿各位战友在新的工作岗位上，身心健康、前程似锦、事业进步！愿我们的友谊地久天长！

谢谢。

范例六

某院士荣获某“终身成就奖”和“美国肯塔基上校奖”后在座谈会上的答谢辞

尊敬的各位领导、老师们、同学们：

大家下午好！

今天学校为祝贺我获得国际选煤大会“终身成就奖”和“美国肯塔基上校奖”专门召开这样一个座谈会，进行交流，我非常感动，也非常感谢大家。

2010年4月25–29日在美国肯塔基州举行的第16届国际选煤大会上，我被授予首次设立的国际选煤大会组委会主席“终身成就奖”，我感到非常荣幸，这既是国际同行专家对我个人和我的科研团队在选煤领域工作成绩的认可，也是国际同行专家对我校矿物加工工程学科发展建设水平的肯定，体现了我校矿物加工工程学科在国际上的地位和影响。我在获奖后发表的感谢词中就说，这个荣誉首先属于我们伟大的祖国，因为祖国的强大，国际地位越来越高，让我们这些中国的教育家、科学家在国际舞台上受到人们的尊重；这个荣誉同样也属于中国××大学，作为国际上知名的矿业高等学府，在国际上的学术地位不断提高，在矿业领域所取得的成就越来越受到国际同行的重视；这个荣誉还同样属于我的科研团队和国际选煤大会的所有会员，是大家为了一个共同崇高的目标通力合作和齐心协力，才能有今天的成绩。我获得的这个荣誉，是大家共同努力的结果。

同时，我回忆一下我成长的过程中作为我取得这些成绩的思想和业务基础，是党组织培养、教育和关心的结果。

我是1952年7月随××交通大学采矿系并入中国××学院的，伴随着矿大的变迁和发展，我奋斗了58年。当时学校在天津，院长是当时的燃料工业部部长××。一年后，迁到××更名为××矿业学院，她是新中国成立后建设的一座新型高等学府。我是1953年6月16日入党的。当时党员很少，整个教师是一个党支部，××同志也参加教师党支部。他经常谈到党的各项政策，例如赎买政策，寄希望我们快快成长，占领红色讲台，这样就促使我们年青一代感到身上的责任重大，他的言语催人奋进。1958年12月我被选派到苏联××矿业学院进修，两年的学习收获不小，不仅提高了我的专业知识，而且还学到苏联人百折不挠的为祖国荣誉而斗争的精神；1960年12月我按期回国。我暗暗下定决心：一定要努力学习、努力工作，做出成绩报答祖国和人民，使祖国更加强大，人民更加富裕。1964年10月，我随中国五金矿产进出口公司代表团出访日本，短短42天我们跑遍了日本的煤矿、选煤厂、研究所、设备制造厂和部分金属矿山，编写出考察报告并进行试点，取得了科技成果。“文革”时，张××部长、吴××院长等一批老干部惨遭迫害致死，我是亲身经历的，我也遭受迫害被抄家。但是，我始终怀有一个信念：要完全相信党，这种局面不会长久的。1978年3月18日，全国科学大会召开，邓小平同志在大会上提出了“科学技术是生产力”，“知识分子是工人阶级的一部分”，“四个现代化关键是科学技术的现代化”等重要论断。这些论断鼓舞了我对选煤科学研究的怀念，我即写了“中国选煤科技中的若干问题”，发表在1978年全国选煤科技情报会议上，并着手进行概率筛分理论与实践的研究，完成煤用概率分级筛分科研和生产后，1984年我又着手空气重介质干法选煤理论与实践的研究。1990年12月我得了肾癌，是当时任校党委书记的××同志和校长××同志果断地决定，联系并送我到北京协和医院医治，挽救了我的生命，我是永远不会忘记的。住院25天，我在家休息儿天后就赶赴××进行世界上第一座空气重介质干法选煤示范厂的工程建设。

我本着科学求是的精神，克服一个个困难，最终在选煤领域取得了一些创新性成果：获国家科技二等奖2项、国家技术发明三等奖1项、国家教委科技进步（甲类）一等奖2项等省部级以上奖励9项，论著12部，发表在国内外学术期刊、会议论文180余篇；做好本职工作和社会兼职等。1995年当选为中国工程院院士，当时我已经是68岁了。我取得这些成绩的思想和业务基础，是党组织培养、教育和关心的结果。

我国是世界上最大的煤炭生产国和消费国，煤炭作为我国的主要能源，在本世纪中叶其主导地位不会改变。煤炭利用过程中造成的污染问题依然严峻，我国必须大力发展洁净煤技术，特别是研究与开发洁净煤新技术。这是我们选煤科技工作者的责任，我们还有很多工作要做，只有我们大家齐心协力、脚踏实地、努力拼搏，以国家需要为己任，不断开拓创新，才能实现我国煤炭工业的健康、可持续发展，才能使煤炭成为清洁能源，实现煤炭能源的高效、节能、清洁和低碳化利用。

我今年虽然已 85 岁了，但我还将继续为我热爱的选煤事业奋斗终生。

最后，我要再次感谢学校和大家对我的关心和爱护。

谢谢大家。

范例七

新书发行座谈会作者的答谢辞

尊敬的各位朋友：

2009 年 2 月 21 日下午，××书店在图书中心三楼召开了我的作品发行座谈会，我在开始和结束的时候都反复表达了谢意。所以从上午开始，我在赠书和售书的时候，时间允许的话，我都会写上“你比春天更温暖”的话。

要谢的人很多很多，包括前来参加发行会的和更多没有参加发行会的广大读者。

感谢与会者。关于发行会，我只打了一个电话，是指引我从××到××的年近七十的老校长，作为主办方××书店真诚地邀请了一些方面的代表，大多数读者是不邀而至，还有好几位企业和个体户读者，还有一个六年级的学生。我教育局同事的到来也着实让我很感意外，因为，我除了在网上转载了活动公告外，在教研室也从来没有提及活动的事情，所以就本次活动而言，我真的非常感谢给了我支持的各位与会者。

同时我也确实感到不安和遗憾。许多人没有得到表达的机会，我相信他们都准备好了交流研讨的话题，这中间很多人是未曾谋面或只在文字上交流的朋友。我感谢给我鼓励的我的领导和各位与会者热情洋溢的发言，我同样也很感谢没有表达自己思想的各位与会的读者。

我还非常感谢主办方，××书店总经理不用办公室给他准备好的稿子，而在致辞上详细解读我的作品，我感到很意外，也很感谢。××书店为本次活动的工作也值得我在工作中好好学习。

同时，我也非常相信媒体的力量，感谢××教育网、××博客网和××教育网，感谢《××晚报》、《××日报》、《××商报》、××教育、××电视台、××教育电视台、××交通台、××新闻台的宣传。要感谢的实在无法一一言尽！

谢谢大家！

范例八

县教育局局长在某中学接受省级示范学校评估汇报座谈会上的致辞

尊敬的省政府教育督导室评估组各位专家、尊敬的各位领导、各位老师：

大家好！

今天是××中学值得庆贺的日子，今天也是××教育发展史上一个值得纪念的日子，今天更是××建县史册上值得重笔书写的日子。因为这个日子，她凝聚着两届县四大家的厚望，她凝聚着两届局领导的心愿；她凝聚着几代尤其最近五年团中人的梦想，她凝聚着38万人民的期盼。为此，我谨代表教育局党委、全县6万余名师生，向××中学致以最热烈的祝贺，更向各位专家领导致以最诚挚的谢意！

一是感谢省示范高中综合督导评估这个机制，为××办学指明了前进的方向，为××办学找到了发展的契机，为××发展添加了无穷的动力，为××争创成功树立了坚定的信心。正是因为这个机制，才使这所具有五十七年光荣传统与历史的学校，在传承中迸发了从来没有过的激情，用1800多个日夜，打拼并建成了一所××人为之赞叹、学子们为之向往、教师们为之安居乐业的新××！

二是要感谢各位专家、领导多次来团中进行考察，特别是这次综合督导评估，为××的争创工作不断规范、不断前进，留下了你们作为学者的真知灼见，作为长者的大家风范，作为师者的高雅气质、优良品质和务实精神，这些将永远是××中学、××县教育最宝贵的财富。

三是要感谢各指标组专家，既严格执行考核标准，又严肃提出问题和努力方向，但同时也考虑××县、××中学的种种实际，给予了更多的人文关怀和理解，给予更多的肯定、鼓励与支持！

四是要感谢市政府教育督导室、县四大家领导、××中学全体师生，所有成绩的取得得益于市局的悉心指导，得益于县四大家的正确领导和倾力支持，得益于团中师生的同心同德、克难奋进，得益于这个尊师爱教的民族，得益于这个与时俱进的时代！

同时也请省、市政府教育督导室各位领导、在座的各位专家深信：

一是请专家、领导深信我们将一定按照本次评估四个方面的要求，谨记你们提出的几个方面的整改意见。教育局将与团中一道按时全力整改到位，教育局也将在人力上、物力上和智力上给予最大支持。

二是深信我们将在县四大家的正确领导下，在全社会各界充分理解与大力支持下，在全体团中人再次共同努力下，一定会借这次评估契机，全方位、高层次提升学校各项工作。

三是请专家、领导深信：××虽小，但我们的目标更远大；××虽穷，但我们争强进位信心更坚定；××虽新，但××中学这张××教育名片会更厚重和悠久。

最后，再次对各位专家、领导对××教育的关爱和支持表示最诚挚的谢意。更希望各位专家、领导再来××指导我们的工作。××永远欢迎你们，你们永远是××人民最尊敬的贵宾。由于条件有限，肯定有接待不周的地方，敬请各位专家、领导多多原谅，并祝各位专家、领导，家更幸福、心更快乐、体更健康！

谢谢！

范例九

参加某电信有限公司供应商座谈会的代表的答谢辞

尊敬的××电信有限公司领导、尊敬的各位业界同人：

大家晚上好！非常高兴能出席本次盛会，能够与诸位欢聚一堂，并接受主办方的荣誉奖项，本人深感荣幸。

首先，我代表××公司，感谢××电信有限公司给予鄙公司的殊荣。能够得到客户的信任和肯定，是一个企业的最高荣誉；××公司和我本人为能获得××电信公司授予的“战略合作伙伴”资质及“2005年度优秀供应商”荣誉奖项，深感荣幸和自豪。

××电信公司先进的经营理念、强烈的创新意识和优秀的企业文化，对合作供应商有着良好的示范和带动作用。××公司作为坚持自主研发、致力技术创新的系统集成公司，通过与××电信公司的合作，得到了自身综合能力的大幅提高。在此，由衷地向××电信公司表示感谢。

××公司与众多合作伙伴在共同服务××电信公司、支持通信事业的过程中，建立了良好的合作关系。我也想借此机会，表达对众多合作伙伴的感谢！

“路漫漫其修远兮，吾将上下而求索”，在××电信公司的带动下，我们将会和众多合作企业一道，秉承创新、合作、共赢的理念，配合××电信公司，助力××电信公司的高速发展。

瑞雪兆丰年，值此新年之际，祝××电信公司蓬勃发展，祝合作伙伴事业昌盛。并提前给大家拜个早年！

范例十

某镇领导在扶贫帮困义诊活动座谈会上的答谢辞

尊敬的各位专家、各位领导、同志们：

七月流火，骄阳当空。今天，大家不畏山高路远、天气炎热，在百忙之中亲临我镇开展扶贫帮困义诊送药活动，在此，我谨代表×××镇党委政府，向参加这次活动的市、区领导，专家教授和各位来宾表示热烈的欢迎和衷心的感谢。

在座的可能有人是第一次来到这里。五年前，××还是远近闻名的特困村，交通不便、信息闭塞、土地瘠薄，农民人均纯收入不足六百元。××同志担任支部书记以来，带领全村干部群众立志改变落后面貌，他们紧抓扶贫开发重点村建设机遇，团结一心、苦干实干，先后拓宽了通村路，拉上了自来水，修起了便民桥，改造了农网线，建成了新校园，村容村貌焕然一新，贫困面貌大为改观。通过发展药材、畜牧、劳务三大主导产业，村域经济快速发展，去年人均纯收入达到××万元。五年来，该村多次受到省、市、区党委政府和相关部门的表彰和奖励，××同志真是我们的好书记，××村的村民都感谢他为大家带来的好生活。在此我要对他说声“谢谢”。谢谢你了，××同志，你辛苦了。

说起××村的巨大变化，不能不提到社会各界的大力支持，尤其是××市政府办公室的鼎力相助。自从2003年帮扶该村以来，市政府办几位秘书长经常前来开展调查研究，通过多种渠道为村上争取项目协调资金，开展全方位的扶贫济困活动，极大地促进了××村各项事业的发展，也受到当地群众的一致好评。

由于自然条件的制约，目前××村的文化卫生等社会事业还处在起步阶段，不可能在短期内得到根本改观。今天大家不辞劳苦前来送医送药，使农民群众在自己家门口就能接受到大医院专家高水平的治疗。你们为适龄儿童赠送学习用品，让山里娃也能用上城里娃的高档书包。这些义举犹如雪中送炭，充分体现了党和政府各级领导对贫困山区群众的关怀和爱护，充分体现了社会主义大家庭的温暖，让人备受鼓舞。

在此我谨代表×××镇党委政府和梁平村的村民对大家的到来表示衷心的感谢，感谢大家不辞辛苦为我们送药治病。

我们决心在今后的工作中，全面落实科学发展观，加快社会主义新农村建设步伐，以扶贫开发为主线，大力支持××村开展工作，帮助他们及时总结经验，巩固成果，以更好的成绩回报社会各界的厚爱。

最后，预祝这次义诊活动取得圆满成功。

谢谢大家。

第二十六章

葬礼上的答谢辞

范例一

子女在父亲葬礼上的答谢辞三则

（一）

尊敬的各位领导、各位亲朋、各位好友：

“树欲静而风不止，子欲养而亲不待。”××年××月××日××时××分，我的爸爸——××同志走完了他坎坷而又绚丽的一生，永远离开了我们。今天，我们怀着万分悲痛的心情，在这里举行告别仪式，寄托我们的哀思。首先，谨让我代表我的母亲，代表我的兄弟姐妹，向今天参加追悼会的各位领导、各位来宾、各位亲朋好友表示诚挚的谢意。感谢你们在百忙之中来到这里，和我们一起，向我的爸爸作最后的告别。在爸爸生病住院期间，承蒙各位领导和亲朋好友的关怀，多次探望、慰问，给了爸爸莫大的安慰。作为家属，我们也心存感激。在这里，我们还要感谢××单位，近年来，爸爸身体一直欠佳，我们又忙于工作，是××单位，给了爸爸和我们全家悉心的帮助。在此，我们对这些汇聚着社会各界的关心和慰问，再一次表示由衷的感谢！

爸爸的离世，带给我们深深的怀念。爸爸原系××。作为儿子，我无法用简单的言语去总结爸爸的一生，因为他不仅是我慈爱的爸爸，也是××系统的元老，他曾用自己辛勤的耕耘，改变了许多人一生的命运。爸爸的人生准则简单得只有十二个字——“清清白白做人、勤勤恳恳做事”，而这恰恰是他一生的写照。在他长达42年的教师生涯中，为国家培育了一批又一批的优秀学子，真是桃李满天下。可以说，爸爸的一生，是勤恳踏实、严谨治学的一生；爸爸的一生，是稳健坦诚、无私奉献的一生；爸爸的一生，同时也是他独特人格魅力和高尚师德的一生。无论对于事业还是对于家庭，爸爸总是把自己看得很轻。他不仅是学生们的好老师，同时也是妻子最尽责的好丈夫，儿孙们最慈爱的好长辈。他不但抚养我们成长，而且秉承了良好的家风，言传身教，培养我们成人，我们为有这样一位爸爸而感到骄傲，同时也为失去这样一位爸爸而感到万分悲痛。

现在，敬爱的爸爸永远地走了，我们再也无法亲耳聆听他的谆谆教诲，再也无法亲眼面对他的音容笑貌，只能在心中深深地缅怀敬爱的爸爸，怎能不感到极度的哀痛和绵绵的思念呢！爸爸，您就放心的走吧，我们自当化悲痛为力量，竭尽全力孝顺好健在的母亲，让她老人家的晚年更加幸福、身体更加安康。我们自当牢记爸爸的遗训，清清白白做人、勤勤恳恳做事、扎扎实实工作。像您那样，最大限度地实现人生价值。我们自当继承爸爸留下的良好家风和优良品德，一定会善待和教育好自己的子女，把他们培养成出色的人才，像您所希望的那样，一定不让您失望。因为，我们知道，这是对您在天之灵的最大告慰。并以此来回报爸爸的养育之恩，回报社会，回报各位领导、各位尊长和各位亲朋。

敬爱的爸爸，今天，您最疼爱的儿孙们来送你了，您的生前好友们都来送你了。你知道吗？此时此刻，我们想以泰戈尔的一句诗为您送行：生如春花之绚烂，逝如秋叶之静美。亲爱的爸爸，您安息吧！

最后，我代表我的母亲和家人，再次向出席告别仪式的各位领导、同事、同学、学生以及所有的亲朋好友，表示衷心的感谢！

（二）

各位来宾：

大家好！

近日来，我父亲的生前好友和至爱亲朋从各地赶来吊唁我的父亲，关切之情使我们深受感动。今天，众多的亲朋好友和街坊又从百忙之中赶来为我父亲送上最后一程，大家对我父亲和我们家庭的深厚情谊实非语言所能讲述于万一。在此，我谨代表我父亲和沈家的子孙后代，向前来为我父亲送行的亲朋好友和街坊致以衷心的感谢。

父亲对子女的爱是深沉的，他表面上对我们虽然严厉，但内心却对子女充满了无限的柔情。在粮食供应紧张的日子里，他为了让我们子女吃饱饭，总是把仅有的一点米饭分给我们子女，自己和我母亲用红薯和杂粮充饥；在没有电扇的日子里，多少个炎热的夏天，为了让子女睡上一个好觉，他搭铺洗席，忙里忙外并和我母亲一起以手摇扇，为我们驱蚊赶虫，自己彻夜不眠；多少个寒冷的冬天，他总是用好一点的棉被把我们紧紧裹好，把儿的冷脚紧紧地贴在自己的胸口上捂热乎，自己却在如铁的旧被里备受煎熬。不能忘记呀，不能忘记，还有好多好多父亲爱我们的故事，无限缅怀，父亲疼儿的音容和眼神，父亲对我们的爱情深似海，父亲对我们的恩恩重如山。

改革开放后，党的政策春风化雨，我们家和全国人民一样过上了更加幸福的生活，真是感谢党、感谢政府，然我父亲却因几十年来的艰难经历而多病缠身。等到我们子女从繁忙的工作之余想到孝敬他老之时，已经来不及了，就连想让他出国去见见自己亲哥哥的一点小小的愿望也未能如愿，子女们想起来真心疼。“树欲静而风不止，子欲养而亲不待。”这真是人生最大的悲哀。

最后，我再次代表我们全家感谢今天前来参加我父亲追悼会和因故不能前来的亲朋好友，感谢你们一直以来对我父亲病情的关心，对我们全家的关怀和帮助；感谢在我父亲病重期间前来探视的领导和亲朋，是你们让我父亲在病重的日子里享受到了更多的阳光、鲜花与温情；使我们得以有更多的时日陪伴父亲，也使他走得宁静和安详。感谢所有在过去和现在帮助过我们的人们，我们将永远保持这份真诚的谢意。

我代表全家再次向大家致以衷心的感谢。

父亲，您实在太累了，请安心的休息吧！

（三）

各位领导、各位来宾暨亲友：

志哀兮是祷，成礼以期祥。我们含泪哀告，家父××因病医治无效，不幸于××年××月××日××时××分与世长辞，享年××岁。此时此刻，追思亡父之一生，克己奉公、一尘不染、耿直善良、处事中庸，穷毕生精力奉献于××事业。尤其是在××厂和××局任职期间，更是严于律己、宽以待人，为单位发展夜以继日、呕心沥血，深得大家尊重和爱戴。

家父在职时，承蒙各位鼎力支持配合，在岗位做出了应有贡献；在他离休期间和在病榻之上，又蒙各位领导、同人和亲友时时关照探视；辞世后，又幸得各位帮助安排丧事，前来祭奠告别，所有善举历历在目，无不是我辈感激涕零。在此，我们全家深表谢意。

今天承蒙各位亲临出席先父的追悼会，我怀着十分沉痛的心情，代表我们家属，谨表谢忱。先父为人谦和忠厚，毕生致力于党的事业，圆满完成了党交给的各项工作任务，我们子女深感光荣。他经常教导我们要加强修养，努力报国，要做一个对国家、对宗族有用的人才。今后我们自当牢记先父教训，继承忠实家风，使先父得以安眠于九泉之下，并以此报答各位尊长、各位亲友的期望。

谢谢大家！

范例二

子女在母亲葬礼上的答谢辞三则

（一）

尊敬的各位领导、来宾，亲爱的叔叔、伯伯、阿姨、兄弟姐妹：

××月××日（农历××月××日）××时××分，我亲爱的妈妈告别了她执著的事业，怀着无限的眷恋和牵挂，离开了她的亲人朋友，不幸与世长辞了！

风声瑟瑟，云雾隐曜，苍天垂阴，万木含泪。含辛茹苦抚育我成长的妈妈，走过了她 49 载人生的风风雨雨，与我们永别了。我和爸爸满怀大恩未报的千古遗憾，和大家一起，万分悲痛地为她送行。

妈妈出身贫寒，自幼受长辈淳朴厚道思想教育，知书达理、勤劳善良。她平生克己奉公、爱岗敬业，多次获得表彰奖励。她孝敬父母、贤惠持家、坦诚待友、亲近邻里、达观开朗、坚忍不屈，处逆不变初衷。她淡泊名利，默默勤恳工作，深受领导同事敬重。她重视家庭教育，身传言教，让我终生受益。

如今适逢盛世，我们的生活也有了好转，妈妈理当享受生活，接受女儿孝敬，以享天年。无奈身染顽疾，虽经多方医治，终究英年早逝，给爸爸和我留下了无穷的遗憾和悔恨。每念至此，我们痛不欲生。

苍天明鉴是非，为何不再给我一个尽孝的机会？大地容载万物，为何不让善良的妈妈逢凶化吉？而使我们悲恸万般，后悔莫及。此刻，千言万语也道不尽我们对妈妈的感恩戴德，千呼万唤也唤不醒妈妈重回人间。妈妈还有许许多多想做而没有来得及做的事，还有许许多多想说而没有来得及说的话，还有许许多多要走而没有来得及走的路。她如此匆匆地走了，带着眷恋，带着无限的牵挂走了。她虽然没有给我们留下什么物质财富，却留下了可以让我们享受终生的精神财富。我一定学习和继承妈妈高尚的人格和纯洁的品德，牢记妈妈的谆谆教诲，勤奋学习、正直做人、努力做事，决不辜负各位领导、长辈、叔叔、伯伯、阿姨、兄弟姐妹的关心和期望。

妈妈患病及病重期间，单位领导、同事、朋友、同窗、亲戚、邻里多次探望慰问。病逝之后，又承蒙沉痛吊唁，来灵堂祭奠。今天又在百忙中前来为妈妈送行。特别是妈妈生前单位的领导亲临追悼，我们更觉关爱，不胜感涕。这种淳厚真挚的情意，我们永远铭记在心。我代表我们全家表示深深的谢意和不尽的感激。

亲爱的妈妈，您永远活在我们的心中！

安息吧，亲爱的妈妈！

（二）

各位来宾、各位领导、各位好友：

首先我代表父亲和妹妹，衷心地感谢各位来这里悼念我的母亲。同时我也诚挚地希望大家放下心中的哀痛，跟我们一起，来共同庆祝母亲圆满地走完了她光辉的人生之路。

××年××月××日（农历××月××日）是我们全家难忘的一天，这天上午6点40分母亲走完她积极和乐观的一生，永远地离开了我们，留给父亲和我们是永久的缺憾和无尽的哀思。

今天，在这里为母亲举行了隆重的追悼仪式，站在母亲的灵前，深切地缅怀她与父亲含辛茹苦养育我们成长的历程，内心的悲痛无以言表。

母亲一生光明磊落，把毕生的精力给了社会和教育事业。母亲走了，然而她的生命因我们的存在而永存。我们会非常珍惜它。

今天大家冒着大雨前来为母亲送行，值此与母亲告别之际，我谨代表我的全家对每一位关心，帮助过我们母亲的领导、同事和亲朋好友致以最诚挚的谢意。

谢谢大家！

（三）

尊敬的校领导、日语学院领导、成人学院领导、退管会领导、公检法司的领导和各位亲朋好友，各位女士们和先生们：

今天，在此，我谨代表我的母亲和我的父亲，以及我的胞妹一家和我的一家，向您表示衷心地感谢！

衷心地感谢您：百忙当中、不辞辛劳，真诚自愿地从本市、老家和外地等地及时地赶到这里，参加我母亲大人的追悼会。

衷心地感谢您：难能可贵地还想着我的母亲、念着我的母亲、牵挂和追思着我的母亲。

衷心地感谢您：一往情深、一如既往、一望无际、一成不变、一脉相承、一尘不染和一心一意地来到这里。今天，有了我的母亲，我们才有了一次“生日”般的聚会呢……母亲的一生，是个平凡而又平凡的一生。不论从老家黄岩学生时代，还是在上外大学的读书时代；不论是从北京空军大院、翻译、野营拉练和教员教官，还是在天津部队改行宣传政工；不论是转业回到××宣传部和纪委，还是在日语系党政领导；还是退休以后的成人学院，等等，母亲始终如一地兢兢业业、认认真真、一丝不苟、善始善终、真诚如故、友善待人。母亲最有名的一句口头禅，就是：“不要紧的！”是的。母亲，在任何地方，对任何事和任何人，总是、都是、仍然是笑眯眯轻轻地说——“不要紧的！”可惜，今天，我，再也听不到了……

母亲的一生，是勤俭、勤奋和勤劳的；是谦虚、谦逊和谦卑的，是很阳光、阳刚和很“男人”的。正如她的名字——××。母亲，是个大孝女，对她的母亲、我的老外婆，她总是、永远都是放在了第一位的。光去年病重期间，就回去看望过两次。不幸的是：我的老外婆也于本月 2 日与世长辞了，我都没敢告诉她。就是对自己的弟妹及儿女，和我们儿孙们，也都是真诚、认真和坦诚的。记得去年的夏天，母亲曾经对我说过：“这次，我肯定是要先走的。你，一定要照顾好你的老爸呢！”谁曾想，这，却变成了永恒。母亲，对我们的要求是严格的、严厉的，有时甚至是“苛刻”的。正如，我的这点儿文字——那，都是母亲教诲的。

今天下午，我们在这里追思我的母亲，我感到无比的自豪和荣幸。我为我有这样的母亲——而无上光荣！

××年××月××日，母亲节。22：58，一颗伟大而又平凡的心脏，永远地停止了跳动——享年，75岁。

不，我的母亲安详地睡着了——仿佛轻声地对我说——“不要紧的”，再一次衷心地感谢各位领导、各位亲朋好友：谢谢，谢谢！

范例三

在妻子葬礼上丈夫的答谢辞

尊敬的各位领导、各位亲友，以及素不相识关心××的朋友：

感谢大家来到××追悼会的现场，陪伴她走过最后一段回家的路。

我是××的爱人，代表××，代表全家向大家致谢。××属马，她的一生，是骏马奔腾不息的一生，沿途尽是师长的谆谆教诲、深深关切，身畔尽是亲友们的悉心爱护、诚挚鼓励。她短暂的一生一路飞驰、精彩异常，她于1978年生于山东××，为人女；1984-2008年这24年间年求学于山东、上海、挪威等地，为人弟子；1996年与我相识，2000年登记结婚，为人妻；2008年留校任教，为人师；同年生子，为人母。

2009年是××人生的分水岭。年底她查出患乳腺癌骨转移，生命进入最艰难也是最辉煌的旅程。几番生死，她顽强抗争到最后一刻，并且拼尽最后的生命能量，留下了数万字的生命日记，剖析自我、警示世人。2011年4月19日凌晨3时，××撒手西去。正如××博文中所说：生命如斯，应无所憾。她这一生，一路奔腾，奋发向上，一次次冲破关卡，用她的纯真、热情、善良和上天赐予的天赋，留下一篇篇传世文章，一棵棵拔地而起的能源林，还有笑对生死、无畏施的精神。

××患病以来，××大学和××交通大学的各级领导、同事、同学，挪威的老师、同学和朋友们，欧美同学会，中学的老师和同学们，山东老乡、各地网友都非常关心，提供了各种各样的帮助：捐款、送药、提供医疗建议、组织义演和义卖筹款，等等。这些爱，让××更有信心与癌症作搏斗，更快乐积极地作无畏施。这些爱，让她在人世间最后的5个月里，满是自信和欢喜。在此，我代表××和我们全家，衷心感谢××所有的师长和朋友，感谢你们让她短暂的一生五彩缤纷，感谢大家在她最需要帮助的时候伸出援助之手。

××已经离我们而去。根据她的遗愿，我们将会把社会的各种捐赠，以合适的方式回报社会，给需要帮助的人增加温暖。我们相信，以这样的方式，××会永远生活在我们身边。

我爱你，亲爱的××。生命诚可贵，爱情价更高，若为自由故，两者皆可抛。我知道你的灵魂已经自由，不用再承载病痛，不用再承载我要你积极求生的愿望，也不用再承受对亲友的挂念。你所有的希望，我会全心全力地去实现。

在我的眼中，你一直是我的小妹妹。为了让你幸福，我和你走到一起。一直以来，你在前，我在后，微笑地看着你。但在与病痛战斗的过程中，你的灵魂一直在升华。生命的燃烧更旺、更纯正，直到你生命中最精彩的时刻。这一刻，你是一只凤凰，在涅槃中得到永生。

亲爱的××，今天，你的至亲好友，师长同事，广大网友都来为你送行。你在天之灵安息吧。我知道你在另一个世界安然地注视着我们，继续感化着我们。

最后，我再次代表××和全家向广大师长、朋友表示衷心感谢：谢谢大家！

范例四

女儿在父亲葬礼上的致答谢辞

各位来宾、各位亲友：

我的父亲因病医治无效于××年××月××日上午××时××分撇下

爱他的妻子和女儿，与世长辞，永远离开了我们，今天在这里，我怀着万分沉痛的心情与父亲作最后的告别。

父亲健在时，得到了单位领导和同事的关心，得到了亲朋好友的关爱和帮助；父亲生病期间，医生给予了积极治疗，单位领导同事，朋友、亲戚都来看望，让我们感到亲切与温暖；父亲病逝后，亲朋好友前来吊唁，帮忙料理后事，让我们悲痛的心情得到安慰。我代表我的全家向大家表示衷心的感谢。

父亲出生于普通工人家庭，少时练就了吃苦耐劳的品格。工作上，他顾全大局，与人为善。生活中他孝敬父母，关爱他人。父亲在我们子女身上倾注了大量的心血，在我们求学的路上，他总是在困难时寄来钱款，在寒冷时送来棉衣。在我们遇到困难时，他总是给予鼓励和安慰；在我们顺利时，他总是告诫我们要谦虚谨慎。父亲用微薄的收入，供养我们姐妹二人走出校门、成家立业、生儿育女，没有父亲的付出和厚爱，就没有我们儿女今天的成就。在这里我要再次感谢父亲为我们所做的一切，谢谢！

虽然你现在不在我们身边，但是你永远是值得我们爱戴的父亲，爸爸，你一路走好。

父亲，虽然您不幸离开了我们，但您那和蔼可亲的音容笑貌永远留在我们的心中。敬爱的父亲，您一路走好！

第二十七章

客户答谢辞

范例一

某公司致客户的答谢辞

尊敬的客户：

您好！

值此20××新春来临之际，××公司向您及家人表示最诚挚的新春祝福和最衷心的感谢，感谢您一直以来对××公司的信任和支持。

您的信任与支持使得××公司在1997年成立之初就选择了国际通行的××为公司的主打产品，并开中原地区之先河采用“送奶到户”的销售模式，减少了中间流通环节，缩短了配送时间，真正确保了××的新鲜、营养与安全，并在此后的十余年间始终致力于×××的技术创新和产品研发，让××杀菌奶与××紧密地联系在了一起，让追求最好产品的理念与××紧密地联系在了一起。

您的信任与支持使得××公司十余年来倍感自身的使命重大，始终视质量为生命。在产品质量上，从××、××等三个公司所属的养牛基地到生产、检验、配送到户，每一个环节公司均严格采用××质量体系的管理模式，严格按照国家标准进行冷链操作，确保了产品品质的稳定性；在服务质量上，采用的全方位服务的模式。由总经理亲自指挥的售后服务部早6：00到晚10：00全天16小时开通亲情服务热线，让您足不出户，“电话一打，××到家”，尽情享受××公司带给您的全方位服务。

有了您的信任与支持，××公司才能在中国乳业的“霜季”——××奶粉事件中，信心十足，凭借自己“××省108家乳制品企业只有3家未检测出三聚氰胺，××即为其中之一”的实力，再次证明××牛奶是值得信赖的，同时也创出销售额增长30%的好成绩，正如大家所称道的“××牛奶真金不怕火炼”。

有了您的信任与支持，我们在工作中才有了无比的动力。当我们在送奶过程中经历冰天雪地或倾盆大雨时；当与客户沟通过程中遇到不公而烦心时；当我们在科技攻关中遇到难题时……正是您的信任与支持使我们坚信“风雨后有彩虹”，让我们坚持一定要做新鲜、营养、安全、实在的放心产品奉献给您——我们的“衣食父母”。

也正是因为有了像您一样的数万客户的信任与支持，××才一步步改革创新、发展壮大，成为目前拥有邯郸、安阳、邢台、武安四家分公司，产品销售至冀、鲁、豫三省、中原地区最大的巴氏奶生产企业之一。××公司所取得的每一点进步和成功，都离不开您的信任、支持和参与。您的每一次参与、每一个建议，都让我们激动不已。让我们弥补不足的同时促使我们不断奋进。有了您，我们前进的征途才有源源不绝的信心和力量；有了您，我们的事业才能长盛不衰地兴旺和发展。今后，我们将以更加优质的产品和热情周到的服务，用真情来回报您。因为我们知道：“只有有了成千上万的客户，才有了××的存在；而只因有了××，也才有了这份来之不易的工作。从这个意义上讲，广大客户就是××的‘衣食父母’。”使××的客户完全满意是我们××人永恒的追求！

再一次感谢您的信任和支持。最后，恭祝您在新的一年里身体健康、合家幸福、事业兴旺、万事如意。

范例二

某印刷厂总经理在供应商答谢会上的致辞

尊敬的各位来宾、广大供应商朋友们：

大家晚上好！

在我们满怀豪情迈向 2008 年之际，我们以最真诚的感谢、最真挚的祝福在这里举办迎新春答谢供应商酒会。首先我谨代表××向一直给予我们支持和厚爱的新老供应商朋友们表示由衷的感谢，并祝您在新的一年里身体健康、工作顺利、生意兴隆、万事如意。谢谢大家！从 2006 年创办××以来，在各位供应商单位的支持和公司全体员工的共同努力下取得了一定的成绩。公司自行研发的办公自动化管理系统已经顺利上线，现已初步实现计算机网络自动化管理，为拓展省外市场奠定了良好的基础。

目前公司业务不仅遍布全省各地市，并且已经发展到省外××的××市，逐步进军全国市场。在新的一年里我们将继续努力，争取不断取得新的突破，来回报广大供应商的鼎力支持，为福建印刷事业的发展尽我们的微薄之力。××的发展实际也就是各位供应商的发展，相信通过相互支持、友好合作，我们一定能实现双赢的目标，携手奔向美好的明天！

回首过去峥嵘岁月，欣慰神驰；展望未来锦绣前程，壮怀激越。

现在，我提议让我们共同举杯，为我们的友谊、为我们的合作、为我们的成功、为我们的健康、为我们美好的未来，干杯！

范例三

某科技公司致客户的答谢辞

尊敬的客户：

您好！

值此 2010 年新春来临之际，××市××科技有限公司总经理携全体员工对您长期以来的信任与合作，表示衷心的感谢和美好的祝愿！

十年风雨征程，见证着××的成长、进步与发展。如今的××，已经发展成为集研发、生产、销售、售后于一身的中国IC卡行业内的十大品牌之一，它以无可争议的经营实力和品牌价值，成为同行内唯一“中小企业100强”。

饮水思源，我们深知，××科技的发展和壮大，一刻也离不开您的关注、信任、支持和合作。能与尊敬的各位客户结成合作伙伴，实现互利共赢、共同发展，我们感到荣幸之至。我们将不断开拓进取，凭借优质的产品、良好的信誉和周到的服务，为广大客户朋友提供更为广阔的发展空间。为感谢新老客户，满足客户要求，××总结以往经验、收集客户意见，根据市场需求，特推出两款新产品供客户参考,希望您提出宝贵建议。

我们完全相信，只要有您的支持合作，只要我们不断努力，我们共同的事业一定会有大空间、大作为、大发展。2010年，一个新的开始。××科技将和您一起志存高远、追求卓越。期待着与您更加紧密地合作，携手共创事业新天地。再次感谢您的信任与合作。

恭祝您新年快乐、身体健康、合家幸福、事业兴旺！

谢谢大家！

范例四

某集团领导致客户的答谢辞

尊敬的客户：

你们好！

××集团在广大朋友的厚爱与支持下，飞速发展。销量雄居同行业的龙头地位，月销售额大幅度增长，日销量创近年来新高，产品升级换代，网络更加清晰，终端形象提升，销售区域不断拓宽，市场占有率逐年扩大。名牌产品、驰名商标、三A企业、消费者信得过产品等殊荣不断。

在××感恩节来临之际，××集团董事长携全体员工感谢广大中间商、零售商的大力支持，感谢消费者的关心与厚爱，感谢曾经支持、关心和帮助过××的所有朋友们，并衷心地向大家说声："谢谢，谢谢你们!"

在××的发展中，××的中间商、零售商一直是最重要的合作伙伴，是你们建起了××与消费者之间的友谊；是你们的细心服务，赢得了消费者的赞美与信任；是你们用营销智慧帮助我们开拓了市场，为我们提供订单；是你们及时地反馈市场信息，努力工作，使得××产品在升级换代过程中成功赢得了市场。一款款新产品的亮相，是大家汗水的结晶和证明；不断地推陈出新、变换模式、办编织厂……正是你们这样的努力和打拼，促进了我们企业的发展和壮大，刷新了××一个又一个第一的历史记录。我们是一同打拼出来的战友，让我们一起真诚打天下。你们为××的发展而高兴，××视你们的成功而自豪。

××人，永怀感恩之心。××的企业理念是：感恩社会，感恩消费者；低调做人，真诚处事。我们感恩社会，是社会给了我们生存发展的机会和环境；感恩中间商、零售商，是你们选择了××，信任××，把××的产品送到千家万户，用心与心的交流，实现着××人的使命，支撑着××的发展；感恩消费者，是你们对××的忠诚、热情、信赖，给了我们前进的信心和勇气；感恩支持、帮助过××的朋友们，是你们的信任与关爱引领着我们走向一个又一个的辉煌。

在此，我们衷心地感谢你们对我们企业的认同、对我们品牌的认同、对我们产品质量和服务的认同，感谢你们的大力支持和配合。你们与××一起肩负着装点人生，编织未来的使命。未来的发展中，我们将一起合作努力、共同成长、共同进步，引领和推动社会进步，不断适应变化的市场，在新的形势下，××坚持让国家、企业、消费者三得利原则，创造出更多的十万元户、百万富翁、千万富翁。要感谢我们的终端消费者，您的信赖和支持是××生存和成长的土壤，您的滴滴恩泽××必将涌泉以报，不管是过去、现在、还是未来，使用××产品的人，××都永远记得您。

××优秀的产品含有优秀的服务，为消费者提供最满意的服务是××永远的追求。我们将以百分之百的努力，让客户百分之百的满意，让消费者得到超值的享受，以优质的产品和服务回报消费者。××的产品和服务与时俱进，永远与消费者同行。因此，我们衷心期待尊敬的广大消费者，对我们企业、产品，提出宝贵的建议，我们将把它作为送给××最好的礼品。在未来的岁月中，××依旧跳动着感恩的心，永远和消费者心连心，为着一个神圣的责任为客户提供最满意的服务。再次向尊敬的各位中间商、零售商、广大消费者及支持、帮助过××的所有朋友们，表示衷心的感谢和敬意，并由衷地祝愿大家工作顺利、身体健康、家庭幸福！

范例五

某皮具有限公司代表致客户的答谢辞

尊敬的各位客户：

大家好！

首先，我谨代表××皮具有限公司的全体同人，向尊敬的各位客户致以诚挚的问候和衷心的祝福！

我们公司在各界朋友特别是客户朋友的鼎立支持下，2010年继续取得了不俗的成果，延续着电子商务的发展趋势。我们顶住了电子商务不稳定和大批网络商城波动所带来的竞争压力，取得了丰硕成果；新的购物商城2011全新改版上线。淘宝旗舰店也在筹备中，预计今年年底可以上线。

顾客所需产品一直供不应求，有时因提货周期的延长而给客户带来不便或麻烦，在此，谨表示深深的歉意。

值得欣慰的是，电子商务部已经进入冲刺阶段，公司会继续加强广告技术方面等投入；同时旗下工厂会继续引进新的生产线，在保证品质的前提下，加大力度对产品进行生产。届时，产能制约的瓶颈将一举突破，客户的需求将得到及时的满足，我们将为客户交出满意的答卷。

能与尊敬的各位客户结成合作伙伴，我们感到非常荣幸。我们衷心感谢你们的大力支持和配合。你们与我们协同进行市场开拓，实现互利、共赢。我们和你们之间已经建立起共同发展的良好关系，并将在双方的悉心维护、培育下得到巩固和加强。你们的成功和辉煌，造就了我们企业的发展和壮大。

尽百分之百的努力，让客户百分之百满意，这是我们办企业的宗旨。时代和社会是不断进步的，我们的产品和服务也要与时俱进。我们衷心期待尊敬的各位客户，对我们企业的产品、对我们企业的服务，提出更高的要求，使我们企业能够为你们提供更优质的产品和服务。

值此××上线之际，我谨代表我和我们企业，再次向尊敬的各位客户表示衷心的感谢和敬意。衷心祝愿尊敬的各位客户大展宏图、事业兴旺！

范例六

某保险公司代表在客户答谢会上的致辞

尊敬的各位嘉宾，女士们、先生们：

大家晚上好！

首先我谨代表××保险公司的全体员工及我的家人对您在百忙之中抽出时间来参加我个人的感恩客户答谢酒会表示衷心的感谢和诚挚的欢迎，欢迎你们！

站在这里，我非常的激动，千言万语只能用两个字来表达，那就是“感谢”。感谢父母给了我生命，感谢公司给了我发展的舞台，感谢亲爱的同事们给了我鼓励和扶持，而我最最感谢的是我可敬可爱的新老客户朋友们，是你们的支持和信任，才让我拥有了今天的成绩，谢谢你们！

今天我们欢聚一堂，我真的非常开心。借此机会，我想向大家汇报一下我 4 年寿险生涯里的心路历程。大家都知道，在人们的心目中，保险是一个“求人”的行业，我做梦都没想到我也会加入到这个行业中来。而最让我想不到的是，让我真正开始寿险生涯的是一个素昧平生的人，他就是原籍山东的××先生和他的太太，因为工作关系，他们今天没能来到现场。借助大家热情的双手把感谢的掌声送给他们，同时也献给我所有的客户朋友们。因为你们的支持和信任，让我坚定了留下来的信心。这4年里，我走过了无数条乡间小道，让很多的家庭拥有了平安健康的保障，而每当我走在乡间小路上时，我都会时时想起我是农民的女儿，我的根在农村，我要把最适合他们的保障，最好的服务带给我的父老乡亲们。同时我也走过了数不清的大街小巷，每照顾一个家庭，我都会用农民的质朴与真诚，服务于我的新老客户。请您相信：你的每一件小事都是我的大事。

在这4年里，我遭到了太多的拒绝和挫折，但我收获了成长和快乐；虽然我经历了痛苦的奔波，却成就了无数人的家庭梦想，让更多的家庭拥有平安依然是我最大的心愿。今天莅临现场的有我的亲戚朋友，新老客户，还有我阔别近20年的老同学，是你们对我工作上的支持和精神上的鼓励，才让我拥有了今天的自信与豁达。希望大家在未来的日子里一如既往的关心我、支持我，并监督我、指正我，让我在××的路上走得更远更长。在这元旦佳节来临之际，衷心地祝愿在座新老客户朋友新年快乐、合家幸福、一生平安！

范例七

某公司总经理在6周年庆典营销座谈会上致客户的答谢辞

尊敬的新老会员朋友、与会的各位专家、亲爱的××将士们：

大家，上午好！

首先，我代表××健康俱乐部的全体工作人员对各位新老会员朋友的到来表示最热烈的欢迎和最衷心的感谢。衷心感谢新老顾客朋友六年来对××健康俱乐部工作的大力支持与信赖。六年来，没有你们的积极参与，没有你们的鼎力相助，就不会有××健康俱乐部辉煌的今天。衷心感谢你们！

今天，大家欢聚一堂、其乐融融。今天是个好日子，因为再过几天，××健康俱乐部将迎来“三喜临门”——中秋佳节、公司六周年庆典和十一国庆节。在××这个大家庭里，我们和各位朋友一路相伴相随，才走到了今天。回首过去的六年时光，每一份感动、每一滴汗水、每一步成功，可以说，都是点滴在心头、难忘而精彩。

2004年9月，××健康俱乐部在××省老干部活动中心正式成立。感谢大家一直以来对俱乐部活动的支持。成立以来，俱乐部始终以“传播科学，共叙健康；老来福寿，你我共享”为宗旨，以“好高务实、为而不争、诚实守信、惠世济生”为经营理念，并努力打造××保健产业第一品牌，让广大中老年朋友享受到最优惠、最实惠、最有效的健康产品。不断组织各种老年活动，4月份，××成功携手××电视台“××”栏目；6月份，××组织了近200名客户参加上海世博游；7、8月份××在全省启动“寻找革命老前辈”红色月系列关爱活动；2010年9月7日××药业集团、中国老年保健协会健康教育与健康促进基地在××成功主办第三届“健康高峰论坛”，参会人员多达1500人。在此，感谢大家对××的关心与支持。

有句话是——心有多大，舞台就有多大。还有一句是“海阔凭鱼跃、天高任鸟飞”。我想说的是，××就是各位的大舞台。在各位朋友的支持下，××的未来一定会更精彩。

各位朋友：传播健康文化，普及健康知识，推广健康产品，提高全民保健意识，让更多的中老年朋友收获金色的晚年生活，是××健康俱乐部始终不渝的奋斗目标；同时也希望在座的各位朋友能够一如既往的关注和支持我们，和我们一起为推动××省中老年健康事业的快速、持久的发展而不懈努力。

再次感谢在××成长过程中给予过支持、信任和肯定的各位新老会员、各位专家。谢谢你们！最后，祝本次庆典活动取得圆满成功！

祝各位月圆人圆事事团圆，人顺心顺事事都顺！

谢谢！

范例八

某酒店开业5周年庆典暨客户答谢会总经理致辞

尊敬的各位领导、各位来宾：

晚上好！

“春山何似秋山好，红叶青山锁白云”。在举国欢庆建国六十周年之际，××酒店迎来了开业5周年华诞。在此，我代表××酒店向关心支持酒店发展的各位领导及新老客户表示最衷心的感谢，向前来祝贺的各位来宾表示热烈的欢迎和由衷的感谢。

感谢上级主管部门及社会各界在开业五年来的鼎力支持和关怀，××酒店始终如一地贯彻“提升品牌、兼顾效益、把××打造成汉中一流酒店”的指导思想，以提升品牌为根本，创新营销，大力实施品牌战略，全方位地提高酒店的舒适度和客人的满意度，呈现出经营业绩稳步攀升，品牌形象和美誉度与日俱增的良好发展势头。特别是近两年，面对地震、金融危机等恶劣的外部环境，酒店采取积极有效的应对措施，逆势而上，取得了开业以来最好的经营业绩，实现了跨越式发展。

客户是上帝，是酒店的衣食父母。今天我们隆重地举行开业5周年庆典及客户答谢会，就是为了真诚答谢、密切关系、增进友谊、倾听意见、改善服务。领导的关怀和支持是酒店发展的坚强后盾，宾客的建议是酒店进步的阶梯，忠诚的客户是××赖以生存和发展的基础。××的成绩归功于各级领导的亲切关怀；××的发展应感恩于广大客户的信赖和厚爱。

成绩属于过去，服务永无止境，酒店的软硬件水准与客人要求相比还有差距，我们期待各级领导和广大客户一如既往地关心和支持××的发展，多提宝贵意见，我们珍视每一位客户，关注每一条建议。我们将以5

周年庆典为契机，放飞思想、放眼行业、放眼未来，大力弘扬“品质服务、尊崇备至、经营员工、迅速执行”的企业文化，以客人的满意为酒店经营的终极目标，实施大品牌、大营销、集团化、规模化、绿色化战略，把××打造成××品牌最优、业绩最佳的酒店。

再次感谢所有对酒店建设给予帮助和支持的各界朋友们！现在我提议，为我们的健康和友谊干杯！

范例九

山东某医药有限公司领导在年终客户答谢会上的致辞

尊敬的各位领导、各位来宾、上下游的上帝们：

大家上午好！

金猪报喜蒸蒸日上，银鼠祈福福照满堂。今天，在孔孟之乡，齐鲁大地上，我们齐聚一堂，在这里召开一年一度的年终答谢会，首先，我谨代表中国×××集团董事局向各位的到来表示热烈的欢迎和衷心的感谢。

此时此刻我很激动，奔腾的黄河水诉说着过去中华五千年的文明史，也印证了×××医药有限公司三年的风雨兼程。如果说，三年的风雨同舟换来今天提前四十多天完成了集团年初下达的各项销售任务，那么我说，成绩是属于×××人团结努力奋进的结果，属于每一位关注×××成长的朋友。在此，我代表公司领导和全体员工感谢大家对公司的支持和信任，谢谢大家。

回顾过去的三年，每一个进步都是凝结着大家的关怀与支持的，鲜花伴着汗水，成绩凝结感动。借着新年的喜庆与欢乐，我们共同回顾×××与各位好朋友的合作之路，共同畅想未来的合作之路。三年来，在××省和××市食品药品监督管理局以及各级政府对我们的大力支持、精心呵护下，×××从无到有，由小到大，不断发展。我们抓安全，促规范，求质量，谋发展。始终坚持“××××××××××”的质量观，先后投入大量资金，从硬件、软件、人员配置、制度体系等多方面入手，确保药品质量安全。×××公司管理规范、质量安全的形象受到了各界朋友的广泛好评和称赞。我们由衷地希望在座的各位业界同人在今后的发展中继续关注×××，相信×××公司在各位的关怀与关注下将会更快、更好地发展。

三年以来，正是上下游客户跟我们由最初的相互试探到结成紧密的战略伙伴，始终支撑着×××的发展，不离不弃。在以厂家为核心的各方利益共同体中，在上下游供销环节利润链上，×××立足医药批发，医药电子商务和药业物流配送的主业，为各合作伙伴提供“傻瓜式”服务。积极维护市场稳定，赢得了更多客户的信赖与支持，促进了公司的发展与壮大，对大家的支持我们是不胜感激的。

我们坚持在市场的合理分工中去追求各自的合理利益，并使其最大化。通过分工追求多赢，实现多赢。这是×××集团提出的经营理念，三年来始终指导×××的发展，三年来始终未曾改变。今天，我将再次阐述“合作、多赢”的理念，产品有销量、有利润，服务有需求、有回报。厂家、商家、政府、银行、消费者、员工……各自的利益都能有保障。在以市场为导向的商业活动中，各个环节都能合理分工形成合力，共同维护市场价格体系，共同分配好各环节的利益，形成和谐商业的良好局面。

三年的激情岁月，三年的风雨兼程。三年的回忆，三年的感动。各位来宾、朋友们，请再一次允许我代表×××集团×××医药有限公司全体员工，对您三年以来对×××的关爱、支持和帮助深情地说一声：谢谢！

回首过去我们心潮澎湃，展望未来我们信心十足。党的十七大报告涉及医疗卫生事业的种种提法已经成为医改的前奏。医疗卫生体制改革、医疗保障改革、药品流通体制改革“三改”并举、配套推进已是大势所趋。可以预计08年以后的3–5年，医药流通企业的市场容量将进一步提高，市场规范化将大大加强，尤其是医药流通龙头企业的市场集中度将更加提高。×××有信心、有能力，在下一个五年里，牢牢抓住历史发展机遇，在政府和监管部门的主导下，与上下游伙伴们紧密携手，为推动齐鲁地区医药流通行业又好又快的发展贡献自己的力量。

任何时候、任何情况下，我们都将坚定不移地遵循国家政策和产业导向，始终如一地走规范经营之路。我们都将坚定不移地坚守厂商联合、资源共享、优势互补的战略联盟，始终如一地走合作多赢之路。我们坚决反对“行大压客、客大压行”的陈旧理念，不论业务发展多大，也决不向政府和上下游客户提无理要求。我们将与上下游客户及新老伙伴们紧密团结在一起，共同发展，共同迎接医药产业美好的明天。

三载共叙黄河情，九州同谱多赢曲。来宾们、朋友们，今天，我们答谢客户，共叙情谊。值此新年即将到来之际，祝各位嘉宾身体健康、平安幸福、事业发展、大展宏图！

谢谢大家！

范例十

某美容机构负责人在5周年感恩客户答谢会上的致辞

尊敬的各位来宾、各位朋友、各位同人：

大家好！

今天，我们怀着无比兴奋和喜悦的心情，在这里欢聚一堂，举行××美容机构建立5周年感恩答谢会，在这个令人激动的时刻，我代表××美容机构，向今天出席的各位来宾、各位朋友、各位同人表示热烈的欢迎和衷心的感谢！

天道虽广德承载，丽质还需常关爱。

美轮美奂迎宾客，容貌更新福报来。

不经意间，我们××美容中心已经走过了五年多的时光。在这五年里，从创业到开业，再到今天的发展壮大，是与大家的信任和支持分不开的，请让我在这里深深地鞠一躬，来表示我对所有新老客户的谢意，谢谢你们。

5 年来的风风雨雨、5 年来的酸甜苦辣、5 年来的奋勇拼搏、5 年来的宏图规划，我们秉持着一句“天行健，君子以自强不息；地势坤，君子以厚德载物”这一亘古哲理，带领所有××人，在您不离不弃的陪伴下，一路走了过来。所以，我们常怀厚德之意、常怀感谢之情、常怀感恩之心以尽全力，为您提供如家人般的细微细致的深情服务。

今天，××已从以前的一家小作坊式的几名员工的美容院发展到了两家连锁店、好几十名员工的专业美容机构。

未来，我们将在您的关爱及所有××人强有力的支持下，计划在下一个五年规划中，新增至少 20 家××美容连锁店，把我们的连锁店遍布京城的每一个区域。把我们××人把最美、最真、最善的服务献给所有爱美之人。

爱美之心，人皆有之。所以，因为××，你的容颜更加娇艳；因为××，你的生活更加阳光；因为××，你的事业更加辉煌；因为××，你的财富更加壮观！

不要问您是否继续支持××，要问问××人能否为您提供更加亲情和个性化的服务。所以，今后××人之路，更加任重而道远。但是，只要我们怀着一颗感恩之心，怀着一个坚毅之心，我坚信，××的明天更加强大，和您的友谊更加永恒！

谢谢！谢谢大家！

范例十一

某公司经理致客户的答谢辞

尊敬的各位客户：

大家好！

刚才听公司领导××告诉我，说这是他职业生涯里面从未见过的，我们的工作人员有几次产品多发给客户了，客户收到之后，又将多发的那部分寄回来了。

这就是自己人的感觉。让你很放心。自己人的重点就是彼此都很放心，没有什么不安的，即使遇到错误，只要彼此都信任，很快就能够解决。谢谢大家长久以来对××公司团购部的支持，谢谢大家。

非常欣喜地感谢每一个成为××公司团购部的客人，我能够感觉出来你们对我们的信任以及理解，你们知道我们是怎样的公司，知道我们所做的事情的出发点和本意。我经常和我的朋友们说，我只把产品卖给我喜欢的人，如果他们让我喜欢，让我觉得是自己的人，我就愿意把产品卖给他们，因为，那是一种幸福，把我们信任的、可靠的产品，分享给自己人，是一件美好的事情，很美好，很快乐。因为你品尝过、你体验过这个产品带来的好处，你很快会收到各种朋友运用后的反馈，这是幸福的。

当然在我们的交流中，有些客户很急躁，遇到问题会很生气。我真心劝这样的客户先不要急着购买我们的产品，可能你在购买的时候，对于产品的功能有期待，急于马上使用，或者对我有期待，觉得我能够把产品的功能介绍得清清楚楚，就应该把公司的各种事务都安排得非常好。真的，要请你降低这些期待。包括产品，产品我们选择世界最好的，但是，功效方面，也需要你们增加相关知识，培养良好的生活习惯，这样，你们对于公司产品的运用才能够事半功倍。

但是，不要有过分的期待，过分的期待是一种监牢，把人关在里面。××公司团购部的决心，是一种愿望，一种希望能够帮助人们在价钱低的时候，去尝试各种产品，体会并运用的一个学习和体验过程。

我知道任何事情，做熟悉之后，错误就会自动减少，越做越流利，所以，对于团购的这部分，我倒是没有丝毫的担心，我知道我们能够越做越好，而且将好得让人目瞪口呆，这是可以预期的。但是，人生最可贵的，就是当你成长的时候，有人信任你，肯定你，支持你，鼓励你，这是非常可贵的。所以，我知道有许多客户，你们可能还在等待产品，产品偶尔可能会出现一点错误，不过，如果你们把我们当做自己人，我就不会难过。

我知道，这是可以解决的问题，商议一下，等待一下就可以的。但是，如果因为购买产品，让你因为等待，或者为了某些问题而生气，那我觉得，你应该选择不购买我们的产品，你有这个权利，因为，我们的确还不够完善。

任何事情，都有个比例，一百件满意之中，或许有十个令人不满意的事情。这有什么呢，还有九十个满意呢！接下来，所有曾经在××公司团购部购买过产品的人，将会获得一次价值5000元的免费服务，×××愿意提供一次免费咨询服务，来指导你的健康问题。期待一下吧，看看是否值得抵扣你遇到的问题。我时常讲，做得不够好，还是要成长，不过，错了，就要补偿，我拿我自己补偿吧，这个应该很值钱的。

再次谢谢支持××公司团购部这个活动的人，我个人觉得这个活动很好，的确可以帮助到很多人。随着日益成熟的过程，惊喜也一定会越来越多的。

更感谢后台的工作人员，××、李×、官×、朱××，还有××，你们因为我的一个新的想法，忙碌了好久，让工作的压力大大增加，也接受一些客户的抱怨。也谢谢李××、徐×、英×、邓××、陈××，因为我们的团购价格很低，让你们少赚了不少钱，因为你原本可以按照原价，获取更多的报酬。

一起成长的感觉是美好的。

第二十八章

媒体招待会上的答谢辞

范例一

某集团2007年战略发展媒体招待会答谢辞

尊敬的各位来宾，女士们、先生们、朋友们：

下午好！首先我谨代表××集团全体同人，欢迎各位的到来。感谢长期以来与我们有着广泛密切的合作关系的新闻媒体朋友们，出席今天的答谢会。

今天，室外虽然很冷，但是心中很温馨祥和，能与新闻界精英欢聚一堂，我感到十分高兴。2006年，××集团与全体同人共同努力下，在社会各界、各行业，尤其是在座诸位新闻界媒体的朋友大力支持下，××集团取得了长足的发展。2006年，公司斥资3亿元顺利进行××镇××的拆迁工作，目前1号楼主体已经封顶，并且取得了预售证，并于明年正式开盘销售。

该项目的推出，为××区域增加了一个新的亮点。2006年，××实现全部入住，××公司另追加6000万元进行园林改造，还斥资6000万元进行绿化代征绿地的投资，改善××周边的环境，为此，业主对开发商积极的态度表示非常认可。2006年××已经全面竣工，彻底改善业主的环境。与此同时位于三环桥的顺利招商，××科技孵化器的挂牌启用，已经在福州、厦门、安徽等地顺利发展，都令我们感到非常惊喜，强烈感受到来自媒体的力量，这个力量为集团不断发展前进吹响了号角，成为集团前进不可或缺的坚强支撑。

再次回首××集团的发展，都凝聚着社会各界的关心、爱护与扶持，在此请允许我代表××集团全体员工，对在座的新闻界领导朋友长期以来对××的关心、爱护与扶持表示感谢。面对即将来临的2007年我们没有彷徨没有犹豫，在座各位是我们永不可竭的动力，目前××镇××正式开盘，预示着百万平方米高品质社区××镇正式启动，也成为××商圈东部崛起的标志。集团公司即将开发××地块，××地块将协同周边集团其他的项目改变区域的地貌，成为2007年最受瞩目的宜居居住区。毋庸置疑，这些是大家支持的结果，我们内心充满着感激之情。

新的一年新的希望，面对国家繁荣盛世，我们相信，有新闻界各位朋友的关心和支持，有各位合作伙伴、广大用户的厚爱，××集团必将赢得更加辉煌的局面，谢谢大家！

范例二

某市领导在媒体招待会上的答谢辞

尊敬的各位领导、新闻界的朋友们：

大家下午好！

春暖花开，万木葱茏，正当我们欢度傣族、德昂族泼水佳节之际，孔雀之乡——××迎来了全国各地新闻界的朋友们。为此，××107万各族人民对大家的到来表示热烈的欢迎。在这里我们对长期以来给予××关心支持的各级新闻媒体表示衷心的感谢！

这次记者团一行 40 多人对 × × 市部分旅游景点景区发展现状进行了深入了解，走访了当地群众，充分体现了新闻宣传“三贴近”的工作方针，这对净化 × × 旅游宣传环境将起到积极的促进作用。让更多的人更加深入地感受和接触了解 × ×，了解 × × 这片神奇的土地，在 × × 这块美丽神奇的土地上，生活着傣族、景颇族、德昂族、傈僳族、阿昌族等少数民族。各族人民和睦相处，民族风情浓郁，民族节日众多，其中傣族、德昂族的泼水节、景颇族的目瑙纵歌节以及中缅两国共同举办的中缅胞波狂欢节等已经成为国际民族文化交流的平台。

大家知道在这片土地上先后拍摄过《孔雀公主》、《勐龙沙》、《西游记》、《戴手铐的旅客》、《太阳滴血》、《致命的承诺》等知名影视作品。尤其值得向大家介绍的是，× × 是著名的“东方珠宝城”，是中国四大珠宝集散地之一，× × 珠宝因物美价廉而备受消费者的青睐。目前，× × 珠宝产业从业人员超过 1.5 万人，他们来自缅甸、巴基斯坦、印度、孟加拉等国家和地区，是名副其实的“地球村”。珠宝已成为 × × 最具发展潜力和标志性的产业之一。

记者朋友们，× × 是一座开放的城市，同时又是一座新兴的城市、成长中的城市，× × 的发展离不开新闻媒体的大力支持。感谢大家用手中的笔和镜头帮助我们记录这里的美，传播这里的美，让世界人民通过你们与我们边疆人民共同分享这里的美。

记者朋友们，目前，× × 正面临中国——东盟自由贸易区建设步伐加快和大瑞铁路、龙瑞高速公路等国家“大通道”建设的重大机遇，我们相信，不久的将来 × × 将以一个更加开放、更加美丽富饶的姿态呈现在世人面前。届时请各位朋友再到 × × 来做客！

祝各位在 × × 期间心情愉快，工作顺利，谢谢大家！

范例三

某股份有限公司副总经理、董事会秘书在媒体招待会上的答谢辞

尊敬的各位嘉宾、各位投资者、各位记者朋友：

××股份有限公司此次公开增发 A 股的网上路演就要结束了，今天与各位投资者和所有关心××的记者朋友们借助于中证网路演的平台进行了全方位沟通，共同度过了一段愉快的时光。在此，特别感谢各位投资者以及所有记者朋友们对××的高度关注和热切期望。

在刚刚过去的两个小时里，我们和大家一起探讨了中国乃至世界铸管行业的现状及未来走向，分享了××登陆资本市场 12 年来的发展历程，集中介绍了本次发行的主要情况，也对公司良好的经营发展前景做了充分的展望。

我们注意到，在这个短暂的交流过程中，投资者朋友们用真心和智慧给予了我们很多有关新兴铸管未来规划的建议，特别是对于此次增发资金的用途、意义和赢利前景等问题。大家都做了深入地思考和询问，提出了非常宝贵的意见，让我们感受到了投资者对××此次增发的关注和热情。

最后，再次对广大投资者朋友和社会各界的关心和支持表示衷心的感谢，对为本次公开增发项目提供鼎力支持的媒体机构表示真诚的谢意。希望各位记者朋友继续关注××，期待与广大投资者共同分享新兴铸管更加辉煌的明天。谢谢大家！

范例四

某公司总裁在媒体答谢会上的致辞

各位新闻媒体的领导、记者朋友：

大家下午好！

今天是中国传统小年腊月二十三，很高兴能够邀请各位朋友在新春佳

节来临之际相聚××，在此先给大家拜个早年。我谨代表××公司并以我个人的名义感谢各位媒体朋友在过去的一年中，对于××的鼎力支持和积极帮助，特别是2010年对××的鼎力支持和大力宣传。

2010年，××提出了“做强主业·做大利润·做响品牌·不断增强××可持续发展能力”。“做响品牌”需要××自己“干出来”，同时也需要“说出来”，更需要广大媒体积极支持，帮助“传出来”。

2010年，公司进一步加大新闻宣传力度，组织大大小小新闻报道活动30多次，媒体报道量超常规数倍增长，新闻媒体聚焦××的频率前所未有。2010年国内外40多家媒体集中专题、专访、宣传报道600多篇，是2009年200多篇报道的三倍多，是2008年30多篇报道的数十倍，为××转型发展进一步营造了良好的舆论氛围。

媒体已成为××扩大品牌影响力，提升社会形象的重要渠道和力量。在有关部门的积极支持下，在广大媒体的鼎力宣传下，××荣获“2010年度中国最具创新力企业”称号，我本人也荣获“2010中国企业创新十大年度人物”。这是××的集体智慧和荣誉，这一殊荣是××用实践“干出来”的，来之不易。今天我们召开××2011年新春媒体答谢会，主要就是向媒体朋友们表达感激之情、感谢之意，谢谢广大媒体和记者朋友们对××的关心、支持和厚爱！

总结过去，成效显著；展望未来，任重道远。××的发展，需要媒体的关注；××的转型，需要媒体的支持；××的未来，更需要与媒体加强合作。2011年，我们将进一步加强系统内的资源整合，在做好总部宣传工作的同时，进一步加大办事处和子公司的新闻宣传和品牌宣传工作力度。同时，抓住春节、“两会”、公司司庆等有利时机，上下联动、形成合力，大力推进品牌宣传。我们希望在以往良好合作的基础上，与广大媒体进一步建立“互惠双赢、合作发展”的伙伴关系，在××今后改革发展的道路上能够继续得到各位媒体朋友的关注和支持；我们也将积极配合媒体的新闻需求和发展需要，通过双方的互惠合作，推动双方共同发展壮大。

最后，再次对今天在座的各位新闻媒体的领导和记者朋友们表示衷心的感谢和新春的祝福！

谢谢大家！

范例五

某创意产业园代表在媒体招待会上的答谢辞

尊敬的媒体朋友：

首先非常感谢一直以来对××创意产业园的关注和支持！

××文化在发展“××产业园”现有系列项目的基础之上，对于文创领域相关的商务、办公、展览、服务、消费、体验等创意生活空间进行深度组合，在各板块间建立相互依存、相互助益的能动关系，打造成为城市中心高端、时尚、品牌化的多功能、高效率的综合体，服务于文化创意产业。

近两天来，我们接到了一些媒体朋友就《另辟视角看中国艺术××协会奖在法国巴黎启动》表现出了相当的热情，在此对大家的关心表示衷心的感谢。同时，也就相关问题和媒体朋友进行沟通。××创意产业园感谢××网、××网、××网、××网、××网、××网等媒体对我们《另辟视角看中国艺术××协会奖在法国巴黎启动》的新闻稿的大力采纳，在此表示真诚的谢意。

“艺术改变生活”——艺术××栖身于由老厂房改建而成的“××创意产业园”内。它不是一间画廊，而是位于北京CBD核心地带的文化艺术创新之地，由××女士与××先生联手创建的。艺术××以开放、热忱的态度接纳各类艺术活动，如艺术展览、讲座、研讨等，成为中外文化共通、人民相互了解的平台，不断地吸引着关注艺术、关注艺术生活方式的人们。

再次感谢媒体朋友对此事的关注！

范例六

某商会常务副秘书长在新闻发布会上的答谢辞

尊敬的××政协常委、省工商联副会长××先生，尊敬的××省工商联经济部××部长，尊敬的××省晋商联合会××副会长，尊敬的来自建材、房地产、电梯等行业的企业家们，新闻界的朋友们，各位光临的女士们、先生们：

××省××商会会长、××集团董事长总裁因公出国，副会长中建八局中南公司总经理××先生也因临时有重要的接待任务，不能及时赶来参加发布会，特委托我代表他们两位今天发言，我感到万分荣幸。

××省晋商联合会、××房地产有限公司、××商会今天齐聚在美丽的××高尔夫球场城市花园，共同举办盛大的“建材产品发布会”。我们真诚地希望能为各位建材商提供一个发布新产品、结交新朋友、扩展新业务、扩大新市场的平台。

自××省××商会于2009年5月成立以来，××省晋商联合会给予我会大力支持和帮助。此次商会邀请我们，与××房地产有限公司共同举办这个发布会，我们积极响应，全力配合，我们衷心期待着今后山东、山西两家商会更加紧密地合作，再创辉煌！

同时在这里，我也最衷心地感谢××房地产有限公司对今天的发布会给予的大力支持和为我们来宾们提供的盛情款待。

最后，再次祝贺今天的建材产品新闻发布会的圆满成功，祝来宾们的身体健康！

谢谢！

范例七

姚明在“明谢”新闻发布会的答谢辞

各位领导、各位来宾、新闻界的朋友们：

大家好，感谢大家的光临。

今天对我来说是一个重要的日子，无论是对我以往的篮球职业生涯，还是未来的个人发展，都具有特殊的意义。

去年年底，我的左脚第三次应力性骨折，我不得不离开赛场。半年多以来，和许多关心我的朋友一样，我也是在漫长的期待当中度过的。这段时间里，内心十分纠结，反复思考。为此，今天我要宣布一个个人决定：作为篮球运动员，我将结束自己的运动生涯，正式退役。

此时此刻，回顾过去，展望未来，我的内心充满感激。

我首先要感谢篮球。这项伟大的运动为无数人带来了快乐，当然也包括我自己。四岁我有了第一个篮球，九岁进入徐汇区少体校，十四岁进入上海青年队，十六岁背上父亲当年的号码，代表上海队比赛。篮球使我延续了家庭的传承，每每看到父母欣慰的眼神，我都无比自豪；也非常幸运能和上海大鲨鱼队的队友们一起为上海赢得了一次CBA总冠军。从那时起，篮球把我和身后这座城市联系在了一起；同样在CBA夺冠的2002年，我进入NBA，篮球引领我步入了一个更宽广的舞台，使我可以尽情地展现自己；更要感谢能有机会为中国国家队奋战十年，那是无数青年人的梦想；同时因为篮球，与心爱的人结缘，建立了美满的家庭，获得了一生的幸福。所有这些，都是我无比热爱的篮球运动带给我的，我要感谢篮球。

我还要感谢生活。无论是我所热爱的篮球，还是别的什么东西，都是生活的一部分。我觉得生活就像一个向导，你虔诚地追随它，它就会为你打开一扇又一扇的门，而门外的世界各不相同，无比精彩。今天我退役了，一扇门已经关上，而另一扇门却正在徐徐开启，而门外有崭新的生活正在等着我去认真品读。

我虽然离开了赛场，但我不会离开篮球。上海东方大鲨鱼篮球队将是我篮球生涯的延续，我正在学习用我的方式管理俱乐部，以这种方式继续为家乡带来荣誉，为球迷带来快乐，为中国篮球继续做贡献。

我将继续投身于社会公益事业，“姚基金”是我个人的基金会，已经成立三年了，接下来我会以此为依托，影响更多的人参与慈善事业，帮助更多的人。同时，我希望结识更多的朋友，一起做些共同喜欢的事情。相信在和各行各业的有识之士的交往中，我会学到更多的东西。丰富多彩的生活引领着我从上海走向了全国，从中国走向了世界，所以我要感谢生活。今后，唯有认真对待它，才是对生活最好的回报。

最后，我要感谢我的亲人，感谢所有的朋友。我这里有一份长长的名单，但由于时间的原因，不能一一提及。只能选读其中的代表，还望朋友们多多谅解。我首先感谢的是我的家人，父亲、母亲是我人生的启蒙者，叶莉是我最好的倾听者，而可爱的姚沁蕾则是我们新的希望。

我还要感谢我的教练们，是他们教育培养了我，见证了我每一步的成长，其中有我的启蒙教练李章明指导，我在上海大鲨鱼队的教练李秋平指导、王群指导、王重光指导，我在国家青年队的主教练马连保指导，以及我在国家队的历任主教练王非指导、蒋兴权指导以及哈里斯和尤纳斯，还有我在火箭队的历任主教练汤姆贾诺维奇、范甘迪、阿德尔曼，教练汤姆·蒂伯。我要感谢各位领导，特别是国家体育总局、上海市、中国篮协、上海市体育局以及上海文广集团和原上海东方篮球俱乐部的各级领导，他们的关心、关注、支持和鼓励，使我不断进步，取得了今天的成绩。我要感谢 NBA 和休斯敦火箭队的管理层，他们的理解和支持帮助我克服了语言和文化的障碍，可以在世界最高水平的联赛当中站稳脚跟。

接下来我要感谢我的队友和对手们，首先是刘炜，我们并肩成长，一起打拼，这段共同的经历是我最珍视的人生片段，还有大郅和奥尼尔，他们是我追赶的目标与前进的动力，没有他们，我就不是今天的我；还有范斌，他是我国家队的良师益友，还有沈巍、贾效忠、章文琪、李楠、巴特尔、易建联、弗朗西斯、莫布里、麦蒂、巴蒂尔、穆托姆博、海耶斯、斯科拉、布鲁克斯和洛里以及所有和我一起在徐汇区业余体校、上海青年队、上海大鲨鱼、休斯敦火箭队、国青男篮、国家男篮一起奋斗过的队友们，还有在 CBA 和 NBA 同场比赛过的对手们，一起挥汗如雨的日子永远令人难忘。

当然，要感谢的还有我的管理团队——“姚之队”，感谢章明基、陆浩、约翰·海逊格、比尔·达菲、比尔·桑德斯、李璐、伊朗纳和张弛，以及现在还在台前幕后忙碌的成员们。多年来，你们帮我做了很多事情，我不会忘记。

借此机会，我还要特别感谢常年关注我的新闻界的朋友们，感谢我的赞助商和合作伙伴，和你们的交往使我受益匪浅。还有各位球迷朋友，不论是“黑”还是“蜜”，无论是国内的还是国外的，感谢所有关注我的朋友。大家的关心使我得到信心和勇气，大家的批评使我修正了缺点和不足。今天提到的和没提到的，你们每一个人，都在我的心里。总而言之，我感谢所有的亲人和朋友多年来的陪伴，我会继续做好我自己，不会离开大家。姚明和朋友们永远在一起！谢谢大家。

最后要感谢这个伟大、进步的时代，使我有机会去实现自我的价值和梦想。

我曾经说过，有一天我的篮球职业生涯结束了，我希望那只是个逗号，不是句号。今天，这一天终于到来了，但我没有离开心爱的篮球，我的生活还在继续，我还是姚明，我还有很多事情要做，远远没有到画上句号的那一天。

祝朋友们健康快乐，祝福我的家乡上海、第二故乡休斯敦，祝福我的祖国，愿我所热爱的篮球运动，拥有更加美好的未来。

谢谢大家。

范例八

某电器成立19周年新闻发布会暨感恩答谢会总经理的致辞

各位来宾、女士们、先生们：

大家下午好！

感谢各位来到××电器成立19周年新闻发布会现场。

2009年即将过去，在本年的最后一个月里我们迎来了一年一度的××周年华诞庆典。“激情十二月”、“周年华诞庆典”已经成为××电器在年末最有影响力的品牌活动。在全国，每当进入12月120多个城市的市民都会一同沉浸在这欢乐的节日中。

今天，××来到××，为了回报我市广大消费者对××的信赖，我们在服务上精耕细作，在经营中精心准备，我们深化差异化经营的企业方针，普惠消费者，真正践行着对社会公众利益的深切关怀，将服务理念进一步升华为回报社会。不仅在销售上大幅让利消费者，而且还积极地投入到社会公益事业当中。今年的××广大市民将在本月体验到××所带来的前所未有的激情回馈。所有的活动都将印证××“来自社会、回馈社会”的追求。

“激情12月天天过节”作为××在年末的最大型的让利回馈活动首次来到××，为了让××的消费者将能够亲身感受××此次活动带来的惊喜和兴奋，我们在保证货源充足的前提下，对大部分商品都进行了价格下调，让利幅度平均达30%以上，最高降幅达60%；同时其他促销活动也相当丰富，直降、赠礼、抽奖、会员专项活动以及其他精彩游戏活动，都可以在给消费者带来节日惊喜和收获的同时，还能感受轻松、快乐的卖场氛围。同时，这次活动期间，恰逢××电器总公司19周年店庆，一些有特色的活动也将在此期间纷纷登场。

今天，借××19周年华诞之机，我们将会对关心下一代的成长略尽绵薄之情，对××青少年科普教育活动中心进行捐助。这些都是我们××员工发自内心，真诚回报社会的行动。今后××会继续为社会福利作出自己的贡献。

最后，我代表××电器，向长期以来关注我们发展的政府各级领导、各职能部门表示感谢；向长期与我们合作的各家电厂家表示感谢；向关爱××的社会各界同人表示感谢；更向长期信赖、支持我们的广大消费者表示最衷心的感谢！

谢谢各位！

范例九

某酒业有限公司获省名牌产品新闻发布会上总经理的致辞

各位领导、各位嘉宾、新闻界的朋友们：

在金秋十月硕果累累的丰收季节，今天，在这里举行××酒业有限公司“××”牌系列藏酒荣获“××名牌产品”新闻发布会。首先，我代表公司全体员工对各位领导、各位朋友参加新闻发布会表示热诚的欢迎。

在党的十七大胜利召开之际，由××县委、县政府亲自主持这次新闻发布会。之前，县委办、政府办及经贸局、质量技术监督局等部门就举办好这次发布会的相关事宜具体策划，召集参会单位，县委、政府领导就举行好新闻发布会具体指示、多次过问，今天在场的各部门及社会各界以不同形式对我公司获得这项荣誉表示祝贺。在此，我代表公司董事会表示深深的敬意和衷心的感谢。

在县委县政府的多年帮助下，我公司将藏民族优秀的文化资源与本地区优质而丰富的酿酒资源有机结合，果断实施“藏酒”品牌战略，秉承“诚信为本，以质取胜”的企业宗旨，坚持用传统方法精心酿酒。2009年元月全面通过ISO9001国际质量管理体系、ISO14001国际环境管理体系两项认证并全面实施，使产品质量、企业管理、市场营销水平稳步提升，形成了以甘肃为中心，辐射青海、内蒙、宁夏、陕西、新疆等周边地区，远销天津、大连、南京等省市的销售新格局。我公司“××”牌、“××”牌藏酒系列产品的知名度和市场美誉度不断提高，得到广大消费者的青睐和国家及省、市、县技术部门的充分肯定。在这次名牌产品评选过程中，××省名牌战略推进委员会组织各级技术监督部门、有关行业协会、专家委员会及中介组织，专业评定藏酒产品“在浓香型白酒中独树一帜，藏民族品牌特征明显”，产品随机抽检合格率100%，消费者满意度96分，对企业的评定是“产品质量稳定、企业成长性好、区域经济带动力强”。因此，“××”牌系列藏酒荣获“××名牌产品”。

以上荣誉的获得，是我公司不懈努力的结果，更是县委、县政府正确领导的结果。借此机会，我代表公司全体员工感谢县委、县政府对我公司的大力支持。感谢县委、县政府将藏酒产业列为我县五大产业之一，感谢他们对公司发展中存在的困难和问题进行的多次协调、解决。县上领导多次亲临我公司指导工作，有关部门对我公司的工作特别是改扩建项目也给予了大力支持，在此，我们表示衷心感谢，并恳切希望各位领导和各位朋友在今后的工作中一如既往，多提意见和建议，支持藏酒酒业的发展。

各位领导、各位朋友，××省人民政府授予我公司这项荣誉，县委、县政府及社会各界对我公司的支持，既是对我们工作的肯定，更是对我们的鞭策。在今后的发展中，我们要珍惜荣誉、保持荣誉，继续挖掘藏文化的潜力，进一步提高产品质量，将企业特色营销与科学营销相结合，在各级领导和各界朋友的大力支持下，将藏酒品牌推向全国，走出国门。

最后，祝大家身体健康、万事如意、合家欢乐、扎西德勒！

范例十

某股份有限公司董事会秘书在媒体招待会上的答谢辞

尊敬的各位嘉宾、各位投资者、各位记者朋友：

大家好！

××配股发行网上路演即将结束，非常感谢各位投资者和记者朋友对本次活动的热情参与和踊跃提问。借助此次网上路演的机会，本行管理层和各位投资者进行了充分、坦诚的交流，就本次配股相关问题以及建设银行的发展战略、竞争优势、财务情况和经营情况等问题进行了深入探讨，进一步增进了与投资者的相互理解。在今后的经营发展中，本行管理层将继续严格依照资本市场标准，恪尽职守、锐意进取，接受社会记者朋友和投资者的监督，确保公司经营管理决策的科学、高效。我们有信心创造更加优良的经营业绩，实现“始终走在中国经济现代化的最前列，成为世界一流银行”的战略愿景，以丰厚的投资收益回报投资者，回报社会。

十分感谢广大投资者和记者朋友一直以来对××银行的关爱、信任和支持，感谢全体中介机构为本次配股所付出的辛勤努力，也衷心感谢××网为我们提供了这个良好的互动交流平台。

由于时间关系，我们可能无法回答记者朋友提出的所有问题，但××银行与记者朋友之间的沟通交流是持续和畅通的。欢迎大家通过电话、信件、电子邮件等各种方式与我们随时联系。

最后，借此机会提醒广大投资者，本次配股的缴款日为 11 月 5 日至 11 月 11 日上交所正常交易时间，希望大家继续关注××、持有××。

再次感谢各位投资者对××的信任与支持，谢谢大家！

范例十一

某公司总裁在某捐赠仪式暨新产品推介会上的致辞

尊敬的××副秘书长、Mr.××、××总经理、各位领导、嘉宾、新闻界的朋友们：

大家下午好，Good afternoon！

首先，我谨代表××公司，对各位的到来表示热烈的欢迎！

很多朋友都知道，再过两天，就是母亲节了，但是大家也许不知道，今年正好是母亲节在全世界流传100周年。因此，我们在这个星期举办母亲水窖捐赠活动是非常有意义的。在这里，也让我们一起预祝全天下的母亲节日快乐！

百善孝为先，孝顺自己的父母长辈当然是天经地义的事，但是作为一个有社会责任感的企业和个人，我们同时也不要忘记关心和帮助一下别人的父母长辈，特别是那些贫困地区的人们，更需要全社会爱心企业和人士的共同关注和帮助。

我公司捐助了10万元虽然不多，但是用在母亲水窖工程上，却可以解决100户人家的人畜饮水问题，他们就可以把到几十里外去挑水的时间用来做其他的事情，从而改善全家人的生活。如今，中国西部还有几百万人饮水困难，如果更多企业都拿出一个产品来这样做的话，相信西部老百姓很快就可以解决饮水问题。

在这里，要感谢我们的合作伙伴××公司（来自德国和马来西亚的朋友们），他们不但技术过硬，而且充满爱心，得到了广大消费者的一致认同，所以去年我们的××空调泡沫清洁剂取得了阶段性的成功。我们为取得这一阶段性成功而感到骄傲，因为它的意义不仅仅是产品的销售，更重要的是改善了众多消费者的居住环境及办公环境质量，让他们放心地享受完美风、健康风。使用空调泡沫清洁剂后，为我们的生活带来的改变是明显的，包括有益身体健康、增强空调制冷效果、延长空调寿命、降低电耗等。既给企业带来了效益，也给社会公益作出了贡献。

当然，也要感谢全体××销售人员的辛勤付出，没有他们，就没有今天的活动。

今年，××又将和××公司联合推出一系列新产品，主要用于汽车的系统清洁和保养，其中三个是用于汽车的机油和汽油系统，另一个是用于空调系统。这四款产品都引入了目前德国的尖端科技，在高效、环保、人性化方面技术都已经非常成熟，属于欧洲××车的御用产品，我们简称完美汽车四宝。

这几款新产品在马来西亚××公司已经上市，在国内将在下半年陆续上市，相信新产品的推出，一定会为中国的有车一族带来一系列的惊喜。

再一次感谢大家对本次活动的支持，谢谢！

第二十九章

交流会研讨会上的答谢辞

范例一

第二届某经济文化交流会代表致答谢辞

各位尊敬的领导、各位尊贵的宾客：

晚上好！

各位在深冬的今天，踏着春天的脚步，怀着一颗热爱家乡的赤子之心，为××的经济发展、为××文化的传承、为了水乳交融的乡谊乡情，相聚在红棉花即将盛开的××，我代表本届交流会组委会向大家表示诚挚的欢迎，并对大家的光临表示衷心的感谢！

在所有莅会宾客的笑容中，我们体会到了团结、友爱、诚信、亲情的深厚×籍情结；在与会代表精彩的发言中，我们仿佛看见了××更加美好的明天，也仿佛听见了××人再创领立世界辉煌的掌声；在全体与会宾客倡议书的签名中，我们领略到了××人奋发向上、勇于拼搏的风采；在各位热情洋溢的交谈中，我们满怀着旧友相会的希望，又得到了相交新朋的收获；也是主办单位《××风情网》和《××批发市场网》的重大收获，公益社会、公益××之善举，今天也得到了充分肯定和支持。恳望有更多的各界乡亲为有益××、有益家乡的文化事业，尽一份力、献一份爱。

乡谊情长，相聚时短。我们相约明年的今天再相会，到时，带着更多的成绩，更丰硕的收获，更喜悦的心情，更多的宾客来祈福我们的祖国，祈福我们的××。

在此，组委会向各位尊敬的领导、各位尊贵的宾客拜个早年。祝大家在新的一年里，身体健康、家庭幸福、万事如意！

范例二

某诗歌朗诵交流会上的答谢辞

各位来宾：

下午好！

今天能在这里举办本人的诗歌朗诵会与签售、交流活动，倍感荣幸！

诗与瓷的相遇是一种什么境界？或许就是我一直在寻找的写作境界。

诗人是时代边缘的独行侠，哪怕我是一个女子，只要是背负诗的长剑行走天涯，我也自认为我是这个喧哗时代孤寂的独行侠，虽然今天来了不少诗人同行与喜欢诗的微博朋友，但相对于茫茫人海与强大的物质世界，诗人真的只是这个时代的少数人。

今天我来到一个高贵的瓷的世界——天宝华瓷·盈造内府，我是第一次如此深入一个瓷的世界。我知道瓷的华美与高贵，是我内心的向往，但我不知道我的诗能否抵达这样的境界。瓷的冷静是经过了火的焚烧，瓷的今世是她前世的投胎，时光在瓷的身上留下的是美丽，是一个民族对美与优雅的梦想。《新诗代》主编××老师在活动的海报上比喻我——“瓷一样的女子”，“梦一样的诗人”，其实我很惭愧。瓷的境界是我的理想境界，我是在文字里劳作的人，今天置身于瓷的世界，我顿时澄澈清明，祈愿老祖宗的智慧与优雅能为我所有。

在此，我要感谢天宝华瓷·盈造内府总经理××先生，一个新疆××的70后“瓷中人”，你营造的瓷与诗的境界会让更多的人享受到美。感谢《新诗代》主编××老师，他是“××艺术沙龙”的发起人，沙龙的第一场活动就为我举办，我深感荣幸。感谢《××文学》主编助理××老师百忙之中来主持本次活动。感谢媒体的朋友们在周末休息时间来捧场，在一个诗歌被冷落的时代，媒体还关注诗歌，只能说明你们也像瓷一样另类与高雅。

我还要感谢的是微博网友，你们的到来让我看到了诗歌这一少数人的艺术，在年青一代人心里尚存一席之地，你们的友善与热情，你们对诗与瓷的喜爱，对我的支持，绝对是一种难得的力量，在这个明亮的下午照亮了我。

我没有按当下举办此类活动的惯例请很多著名诗人、评论家来为我说好话，说好话我认为那纯属多余，来的人都是朋友，并且是以微博网友为主。包括80后的诗人们，你们都很年轻，热爱诗歌艺术的心像瓷一样干净，我尊重你们。尼采有一句话这样说道：“白昼之人，岂知夜色之深。”我窃以为，有很多人并不真正懂得你们的纯真与美好，一个诗歌活动为什么要以你们为主体？我想今天的活动恰好证明了你们的到来与你们发出的声音，才是诗歌这门面向未来的艺术最好的回声。谢谢你们！

我会坚持写出更好的作品，像瓷一样经受火的考验，谢谢大家！

范例三

大学生就业经验交流会某组织者的答谢辞

各位老师、各位同学：

2009年3月25日晚7点，由团总支主办的学习、就业经验交流会在图书馆B座506教室隆重举行了。

能够成功举办这次交流会，作为学习实践部负责人，在这里，我还是要代表学习实践部，诚心诚意地感谢你们。

感谢团总支书记龚老师出席本次活动，没有您的支持，就没有这次交流会活动的举办。感谢团总支副书记陈老师为本次活动所做出的努力，没有你，就没有活动顺利的进行。团总支的兄弟部门，谢谢你们在交流会筹备期间所做的一切。

办公室，在活动期间，帮助我们调试音响、布置会场；在活动结束后，为这次活动办理了票据手续。感谢你们所做的工作。

宣传部，在交流会前期，制作宣传板；交流会期间，协助做准备工作，以及摄影留念工作；活动结束后，及时地报道了本次交流会的情况。没有你们，我想这个活动不可能办得这么完美。

组织部，在邀请嘉宾时，没有你们的及时出现，我想当天坐在嘉宾席的学长，就会缺少一位。

最后，要谢谢你们，学习实践部的成员们，你们的全力付出，才有了本次活动的精彩，我不想用华丽的辞藻来说一些感谢的话，一切尽在不言中吧！团总支兄弟姐妹们，以后我们继续团结、协力，把团总支的工作做得更加出色！

谢谢大家！

范例四

某市委常委在促进资源枯竭城市转型研讨会上的答谢辞

尊敬的各位领导、各位专家、同志们、朋友们：

今天，我们聚集在美丽的江城××，把目光投向××这座古老的矿冶之城，共同研究××的城市转型问题。这是××这个城市的不胜荣幸，也是××人民的无限荣光。刚才，各位与会领导和专家学者，围绕大冶的城市转型工作，发表了许多精辟的见解，提出了许多宝贵的意见和建议。特别是东北办领导和财政部领导对我市转型工作提出了许多希望和要求。这对我市今后的改革发展一定会产生重大而深远的影响。在此，我代表中共××市委、××市人民政府向出席今天会议的各位领导和专家学者致以崇高的敬意。向长期以来关心、支持大冶经济社会发展的社会各界人士，以及广大新闻媒体的记者朋友们表示衷心的感谢。

××是座典型的资源型城市。古老的××，孕育了光辉灿烂的青铜文化；近代的××，为国家和地方建设作出了巨大贡献；如今的××，资源日益枯竭，可持续发展面临严峻形势。在这种背景下，我们从2006年起，提出经济转型发展战略，进行了自发式的经济转型探索。今年3月被国务院批准为全国首批资源枯竭转型城市后，我们从此开启了在国家政策支持下的城市转型征程。获批以后，我们在国家发改委、省委省政府、××市委市政府的领导下，积极与省直相关部门开展了各项对接活动，得到了各方面的大力支持和无私帮助，目前转型前期工作进展顺利。特别是不久前通过评审的《××转型规划》的出台，更为我市下步深入推进城市转型提供了保证。从进入全国首批资源枯竭城市名录，到今天转型研讨会的召开，我们深深体会到各级各部门对资源型城市的关爱和对××转型工作的关心，我们取得的每一点成绩和进步，是国家发改委高度关注的结果，是省委省政府、××市委市政府关心支持的结果，是省委省政府、市相关部门鼎立帮助的结果。在这里，我代表××90万人民，对你们的关心、支持和帮助表示衷心的感谢。

在座的各位领导和专家学者都是××城市转型的重要参与者和推动者，在政策方面有权威的研究，在理论方面有前沿的成果，在实践方面有丰富的经验。刚才，东北办领导和财政部领导对我市的转型提出了明确要求，我们一定认真领会，严格执行；各位专家学者通过大会发言和书面发言，发表了很多真知灼见，我们深受启发，受益匪浅。通过今天的研讨，我们对资源型城市可持续发展的认识更加明确，对国家相关政策的理解更加透彻，对今后发展的思路更加清晰，同时对转型工作的信心也更加坚定。在下一步工作中，我们将认真接受各级领导的指导，认真听取各位专家学者的意见和建议，进一步解放思想、创新思路，按照转型规划的统一部署，科学、扎实、高效、有序地推进城市转型各项工作，争取早日实现全国资源枯竭城市转型的示范县市、××“两型”社会建设的示范县市和全国综合经济实力百强县市的奋斗目标。

城市转型是一项长期而复杂的系统工程。进入国家转型城市行列，只是在转型道路上迈出了一小步；要真正实现全面转型，以后要做的工作还很多，可能面临的困难也很多。我们真诚地期望各级领导和各位专家学者一如既往地关心××、支持××、帮助××，多来××走走、多到××检查指导，多为大的发展出锦囊妙计。××人民会以满腔的热情欢迎你们！

各位领导、各位专家、各位朋友，相聚虽然短暂，情谊地久天长；转型任重道远，希望再次相会。我们坚信，在上级党委政府的坚强领导下，在上级部门单位的大力支持和帮助下，勤劳智慧的大冶人民一定会不断开拓创新、顽强拼搏，以优异的成绩为××“两型社会”建设作出更大的贡献，为地方经济社会发展作出更大的贡献，不辜负国家、省，××对××的关心和厚爱。

最后，再次感谢各位领导、各位专家学者对××的关心和支持。祝各位领导、各位专家学者身体健康、工作顺利、万事如意！

范例五

某诗人在诗歌作品研讨会上的答谢辞

各位领导、各位老师、各位热爱诗歌的朋友：

当我坐在格外明亮和煦的五月的空间里，感受着文学尤其是诗歌的具体形象和具体意义时，我又一次深切地体会到，所有的诗歌都来自人群本身，就像光明和温暖都来自光源，来自太阳和能，他们和它们是生活的主语，是对现实与理想的及物动词。我知道，与我坐在一起的人群及其所携带的生活之能，在映照我、温暖我，给力于我。

感谢××省作家协会，我向这个宽和的作家之家致敬；感谢××主席，我向一种品格与文学魅力致敬；感谢《诗刊》社，我向支持我诗歌成长的这份国刊致敬；感谢××主编，我向20年前让我首次登陆《诗刊》的这位园丁致敬。感谢《人民文学》杂志社及××主编，我向从20世纪80年代延续下来的诗歌气质和诗友情义致敬。也感谢《文艺报》、《文学报》、《扬子江诗刊》以及他们的编者××、××、××老师，我向我浸润其中的文学界优秀报刊的风采致敬。

感谢××市委常委、市委宣传部××部长，我向关怀支持文学事业的宽广情怀致敬。感谢××市人民政府副市长、民进××市委主委××先生，我向我投身其中的全国先进的××市民主促进会致敬。感谢××市文联及××主席、××名誉主席，我向我身为其中一员的生机勃勃的××文艺之家致敬。

感谢为研讨会付出最多心血的文学评论家××老师，我向导引文学真谛的胸襟致敬。感谢××老师、××教授，以及与会的所有诗人作家、教授评论家，我向对于我诗歌作品的表扬肯定、批评指教的理论力量致敬。感谢诗人、翻译家××教授，他为我撰写万言论文、为诗集出版做英文翻译、为研讨会献诗、作精彩中肯的发言，我向儒雅深厚的学术品质致敬。

感谢作家及我的同事××主编，我向20多年的老友、文学兄弟致敬。尤其感谢××先生、××女士等挚友，我向文学所赋予我们的纯粹友谊致敬。感谢新闻媒体记者及我的同学××先生、××女士，我向我为之工作了20年的新闻事业致敬。感谢××女士、××先生、××先生、××先生，我向这些企业家老朋友、老同学的给力支持致敬。感谢××书记，感谢××部长，感谢××主委，感谢所有为××诗歌作品研讨会给予关心帮助的领导、单位与个人，我向理解并站在文学一边的可贵力量致敬。

从少年至今，对于文学的长久爱好和业余创作的事实证明，文学和诗歌不是我用来谋生的职业，而是生活的自觉选择与情感的自然状态，是幸福又辛苦的工作和生活之余的一份坚守。所以，我也感谢我自己，我向我家庭生命中来自父母50年代大学校园的热忱厚实的文化基因致敬。

最后，感谢生活与时光，把我和大家聚集在一起，我将从这里不断行走，努力地向“生命、自由、艺术（美）和爱”的未来致敬！

再一次向大家致敬，谢谢大家。

范例六 某省食文化研究会代表在某新书首发研讨会上的答谢辞

各位领导、各位专家、各位朋友：

首先，让我代表主办单位××晚报报业集团、××省食文化研究会、××区文化广电新闻出版局、××市地下铁道总公司与承办与支持单位××（全国）连锁机构对出席今天首发式的各位领导、专家、贵宾、朋友与观众表示衷心的感谢与敬意。

本书的顺利出版首先要感谢××晚报报业集团及××总编和《××晚报》出版社××社长，从今年4月4日我与××与两位主管领导见面没有只字商谈出书意向，到今天的首发式，不足半年，足见××晚报运作的高效与对我们的信任和支持。多年前××总编就提出五羊神话为什么是羊的问题，本书的书名张总编多次提出意见。2004年我与××合作一文《广州申亚理念、口号、办会标准》“祥和亚运”的理念，是《××晚报》选摘刊登，后被组委会整合到2010年广州亚运办会标准中。在××晚报创刊50周年之际，我们赶出此书，以示感谢、祝贺与献礼。

感谢原××省委党校××老校长，本书的源起是我与××合作的第一篇文章《五羊衔谷——广州的城市形象、文化形象、精神形象——兼论“大写的羊”》，××校长给了我们修改与可以经营的意见。此文刊载于2004年《××市文化局文化网》与中国城市研究院《中国××××网》。

感谢××省轻工业协会、××日报、××大学，2003年共同主办《鲜味科学和广州饮食文化》研讨会，时任省政协副主席××老师、原××市政协××主席等领导出席会议，给予我们支持，使我们把饮食文化与城市品牌文化糅合在一起推向社会。

感谢××市社会科学界联合会、××市文博学会。2005年他们与我们××省食文化研究会联合组织举办了《打造“祥和××”城市文化品牌》研讨会。会后，××与社科联××主席等政协委员提出了有关打造“祥和××”城市文化品牌的提案。同年，××市委、××市政府提出要建设“活力××、文化××、祥和××、生态××”的工作目标与任务。今年七月，两组织又与我们和中共××市越秀区委宣传部联合举办了“五仙观与××城市历史文化的关系”研讨会。

以上组织的合作，为我们本书内容与主题定下了基调。

感谢中国艺术文化普及促进会会长，原中宣部文艺局局长、新闻出版署专员、中国文联党组副书记、秘书长××，花了一个多月的时间，为我们的书作了五千多字题为《一部探索羊文化的开拓之作》的序言。

感谢××市××食品有限公司，因合作开发鲜味产品写出理论与应用总结的专著《“鲜”为人知》，我与羊结缘，从鲜美和味步入文化阵地与××合作。2003年《鲜味科学和××饮食文化》研讨会邀请××会长写序，××市××食品有限公司董事长××女士做了大量的工作。

感谢××市地下铁道总公司对本书出版的鼎力支持。××省基础工程公司对本书发行的支持。

感谢××民间工艺博物馆副馆长××、副研究员××、传播有限公司××与××、××图书馆××等工作人员，为我们提供了大量的图片与相关资料，为本书增加可视性与可读性增色生辉。

本书能够顺利出版，还得到了许多领导和朋友的支持，在此表示衷心感谢。

感谢××（全国）连锁机构对本次首发式的赞助。感谢××茶厂对本次会议的支持。

感谢××区文化广电新闻出版局和五仙观对首发式的支持。感谢××

省食文化研究会工作人员为首发式进行辛勤工作。感谢××市飞天礼仪策划公司、××市××食品有限公司、××文化传播有限公司、××酒店等单位对首发式的支持。

感谢中华成语龙发明人、中国人民大学人文奥运研究中心“2008人文奥运‘中华成语龙’项目组”负责人××先生客串本次首发式的主持。

最后，再次感谢到会的各位领导与朋友。祝大家国庆愉快，身体健康，合家幸福，如意吉祥！

第三十章

总结会庆功会上的答谢辞

范例一

某高中校长在教学水平评估总结会上的答谢辞

尊敬的评估专家组××组长、××副组长，尊敬的各位专家，尊敬的黄局长、何校长，各位来宾、老师们：

金秋时节，秋风送爽，在这令人陶醉的季节里，××附中迎来了××省高中教学水平评估暨示范性高中复评验收的各位专家。三天以来，专家们通过辛勤的劳动，已全部完成对我校各项工作的评估工作。从专家们身上，我们不仅得到了他们对我校各学科教学的悉心指导，更重要的是，我们学到了他们对待工作的奉献精神和执著的工作热情。三天来，我们朝夕相处，我们感染着专家们对我校教师的关爱之情，他们的拳拳之心，无不使我们倍感温暖。

刚才，组长已代表评估组对我校工作作了非常中肯的评价，尤其肯定了我们在新课程改革、校园文化活动、课堂外课堂、学校德育等方面所作出的各种努力，肯定了我们在新校区建设方面所作出的各项成绩。这些肯定既鼓舞了我们继续前行的决心和努力方向，也更加激励着全体××师生的爱校精神。在此，我谨代表××附中三千余名师生，向专家组的专家们的工作精神和对我校的关爱之情表示衷心的感谢！

我们要感谢我们的老师们，你们本着爱校如家的情愫，想学校之所想，急学校之所急，你们认真细致地准备各种迎评材料，你们认真对待每一堂课。你们的敬业精神、爱校情感深受专家们的好评，作为校长，我为广附拥有这样一支团结和谐的队伍而感到自豪，同时，我作为一名××的员工而深感幸福。在此，我要代表学校领导班子向全体教职员工说一声“谢谢你们”。

评估不是学校工作的结束，专家的表彰与肯定也不意味着我们真正达到了名校的各项要求。我们深知，未来的道路还很长，新课程改革也是一个逐步推进的过程，我们在名师队伍建设和办学特色方面还有很长的路要走。但我们坚信：在市教育局和××大学的双重关爱下，有着光荣传统的××人，一定不辜负专家们的殷殷期盼，我们一定认真地从头做起，本着“以评促建，以评促改，评建结合，重在发展”的迎评指导思想，扎实推进学校各项工作，为把××附中建设成为××省知名、全国有名的国家级示范性高中而努力工作。

谢谢大家。

范例二

某教师在某教育基金总结会上的答谢辞

主席、来宾们：

谢谢××教授把我介绍给各位，对我是过奖了。我仅仅是一个普通的教师，在数十年教学生涯中做了一些该做的工作，如今已退休十多年了。

谢谢××教育基金委员会把今年的奖教荣誉授予我。让我既高兴又惭愧，并由衷地表示感谢。我将把它看做是对我们那一代教师所作出的成绩的肯定。

大家没有忘记我们这一代人。所以，把我看做是代表老一代教师来领受这个奖项，会让我心安理得一些。为此向基金会再致谢意。

在座的年轻学子大概不会知晓20世纪后半期我国教师的生存和成长的状况的。那时的社会政治背景是比较严肃的，物质基础相对贫乏。大家在有限的条件下努力开展教学和科学实验活动，主要精力放在教学方面。在我们成长过程中集体作用发挥较多，工作成果大多是归于集体的。尽管如此，大家仍意气风发，培养了一代代人才。前几年获××教育基金会杰出教授奖的××教授也是我们中间的杰出代表。

现在的时代远远不同于过去，大家在努力建设和谐社会的同时，充分发挥个人才智。由于世界科技迅猛发展，并进入了信息进代。我们的建设速度“一天等于二十年”。因此，如今年轻人的担子和压力远远超过我们的那个时代。我常常会对年轻人取得的一个个成就感到高兴，又为他们的健康而挂心。因此，希望年轻学子们既不辜负伟大时代给予的使命，又要寻找一个适合于自身条件的学习、研究和工作生活方式，力求全面发展。

我们这一代人现在正享受着改革开放的成果。我们有机会关心和接触专业领域中的新事物，还可以自由的思考和阅读，补偿年青时的缺憾。对于我来说，我更要感谢××奖的荣誉对我的鼓舞，力所能及地再发挥余热，为专业做绵薄的贡献。

最后我也要向获得××教育基金会奖励的其他老师和同学们表示衷心的祝贺！

谢谢大家！

范例三

某税务干部在总结及庆功会上的答谢辞

同志们：

继去年我们靠网上申报一统××一般纳税人的市场后，今年我们又在小规模纳税人的市场上大踏步前进了。今年我们已成功推广2万多户小规模网上申报，全省已有5万多纳税人使用我们的网上申报产品了，极大地稳固了我们在××市场上的蓝海地位。成功的取得是相当不易的，我们像走钢丝一般走了过来，许许多多的同志都作出了贡献，今天我要向他们表示感谢。

第一，感谢××国税局各级领导的英明决策及大力支持，尤其是××区国税局领导，更是敢于大胆创新，勇于做第一个吃螃蟹的人。大家知道，××局是全省国税的重中之重，××局是××的重中之重，如果把××比为皇冠的话，××局就是皇冠上的明珠。××局领导无愧于如此重要的地位，他们是勇于创新、引领潮流的英雄，我及全公司同事真诚地感谢他们。

第一，感谢××及××二部的全体同志。他们是这此战役的先锋队及主力军，尤其是××身先士卒、亲临前线，带领××部长及二部的同志们在市场上浴血奋战、高歌猛进，立了首功。感谢他们！

第三，感谢研发中心的××、××及其他工程师们。他们呕心沥血，熬过了一个个不眠之夜，尤其是××、××工程师表现得更是出色。如果不是他们高超的技术与省国税局工程师协同作战，就不会有今天的胜利，他们像保护长江大坝一样保住了网络没有决堤，顶住了一次次洪峰的冲击。感谢他们！

第四，感谢服务站的战士们。他们更是用自己的汗水和热血争抢每一寸土地，他们是××的工兵与陆战队，他们用自己的双脚丈量中原大地，为广大的纳税人分忧解愁，为公司创造效益。感谢他们！

第五，感谢呼叫中心的姑娘们。她们任劳任怨，解答了数万个问题，用微笑化解用户的抱怨与不满，用她们稚嫩的肩膀担起了××国税信息化与公司发展的重任，特别是3月30日，星期五的早晨，××参加总部晨会，汇报了头天的工作后，她说："我得赶紧回到工作岗位上去了，今天到月底最后两天了，肯定是非常非常紧张和繁忙的。"说完，毅然地走了，目送着她霞光中瘦削的背影、坚定的步伐，我的心中有如电击，有几丝后悔，有几丝欣慰。后悔的是人们常说：战争让女人走开，她们却承受着枪林弹雨；欣慰的是，有这样的好员工，我们败也无悔。那天，真的是一个黑色星期五，最高并发量六千多，网络崩溃。无数的炮弹倾泄到他们坚守的阵地上……好了，这样的场景太多，真的不忍细说。一说就激动得潸然泪下。感谢他们，感谢我们的魅力团队！

感谢所有为网上申报付出心血和汗水的同志们。

艰苦的××战略第一战役告一段落，值得庆祝，但不能掉以轻心，因为前方的路正长。让我们为昨天的胜利干杯，为明天饯行！

同志们，干杯！

范例四

某学校教师在2009届初三中考大捷庆功会上的答谢辞

尊敬的各位领导、亲爱的各位老师：

我谨代表2009届初三年级由32位成员组成的教师团队诚挚地表达三层心意：

一是感谢。我们初三年级全体教师万分感谢学校、董事会今晚的2009届中考大捷庆功酒会。虽然这个计划安排在中考成绩揭晓之时的酒会来得晚了二三点，酒的味道也淡了那么三四点，但来了就表明学校、董事会没有忘记我们2009届初三的成功与辉煌，没有忘记我们2009届初三628名师生三年来辛勤的付出与奉献！

去年庆功时喝的是××，今年承诺喝××，咱老百姓真呀么真高兴！水一涨船就高啊。当然，五粮液也好，茅台也好，酒杯盛满的不仅仅是成绩，更多的是肯定与尊重；不仅仅是褒扬，更应该是信任与希望。这是一种气氛，一种味道。××有一句广告词，“衡水老白干，喝出男人味”，我很欣赏。

二是感动。我们2009届初三年级全体师生克服了前所未有的困难，顽强拼搏、奋勇争先，圆满完成了学生成长和教师发展的“双新”目标。回味个中甘苦，我们自己非常感动。特别是自2009年元月份以来，我们这个团队在学校因故暂停发放各种津贴的情况下，教学没有放松一丝一毫，管理没有松懈一毫一丝，生活从紧安排，工作从严要求，抱着视死如归的“亮剑”精神，以实际行动践行着“对学生一生的发展和幸福负责”的办学理念。

“艰难困苦，玉汝于成。”我们这个团队经受了考验，创造了辉煌，虽不能感动全中国，但也应该能够感动部分中国人啊！

2009届初三所取得的成绩不是哪一个人的，而是集体的。“选择比努力更重要，方向比速度更快捷”，领导为我们选择了正确的道路，指明了奋斗的方向。所以说啊，我们的成绩主要归功于学校、董事会的英明正确的领导，然后是我们这个初三师生团队三年的同舟共济、急流勇进！

三是祝愿。2009届初三成绩的取得是我们学校事业发展主旋律中的一个响亮的音符，学校事业的发展决不会停留在2009年的水平上。2009届初三的成功再次证明：学校越兴旺，我们这些个教育工作者成长的空间就越广阔；踏踏实实抓教学，一心一意谋发展，学校事业就会蒸蒸日上；和谐、高效、“不折腾”，幸福指数才能如芝麻开花节节高。

2009届初三全体师生衷心祝愿我们的学校，也祝愿我们自己在今后的发展征途中能够一帆风顺、心想事成、再创辉煌！

尊敬的各位领导，亲爱的同事们，2009届初三已成为历史，628名师生也各奔前程，有的前程未卜。三年的时光漫长而又弹指一挥间。今晚，我们老朋友欢聚一堂，领导们也“与民同乐”，“掌声响起来，我心中有无限感慨”，正如辛晓琪在一首流行歌曲《味道》中所唱的那样，“今天晚上心事很少，不知道这样算好不好”。

今晚就算旧事重提吧，朝花在我们心里盛开，歌声在我们心中响起。我们 2009 届全体初三人唱响的是同一首歌，是一首让我们刻骨铭心的奋斗之歌、奉献之歌、期望之歌！

领导们，老师们，朋友们，请举杯，为我们的 2009 届初三，干杯！

范例五

某开发区督导在庆功宴上的答谢辞

尊敬的各位领导、各位来宾、各位同人：

大家晚上好！

今天，我们欢聚一堂，隆重庆祝我校高标准、高质量、高水平通过省级示范学校的督导复评，在此，我们代表全校师生员工向参加宴会的各级领导、各位来宾，表示最热烈的欢迎！向关心和支持我校发展的各位专家、各级领导、以及近一年来为督导复评而辛勤工作的教职员工致以崇高的敬意！

十五年来，开发区 × × 从无到有，从弱到强，逐渐跻身于 × × 省名校的行列，这一切都离不开各级领导的关心与支持，没有督导评估的机制，没有领导和专家的关怀支持，就没有开发区一中美好的今天。

十五年来，全体 × × 人凭着自强不息、敢为人先的创业精神，不断开拓进取、屡创佳绩，没有全校教职员工的拼搏努力，就不会有开发区 × × 灿烂的未来。

在这次复评过程中，领导师生总动员，全校上下共参与，在以 × × 校长为核心的领导班子的精心部署下，学校各项工作有条不紊的展开。从校容校貌到课堂教学，从日常管理到课外活动，从仪容仪表到文明习惯，每一个细节都力求做到完美。

对于永恒的教育事业而言，十五年仅仅只是她青春的开始。全体××人有实干的豪情，更有高远的理想：不仅要让开发区××成为荆楚名校，更要让她成为具有国际视野、特色鲜明、多样化发展；既能不断培养适应未来社会需要人才，又能不断创造新鲜经验的全国名校！

回顾过去，审视今日，憧憬未来，应答时代的召唤，××人正谱写着气势更加恢弘壮丽的新篇章。

我们完全有理由相信，充满无穷活力的开发区××，必将承载着十五年的积淀文化与一中人的宏伟梦想，为开发区的快速发展贡献自己的一份力量。

让一中成为开发区一张亮丽的名片！

范例六

某学校领导在总结大会上的答谢辞

尊敬的××组长、××副组长、各位专家，尊敬的省政府××副秘书长、省委教育工委××书记、省教育厅××副厅长、市政府××副市长，老师们、同学们，同志们：

大家上午好！

教育部对我校进行的本科教学工作水平评估中的专家组进校考察阶段就要结束了。今天是个好日子，我们沐浴着春天的阳光，满怀着感激的心情，认真聆听了专家组进校考察的反馈意见。一周以来，专家组按照评估方案要求，通过查阅文档、随堂听课、走访座谈、实地考察等多种形式，对我校的本科教学工作进行了全面、深入、细致地考察。专家们白天进行听课走访，晚上加班审阅材料。他们不辞辛劳、高度负责的敬业精神和科学严谨、一丝不苟的工作态度，深深地感染和激励着我们每一个人。在此，我谨代表学校全体师生员工，对评估专家组的辛勤工作和认真负责的精神表示最崇高的敬意。对各位专家给予我校的细致关怀、耐心指导及客观评价，表示深情的感谢。对省委省政府、省委教育工委省教育厅、市委市政府长期以来对我校的关心支持表示衷心的感谢。

刚才，评估专家组组长××教授代表专家组宣读了对我校评估考察意见。刘组长以开阔的视野对学校的工作给予了全面的评价，提出了许多中肯并有建设性的意见。专家组肯定了我们的成绩，指出了存在的问题和不足，也为我校今后发展指明了方向，这是对我们的极大鞭策。

省政府、省委教育工委省教育厅、市委市政府的各位领导，对如何按照专家组提出的意见落实整改措施，提出了明确的要求。我们一定不会辜负各位专家的期望，不辜负上级领导和社会各界的期望，办出特色、办出水平、办出质量、办好人民满意的大学，实现××学院又好又快发展。

这次接受教育部专家组的实地考察评估，在学校办学史具有里程碑的意义。它提高了师生员工的工作积极性和主动性，增强了师生员工的凝聚力和创造力。它既是对过去工作的总结，对现实状况的会诊，也是对将来发展的谋划。

全校师生员工要以科学发展观为指导，认真听取专家组提出的反馈意见，转入评建工作的全面整改阶段，进一步贯彻“以评促建、以评促改、以评促管、评建结合、重在建设”的方针，在现有工作的基础上更上一层楼。第一，要发动全校师生员工，深刻领会专家组的意见，进一步深化学校教育教学改革。第二，认真梳理问题，制定细致的整改措施，加大整改力度。第三，不断健全加强本科教学、提高办学质量的长效机制，促使学校的各项事业“跃上葱茏”，实现全面、协调、可持续发展。

教育部专家组进校考察评估的时间虽然短暂，但他们不仅在工作上是我们的表率，而且与我们结下了浓厚的友谊。我真诚地希望各位专家永远成为我们的良师益友，一如既往地关心××学院的建设与发展，真诚欢迎各位专家常来我校指导工作！

最后，真诚地祝愿各位专家、各位领导工作顺利，身体健康，家庭幸福、万事如意！

谢谢大家！

范例七

某啤酒股份有限公司副总经理在总结会上的答谢辞

尊敬的各位领导、各位嘉宾、各位投资者：

大家上午好！

首先，我代表××啤酒股份有限公司全体员工感谢各位投资者多年来对××事业发展给予的大力支持！

××自1997年6月25日发行A股以来，在各位投资者和各位领导、经销商的大力支持下，企业得到了快速发展，××销售量由原来的五十八万吨发展到了今年将超过五百万吨。

感谢政府为××公司的发展提供优越的市场环境保障。公司的快速发展得益于中国的改革开放，得益于中国啤酒行业的大发展，同时更得益于我们1997年进入了中国的资本市场，股份制改革使公司真正进入了发展的快车道。××啤酒始终秉承“以情做人、以诚做事、以信经商”的经营理念，在发展过程中，我们坚持“观念创新、机制创新、管理创新、科技创新、产品创新和市场创新”，坚持做到四个做强：“把技术工艺装备水平做强，把市场网络做强，把品牌做强，把经济实力做强”，公司规模和竞争实力才得以不断提高。

感谢各位朋友和投资者的支持，正是由于各位朋友、各位投资者的大力支持和帮助，公司的啤酒产销量才会迅速增长，投资回报率才会不断提升，股票市值明显提高，投资回报是比较理想的。

本次发行可转换债券是为了实施公司“十二五”发展规划，实现在全国市场的战略性布局，为啤酒产销量从五百万千升增长到八百万千升，在世界啤酒品牌销售排行榜从前八名进入前五名或前六名奠定坚实的基础。

在中国啤酒发展的历史上，在整个中国民族啤酒工业发展的过程中，××是中国大型啤酒集团中唯一一家没有外资背景且没有外资参股的大型国有控股企业。××的发展，第一是坚持履行企业发展的社会责任，企业社会责任的第一条就是要生产出高质量、高水平的产品，满足人民日益增长的物质文化生活需要。第二是为广大投资者带来良好的回报，所以我们要千方百计地提高管理水平和产品质量、降低生产和管理成本。第三是为国家的经济发展做贡献，向国家上缴税收也是尽到我们的社会责任。再有在企业发展过程中，公司增加了三万八千个就业岗位。企业另外的社会责任是为国家的发展服务，例如我们积极赞助北京奥运会，对公益事业的支持我们也做了应有的工作。

本次发行可转换债券，主要是为了加快企业的发展，因此希望得到广大投资者的大力支持和帮助。在此，我代表公司全体员工再次感谢大家！感谢各位的支持，感谢各位的帮助，谢谢大家！

范例八

某奥运冠军作为运动员代表在庆功会上的答谢辞

尊敬的各位领导、同志们、朋友们：

秋天是收获的季节，对于运动员来说，最大最好的收获就是让国歌奏响、让国旗升起在奥运赛场上。当梦寐以求的奥运金牌挂在胸前的时候，我最想做的事情就是回家看望亲友和教练。昨天，我们终于回到了××，受到了家乡人民的热烈欢迎。今天，省委省政府召开如此隆重盛大的庆功会，我们感到非常激动、备受鼓舞。省领导和全省人民对我们的关心、支持，我们表示最衷心的感谢。

我出生在××自治州××县偏远山区，小学二年级时开始练田径，1988年进入州业余举重队练举重，1989年11月，我来到省运动技术学院女子举重队，一年多之后正式进入省专业队。从此，我的生活与举重紧紧的联系在一起，开始了长达 11 年的女子举重生涯。

人都有梦想，我也一样。和许多女孩子一样，我也爱玩、爱逛街、爱漂亮衣服，也曾用少女特有的浪漫设计自己美好的未来。但当我正式成为女子举重队员之后，我的梦想不再浪漫，我最大的愿望就是登上最高的领奖台。而这绝不是唾手可得，它需要付出青春的代价。

我投入了漫长而又艰苦、枯燥的训练之中，不管冬秋春夏。刚开始，年少皮肤嫩，手又小，当时的杠铃比现在的要简陋得多，杠铃杆非常粗糙，又细又嫩的小手每天都要在粗糙的杆子上磨炼千百次，有时皮肤擦破了，鲜血直流，但即使鲜血染红了训练服，我仍然咬牙坚持。举重运动员最怕的是降体重，有时为了把体重降下来，只好少吃少喝，甚至不吃不喝。俗话说：人是铁，饭是钢，一顿不吃饿得慌。更何况还要进行大运动量的训练呢？赛前还要进行蒸气浴，蒸气浴可不像桑拿浴那么惬意，每降下 1 公斤体重，就要在 100 度的蒸气房里蒸上半个小时，高温对皮肤那种火辣辣的刺激不说，还要忍受室内空气不流通，呼吸困难的痛苦，有时一出来就晕倒在地。有时肩伤反应大，连穿衣服都困难，只好请队友帮忙；有时膝关节伤痛，只好靠双手扶着楼梯栏杆上下。但为了拿冠军，为了给祖国争光，必须忍受痛苦、战胜自我！

宝剑锋从磨砺出，梅花香自苦寒来。艰苦的磨炼带来了丰厚的回报，我先后获得全运会和亚运会冠军。但我最想得到的还是奥运会的冠军，为备战奥运会，我两年没回家，几年没好好玩过。

在参加悉尼奥运会前，我对自己充满了信心。但事情并不像想象得那么顺利。赛前两天，我的肘关节韧带拉伤，比赛前一天又进入生理期，真是祸不单行。但凭着自己的实力和信心，我硬是漂亮地战胜了对手，为中国女子举重大获丰收开了个好头。

9 月 18 日，我的梦想终于实现了，当我站在最高的领奖台上，听着国歌奏响，看着五星红旗冉冉升起……我饱含着激动的泪水，品味着这个庄严而圣洁的时刻，深切感受到做一个中国人的自豪！我透过那熠熠生辉的金牌，看到了祖国人民的欢乐，它是东方巨人屹立于世界优秀民族之林的象征。

记得有人问我："一个女孩子，怎么选择了举重？女的练举重会影响形体，将来老公都难找。"我的回答是：只要能给祖国和人民争光，无论做出什么牺牲，都值！

拿到金牌以后，我深切地感到：运动员的成长离不开国家的培养，没有国家的培养，我们将一事无成。成绩归功于祖国和人民，荣誉同样属于那些幕后英雄。我要感谢祖国和人民对我的培养，感谢领导的关心和支持，感谢教练和后勤人员，感谢亲人和朋友，感谢你们为我插上腾飞的翅膀，使我有机会享受胜利的阳光。

追求永无止境，奋斗没有穷尽。我要在新的起点、新的层次，以新的姿态，创造新的成绩，来报答祖国母亲、家乡人民对我的培育之情和养育之恩。

范例九

某学校领导在某故事片小演员庆功会上的致辞

尊敬的各位领导、各位来宾、同学们：

在举国上下喜迎中华人民共和国建国60周年之际，我们今天聚集一堂，挥手作别了令人回味的《××××》暑假拍摄生活，满怀憧憬与希望迎来了新的学年。

首先代表小演员学校的领导向各位小演员的成功表演表示热烈的祝贺！你们是学校的骄傲，是家长的自豪！

向吉林市××××儿童影视文化传播有限公司表示衷心感谢！是贵公司为学生们提供了难得的成长锻炼的机会和舞台。

在参加《××××》主演的吉林市十名同学中，吉林市第×实验小学有刘××、董××、王×三名同学，你们能成功地参加演出，得益于家长们对孩子成长的重视，得益于吉林市第×实验小学创建现代学校、奠基幸福人生的理念，着力培养面向世界的现代中国人的育人目标，走进×实验，走进素质教育园，会英语、会乐器、会书法、会篮球、会国学、会微机等多会目标让学生快乐健康全面的发展，正因如此，学校在今年小升初考试中，考入重点中学的免试学生在全市学校中人数最多，进入各重点校前100名的比例最大，假期学校参加全国机器人比赛、全国小学生篮球赛都取得一等奖的好成绩，呈现出喜看稻菽千重浪，笑迎硕果满枝头的喜人景象。

孩子成长路漫漫，素质教育天地宽。孩子要成长，离不开社会这个大课堂，像吉林市××××儿童影视文化传播有限公司就是孩子成长的优秀校外阵地，在这里，同学们可以开拓视野、丰满羽翼、学会交往、增长才干，这是在课堂内学不到的，希望家长和同学们更多地关注和参与这样的活动。也希望××，多为孩子们提供这样有意义的活动，让家长的每个宝贝在××公司提供的舞台上快乐成长，使××让每一个宝贝更快乐。

同学们，你们参加了《××××》拍摄是幸运的，更要从剧中得到启示、受到教育。因为在你快乐的成长中也面临许多危机，我们要勇敢、更要机智，要学会保护自己，继承和发扬中华民族的优秀文化，做一个国际化的现代中国人。

最后祝各位同学们健康快乐成长、祝各位来宾身体建康、祝××××公司兴旺发达，祝庆功会圆满成功！谢谢！

范例十

某公司领导在公司2010年总结大会上的答谢辞

尊敬的吴总、亲爱的各位同事：

大家新年好！

今天，我们怀着轻松喜悦的心情，欢聚在钱塘××大酒店，举行××

公司2010年总结大会。在这个欢聚一堂的时刻，请允许我代表××公司董事会、××公司管理团队和董事长吴××先生，向出席今天大会的全体同事们、朋友们表示热烈的欢迎和衷心的感谢！

2010年，××公司又走过了积极发展的一年，尽管市场竞争日趋激烈，但我们依然取得了可喜的成绩，营业收入比上年同期增长31%，净利润更是强劲增长了35%，双双突破历史高位。去年的这个时候，也是在这里，我们深切地感受到国际金融危机给公司业务带来的冲击，并预言：随着宏观经济形势的好转，经过2009年的蛰伏，2010年我们必将取得更大的成功。今天，在各位同事们共同的努力下，我们实现预言，分享成功。这和大家的努力是分不开的，我代表公司董事会和党委，向所有关心、支持××改革、发展的部门和单位，向所有为××改革、发展作出贡献的同志们表示崇高的敬意和衷心的感谢，再次谢谢大家。

在这里，还有不得不提的两个部门，他们在后勤上默默支持，功劳簿上受到表扬的都是业务部门，但这两个部门付出的辛勤汗水也不比业务部门少，他们就是财务部和行政部。金华××2010年的表现可以用四个字形容：风驰电掣！在2009年高速发展的前提下，2010年继续以70%的增长速度成长，在包××、巫××的带领下，在全体金华同事的辛勤耕耘下，我们可以自豪地宣布，金华××已经进入到高铁时代，在不远的将来，必将在金华傲视群雄。感谢他们！

在过去的一年，公司在IT领域继续寻找业务的延伸。投资了义乌第一大门户网站：××热线，以及义乌本地最大的网游公司：××棋牌游戏。

说了这么多，核心只有两个字：感谢。正是由于在座各位同事的辛勤付出，才有上面讲的这么多成绩，××公司经历的每一步成长也都融入了在座各位滴下的汗水。我代表××公司董事会感谢你们，谢谢！

岁月如歌，市场竞争瞬息万变，未来的路不可能一马平川，作为本地IT业的领军企业，既是同行们追随的目标，也是竞争的目标，超越的目标，我们××人责任重大、压力重大。我们的产品质量、服务质量和其他方面还存在许多不如人意的地方，给我们的客户带去不少麻烦，对此，我深感不安。不过，我们有清醒的头脑、有坚定的决心、有强烈的信心去迎接挑战，去努力把“××电脑”这个品牌做得更好、更强。更何况我们最大的底气正是来自于你们，在座的各位同事、各位朋友，你们是宏远公司坚强的后盾、牢固的基石。

最后，预祝大家新年快乐，合家幸福，万事如意。谢谢大家。

第三十一章

捐赠仪式上的答谢辞

范例一

某团委书记在图书捐赠仪式上的答谢辞

各位嘉宾，老师们、同学们：

大家上午好！

今天，中国××银行××审计分部在××中心小学隆重举行图书捐赠仪式。借此机会，我谨代表团县委向不辞劳苦，远道而来的中国××银行××审计分部的各位领导及员工表示热烈的欢迎和衷心的感谢！

这次中国××银行××审计分部对××中心小学的图书捐赠活动意义重大，它给我们带来的不仅仅是物质上的帮助，更重要的是精神上的鼓舞。近年来，我县的教育事业蒸蒸日上，办学条件得到了进一步改善，育人环境进一步优化，教育教学成绩显著。但我县地处边远山区，经济发展不平衡，仍存在读书难问题。中国××银行××审计分部心系我县教育事业，情系我县孩子，此次捐赠为我们解了燃眉之急，为山区孩子送来了宝贵的精神财富。

希望接受捐赠的学生们要加倍珍惜学习机会，不断提高自己的思想道德品质，努力培养热爱祖国、关心集体、团结友爱的优良品德；要始终保持强烈的进取心，以优异的成绩回报社会和所有热心帮助过你们的人，努力成为一名社会的有用之才。

中国××银行××审计分部以实际行动在全社会倡导了尊师重教的良好风尚，唤起了更多人关注、关爱祖国的未来，充分体现了×行人心系教育、情系贫困学子的无限爱心。

让我们再次向中国××银行××审计分部表示衷心的感谢！

预祝此次捐赠活动取得圆满成功，谢谢大家！

范例二

某领导在某小学扶贫助学捐赠仪式上的答谢辞

尊敬的副厅长、尊敬的各位领导、各位律师，老师们、同学们：

今天是××小学一个很不平凡的大喜日子。全校师生和××的父老乡亲，以无比感激、无比振奋的心情，迎来了王厅长率领的省律师界前来捐资助学的贵宾。在此，我代表中共××县委、县人民政府，也代表××人民，向省司法厅律师管理处、省律师协会、省直律师事务所党委的各位领导，向省直律师机构的各位律师，表示最诚挚的感谢和最崇高的敬意。

××是典型的老、少、边、穷的省级贫困县，由于历史和客观的原因，经济不够发达，人民生活比较困难，还有不少贫困家庭的孩子，难以正常完成学业，需要社会的援助和关爱。近年来，党和政府加大了扶贫攻坚的力度，通过多种渠道加强了对弱势群体的帮助，社会各界也向他们伸出了热情的援助之手。“希望工程”、“春蕾计划”等一系列爱心行动，不仅资助一些贫困孩子完成了学业，而且改变了他们一生的命运，也有力地推动了我县农村基础教育事业的发展，塑造了时代新风。

今天，王厅长率律师管理处、省律师协会地领导和省直律师事务所的知名律师代表，到这里举行“一帮一”扶贫助学捐赠仪式，这不仅是对山区贫困孩子的拳拳关爱，更是对革命老区、边远山区教育和社会各项事业发展的关心、支持和鼓舞；是以实际行动实践“三个代表”重要思想的具体表现，也是城市扶助农村政策的又一丰硕成果。

××村有着艰苦奋斗、奋发图强的光荣传统和良好的发展基础。今年××被确定为省司法厅的“建整扶贫”联系点，这是省市各级党委、政府对革命老区的关心、支持和鞭策。半年来，在省司法厅、监管局、劳教局领导的高度重视和亲切关怀下，经过驻村工作队员兢兢业业的无私奉献和辛勤劳动，××的农村产业建设、基础设施建设、基层班子和党员队伍建设都取得了显著成效，成为我县各级“双建双扶”办点村的一面旗帜。“双建双扶”办点为相对贫困、落后的老区和边远山区注入了新一轮快速发展的勃勃生机！

关爱孩子，就是关心祖国的未来。我们相信：“只要人人献出一点爱，世界将变成美好的人间。”我们衷心希望××镇、××珍惜和把握“双建双扶”办点的大好机遇，进一步解放思想，与时俱进，开拓创新，努力把山区教育办好，把各项社会事业办好，真正让广大农民群众长期得到实惠。同时，我也衷心希望××小学的全体同学，特别是受捐赠的同学，铭记各位领导、各位律师的深情关爱，并以此为动力，刻苦学习、提高素质、练好本领，成为优秀人才，以优异的学习成绩和将来的出色表现，报效祖国、回报社会，报答各位领导和所有关爱你们的长辈。

最后祝各位领导、各位律师身体健康、工作顺利、万事如意！祝愿好心人一生平安！

范例三

某县人民政府代表致某集团的答谢辞

尊敬的各位领导、各位女士、各位先生：

我代表××县人民政府，向××集团无偿捐赠给我县高效农业研究会价值5万元的甲壳素药肥，表示由衷的敬意和诚挚的感谢。我们××是一个传统的农业大县，素有鱼米之乡的美称。近年来，通过大力实施农业产业结构的调整，培育特色产业，形成了全县果菜生产基地建设的大框架，农业的基础设施更加完善，产业结构更加科学，产品品种和产量都有了较大的发展和提高。目前蔬菜品种齐全，粗细搭配，错季生产，做到了四季生产不断档，常年批发有货源。

果品生产也形成了“早、中、晚、特晚”的梯级生产模式。几年来，我县先后被国家确定为“中国果菜十强县”、“中国桃乡”、“环京津蔬菜生产基地县”、“农业产业化经营示范县”、“国家级无公害蔬菜生产基地县”；被××省人民政府命名为“××省鲜桃之乡”、“××蔬菜之乡”和“全省25个县域经济示范县之一”。农业产业结构调整的实践，使我们深刻的体会到，农业的发展必须以科技为基础，只有科学技术的不断发展、不断应用，才能推动农业的产品和产量的不断发展、不断提高。今天，××集团为我们无偿捐赠价值5万元的甲壳素药肥，可以说又一次为我县果菜的发展注入了新的生机和活力，我们绝不辜负××集团干部员工的一片情谊，一定要按要求合理安排、精心利用、认真总结、积累经验，为甲壳素的成功利用和推广，为我县果菜的发展，为农业的增效、农民的增收作出积极的努力和应有的贡献。最后，再次向××集团表示深深的谢意。并真诚地邀请贵方代表到我县参观考察！

谢谢！

范例四

某中学党支部书记在某爱心捐赠仪式上的答谢辞

尊敬的××先生及其××企业家考察团诸位先生，尊敬的市领导，尊敬的市教育局领导：

首先，我代表受赠的××市××小学即××市第××中学的全体师生，对各位前来出席捐赠仪式，表示热烈的欢迎和诚挚的谢意。并请求××先生及其××企业家考察团的诸位先生，返京后转达我们全校1300名师生对××华先生的真诚感谢！

××市××小学即××市第××中学，是一所九年一贯制学校。小学生占全校学生数的76%，主要为××区城市周边农村及外来务工子女服务。在三十多年的办学历史进程中主要由企业投资建设，2003年企业移交后，市人民政府加快规划建设进程和科学管理，使这所在艺体特色教育和博客教学研究方面颇具特色的学校，焕发了生机。

学校的发展离不开社会各界的支持，2007年××著名企业家××先生就捐资125万元，为学校建设一座2400平方米的小学教学楼，即将交付使用。这次××有限公司董事会主席慷慨为学校捐赠5万元，正是优秀企业爱心浇注教育、优良品质的体现。全校1300名师生感受到了社会的爱心，也一定会从中学会对社会的感恩和回报。

这次××先生捐赠的5万元人民币，学校将用于购置装备小学科学实验室，让寻常百姓家的孩子有机会在科学的殿堂自由翱翔，感受科学、培养兴趣、创新实验，为成就理想奠基。如果这一设想能够实现，我想，未来这里其中许许多多的孩子，一定会像各位一样，成为优秀的企业家、优秀的科学家，站在今天你们的位置，拿起爱心的接力棒，回报社会、回报学校。

我相信，××先生及各位的爱心，一定会感动上苍，会造就更多更多的优秀人才。再一次感谢××先生及××企业家考察团的各位嘉宾和各位领导。

谢谢！

范例五

某公司代表在捐赠仪式上的答谢辞

尊敬的社会各界人士、亲爱的同事、朋友们：

衷心感谢你们的慷慨解囊和无私帮助。××同志是不幸的，在人生最灿烂的时候却与病魔羁绊前行；但他又是幸运的，因为有公司全体同事及社会各界人士最真挚的爱心在伴他同行。××，公司的一名普通保安人员，工作主动踏实，有上进心，可是在近期被查出脊椎神经长有肿瘤，已破裂，急需手术来挽救生命。但因其家庭贫寒，无力承担巨额医疗费用而一筹莫展的时候，是我们大家，我们所有关爱他的同事以及社会各界同人们给了他新的希望——生命的希望。你们的善行义举极大地鼓舞了在病榻上与病魔斗争的××同志，也让每个参与其中的人看到了希望的曙光。我们相信，有大家的祝福、关爱与帮助，××同志会创造出生命的奇迹。

在公司领导的关心下，公司党支部、团支部、工会在全公司范围内发起的“生命无情人有情”募捐倡议活动，这犹如冬日里最灿烂的一缕阳光，照亮了我们每个同事的心怀，那如波涛汹涌般的爱的暖流久久地在我们每个人的内心深处涤荡。

此次捐款活动非常紧急，只有2天，共募集善款8780元人民币。××目前状况良好，正在北京一家医院接受治疗，准备手术。相信他一定会创造生命的奇迹，因为有这么多爱的托付和期望，因为他的自信和坚强！

我们感谢所有捐献善款的同志和朋友们，感谢你们的爱心捐助，是你们给了××重新拥有生命和美好人生的希望。在此，我们谨代表××同志及其家人向所有奉献爱心的人们致以最诚挚的谢意！

谢谢你们！

范例六

某公司员工在捐赠仪式上的答谢辞

尊敬的领导、同志们：

衷心感谢你们的慷慨解囊和无私帮助。我叫××，是涂装车间防锈班的一名员工。在上班的时候突然间脖子肿大，被查出患上甲状腺癌，急需入院治疗，可是父亲早已去世，母亲因在家务农也患有高血压一直在吃药，家庭条件非常的贫寒，所以无力承担巨额的医疗费用。

在人生最灿烂的时候遭遇病魔是很不幸的，但我又是幸运的，我把自己的病情和家庭条件向车间和公司领导说明后，公司立即发起募捐活动，是公司领导和同事们给了我新的希望——生命的希望，是你们善意的行为极大地鼓舞了我。在公司领导的关心下，公司党工团在全公司范围内发起了“生命无情人有情”的募捐活动。此次捐款活动非常紧急，不到两天的时间共募捐 21000 元人民币。公司其他员工我都不认识，他们都踊跃地捐款。他们说：“虽然数目不多但代表了我们的一片心意，希望我早日恢复健康。”多么朴实的话，感谢你们每位同事。印象最深的是我们车间清洁工阿姨和叔叔，清洁工阿姨说：“我们虽然不认识你，但我也是我们厂里的员工，也是厂里的一份子，厂里工友有困难我们应该帮助他。”多么善良的阿姨，感谢她。由于他们工作比较辛苦，收入不高，公司领导看到他们也积极捐款，十分感谢他们，为了表达对他们的感激之情，他们捐的款全部由厂部代为支付，再一次感谢他们的爱心奉献。

谢谢公司和全体员工及时对我伸出援助之手，我对此万分感激。公司领导及全体员工的这种精神，使我感受到在东风乘用车公司这个大家庭里，兄弟姐妹间深厚的感情、友情、亲情，患难见真情，我对公司领导及全体员工这种真情行动，再次发自内心的表示感谢。我一定要珍惜这种真情，安心养好伤，争取早日康复，重返自己的岗位，加倍努力工作，以实际行动报答公司领导及全体员工对自己的关爱。

2010年春节将到，祝公司各位领导及全体员工，新春愉快、全家幸福、万事如意!

范例七

某校长在扶贫助学捐赠仪式上的答谢辞

尊敬的各位领导、政协各位委员：

又是一年芳草绿，又是一茬百花香。在这风和日丽、春光烂漫的美好季节里，政协××县委员会在这里举行扶贫助学捐赠活动，给××一中学生送来了春天般的温暖，在此，我谨代表学校五千余师生员工对大家的到来表示热烈的欢迎，对各位领导和全体参加活动并奉献爱心的政协委员表示衷心的感谢和崇高的敬意。

在全社会深入学习和实践科学发展观的新形势下，政协××县委员会利用自身的优势，组织广大政协委员向我校扶贫助学会开展捐资助学活动。这不单纯是关爱贫困学生的慈善活动，而且是践行“三个代表”，认真学习和实践科学发展观，促进社会和谐的重要的政治举措；对我校学生而言，捐资助学活动不仅解决了他们学习和生活中的现实困难，而且也使他们强烈地感受到了社会主义大家庭的温暖，分享到和谐社会发展的成果，从而激发其战胜困难，成长为有益于社会的人才的信心和决心。从这个意义上说，这次捐资助学活动也是一次成功的、深刻的教育活动。

××一中是省级示范学校，省级最佳文明单位，在各位领导和社会各界的关心与支持下，一年一个台阶，有了长足的进步。但学校的发展仍然面临诸多困难，大量品学兼优的学生生活困难就是学校发展的制约因素之一。据不完全统计，我校在校贫困生有近600人，孤儿和单亲家庭的孩子上百人，少数同学甚至面临辍学危险。为了解决这一问题，学校一方面从紧张的办学经费中每年拿出40余万元来减免学生的学杂费，扶助贫困生，另一方面成立××一中扶贫助学会，接受社会各界的爱心捐赠，汇涓涓细流而成爱的大海，借助社会力量扶贫助学。助学会成立至今，得到社会各界人士的大力支持，助学会资金的管理方式、阳光式操作的做法也得到捐款单位和个人的认同。今后，我们将更加珍惜来自各界的支持，严格基金管理，做好扶助工作，把爱心工程办成民心工程，让学生满意，让捐赠者放心。

这里，我想特别对受助同学说几句话："贫困并不可怕，立志应该远大。"同学们要借资助的东风，鼓起奋斗的双翼，以进取者的姿态努力搞好学习。用优异的成绩来回报爱心人士的善举，将来当我们踏入社会有了能力之后，还要将爱心接力棒传递下去，去帮助更多需要帮助的人，回馈社会，报效国家。

最后，再次感谢县政协机关和各位政协委员的善行义善。祝大家身体健康，工作顺利，好人一生平安！谢谢大家！

范例八

某灾区受助学生在捐赠仪式上致广大爱心捐赠者及某市慈善会的答谢辞

××市慈善会，叔叔阿姨们：

你们好！

我十分感谢你们对我的关心和资助。在去年"5·12"地震发生以后，你们多次地安慰我们灾区儿童，你们虽然失去了自己的亲人，但是不要对自己失望，要充满信心，要振作起来，重建家园。并给我们捐助了学习用品和生活用品，在这里我向你们表示由衷的感谢。

在我们快要放暑假的时候收到你们给我们的礼物，我真的好高兴。我相信会有更多的人能感受到你们的关爱。因为有了你们对我们的关心和帮助，我们一定会好好学习的，在暑假里认真复习，把自己的学习成绩提上去。俗话说温故而知新嘛！

在今年我获得了第二名的好成绩，但我绝不会骄傲的，在今后的路途中，我要更上一层楼，向各个方面发展，争取在各方面都能取得好成绩。我再没有什么其他方式能够回报你们对我的这份关爱，我只有靠优异的学习成绩来回报你们，我绝不会辜负你们对我的希望。长大后我要报效祖国，为人民服务，做一个像你们这样有爱心的人。总之我非常感谢你们对我们灾区儿童无微不至的关心和帮助。

谢谢了，祝你们一切顺利！

范例九

某学院代表代替受捐赠同学致的答谢辞

××大学的广大师生：

衷心感谢你们对××献出的一份爱心，谢谢你们的慷慨解囊和无私帮助，谢谢大家！

××大学的软件学院和信息工程学院学生在2009年“三下乡”活动来到了××，发现××是一位孤儿，从此，学生们就自发地组织起来，帮助××和他的奶奶。有的同学拿出来自己的零花钱，有的同学拿出来随身带的零食和衣物，帮助老人和孩子。回校后，他们并没有忘记这位老人和孩子，发动全校师生进行了爱心捐款活动。是的，作为一个不到三岁的孩子，××是不幸的，父亲不幸丧生，母亲弃他而去，年幼的××只能与奶奶相依为命；但××又是幸运的，因为有××学校的广大师生最纯洁的爱心伴他同行，大家的祝福、关爱与帮助定会让××茁壮成长。

感谢学校领导的关心和支持，正是在学院领导的关心和支持下，软件学院及信工学院团委才能在全校范围内发起了对××孤儿爱心捐募的倡议活动。活动的有序进行，犹如冬日里最灿烂的一缕阳光，照亮了我们每个××学子的心怀，那如波涛汹涌般的爱的暖流，久久地在我们每个人的内心深处涤荡。

送人玫瑰，手有余香。你们坚信有能力帮助别人的时候，给可怜的××一个上学的机会，也是给自己一份快乐。此次捐款活动共持续一周时间，截止到4月6日，共募集善款9606.9元人民币，外国语学院、信息工程学院、飞行器工程学院、经济管理学院、土木建筑学院、海军学院、软件学院、国际教育学院、继续教育学院九个学院参加了此次捐助活动。

我们感谢所有捐献善款的老师同学们，感谢你们的爱心捐助，是你们给了××重新拥有美好人生的希望。软件学院和信息工程学院全体学生替××和他的奶奶向所有参加爱心捐助的好心人致以最崇高的敬意和最衷心的感谢，谢谢你们！

范例十

某受助大学生代表的答谢辞

尊敬的各位领导、老师：

你们好！

首先，感谢××助学金对我们贫困大学生的关怀和关爱。我是××大学人文学院2007级汉语言文学的学生，经过十年寒窗苦读。我心如所愿地来到了××大学——开始了我的大学之旅。

正是有了你们的帮助，我的人生发生了翻天覆地的变化，因为有了你们的帮助我进入了人生的一个关键阶段。大学可能是我一生中最后一次有机会系统性地接受教育，也可能是我最后一次能够全心学习新的知识基础。这可能是我最后一次可以将大段时间用于学习的人生阶段，也可能是最后一次可以拥有较高的可塑性、集中精力充实自我的成长历程。这也许是我最后一次能在相对宽松的，可以置身其中学习为人处世之道的理想环境。因为我出生在一个贫困家庭，本以为大学生活是可望而不可即的，但是因为有了××助学金的帮助我实现了自己的愿望，在这里我谢谢发起××助学金活动的各位恩人。

我知道上大学的不易，因此我勤奋努力，从不敢懈怠，也从不奢求在物质上的满足，我不能跟其他同学一样，买名牌衣服和随意消费。我只知道我要一心学习，争取在大学期间掌握扎实的理论知识，以便为今后的工作打下坚实基础，回报我在大学期间帮助我的那些好心人，同时也报答父母的养育之恩。

在学习上我态度端正、努力刻苦、严于律己，始终坚持学习第一的原则。为了自己的目标与理想，争当学习先锋，为了提高自身素质，我也利用课余时间，阅读了大量的有关提高自身素质的书籍；为了增强自身文化修养和专业知识水平，还学习了相关专业的部分书籍；为了更多地了解和运用一些基本技能还参加了国家计算机培训。

在生活上，我省吃俭用，尽量减少家庭负担，在空闲和休息时间不影响自己学习的同时，我还参加了勤工俭学等活动，解决了我的部分生活费，这样不仅减轻了家庭负担，还学会了一些书本上不曾有的知识。

鉴于以前的学习生活，我不是幸运的，但又是万幸的，得到了老师和社会热心人士的帮助。对于之后的生活有了更明确的追求目标，积极参加社会实践活动，为增加自己的社会经验打下基础，使自己变得更成熟。在思想上放弃包袱及时投入到学习当中，认真学习马克思列宁主义和毛泽东思想、邓小平理论以及“三个代表”重要思想，保持共青团员的先进思想，起到模范带头作用，为加入中国共产党做好准备，实现社会主义现代化的四有新人做好准备。

“××助学金”给了我很大的帮助，他实现了我的梦想，而且大大减轻了家庭负担。我会合理运用这些钱，好好学习、天天向上，将来为祖国的繁荣昌盛贡献一份力量，感谢你们，感谢××中国扶贫基金会。在今后的日子里我会更加努力，争取取得更优异的成绩。

走好未来路是我的勇气和自信的见证，我会用青春的激情和毅力创造更加绚丽灿烂的明天。

范例十一

西藏某受捐助的贫困大学生代表的答谢辞

各位领导、老师、同学们：

大家好！

时间过的真快，转眼四年的大学生活已接近尾声，回想当初，如果没有国家助学贷款，我的大学生活将会不堪设想。

我出生在×××的一个贫困农民家庭，父母均靠种地为生，考上大学的时候，我还有两个弟弟在上中学，祖父年迈，下身瘫痪，终年卧床不起，不仅时刻需要有人照料，而且每天吃药就要花去很多钱。父亲是村里有名的大孝子，他为了照顾祖父，几年如一日，寸步不离；母亲在种地之余在村里的塑料厂打工挣钱。即使如此，几年下来我们家依然是外债累累，父亲虽然着急，但又不能离家打工，母亲肩上的担子更重了。

在当时的情况下作为家中长女，我有责任为减轻家里的负担做一些事情，可是，除了要钱我什么也不能做。绝望之中，我听一个在西藏大学上学的老乡说贫困生可以申请国家助学贷款，这使我的大学梦再次燃起，我一定要学习更多的知识，实现我的大学梦。

我怀着期待的心情来到学校，在老师和学校领导的热心帮助和亲切关怀下，很快就办理了助学贷款手续，当我拿到国家助学贷款的2000元生活费时，我感动得流下了眼泪。作为国家助学贷款的受助对象和最终受益人，我深刻感受到党和政府对贫困生的关注、关心、关爱和大力资助，借此机会我想表达一个心声：感谢党和政府对我的关怀，感谢西藏自治区××银行和西藏自治区农业银行对我的资助，感谢母校对我的培养，感谢学校领导、老师对我的大力支持和在生活上、精神上给予我无微不至的帮助，真心地感谢你们！我要用我的实际行动来报答党和政府的关怀，我一定会努力学习，成为对社会有用的人才。

贷款不仅给了我上大学的机会，而且给了我学习的动力。几年来我不放弃任何为广大学生服务的机会，在大家的支持和推荐下，我担任过06级创新班班长，并积极主动地帮助其他有困难的同学，为自己将来成为社会有用的人才、回报社会打下了良好的基础。我从来不认为自己有什么突出的地方，我始终把生活的艰辛当成前进的力量，把党和政府以及学校老师的关怀与照顾当成自己奋斗的动力。我虽然生活贫困，但是知恩图报、不忘他人，尽自己所能回报党和政府、回报社会。我要树立起无论遇到什么困难都要乐观面对的人生态度。

感谢大家的帮助，正是有了好心人的帮助，我才上得了大学，四年的大学生活使我懂得了回报社会的责任。毕业将至，这也意味着我马上就要成为一名光荣的人民教师。我在心里暗下决心：我一定要认真履行一名人民教师应尽的义务，为社会、为国家、为西藏培养更多优秀的建设者和接班人；同时我要尽快还清贷款，让更多上不起学的孩子们能够享受国家助学贷款的资助。

过去我想要成为父母的骄傲，现在我要成为社会的财富，通过自己的努力实现我的人生价值，尽到一名党员的义务和责任，把党和政府的关怀升华为前进的动力，积极投入到未来的工作当中，时刻鼓励、鞭策自己，踏踏实实做人，认认真真做事，为建设和谐社会主义贡献一份力量。同时我也会尽自己的微薄之力，帮助像我一样的贫困大学生，让他们上大学接受大学教育，然后像我一样回报社会，把爱的接力棒一棒一棒地传下去。

谢谢大家！

范例十二

某县领导在北京某慈善基金会的助学仪式上的答谢辞

尊敬的北京××慈善基金会义工、志愿者，各级领导、各位嘉宾，同志们，同学们：

值此丹桂飘香，举国上下隆重庆祝祖国60华诞之际，我们聚集在百年名校××中学，隆重举行北京××慈善基金会××省××县助学仪式。这是我县教育发展史上值得大书特书的大事、喜事。从台下就坐的全县遴选审核产生的174名初、高中受助孤儿那一双双清纯、幸福的目光中，我们分明感受到了他们对北京××慈善基金会爱心之举的感激与敬重。作为××县分管教育的负责人，在这种充盈着爱与幸福的温馨氛围中，我的心灵也一次次受到荡涤和震撼。在此，请允许我代表县委、县政府和全县57万人民对北京××慈善基金会这种热心于贫困地区教育事业的慈善之举，××之心表示衷心的感谢。对远道而来的各位义工、志愿者和嘉宾表示热烈的欢迎。

感谢政府普及义务教育，义务教育的高标准普及和教育教学管理质量的空前提高，为我县各级各类教育的持续、健康、和谐发展提供了广阔的空间，也带来了前所未有的挑战。尽管“十五”以来，县委、县政府和县教育局采取挖掘潜力、努力扩大招生规模，多方筹资、不断改善办学条件，统筹兼顾，着力促进普职协调发展等举措，也难以满足有着“穷不丢书、富不丢猪”优良传统的太湖人民迫切要求子女享受优质基础教育资源的愿望。

在为我县基础教育迅猛发展所取得的优异成绩而感到由衷欣慰和自豪的同时，作为县政府分管教育的主要负责人，我也深为现阶段广大人民群众节衣缩食供养子女求学深造的经济状况感到焦虑和不安。教育是衡量社会文明程度和现代化程度的重要标志，是增强综合实力和竞争力的决定因素，更是促进经济发展和社会进步的坚强基石。××县作为禅宗圣地、状元故里、文化之乡，拥有着丰富的文化积淀和尊师重教、崇尚知识的浓郁氛围。

当然还要感谢近几年来，××县委、县政府和县教育局高度重视贫困生资助工作，通过实施国家“两免一补”政策，积极争取海内外热心教育事业人士扶贫助学等举措，在很大程度上遏制住了贫寒家庭学生因贫困辍学、因穷流失的现象，进一步弘扬××千年古县文化传统，减轻我县千万贫困农户子女求学深造的经济压力。

基于此，更要感谢的是北京××慈善基金会本次“陌系孤雁、仁爱助学”活动，其意义不仅仅是物质层面上对初、高中孤儿的援助，更主要的是在精神领域中对我县贫困家庭学生给予的鼓励和鞭策。我坚信，北京××慈善基金会无私援助、扶贫济困的精神，必将成为一种巨大的精神力量，激发受助孤儿焕发出更大的学习热情，使他们在这种巨大精神财富的滋润和感召下，常怀感恩报答之情，茁壮成长，立志成材。

“人人拥有慈善，仁爱触手可及”。在全党、全社会共创和谐社会的历史进程中，北京××慈善基金会矢志不渝秉承的独特理念，已越来越受到全社会的关注和推崇，唤醒千千万万的人们去传播慈善，实践善行。

最后，衷心感谢北京××慈善基金会领导、志愿者、各位嘉宾，对教育事业的关爱。

范例十三

某学校领导在捐赠仪式上的答谢辞

尊敬的各位领导、各位来宾，全体老师、同学们：

下午好！

虽然时值深冬，但是我们每个人心中都感到热乎乎的。今天区红会为我们作了专题培训，同时十名学生得到了爱心资助。在此，我谨代表××中学八百余名师生，向区红会表示深深地谢意！

感谢你们对教育事业的支持和关注，感谢你们对山区贫困学生的帮助和关爱。××中学是由民盟中央捐资750万元、省政协捐资250万元，和省慈善总会转赠××人民援助××灾区重建资金550万元共同援建而成的一所农村单设初级中学。学校现有教学班18个，学生800余人，教职工46人。今天，我们的十名学生又得到了区红会的爱心资助，这将使他们插上腾飞的翅膀。我相信：有各级领导的关注，有各界有识之士的支持，

××中学将迎来辉煌的明天，你们的善举将永载××中学校史，你们的爱心将永远铭记在每位学生的心中。

关爱孩子，关爱教育，就是关心祖国的未来。我们相信："只要人人献出一点爱，世界将变成美好的人间。"我们全校师生将永远铭记各位领导的爱心，积极进取、勇于开拓，以加倍的工作热情投身到自己的工作和学习中，全体学生将会更加努力学习，以优异的成绩回报祖国和社会。

中国红十字会是中华人民共和国统一的红十字会组织，是从事人道主义工作的社会救助团体，是国际红十字运动的重要成员。中国红十字会以发扬人道、博爱、奉献的红十字精神，保护人的生命和健康，促进人类和平进步事业为宗旨。

结合今天的学习，我们将继续开展好相关活动，进一步增进全校师生对红会的认识和了解，努力为人类的和平进步事业作出贡献。最后，我再次代表学校全体师生向××表示衷心地感谢！谢谢大家！

范例十四

某县教委领导在捐赠仪式上的答谢辞

各位来宾，同志们：

今天是一个值得庆贺和永远铭记的好日子。××县××煤矿总经理××先生，××煤电冶化集团有限公司总经理××先生，××县××煤矿董事长××先生，××县××煤矿董事长××先生，××市××有限公司董事长××先生带着对××人民的深情厚意，向××中学、职业中学和城市公益事业慷慨捐资，支持我县教育事业和城市建设。借此机会，我代表××县委、县政府，向××先生、××先生、××先生、××先生和××先生表示衷心的感谢！

感谢党和国家领导人对××的关心，现在的××是国家扶贫开发工作重点县。近年来，县委、县政府正视客观现实，加快发展步伐，以结构调整推动经济发展，以改善民生促进社会和谐，全县经济和社会各项事业得到快速发展。特别是教育事业全面实现了“普九”达标，××中学被命名为省级标准化高中，县职教中心被命名为全国劳动力转移培训基地和省级重点中等职业学校。同时，县委、县政府十分关注困难家庭子女上学问题，建立了贫困大学生升学扶助基金，有效地解决了贫困大学生上学难的问题。城市建设步伐加快，城市面貌有了较大改观。目前，县城常住人口达到5.8万人，建成区面积达到7.8平方公里，初步形成了城南工业区、城北住宅区和旧城中心行政商业区的城市布局。

扶贫济困是中华民族的优良传统。××先生在艰苦创业的同时，仍不忘家乡，捐资助学；××先生、××先生、××先生和××先生四位企业家情系老区，慷慨解囊、回馈社会，体现了他们的博爱之心和无私奉献的精神。我们要切实使用好每一笔捐助资金，使其发挥最大的社会效益，以实际行动回报企业家们的深情厚意。同时，要大力宣传五位企业家的创业精神和奉献精神，在全社会营造关爱家乡，关心老区的浓厚氛围，激发更多的××籍在外人士支持家乡建设，激发更多的企业人士支持老区发展。我县广大干部群众更要以五位企业家为榜样，积极参与扶贫济困活动，切实帮助困难群众解决实际问题，以更加务实的态度、更加坚定的信心、更加有力的举措抓好各项工作，推动我县经济社会又好又快发展。

最后，让我们再一次以热烈掌声向××先生、××先生、××先生、××先生和××先生表示感谢！谢谢大家！

范例十五

某镇中学领导在捐赠仪式上的答谢辞

尊敬的各位领导、各位来宾、亲爱的同学们：

大家好！

今天是一个很不平凡的日子。我们非常荣幸的迎来了市领导、区教育局领导、社会各界前来捐资助学的贵宾以及兄弟学校前来我校捐赠的老师和同学们。在此，请允许我代表××中学向各位领导以及长期以来关心支持××中学发展的爱心人士表示诚挚的谢意！

××镇交通不便，由于历史和客观的原因，经济不够发达，还有不少贫困家庭的孩子，难以正常完成学业，他们需要社会的关爱和援助；同时，赵虎中学又有着济弱扶贫的光荣传统，特别是近年来，在开发区党工委管委会的正确领导下，在区教育局的直接组织下，加大了扶贫攻坚的力度，通过多种渠道加强了对弱势群体的帮助；社会各界也伸出了热情的援助之手。"爱心回馈"、"爱心基金"等一系列爱心行动，使许多贫困学生顺利完成了学业，感受到了社会主义大家庭的温暖，有力地推动了我区基础教育事业的发展，树立了助人为乐、帮困济贫的时代新风。

在此，我提议，让我们用热烈的掌声再一次向各位领导、向所有关心和帮助过贫困学生的人们表示我们最诚挚的感谢和最崇高的敬意！

××电力工程设计有限公司、××网联培训集团、××眼镜公司等各家公司以他们的善心和善行实践着"以人为本"的科学发展观，构建着"和谐社会"的美丽画卷。希望各位莘莘学子秉承自立自强的拼搏精神，正确对待艰苦和磨难，不向命运低头，努力打造美好前程。俗话说，"梅花香自苦寒来""自古英才出寒家"，孟子也说过："天将降大任于斯人也，必先苦其心志，劳其筋骨，饿其体肤，增益其所不能"。从这个意义上说，苦难也是人生一种精神财富，可以化为激励人上进的动力，正是所谓"穷则思变，变则通，通则久"。

为此，我对各位同学提出三点希望：

第一，要立志。"古之立大志者，不唯有超世之才，亦必有坚忍不拔之志"。要树立远大理想，须"穷且益坚，不坠青云之志"，有了坚定的志向，什么样的困难都能克服。

第二，要修德。道德是人生的基础，人无德，无以立。厚德载物，没有道德，就难以承担大事。儒家讲"诚意、正心、修身、齐家、治国、平天下”，前三条都是说修德，都是基础，做到了才能“齐家、治国、平天下”。

第三，要勤学。首先要珍惜光阴，古人曾说“劝君莫惜金缕衣，劝君惜取少年时”。谁抓住了时间谁就抓住了命运和机遇，谁就与成功结缘。一年之计在于春，一生之计在于勤。希望你们抓住当下，勤奋学习。

总之，希望各位同学要树立生活的信心，以良好的心态和饱满的精神状态投入到学习生活中，不断追求精神财富，“古今圣贤书常读，谨记无益身心事莫为”，明辨是非善恶之理，探究人生宇宙真谛，提高人文素养和科学素养，用优异的成绩、优秀的品格去开始人生新的起点；刻苦求学，以实际行动回报社会。

慈善事业需要所有人的参与，所有人的努力！有了更多关爱的眼睛，有了更多温暖的手臂，那些渴盼知识孩子的眼睛就不会那么忧郁，那么无助！想想那些眼睛，我、你、我们，能漠然地擦肩而过吗？我衷心希望能有更多的慈善人士站出来，为这些孩子尽份力，也为××经济开发区的的教育事业作一份贡献；当然，我更希望××镇的经济能快速腾飞，让每位渴望知识的同学都能接受教育。

最后，请让我向与会的各位献上真挚而美好的祝愿：祝各位领导在新的一年里政通人和、万事如意；祝各位来宾身体健康，工作愉快；各位同学学习顺利、健康成长。

谢谢大家！

范例十六

某贫困学生受助者在捐赠仪式上的答谢辞

各位领导、各位同学：

你们好！首先非常感谢社会和政府对我们这些贫困学生的关心，并且给予我们实际的帮助。在这里，我向关心帮助我们这些贫困学生的人们表示深深的感谢。

十年前母亲下岗，父亲在我上高二那年病故，父亲的病将家中的积蓄全部花光。这时民政部门在了解情况后及时给我们办理了最低生活保障，解决了我们母子的基本生活问题，也燃起了我对未来的希望，让我对责任有了更为深刻的理解。生活的挫折带给我的不仅仅是悲伤、痛苦，更重要的是成长。如果说高考是一场没有硝烟的战争，那么支持我一直战斗下去的力量就来自于那一份沉甸甸的责任。如今这份责任更是对国家，对社会，对未来的担当。

感谢向我们伸出援助之手的慈善总会。助学金给予我们的不只是物质方面的帮助，更是精神层面的进步。它不仅大大减轻了我们的家庭负担，让我们的学习与生活得到了物质保障，使我们能够更加安心和专心的学习，更重要的是增强了我们的感恩心，让我们更懂得知恩图报，培养了生活的信心，增强了社会责任感。

这些来自社会上的帮助，宛如冬日的暖阳；传递着一种力量，一种打破生活坚冰、创造未来的勇气。我相信这些帮助会一直温暖着我，让我在面对生活的苦难时，内心仍保有希望的种子，身体中仍奔涌着青春的热血。我知道那些在背后默默支持我们的人并不是图我们能回报给他们什么。他们只是想将心中这份关爱传递给我们，同时也希望我们能将这份关爱继续传递给他人。而这份无私的关爱和我难以用语言承载的感激将融入我的骨血，成为我一生奋斗的不竭动力。

作为一名受助者，我感受到了获得帮助后的喜悦，明白这份帮助带给我生活的巨大影响，所以我也要尽力让更多需要帮助的人体味到那份喜悦。滴水之恩，当涌泉相报。人生是从生之此岸走向生之彼岸的历程。你们用自己的双手为我们搭建起走向成功的桥梁。饮水思源，我们会用行动来回馈你们今日无私的付出。感恩的心灵在温暖中成长，感恩的热血在体内流淌，感恩的思想在脑中眺望，感恩的胸怀无比坦荡。我会怀着一颗感恩的心完成学业，将来用自己的青春与热血来浇灌这片你们挚爱的土地。

鲁迅先生曾说："感谢命运，感谢人民，感谢思想，感谢一切我要感谢的人们。"在此，我感谢社会上那些曾经帮助，正在帮助或是将要帮助我们的人们。你们的无私将引领我们成长，开创辉煌。一个互帮互助的民族，必将是一个生生不息的民族。一个互帮互助的社会，必将是一个安定团结的社会。一个互帮互助的国家，必将是一个繁荣昌盛的国家。

范例十七

某高校贫困学生受捐助后的答谢辞

尊敬的校领导：

您好，我很荣幸获得助学金，内心的感激无法用言语来形容。

首先，我要感谢党和国家给予贫困学生的这项优惠助学政策，感谢党和国家始终关注、支持教育发展，给予上学有困难的学生资助，让我能有机会来到大学，继续为儿时的梦想去奋斗，能够有机会为祖国的明天贡献自己的一份力量。这项政策，让我深深感受到党和国家对我的关怀，让我真正感受到生活在党和国家爱的光辉下的幸福。我也对未来充满了期待，充满了信心，也会积极利用这项优惠政策帮助自己好好学习，不负所望，努力使自己成长为一个对社会有用的人。

其次，我要感谢××大学，感谢学校将这难得的机会给予我，感谢学校设身处地地为我们学生着想，"钱不要紧，关键是你要好好学习。"这句话让我感动了好长时间，扫除了刚来大学，人生地不熟的颓唐，这也为我紧张的心情服了一服镇定剂。让我在这艰辛的求学路上感到不再孤独、不再落寞，让我切实感受到了学校的关怀，让我深深体会到进校是一家的幸福。

刚来到大学，背负着沉重的心情，一边是家里，一边是大学，有时真的好迷惘。觉得爸妈负担太重，应该多找几份兼职，为家里减轻负担，而且也能锻炼锻炼自己。抱着这样的想法在学业与工作之间来回奔波，终于也体会到现实的残酷，而且也影响了学习。周末往家里打电话，对面传来的总是同一句话，“你好好学习，我和你爸还能行。”每每听到这我都感到无地自容，堂堂七尺男儿，啥都做不了，工作没做好，还浪费了时间；学习勉强跟得上，却平平庸庸，于是陷入了迷茫，无心学习。直到老师宣布了这项政策，我一时才感到柳暗花明，云开见日，我有动力了，我也能够全身心地去学习了。这多多少少减轻了我的后顾之忧，让我有更多的精力去图书馆，能够充实自己，更加自信地努力学习。这一切都要感谢你们给我的莫大的帮助。

再次，我还要感谢学校，我要感谢学校的各位领导，谢谢你们为我们争取机会，为我们奔波，让我们能有这次机会。如今，我是这个学校的一员，我有义务去维护这个学校的荣誉。但是我知道，学校领导的最大希望就是希望学校的每个学生都能长大长新，成人成才。每个大学生都能光荣的毕业，都能找到好的工作。虽然我不能保证每个大学生都能努力的学习，但我能保证自己。我会努力地学习各方面的知识，不断地提高自己的能力，让自己更完美，光荣地从学校毕业，决不辜负学校领导的期望。

最后，我还要感谢老师以及班上同学给予我的肯定、信任。感谢他们给我这项资助的评价，感谢他（她）们兢兢业业为我们工作，为我们服务、操心。而老师最是核心，与我们学生联系最紧密，因此，她也最辛苦。老师不仅要搞好学校工作，而且还要时时了解学生情况，努力把每一件事、每一个人都落到实处，她就像一个大姐姐关心弟弟一样，关怀备至，每天还要去查寝，叫醒每一个没起床的同学，让我切实感受到老师的负责任和对我们溢于言表的关心。生活上，她用慈母的口吻，嘱咐我们要注意身体，好好吃饭；学习上，鼓励我们要加倍努力，不甘落后，平凡中略带严父的辞言。她的谆谆教导至今仍回响在我耳边，“大家要注意安全，好好学习，天冷要多加衣服……”这让我也更加觉得日子过得如此之快。转眼大一半学期已经过了，想想四年以后，走出校门，还有谁会这么用心地去关心我，用行动去督促我呢？因此，我会永远记得老师您的好，并努力奋斗，深深地感谢你，老师！

目前我还只是一名大学生，或许还是一名不够格的大学生，所以我目前能够做的就是努力去做一名合格的大学生，使国家的资源不会浪费在我身上。

我们是祖国的希望，我们有振兴国家的责任。曾经国家跌倒了一次，那一次该是多么的令人难忘啊。那时的人们都有一段痛苦的回忆。所以，我们不能再让国家跌倒了。我们要让国家不断的进步、不断的强大，让世界上其他国家都羡慕。

让我们每个人都怀有一颗感恩的心吧，我们不仅仅要对我们的父母、亲人、老师感恩，还要对国家和学校感恩。谢谢你们！

我要珍惜这来之不易的国家助学金，以自己最大的努力来回报党和国家对我的关怀，来感谢学校领导和老师对我的支持和关心帮助。再次感谢你们。

在爱的阳光下，除了沐浴阳光外，我想我更应该去努力奋斗，发愤图强，力图让更多的人沐浴在爱的阳光下。因此，我会把握好大学的四年时光，磨炼自己，努力搞好自己的学业，争取做一个有用的人，以期在日后能帮助更多的人，把自己锻炼成一个爱人的青年大学生，让爱在互帮互助中永远传递，也让我得到更好的成长。

再次感谢学校，感谢老师给予我的帮助，谢谢！